Investir Dans la Petite Enfance

Investir dans la petite enfance

Un guide de développement de la petite enfance pour le dialogue de politique et la préparation de projets

Sophie Naudeau
Naoko Kataoka
Alexandria Valerio
Michelle J. Neuman
Leslie Kennedy Elder

BANQUE MONDIALE
Washington, D.C.

ISBN: 978-0-8213-9482-3
DOI: 10.1596/978-0-8213-9482-3

Library of Congress Cataloging-in-Publication Data
Investir dans la petite enfance : Un guide de développement de la petite enfance pour le dialogue de politique et la préparation de projets/ Sophie Naudeau... [et coll.].
     p. cm. — (Directions in development)
     Includes bibliographical references and index.
     ISBN 978-0-8213-8526-5 (alk. paper) — ISBN 978-0-8213-8528-9
     1. Child development—Developing countries. 2. Early childhood education—Developing countries. 3. Child welfare—Developing countries. I. Naudeau, Sophie. II. World B
     HQ792.2I58 2011
     305.23109172'4—dc22

2010036025

Photographie de couverture : Edwin Huffman/Banque mondiale
Conception de la couverture : Naylor Design

Table des matières

Avant-propos   *xiii*
Remerciements   *xv*
Abréviations   *xvii*

Aperçu général   1
Objectif   1
Méthodologie de sélection des éléments probants   2
Résumé du contenu   2
Note   4
Références   4

Introduction   5
Définition   5
Contexte et justification   5
Cadre conceptuel   6
Notes   10
Références   10

Section 1   **Lancer le dialogue sur les politiques d'investissement
                     dans le développement de la petite enfance   13**

Note 1.1   Pourquoi investir dans le développement de la petite
                     enfance ? L'argument économique (*pour le dialogue
                     sur les politiques avec les ministres des Finances,
                     de la Planification et des Affaires sociales*)   15
                     L'absence d'investissement dans le DPE est
                         coûteuse et difficile à compenser plus tard
                         dans la vie   15
                     Des éléments très probants prouvent que les
                         interventions de DPE génèrent des avantages
                         significatifs à court et long termes   17
                     Les investissements dans le DPE peuvent aussi avoir
                         impact positif sur les filles plus âgées et les femmes   20
                     Notes   21
                     Lectures clés   21
                     Références   21

Note 1.2   Pourquoi investir dans le DPE ? Les arguments liés
                     à la survie et à la santé (*pour le dialogue sur les politiques
                     avec les ministres de la Santé*)   25
                     Malgré les progrès récents, de nombreux enfants pauvres
                         meurent encore pour des raisons évitables   25
                     Pour ceux qui survivent, une mauvaise santé ainsi qu'une
                         nutrition et une stimulation inadéquates dans la petite
                         enfance conduisent souvent à des problèmes de santé
                         et de développement à long terme, qui sont coûteux
                         pour les sociétés   27
                     Des éléments fortement probants indiquent que les
                         interventions de DPE axées sur la santé, la nutrition
                         et la stimulation précoce (plutôt que sur la santé
                         et la nutrition uniquement) génèrent les plus grands
                         avantages en termes de santé et de développement
                         général des enfants   30
                     Notes   32
                     Lectures clés   32
                     Références   33

Note 1.3   Pourquoi investir dans le DPE ? Les arguments liés
                     à la maturité et aux performances scolaires (*pour
                     le dialogue sur les politiques avec les ministres
                     de l'Éducation*)   35
                     Les enfants pauvres sont souvent peu préparés
                         à apprendre lorsqu'ils entrent à l'école primaire   35

Le manque de maturité scolaire chez les enfants
pauvres entraîne des inefficacités coûteuses dans
le système d'éducation publique   37
Il existe des preuves solides que les interventions
de DPE apportent des avantages significatifs
en termes de maturité et de réussite scolaires,
en particulier chez les enfants pauvres   38
Les investissements dans le DPE peuvent également
avoir un impact positif sur l'éducation des filles
plus âgées   40
Notes   40
Lectures clés   41
Références   41

**Section 2   Évaluation des besoins, mesure des résultats,
                   et mise en place de cadres des politiques   45**

Note 2.1   Collecte des données pour la conception, le suivi
                   et l'évaluation des interventions de DPE   47
Évaluation des besoins des jeunes enfants pour les
analyses et le suivi de la situation   48
Évaluer l'étendue et la qualité des services de DPE
existants pour les analyses et le suivi de la situation 49
Mesure des résultats du développement de l'enfant   55
Considérations sur l'interprétation des données   64
Notes   64
Lectures clés   65
Références   65

Note 2.2   Cadre de la politique et dispositions institutionnelles
                   pour les services intégrés   67
Justification de la création d'un cadre de la politique
de DPE   68
Éléments d'un cadre de la politique de DPE   70
Phases du processus d'élaboration d'un cadre de la politique 71
Éléments d'un cadre de la politique et institutionnel réussi
Notes   76
Lectures clés   76
Références   76

Section 3   **Points d'entrée stratégiques pour l'investissement**
dans le DPE   **79**

Note 3.1   Programmes de DPE dispensés dans des centres et mettant
              l'accent sur la maturité scolaire   81
              Considérations sur le ciblage   82
              Valeur ajoutée de l'intégration d'une composante
                  d'information parentale   92
              Programmes de DPE dispensés dans des centres :
              Résumé et perspectives d'avenir   96
              Notes   97
              Lectures clés   97
              Références   97

Note 3.2   Programmes de DPE à domicile pour la modification
              des comportements en matière de santé, de nutrition
              et de rôle parental   103
              Les pratiques de soins aux enfants et le rôle des
                  parents contribuent à la santé, à la croissance
                  et au développement général des enfants   104
              Stratégies pour la modification des comportements
                  familiaux   111
              Défis de mise en œuvre des programmes d'éducation
                  des parents   115
              Programmes de DPE pour la modification des
                  comportements en matière de santé, nutrition
                  et rôle des parents : Résumé et perspectives d'avenir 118
              Note   119
              Lectures clés   119
              Références   119

Note 3.3   Campagnes de communication et médiatiques
              visant les familles de jeunes enfants   125
              Principes généraux de la planification des campagnes
                  de communication   126
              Sélection d'études de cas   128
              Enseignements tirés   132
              Campagnes de communication/médiatiques
                  destinées aux familles de jeunes enfants :
              Résumé et perspectives d'avenir   135
              Notes   135
              Lectures clés   136
              Références   136

Note 3.4	**Transferts monétaires conditionnels (TMC) pour les familles de jeunes enfants**	**139**
	À quel point les TMC peuvent-ils servir la promotion du DPE	140
	Les éléments probants relatifs aux effets des TMC sur les résultats du DPE sont maigres mais prometteurs	141
	Lacunes dans les connaissances et options politiques pour aller de l'avant	145
	Transferts monétaires conditionnels pour les familles de jeunes enfants : Résumé et perspectives d'avenir	147
	Notes	147
	Lectures clés	148
	Références	148
Section 4	**Coût et financement**	**151**
Note 4.1	**Détermination des coûts des projets de DPE**	**153**
	La difficulté de comparer les coûts unitaires	153
	Les éléments déterminant les coûts des programmes sont les coûts financiers et les coûts économiques	154
	Estimation des coûts d'un programme	157
	Rentabilité et analyses coûts-avantages	160
	Notes	165
	Lectures clés	165
	Références	166
Note 4.2	**Financement des programmes de DPE**	**169**
	Investissement dans le développement de la petite enfance	169
	Financement du DPE : Sources de financement et mécanismes d'allocation	172
	Exemples nationaux de sources de financement et de mécanismes d'allocation	176
	Comment accroître le financement des programmes de DPE	177
	Annexe	179
	Notes	191
	Lectures clés	191
	Références	191
ANNEXE	**Description des projets et études repris dans Investir dans la petite enfance**	**193**

Index   281

Encadrés

2.1.1   Adapter les instruments de développement de l'enfant
         au Mozambique   61
2.1.2   Considérations éthiques pour la collecte et la gestion
         des données sur le développement humain   63
2.2.1   DPE en Indonésie : Prise en compte particulière
         de la décentralisation   69
2.2.2   DPE au Ghana : le voyage est aussi important que
         la destination   73
2.2.3   DPE en Jamaïque : Dispositions institutionnelles
         pour gérer à travers les secteurs   74
3.1.1   Qualité des programmes de DPE dispensés dans
         des centres   86
3.1.2   Instruction interactive par radio   88
3.1.3   Pratiques développementales appropriées
         (DAP – Developmentally Appropriate Practices)   89
3.1.4   Exemples de programmes prometteurs dispensés
         par des centres dans des pays en développement   93
3.2.1   Essais d'interventions pour une stimulation
         précoce en Jamaïque   108
4.1.1   Interventions de DPE ayant fait l'objet d'études
         à long terme aux États-Unis   163

Figures

1   DPE intégré   7
2   Choix du moment : Les interventions de DPE les plus
         importantes varient en fonction de l'âge de l'enfant   9
1.1.1   Niveaux de vocabulaire des enfants équatoriens
         âgés de 36 à 72 mois   16
1.1.2   Taux de rendement des investissements dans
         le développement humain pour toutes les
         tranches d'âge   19
1.2.1   La stimulation précoce, une nutrition adéquate et la
         santé/l'hygiène sont essentielles pour assurer des conditions
         optimales de santé et de développement des enfants   26
1.2.2   Quotient de développement (QD) des enfants en retard de
         croissance bénéficiant d'un supplément nutritionnel uniquement,
         d'une stimulation précoce uniquement ou des deux   31

1.3.1   Périodes sensibles dans le développement précoce du cerveau   39
2.1.1   Cycle de collecte des données pour la conception, le suivi
         et l'évaluation des interventions de DPE   48
4.1.1   Dépenses dans l'enseignement pré-primaire par an et par
         enfant (3 ans et plus) (2006)   159

Tableaux

1.3.1   Dimensions de la maturité scolaire des enfants   36
2.1.1   Indicateurs pour la conduite d'une analyse de la situation
         du DPE   50
2.1.2   Exemples de tests du développement de l'enfant couramment
         utilisés dans les évaluations d'impact du DPE   59
3.2.1   Identification des options de projet à l'aide de l'approche
         par le cycle de la vie   105
3.2.2   Modèles d'éducation des parents   114
3.4.1   Effet des TMC sur le DPE : Données recueillies en Équateur
         (2004-05) et au Nicaragua (2005-06)   144
4.1.1   Comparaison des domaines des programmes d'enseignement
         primaire et de DPE   155
4.1.2   Coûts financiers et économiques des programmes
         de DPE   156
4.2.1   Sources et modalités d'allocation des fonds aux programmes
         de DPE   173
4.2A-1   Investissement public dans les services aux familles et aux
         jeunes enfants (Âges 0 à 6 ans), 2005   179
4.2A-2   Dépenses publiques et privées pour l'enseignement
         pré-primaire (Âges 3 à 6 ans), 2005   180
4.2A-3   Total de la dépense publique dans l'enseignement et l'école
         maternelle, 2004   181
4.2A-4   Sources et mécanismes de financement : Exemples
         de pays   183

Avant-propos

Investir dans la petite enfance est l'attitude responsable à adopter. Tous les enfants méritent une chance de devenir des adultes en bonne santé, instruits et compétents, peu importe où et quand ils sont nés. Même si la responsabilité de l'éducation des enfants incombe principalement aux parents, en particulier au cours des premières années, les États ont également un rôle important à jouer à cet âge critique pour l'acquisition du capital humain. Ils peuvent par exemple veiller à ce que toutes les futures mères et les enfants en bas âge aient accès à des services de santé et à une nutrition de qualité. Ils peuvent aider les parents et autres pourvoyeurs de soins à assurer dès la naissance un environnement positif et stimulant aux enfants en promouvant des programmes d'information sur le rôle parental, en investissant dans des services directs tels que les visites à domicile, en finançant des garderies et écoles maternelles ou en offrant des incitations financières encourageant l'accès des enfants et petits enfants à des programmes de bonne qualité.

Investir dans la petite enfance c'est également faire preuve d'intelligence. À court terme, les investissements dans le développement de la petite enfance (DPE) se traduisent par une réduction des coûts et des gains d'efficacité considérables en matière de santé et d'éducation, étant donné que les enfants qui bénéficient de services de DPE ont de plus grandes chances d'être en bonne santé, d'être prêts à appendre à leur entrée à l'école primaire, de poursuivre plus longtemps leur scolarité et d'obtenir de bons résultats scolaires tout au long de leurs études. À long terme, les investissements dans le DPE contribuent au développement d'adultes bien insérés socialement et productifs qui participeront à la croissance économique du pays et aideront à briser le cycle intergénérationnel de la pauvreté, ce qui se traduira par des salaires plus élevés, une moindre dépendance aux programmes d'assistance sociale, un accroissement des actifs et des familles en meilleure santé. Ces avantages permettent non seulement d'accroître les chances des enfants issus des milieux défavorisés, mais rendent également les sociétés meilleures, plus équitables et plus prospères.

Il est clair que le DPE doit devenir une priorité majeure de l'agenda de développement des pays. Malheureusement, la plupart des enfants des pays à revenu faible et intermédiaire n'ont pas accès à des programmes de DPE de bonne qualité leur offrant dès leur plus jeune âge des possibilités d'éveil et d'apprentissage. Et ce manque d'accès persiste en dépit des preuves convaincantes montrant que les écarts précoces d'apprentissage entre les enfants désavantagés et ceux issus de familles plus aisées se creusent rapidement au cours des premières années de la vie et qu'il devient de plus en plus difficile de les combler par la suite.

Ce guide du DPE présente des expériences et des enseignements qui ont utilement éclairé le débat politique sur les interventions de DPE et la conception de ces programmes à travers le monde. Que l'utilisateur en soit encore à décider d'étoffer ou non son portefeuille de DPE, ou soit déjà en phase de conception de son programme, le contenu de ce guide lui offre tout un éventail d'options fondées sur des faits éclairant les choix stratégiques et d'investissement.

J'espère sincèrement qu'*Investir dans la petite enfance* suscitera un débat énergique avec les États, les partenaires au développement et la société civile sur les retombées considérables de l'investissement dans la petite enfance et les options existantes pour la mise en œuvre de programmes de bonne qualité. J'attends avec impatience la poursuite des efforts collectifs des décideurs politiques, partenaires au développement et autres parties prenantes clés en vue de fournir aux adultes de demain des bases solides pour mener une vie saine, heureuse et productive.

Tamar Manuelyan Atinc
Vice-président, Réseau pour le développement humain
Banque mondiale
Août 2010

Remerciements

Ce guide a été rédigé par l'équipe de Sophie Naudeau (spécialiste du développement humain, Réseau pour le développement humain, Unité enfance et jeunesse [HDNCY], Banque mondiale) ; Naoko Kataoka (consultant) ; Alexandria Valerio (économiste principale, HDNCY); Michelle J. Neuman (spécialiste du DPE, Département éducation, Région Afrique, Banque mondiale) ; et Leslie Kennedy Elder (spécialiste principale de la nutrition, Département de la santé, de la nutrition et de la population, Banque mondiale) ; avec la participation de Cohen Miles (consultant). L'équipe a bénéficié d'une orientation générale de Wendy Cunningham (spécialiste principale, HDNCY) et d'Ariel Fiszbein (économiste en chef, Réseau pour le développement humain).

Les précieux commentaires issus de l'examen par les pairs ont été fournis par Caroline Arnold (Fondation Aga Khan) ; Judith Evans (Université de Victoria, BC, Canada); Hiro Yoshikawa (Harvard University); et par les collègues de la Banque mondiale suivants : Harold Alderman, Felipe Barrera, Amanda Beatty, Simeth Beng, Luis Benveniste, Carla Bertoncino, Christian Bodewig, Mariam Claeson, David Evans, Deon Filmer, Emanuela Galasso, Marito Garcia, Rebekka Grun, Peter Holland, Susiana Iskandar, Wendy Jarvie, Venita Kaul, Christop Kurowski, Martha Laverde, Yi-Kyoung Lee, Arianna Legovini, Mattias Lundberg, Alessandra Marini, Aleksandra Posarac, Laura Rawlings, Norbert Schady, Meera Shekar, Renos Vakis, et Andrea Vermehren.

Abréviations

ACA	Analyse coûts-avantages
AIID	Amsterdam Institute for International Development
ASQ	Questionnaire ASQ (Ages and Stages Questionnaire – Questionnaire portant sur l'âge et le niveau)
CBCL	Questionnaire de comportement de l'enfant d'Achenbach (Achenbach Child Behavior Checklist)
CE	Coût-efficacité
CEI	Comité d'examen institutionnel
CEPALC	Commission économique pour l'Amérique latine et les Caraïbes
CES-D	Centre des études épidémiologiques
DCC	Développement conduit par les communautés
DPE	Développement de la petite enfance
DSRP	Document de stratégie pour la réduction de la pauvreté
DTC3	Vaccin diphtérie-tétanos-coqueluche
ECC	Commission pour la petite enfance (Jamaïque)
EDS	Enquête démographique et de santé
ÉÉEF-R	Échelle d'évaluation de l'environnement familial de l'enfant révisée
ÉÉENTP-R	Échelle d'évaluation de l'environnement des nourrissons et des tout-petits
ÉÉEP-R	Échelle d'évaluation de l'environnement préscolaire révisée
ÉÉGF	Échelle d'évaluation des garderies familiales

ENDEMAIN	Enquête démographique et de santé maternelle et infantile de l'Équateur
EPE	Éducation de la petite enfance
EPPE	Effective Provision of Pre-school Education (étude à long terme sur l'éducation préscolaire)
EVIP	Échelle de vocabulaire en images Peabody
GÉI	Grille d'évaluation des interactions avec le pourvoyeur de soin
HIPPY	Enseignement à domicile par les parents d'enfants d'âge préscolaire (Home Instruction for Parents of Preschool Youngsters)
HOME	Échelle HOME (Home Observation for Measurement of the Environment - observations destinées à mesurer l'environnement familial)
ICD	Services intégrés de développement de l'enfant (Integrated Child Development Services)
IDM	Indice de développement mental
IE	Évaluation de l'incidence
IEA	Association internationale pour l'évaluation du rendement scolaire (International Association for the Evaluation of Educational Achievement)
IEC	Information, éducation et communication
IMC	Indice de masse corporelle
IRI	Instruction radiophonique interactive
LBW	Insuffisance de poids à la naissance (low birth weight)
MICS	Enquêtes en grappe à indicateurs multiples (Multiple Indicator Cluster Surveys)
MIS	Système d'information de gestion
NAEYC	National Association for the Education of Young Children (l'association nationale pour l'éducation des jeunes enfants)
NICHD	National Institute for Child Health and Development (l'institut national pour la santé et le développement de l'enfant)
OCDE	Organisation de coopération et de développement économiques
OEI	Organización de Estados Iberoamericanos para la Educacion, Ciencia y Cultura (l'organisation des États ibéro-américains pour l'éducation, la science et la culture)
OLS	Méthode classique des moindres carrés (Ordinary Least Squares)
OMS	Organisation mondiale de la santé
ONG	Organisation non gouvernementale
PDA	Pratiques développementales appropriées
PIB	Produit intérieur brut
PIDI	Proyecto Integral de Desarrollo Infantil
PNB	Produit national brut
QD	Quotient de développement

RCIU	Retard de croissance intra-utérine
RISE	Radio Instruction to Strengthen Education project (instruction radiophonique en renforcement du projet éducatif)
SDPE	Soins et développement de la petite enfance
SEPE	Soins et éducation de la petite enfance
SMI	Santé maternelle et infantile
SMS	Service de messages courts
TMC	Transfert monétaire conditionnel (Conditional Cash Transfer)
TMI	Taux de mortalité infantile
TMM5	Taux de mortalité des enfants de moins de 5 ans
TRI	Taux de rentabilité interne
TVIP	Test de vocabulaire en images Peabody
UNESCO	Organisation des Nations Unies pour l'éducation, la science et la culture (United Nations Educational, Scientific and Cultural Organization)
UNICEF	Fonds des Nations Unies pour l'enfance (United Nations Children's Fund)
USAID	United States Agency for International Development (agence américaine pour le développement international)
ZAS	Zone administrative spéciale

Aperçu général

Objectif

La Banque mondiale a rédigé ce guide du développement de la petite enfance (DPE) pour répondre à la demande croissante de conseil et d'appui des responsables de programmes en matière de dialogue politique sur le thème du DPE, et pour aider les clients à prendre et à mettre en œuvre des décisions pertinentes sur la meilleure manière d'investir dans le DPE dans le cadre de leur économie et de leurs priorités nationales. Ce guide comble un manque dans la littérature actuelle sur le sujet (1) en distillant l'information existante sous la forme de notes concises et faciles à utiliser ;(2) en fournissant une information pratique sur les dernières questions pertinentes relatives au DPE, telles que la mesure des résultats du développement des enfants grâce à l'identification et l'adaptation d'instruments efficaces, aux transferts monétaires conditionnels destinés aux familles de jeunes enfants, et autres ; et (3) en évaluant la qualité des derniers faits rapportés pour chaque sujet et en identifiant les lacunes en matière de connaissances pour lesquelles des expérimentations et évaluations complémentaires sont nécessaires.

Méthodologie de sélection des éléments probants

Les notes figurant dans ce guide contiennent des références aux constatations d'études de recherche. Celles-ci ont été sélectionnées au cours d'un large examen de la littérature basé sur les critères suivants (sauf indication contraire) :

1. Études évaluant l'impact des interventions ou incitations cohérentes avec la définition du DPE (voir introduction).
2. Études portant sur la mesure des résultats dans au moins un domaine de développement de l'enfant ou des variables susceptibles de jouer un rôle dans l'obtention de ces résultats.
3. Études décrivant les résultats de :
   a. Évaluations d'impact rigoureuses identifiant un contrefactuel valide à travers des techniques expérimentales ou quasi-expérimentales ;
   b. Études de larges cohortes ; ou
   c. Évaluations de processus fondées sur l'identification des éléments critiques d'interventions de qualité dans de nombreux endroits (y compris des méta-analyses).

Résumé du contenu

Ce guide du DPE se présente sous la forme d'une série de courtes notes regroupées en sections thématiques. Les notes ne se veulent pas exhaustives mais cherchent plutôt à résumer les principaux débats existant dans le domaine. Chacune est conçue pour être lue indépendamment, ce qui explique la répétition occasionnelle de certaines informations d'une note à l'autre.

Ce guide comprend les sections suivantes :

Introduction. L'introduction inclut (1) une définition du DPE ; (2) des éléments de contexte et de justification du DPE ; et (3) un cadre de travail conceptuel comprenant notamment un examen des différents domaines du développement de l'enfant et les moments de la petite enfance les plus propices à la mise en place d'interventions spécifiques.

Section 1 : Ouverture d'un dialogue politique sur l'investissement dans le DPE. Les trois notes de cette section couvrent les questions abordées lors de la prise de décision d'investir dans le DPE : une société doit-elle investir des fonds publics dans le DPE ? Les investissements dans le DPE sont-ils rentables et utiles par rapport à d'autres allocations de ressources publiques ? Chaque note est conçue pour présenter un argument qui suscitera l'intérêt de chacune des principales parties au dialogue politique sur le DPE, à savoir les ministres des Finances, de la Planification et des Affaires sociales, les ministres de la Santé et les ministres de l'Éducation.

Une fois que la décision d'investir dans le DPE est prise, différentes questions doivent être abordées pour jeter les bases d'un projet. Parmi les plus courantes, citons : Quels sont les bénéficiaires à cibler ? Comment récolter des données sur les besoins de cette population et leur niveau de développement ? Quels services spécifiques proposer ? Quelles sont les implications en termes de coûts et les options financières disponibles ? Ces questions de « deuxième génération » sont abordées dans les Sections 2, 3, et 4.

Section 2 : Évaluation des besoins, mesure des résultats et établissement de cadres des politiques. Les deux notes de cette section reprennent des informations sur les indicateurs, outils et instruments qui peuvent être utilisés pour mener des analyses de la situation du DPE ainsi qu'un suivi et des évaluations d'impact dans les pays à faible revenu, y compris la collecte de données sur (1) les besoins spécifiques des enfants de leur conception jusqu'à l'âge de 6 ans ainsi que de leurs familles ; (2) l'offre de services de DPE (portée et qualité) ; (3) la demande de services de DPE ; et (4) l'environnement juridique et le cadre institutionnel du DPE.

Section 3 : Points d'entrée stratégiques pour l'investissement dans le DPE. Les quatre notes de cette section examinent différents points d'entrée stratégiques possibles : (1) des programmes de DPE basés sur des établissements spécialisés centrés sur la préparation à l'entrée à l'école ; (2) des programmes de DPE fondés sur le domicile pour un changement des comportements en matière de santé, nutrition et responsabilités parentales ; (3) des campagnes de communication/médiatiques destinées aux familles de jeunes enfants ; et (4) des « transferts monétaires conditionnels » pour les familles de jeunes enfants.

Bien que les interventions intégrées de DPE visant les besoins en matière de santé, nutrition et stimulation/apprentissage précoce des jeunes enfants jusqu'à leur entrée à l'école primaire sont susceptibles de donner les résultats positifs les plus élevés dans les différents domaines du développement de l'enfant (Grantham-McGregor et coll.2007), elles ne sont pas toujours possibles durant la petite enfance, en particulier durant la phase initiale de l'engagement du client dans le DPE.

Chaque point d'entrée stratégique d'investissement est examiné dans une note séparée et peut être utilisé comme un outil autonome ou en combinaison avec d'autres. Les notes visent à obtenir un équilibre entre les recommandations fondées sur des éléments probants (lorsqu'ils existent) et la sagesse populaire ou la notion de « pratiques modèles ». Elles identifient également les lacunes dans les connaissances pour lesquelles des expérimentations et évaluations complémentaires sont nécessaires.

Section 4 : Évaluation des coûts et financement des programmes de DPE. Finalement, tant la décision d'investir dans le DPE que le type des points d'entrée stratégiques jugés prioritaires dépendent dans une large mesure des possibilités et contraintes financières existant dans un contexte donné. Les deux notes de cette section incluent donc des données sur (1) les types de coûts à prendre en considération lors de la planification des interventions de DPE et (2) les options disponibles en matière de sources financières et de mécanismes de financement.

Annexe : Tableau résumé des programmes et évaluations. L'annexe fournit plus de détails sur les interventions et études d'évaluation citées dans les notes.

Note

1. « Contrefactuel » désigne un groupe de personnes aussi semblables que possible dans leurs dimensions tant observables que non observables, à celles participant à l'intervention examinée.

Référence

Grantham-McGregor, S., Y. Bun Cheung, S. Cueto, P. Glewwe, L. Richer, B. Trupp, et le groupe de pilotage d'International Child Development. 2007. "Developmental Potential in the First 5 Years for Children in Developing Countries." The Lancet 369 (9555): 60–70.

Introduction

Définition

Le domaine du développement de la petite enfance (DPE)[1] est déterminé par la Convention des Nations Unies relative aux droits de l'enfant, Observation générale 7 (NU 2006) et fait référence au développement physique, cognitif, linguistique et socio-émotionnel des jeunes enfants jusqu'à leur entrée à l'école primaire (généralement vers 6-7 ans)[2]. Première phase du développement humain (démarrant pendant la grossesse), le DPE est un concept intégré qui concerne différents secteurs, notamment la santé et la nutrition, l'éducation et la protection sociale.

Contexte et justification

Les enfants arrivant à la fin de la petite enfance doivent avoir atteint un niveau satisfaisant de développement physique, cognitif, linguistique et socio-émotionnel afin d'être en mesure de profiter pleinement des opportunités futures dans les secteurs de l'éducation et de la santé et de devenir à part entière des membres productifs de la société. Ils doivent (1) être en bonne santé et bien nourris ; (2) être attaché en toute sécurité à leurs pourvoyeurs de soins et être capables d'interagir positivement avec les membres de leur famille étendue, les autres enfants et leurs enseignants ;(3) communiquer dans leur langue maternelle avec les enfants de leur âge et les adultes ; et (4) être prêts à apprendre tout au long de leurs études primaires.

Les enfants pauvres ou autrement défavorisés ont moins de chances d'atteindre ces jalons essentiels dans la mesure où ils sont souvent exposés aux effets cumulatifs de multiples facteurs de risques, notamment le manque d'accès à l'eau, aux infrastructures d'assainissement de base et à des services de santé de qualité ; des apports nutritionnels insuffisants, des parents peu instruits ; et l'absence de garderies et d'écoles maternelles de qualité.

Par rapport aux autres, les enfants pauvres ou autrement défavorisés ont moins de chances d'intégrer le système scolaire à l'âge voulu. Ils sont également plus susceptibles d'obtenir de moins bons résultats scolaires ou d'atteindre un niveau d'études inférieur pour leur âge et d'être dotés de plus faibles aptitudes cognitives (Vegas et Santibáñez 2010). Selon une étude récente (Grantham-McGregor et coll. 2007), 219 millions d'enfants de moins de 5 ans sont désavantagés.[4] Ce chiffre représente 39 % des moins de 5 ans dans les pays en développement, mais atteint des sommets en Afrique subsaharienne et en Asie du Sud (respectivement 61 % et 52 %).

Des interventions durant la petite enfance sont capables d'inverser ces tendances négatives et de fournir aux jeunes enfants de meilleurs perspectives et résultats en termes d'accès à l'éducation, de qualité de l'apprentissage, de croissance physique et de santé, voire de productivité. Les enfants issus de familles plus aisées bénéficient également d'une participation à des interventions de DPE de qualité. Et étant donné que l'investissement dans le DPE a un effet en chaîne tout au long de la durée de vie des bénéficiaires, ces interventions figurent parmi les plus rentables qu'un pays puisse réaliser dans le développement et la formation de capital humain de sa population (Heckman 2008).

Cadre conceptuel

Le développement de la petite enfance est un processus pluridimensionnel au sein duquel les progrès réalisés dans un domaine agissent souvent en tant que catalyseur dans d'autres domaines. Inversement, des retards dans un domaine de développement peuvent entraîner des retards dans d'autres domaines. Par exemple, la malnutrition durant la petite enfance n'entraîne pas seulement un retard de croissance physique (y compris des arrêts de croissance), mais est également un facteur hautement prédictif de retards dans le développement cognitif et d'obtention de faibles résultats scolaires (Glewwe, Jacoby et King 2001). À son tour, le manque d'attention et de stimulation de la part d'un adulte durant la petite enfance mène non seulement à un développement socio-émotionnel et cognitif médiocre mais a aussi une incidence sur la santé et la croissance physique.[5]

Domaines du développement de l'enfant

Les quatre domaines interdépendants du développement de l'enfant (voir Figure 1) – développement physique, développement cognitif, développement linguistique et développement socio-émotionnel – peuvent être décrits comme suit[6] :

Le développement physique se définit par le taux de croissance de l'individu, la forme physique, la motricité fine et globale et des capacités de se prendre en charge. Il peut être affecté par des conditions chroniques telles que le diabète, un handicap ou la malnutrition. La prévalence du retard de croissance (malnutrition chronique, mesurée par un indice taille/âge inférieur ou égal à 2) chez les enfants de 0 à 2 ans est particulièrement élevée car elle reflète celle de la malnutrition dans une population d'enfants donnée, ce qui à son tour est un facteur prédictif d'un faible développement cognitif et général durant la petite enfance et par la suite (Grantham-McGregor et coll. 2007).

Le développement cognitif comprend les progrès en matière de capacités d'analyse, de résolution mentale des problèmes, de mémoire et de premières aptitudes mathématiques. Chez les nourrissons et tout-petits, le développement cognitif précoce implique la résolution de problèmes tels que la capacité à empiler ou emboiter des objets, ainsi qu'une compréhension précoce de l'arithmétique qui se traduit par des aptitudes telles que le tri d'objets et la connaissance de ce que « un » et « deux » signifient. À trois ans, les enfants doivent être capables de résoudre des puzzles simples et de reconnaître les couleurs et les formes, ainsi que d'être conscients du concept de « plus » et de « moins ». Lorsque l'enfant approche de l'âge scolaire, le développement cognitif s'élargit à la connaissance précoce des chiffres, y compris de l'addition et la soustraction, une certaine connaissance des lettres de l'alphabet et de l'écriture. Les indicateurs de développement cognitif pour les enfants approchant de l'âge scolaire comprennent la connaissance des lettres et des chiffres, la capacité à retenir des informations à court terme et la connaissance d'informations personnelles clés telles que le nom et l'adresse.

Figure 1   DPE intégré

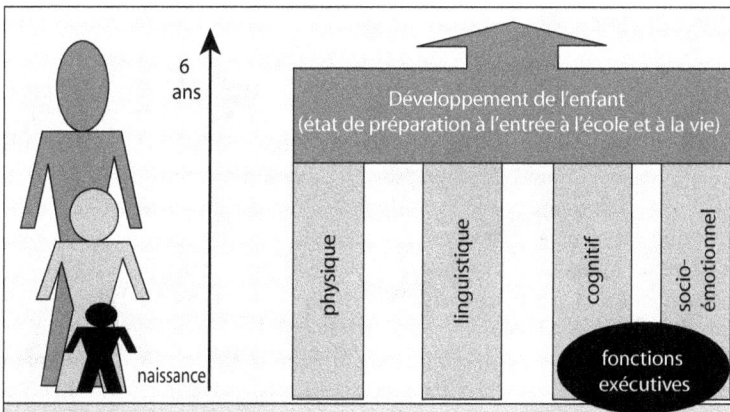

Source: Les auteurs.

Le développement linguistique se manifeste chez le nourrisson à travers des gazouillis et des indications gestuelles, les premiers mots et phrases apparaissent chez le tout-petit et deviennent une effusion de mots entre 2 et 3 ans. Il est important de noter que la capacité à absorber le langage et à différencier les sons culmine aux environs de 9 mois (voir Note 3.1), bien avant que l'enfant ne parle réellement, ce qui indique l'importance pour les parents/pourvoyeurs de soins d'interagir verbalement avec les enfants dès la naissance. À leur entrée à l'école maternelle, les indicateurs de développement du langage comprennent la production et la compréhension de mots, la capacité à raconter des histoires et à identifier des lettres et la familiarité avec les livres.

Le développement social et émotionnel, est centré durant les 2 premières années de la vie, sur les relations des enfants avec leurs pourvoyeurs de soins et l'apprentissage du degré de confiance qu'ils peuvent accorder à leur entourage pour répondre à leurs besoins. À l'âge préscolaire, le développement social et émotionnel se construit sur les acquis précédents et s'étend aux compétences sociales (s'entendre avec les autres, notamment les enfants et enseignants), à la gestion du comportement (suivre des instructions et collaborer en cas de demande), à la perception sociale (identifier les pensées et sentiments chez eux et chez les autres) et aux aptitudes à s'autocontrôler (garder un contrôle émotionnel et comportemental, en particulier dans des situations de stress).

Certaines de ces aptitudes impliquent des processus tant socio-émotionnels que cognitifs, appelées « fonctions exécutives » (Fernald et coll. 2009). Elles comprennent le contrôle de l'impulsivité, la capacité à entreprendre des actions et à maintenir l'attention, ainsi que la persistance, un ensemble d'aptitudes qui influenceront de manière significative la capacité de l'individu à réussir dans la vie. Les fonctions exécutives les plus cognitives sont dites « froides » et comprennent notamment la capacité à retenir des règles arbitraires et d'autres aspects non émotionnels d'un tâche donnée, tandis que les fonctions exécutives « chaudes » concernent en général les aspects les plus émotionnels tels que l'inhibition ou la capacité à attendre la gratification

Conjonctures favorables à l'intervention au niveau de la petite enfance

Le développement dans les quatre domaines du DPE a des effets cumulatifs tout au long de la petite enfance. Certaines interventions sont néanmoins particulièrement importantes durant certaines sous-périodes spécifiques (ou conjonctures favorables) et doivent donc être considérées comme prioritaires dans les choix des interventions les plus appropriées pour chacun des différents groupes d'âges La Figure 2 résume les types d'interventions les plus pertinentes pour les différentes sous-périodes de la petite enfance. Par exemple, il est essentiel que les jeunes enfants bénéficient d'une nutrition adéquate entre le moment de leur conception et l'âge de 2 ans, à travers une bonne nutrition prénatale, un allaitement maternel exclusif pendant les 6 premiers mois et le maintien de l'allaitement avec l'ajout d'aliments adéquats entre 6 mois et 2 ans (Banque mondiale 2006). De même, il est essentiel que les moins de 2 ans évoluent dans un milieu propice à la création de liens solides (ou attachement) avec leurs pourvoyeurs de soins, ouvrant ainsi la

Figure 2 Choix du moment : Les interventions de DPE les plus importantes varient en fonction de l'âge de l'enfant

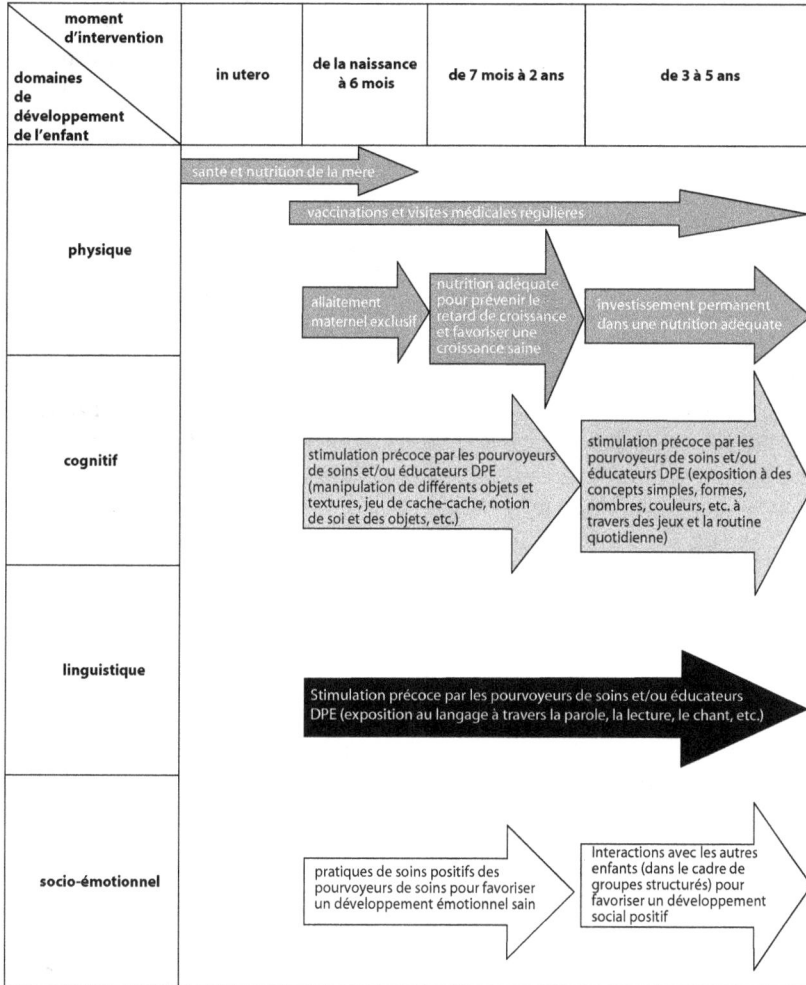

moment d'intervention / domaines de développement de l'enfant	in utero	de la naissance à 6 mois	de 7 mois à 2 ans	de 3 à 5 ans
physique	santé et nutrition de la mère → / vaccinations et visites médicales régulières →	allaitement maternel exclusif →	nutrition adéquate pour prévenir le retard de croissance et favoriser une croissance saine →	investissement permanent dans une nutrition adéquate →
cognitif			stimulation précoce par les pourvoyeurs de soins et/ou éducateurs DPE (manipulation de différents objets et textures, jeu de cache-cache, notion de soi et des objets, etc.) →	stimulation précoce par les pourvoyeurs de soins et/ou éducateurs DPE (exposition à des concepts simples, formes, nombres, couleurs, etc. à travers des jeux et la routine quotidienne) →
linguistique		Stimulation précoce par les pourvoyeurs de soins et/ou éducateurs DPE (exposition au langage à travers la parole, la lecture, le chant, etc.) →		
socio-émotionnel		pratiques de soins positifs des pourvoyeurs de soins pour favoriser un développement émotionnel sain →		Interactions avec les autres enfants (dans le cadre de groupes structurés) pour favoriser un développement social positif →

Source: Les auteurs.

voie à leur développement futur dans tous les domaines (Naudeau 2009). Les programmes de DPE expliquant aux parents comment interagir positivement avec leurs nourrissons et tout-petits à travers la communication verbale et les contacts physiques sont donc particulièrement importants durant ces premières années. L'absence d'une nutrition et d'une stimulation adéquates durant ces périodes propices au développement entrave le potentiel humain de l'enfant (Grantham-McGregor et coll.2007).

Entre 3 et 5 ans, l'interaction avec d'autres enfants du même âge (par exemple, dans le cadre de programmes de DPE basés sur des établissements spécialisés) et d'autres formes plus avancées de stimulation linguistique et cognitive par les parents et éducateurs au DPE acquièrent une importance croissante, en même temps que la poursuite de l'investissement dans la santé et la nutrition.

Notes

1. Le DPE est également connu sous le nom de soins et développement de la petite enfance (SDPE) et recouvre l'éducation de la petite enfance (EPE), les soins et l'éducation de la petite enfance (SEPE) ainsi que d'autres dénominations.

2. Bien que la définition du DPE s'applique aux enfants jusqu'à l'âge de 8 ans – en partant du principe qu'une transition réussie vers l'école primaire dépend non seulement de la maturité scolaire de l'enfant mais également de l'aptitude des écoles à s'adapter aux besoins spécifiques des jeunes élèves durant les premières années d'études – ce guide se concentre sur les services de DPE jusqu'à l'entrée à l'école primaire.

3. Les facteurs de risques se définissent comme « les caractéristiques personnelles ou les circonstances environnementales qui accroissent la probabilité de résultats négatifs chez les enfants » (Cole et Cole 2000).

4. Dans cette étude, les enfants sont considérés comme désavantagés s'ils montrent un retard de croissance et/ou s'ils vivent dans la pauvreté.

5. Pour un examen des articles sur le sujet, voir Naudeau (2009).

6. Une grande partie de l'information contenue dans cette section est une adaptation de Fernald et coll. (2009).

Références

Cole, M. et S. R. Cole. 2000. *The Development of Children* (4e éd.). New York: Worth.

Fernald, L., P. Kariger, P. Engle et A. Raikes. 2009. Examining *Early Child Development in Low-Income Countries: A Toolkit for the Assessment of Children in the First Five Years of Life*. Washington, DC: Banque mondiale.

Glewwe, P., H. G. Jacoby et E. M. King. 2001. "Early Childhood Nutrition and Academic Achievement: A Longitudinal Study." Journal of Public Economics 81 (3): 345–68.

Grantham-McGregor, S., Y. Bun Cheung, S. Cueto, P. Glewwe, L. Richer, B. Trupp, et the International Child Development Steering Group. 2007. "Developmental Potential in the First 5 Years for Children in Developing Countries." The Lancet 369 (9555): 60–70.

Heckman, J. 2008. "Schools, Skills, et Synapses." *Economic Inquiry* 46 (3): 289–324.

Naudeau, S. 2009. "Supplementing Nutrition in the Early Years: The Role of Early Childhood Stimulation to Maximize Nutritional Inputs." *Child and Youth Development Notes* 3 (1) (mars) Banque mondiale, Washington, DC.

Nations Unies. 2006. "UN General Comment 7: Implementing Child Rights in Early Childhood." (40th session, 2005). U.N. Doc. CRC/C/GC/7/Rev.1. http://www1.umn.edu/humanrts/crc/crc_general_comments.htm

Vegas, E. et L. Santibáñez. 2010. "The Promise of Early Childhood Development in Latin America and the Caribbean." Banque mondiale, Washington, DC.

Banque mondiale. 2006. *Repositioning Nutrition as Central to Development: A Strategy for Large-Scale Action.* Washington, DC: Banque mondiale.

Ouverture d'un dialogue politique sur l'investissement dans le DPE

Pourquoi investir dans le développement de la petite enfance ? L'argument économique
(pour le dialogue sur les politiques avec les ministres des Finances, de la Planification et des Affaires sociales)

Cette note plaide pour un investissement public dans le développement de la petite enfance (DPE) en fournissant des éléments prouvant que les retards dans le développement cognitif et général bien avant qu'un enfant n'entre à l'école primaire ont souvent des conséquences durables et coûteuses tant pour les familles que pour la société. Cette note démontre également que des interventions de DPE bien ciblées constituent une stratégie rentable pour aider à prévenir ces retards ou à y remédier, permettant ainsi aux enfants vivant dans la pauvreté d'être en meilleure santé, d'avoir de meilleurs résultats scolaires, de s'engager dans des activités moins risquées, et de devenir des adultes plus productifs.

L'absence d'investissement dans le DPE est coûteuse et difficile à compenser plus tard dans la vie

Les compétences développées dans la petite enfance forment la base de l'apprentissage futur et d'une intégration réussie dans le marché du travail. Le DPE améliore la capacité de l'enfant à apprendre, travailler avec les autres, être patient et développer d'autres compétences constituant le fondement de l'apprentissage formel et de l'interaction sociale au cours des années d'études et au-delà.

L'absence de développement de ces compétences fondamentales peut conduire à des effets à long terme, souvent irréversibles sur les performances éducatives, la santé, la fertilité et les revenus productifs, ce qui entraîne par la suite des coûts significatifs tant pour les individus que pour la société

(Heckman et Masterov 2007). Des études réalisées notamment en Afrique du Sud, au Brésil, en Indonésie, en Jamaïque, au Pérou et aux Philippines ont montré qu'une nutrition inadaptée entre la conception et l'âge de deux ans provoque des retards cognitifs graves chez les enfants en âge d'école (Grantham-McGregor et coll. 2007). De plus, chez les enfants en âge préscolaire, les retards linguistiques et cognitifs peuvent s'accumuler rapidement s'ils ne sont pas traités. Par exemple, la Figure 1.1.1 montre que, alors que, si les différences dans le vocabulaire adapté à l'âge observées chez les enfants équatoriens de trois ans sont généralement limitées, à l'âge de six ans, les enfants des ménages moins nantis ou moins instruits se retrouvent loin derrière leurs homologues vivant dans des ménages plus riches ou plus instruits. Ce schéma est en partie dû au fait que, dans les familles pauvres, on a moins tendance à parler aux enfants et que le discours que ceux-ci entendent est généralement caractérisé par une richesse lexicale et une complexité syntaxique limitées (Fernald et coll. 2009).

Des associations entre la pauvreté et les multiples facettes du développement de l'enfant (notamment cognitif, physique et socio-émotionnel) ont également été observées à des âges aussi précoces que 6 mois en Égypte, 12 mois au Brésil, 10 mois en Inde et 18 mois au Bangladesh (Grantham-McGregor et coll. 2007).

À mesure qu'ils grandissent, les enfants vivant dans la pauvreté sont susceptibles d'avoir des résultats scolaires médiocres, notamment des taux élevés de redoublement et d'abandon, ainsi que des taux élevés de fertilité et de morbidité, ce qui contribue à des inefficacités coûteuses dans les secteurs de l'éducation et

Figure 1.1.1   Niveaux de vocabulaire des enfants équatoriens âgés de 36 à 72 mois
quartiles de revenu

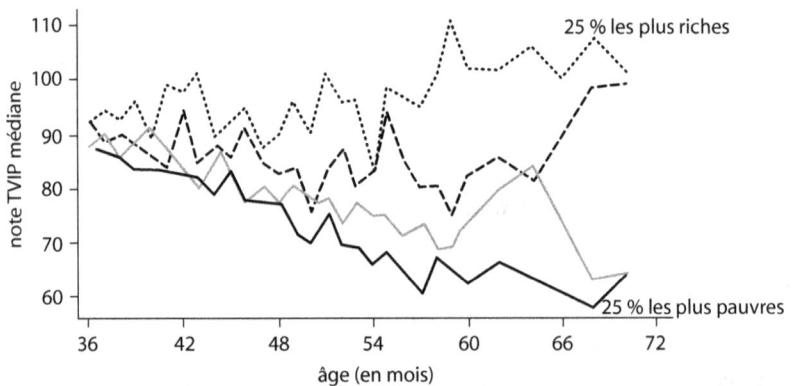

Source: Paxson et Schady 2007.
Note: Le TVIP *(Test de Vocabulario en Imagenes Peabody)* est une mesure de l'aspect réceptif du langage espagnol basée sur le Test de vocabulaire en images Peabody – révisé. Axe des Y = notes TVIP normalisées ; moyenne de la population de référence = 100 ; écart-type = 15. Les enfants dont la note est inférieure à 70 tombent donc en dessous du cinquième percentile de l'évaluation normative. Les quatre lignes représentent les quartiles socioéconomiques.

de la santé. Ils sont aussi plus susceptibles d'avoir une productivité et des revenus plus faibles, de ne pas assurer une éducation adéquate à leurs propres enfants et de contribuer à la transmission intergénérationnelle de la pauvreté (Grantham-McGregor et coll. 2007), et ils ont également moins de possibilités de contribuer à la croissance économique de leurs pays.

Les retards de développement avant l'âge de six ans sont difficiles à compenser plus tard dans la vie, parce que la petite enfance est une période particulièrement sensible en ce qui concerne la formation du cerveau. Des études neurologiques ont en effet montré quelques synapses (c'est-à-dire les connexions entre les neurones du système nerveux) se développent rapidement pendant cette période, formant la base du système cognitif et émotionnel pour le restant de la vie de l'enfant (Young et Mustard 2007). Une nutrition adéquate, en particulier depuis la conception jusqu'à l'âge de deux ans, combinée à une stimulation adéquate durant les cinq premières années de la vie jouent un rôle capital dans le processus de formation et de développement du cerveau, principalement en favorisant la multiplication des synapses, et le processus de myélinisation[1], tous deux essentiels au fonctionnement normal du système nerveux (Banque mondiale ; Nelson, de Haan et Thomas 2006). Inversement, l'absence d'une nutrition et d'une stimulation adéquates durant les premières années peut provoquer des anomalies graves dans le développement du cerveau (Shonkoff et Phillips 2000).

Des éléments très probants prouvent que les interventions de DPE génèrent des avantages significatifs à court et long termes

La recherche démontre de plus en plus que les capacités cognitives sont autant affectées par la qualité de l'environnement et la quantité de stimulation précoce et d'opportunités d'apprentissage auxquelles les enfants sont exposés que par les facteurs génétiques, dont l'influence est responsable de près de la moitié des différences dans les capacités cognitives (Fernald et coll. 2009). De même, le développement tant socio-émotionnel que physique des enfants est fortement influencé par l'environnement auquel ils sont exposés à un âge précoce.[2]

Il a été démontré que des facteurs de risque environnementaux tels que la malnutrition, une mauvaise santé, un environnement familial peu stimulant et la maltraitance des enfants ont tous un impact négatif sur le développement des enfants (Irwin, Siddiqi et Hertzman 2007). Ces facteurs de risque ont tendance à être plus concentrés parmi les ménages pauvres où les parents sont moins instruits, en partie à cause du manque d'information (par exemple, le manque de connaissance parentale des moyens de favoriser la croissance et le développement de leurs enfants) et, en partie en raison des limitations du côté de l'offre (par exemple, une distribution inégale des ressources et services destinés aux jeunes enfants).

Il a été prouvé qu'un certain nombre d'investissements dans la DPE (détaillés dans les Notes 3.1 à 3.4) ont des avantages durables et significatifs dans trois grandes catégories de résultats interdépendants

- **Amélioration de la maturité scolaire et des résultats éducatifs connexes.** La maturité scolaire correspond au fait que l'enfant dispose des capacités cognitives et socio-émotionnelles nécessaires pour apprendre et obtenir de bons résultats à l'école (voir Note 1.3.). Les résultats éducatifs associés comprennent notamment de meilleurs scores aux tests normalisés, une diminution des abandons ou des échecs scolaires, et un allongement de la scolarité (Lynch 2005). Il a été constaté qu'un certain nombre d'interventions de DPE diverses, y compris celles axées sur l'éducation précoce et préscolaire, la nutrition, et les compétences et connaissances parentales, ont un effet positif sur la maturité scolaire et les résultats académiques. Par exemple, les participants à un programme maternel d'apprentissage actif, de haute qualité – High/Scope Perry Preschool – ont des taux plus élevés d'achèvement des études secondaires que le groupe témoin (71 % contre 54 %), donnant ainsi lieu par la suite à des revenus mensuels supérieurs (29 % contre 7 % gagnaient 2 000 dollars EU ou plus par mois) et à un taux plus élevé d'accession à la propriété à l'âge de 27 ans (36 % contre 13 %) (Schweinhart et coll. 2005).

- **Amélioration de la santé physique et mentale et réduction de la dépendance au système de soins de santé.** S'il n'est pas surprenant de constater que les programmes axés sur la nutrition, la vaccination et l'hygiène ont des avantages significatifs pour la santé, il est important de reconnaître que d'autres types d'interventions de DPE, notamment celles soutenant des opportunités de stimulation et d'apprentissage précoces, ont également un impact direct sur la santé des enfants (voir Note 1.2). Les programmes qui renforcent les capacités cognitives et socio-émotionnelles des jeunes enfants peuvent entraîner une diminution des problèmes de santé plus tard dans la vie, en partie parce qu'ils réduisent la probabilité de problèmes de santé mentale, et aussi parce qu'ils amènent les enfants à faire des choix bénéfiques pour la santé, tels qu'une utilisation accrue de la ceinture de sécurité et une consommation réduite du tabac, de l'alcool et des autres drogues licites et illicites menant à une dépendance (Schulman 2005).

- **Réduction de l'entraînement dans des comportements à haut risque.** Les comportements à haut risque communs aux enfants et aux jeunes comprennent l'usage du tabac, les comportements sexuels à risques, la consommation de drogues et la dépendance, et les actes criminels et violents (Lynch 2005). Ces comportements réduisent les chances de l'enfant de réussir son intégration dans la vie adulte et augmentent les probabilités de conséquences négatives telles que la maladie, le chômage, la grossesse adolescente, les maladies transmises sexuellement, les dépendances, l'incarcération et l'exclusion sociale (Cunningham et coll. 2008). Les programmes qui renforcent les capacités cognitives et socio-émotionnelles améliorent la capacité des enfants à contrôler eux-mêmes leurs comportements et leurs émotions. Par exemple, une évaluation d'un programme d'éducation mère-enfant en Turquie a montré que les enfants dont les familles participaient au programme avaient des taux de délinquance plus bas que ceux dont les familles n'y participaient pas (Kagitci-basi et coll. 2009). Aux États-Unis, le projet Abecedarian, un essai prospectif aléatoire de soins de qualité prodigués à temps plein aux enfants depuis la pre-mière enfance jusqu'à l'âge de cinq ans, a révélé qu'à mesure qu'ils grandis-saient, les participants étaient moins susceptibles de fumer, de consommer de la marijuana ou de devenir des parents adolescents que les enfants qui n'avaient pas participé au programme (Campbell et coll. 2002).

Des interventions correctives sont possibles plus tard dans le développement de l'enfant – comme les programmes d'équivalence entre les années d'études pour les abandons scolaires ou les interventions thérapeutiques pour les jeunes violents – mais plus la société attend pour intervenir dans le cycle de vie d'un enfant défa-vorisé, plus il est coûteux de corriger son désavantage (Heckman 2008a). En effet, les interventions de DPE ont non seulement un ratio coûts-avantages élevé, mais elles ont également un taux de rendement par dollar investi supérieur à celui des interventions destinées aux enfants plus âgés et aux adultes (voir Figure 1.1.2) (Heckman 2008b ; Heckman, Stixrud et Urzua 2006). Des éléments probants suggèrent un taux de rendement potentiel de 7 à 16 % par an pour les programmes de DPE de ha (Rolnick et Grunewald 2007 ; Heckman et coll. 2009).[3] C'est pour-quoi de nombreux pays investissent des ressources publiques dans le DPE en tant que service fondé sur des droits (ONU 2006) et investissement financier judicieux.

Un autre avantage économique des interventions de DPE est qu'elles renfor-cent à la fois l'efficacité et l'équité,[4] dans la mesure où elles offrent un moyen ren-table de générer une main-d'œuvre compétente et bien formée et conduisent à de meilleurs résultats pour les personnes les plus défavorisées (Heckman et Masterov 2007).

Figure 1.1.2   Taux de rendement des investissements dans le développement humain pour toutes les tranches d'âge

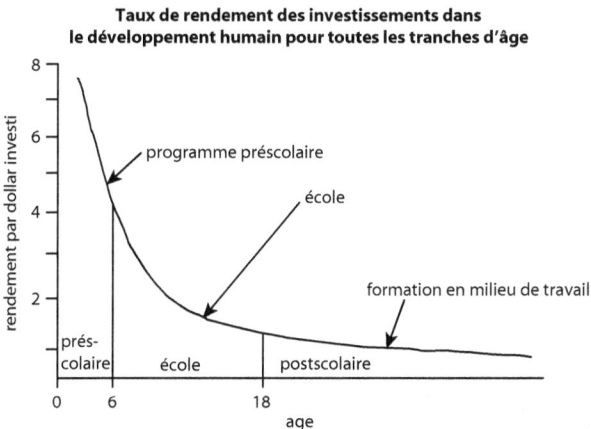

Taux de rendement des investissements dans le développement humain pour toutes les tranches d'âge

Source: Carneiro et Heckman 2003.

En fonction de l'économie politique d'un pays donné, les ressources publiques peuvent être investies en faveur des plus vulnérables uniquement ou de plus larges segments de la population, avec des compromis éventuels entre l'équité et l'universalité de la prestation de services, y compris des implications au niveau des coûts et du financement (voir Notes 4.1. et 4.2.)

Les investissements dans le DPE peuvent aussi avoir un impact positif sur les filles plus âgées et les femmes

En plus de l'impact direct des interventions de DPE sur les jeunes enfants, des externalités positives peuvent apparaître dans les domaines de l'éducation des filles et de la participation des femmes à la population active. En effet, des éléments probants suggèrent que des soins abordables aux jeunes enfants peuvent plus augmenter les taux de scolarisation des sœurs plus âgées qu'une augmentation des salaires des mères. Par exemple, une étude kényane a montré que l'augmentation du salaire des mères pourrait contribuer à une augmentation de 11 % de la scolarisation des garçons de la famille, mais à une diminution de 10 % de celle des filles, étant donné que les adolescentes assument plus de responsabilités ménagères lorsque leurs mères travaillent en dehors du foyer. En revanche, l'étude a montré que la réduction du coût des soins prodigués aux enfants augmentait la scolarisation des filles de la famille sans avoir un effet quantifiable sur la scolarisation des garçons dans un sens ou dans l'autre (Lokshin, Glinskaya, et Garcia 2000).

D'autres éléments suggèrent que les interventions offrant des soins abordables aux enfants peuvent accroître la participation des mères à la population active (Lokshin, Glinskaya et Garcia 2000 ; Berlinski et Galiani 2007), en particulier chez les femmes plus instruites (Schlosser 2005). Par exemple, une étude réalisée en Argentine a analysé l'effet d'augmentations significatives de la disponibilité d'écoles maternelles publiques gratuites dans tout le pays et a estimé un effet d'augmentation de l'emploi des mères de 7 à 14 % (Berlinski et Galiani 2007). Une autre étude portant sur des familles argentines a estimé à 13 % la différence de participation à la population active des mères dont le plus jeune enfant venait d'atteindre l'âge d'admission à l'école maternelle par rapport à celles dont le plus jeune enfant ne l'avait pas encore atteint (Berlinski, Galiani et McEwan 2008).

Notes

1. La myélinisation est la production d'une couche de myéline (un isolant électrique) autour de l'axone des neurones (cellules nerveuses), qui maximise l'intensité des transmissions neuronales dans le cerveau.

2. Les éléments probants faisant la distinction entre les facteurs environnementaux et génétiques proviennent principalement de nations industrialisées. Pour une analyse, voir Plomin 1994.

3. Il convient de souligner que ces taux de rendement élevés ont été observés pour des interventions à petite échelle visant des groupes d'enfants vulnérables. Les interventions à grande échelle ciblant un éventail plus large de bénéficiaires peuvent avoir des rendements inférieurs.

4. Toutefois, le DPE peut nécessiter des apports complémentaires au niveau de l'enseignement primaire pour que ses efforts en faveur des résultats de l'apprentissage soient durables. Des compromis entre l'efficacité et l'équité peuvent donc être nécessaires pour les enfants des ménages à faible revenu à mesure qu'ils grandissent.

Lectures clés

Grantham-McGregor, S., Y. Bun Cheung, S. Cueto, P. Glewwe, L. Richer, B. Trupp et the International Child Development Steering Group. 2007. "Developmental Potential in the First 5 Years for Children in Developing Countries." *The Lancet* 369: 60–70.

Heckman, J. J. et D. V. Masterov. 2007. "The Productivity Argument for Investing in Young Children." *Review of Agricultural Economics* 29 (3): 446–93.

Heckman, J. J., S. H. Moon, R. Pinto, P. A. Savalyev et A. Yavitz. 2009. "The Rate of Return to the High/Scope Perry Preschool Program." Working Paper 200936, Geary Institute, University College Dublin. http://www.ucd.ie/geary/static/publications/workingpapers/gearywp200936.pdf.

Shonkoff, J. P. et D.A. Phillips (éd.). 2000. *From Neurons to Neighborhoods: The Science of Early Childhood Development*. Washington, DC: National Academy Press

Références

Berlinski, S. et S. Galiani. 2007. "The Effect of a Large Expansion of Pre-primary School Facilities on Preschool Attendance and Maternal Employment." *Labour Economics* 14 (3): 665–80.

Berlinski, S., S. Galiani et P. J. McEwan. 2008. "Preschool and Maternal Labor Market Outcomes: Evidence from a Regression Discontinuity Design." IFS Working Paper W09/05. The Institute for Fiscal Studies, London, UK.

Campbell, F. A., C. T. Ramey, E. P. Pungello, S. Miller-Johnson et J. J. Sparling 2002. "Early Childhood Education: Young Adult Outcomes from the Abecedarian Project." *Applied Developmental Science* 6 (1): 42–57.

Carneiro, P. et J. Heckman. 2003. "Human Capital Policy." NBER Working Paper 9495, National Bureau of Economic Research, Cambridge, MA.

Cunningham, W., L. M. Cohan, S. Naudeau et L. McGinnis. 2008. Supporting Youth at Risk: *A Policy Toolkit for Middle-Income Countries*. Washington, DC: Banque mondiale.

Fernald, L., P. Kariger, P. Engle et A. Raikes. 2009. *Examining Early Child Development in Low-Income Countries: A Toolkit for the Assessment of Children in the First Five Years of Life*. Washington, DC: Banque mondiale.

Grantham-McGregor, S., Y. Bun Cheung, S. Cueto, P. Glewwe, L. Richer, B. Trupp, et the International Child Development Steering Group. 2007. "Developmental Potential in the First 5 Years for Children in Developing Countries. *The Lancet* 369 (9555): 60–70.

Heckman, J. J. 2008a. "The Case for Investing in Disadvantaged Young Children." In *Big Ideas for Children: Investing in Our Nation's Future*, éd. First Focus, 49–58. Washington, DC: First Focus.

———. 2008b. "Schools, Skills, and Synapses." *Economic Inquiry* 46 (3): 289–324.

Heckman, J. J. et D.V. Masterov. 2007. "The Productivity Argument for Investing in Young Children." *Review of Agricultural Economics* 29 (3): 446–93

Heckman, J. J., S. H. Moon, R. Pinto, P. A. Savalyev et A. Yavitz. 2009. "The Rate of Return to the High/Scope Perry Preschool Program." Working Paper 200936, Geary Institute, University College Dublin. http://www.ucd.ie/geary/static/publications/workingpapers/gearywp200936.pdf

Heckman, J. J., J. Stixrud et S. Urzua. 2006. "The Effects of Cognitive and Noncognitive Abilities on Labor Market Outcomes and Social Behavior." *Journal of Labor Economics* 24 (3): 411–82.

Irwin, L., A. Siddiqi et C. Hertzman. 2007. "Early Child Development: A Powerful Equalizer: Final Report for the World Health Organization's Commission on the Social Determinants of Health." WHO, Geneva. http://www.who.int/social_determinants/resources/ecd_kn_report_07_2007.pdf.

Kagitcibasi, C., D. Sunar, S. Bekman, N. Baydar et Z. Cemalcilar. 2009. "Continuing Effects of Early Enrichment in Adult Life: The Turkish Early Enrichment Project 22 Years Later." *Journal of Applied Developmental Psychology* 30 (6): 764–79.

Lokshin, M. M., E. Glinskaya et M. Garcia. 2000. "The Effect of Early Childhood Development Programs on Women's Labor Force Participation and Older Children's Schooling in Kenya." Working Paper 2376. Banque mondiale, Washington, D.C

Lynch, R. G. 2005. "Early Childhood Investment Yields Big Payoff." *Policy Perspectives*. San Francisco, CA: WestEd

Nelson, C. A., M. de Haan et K. M. Thomas. 2006. *Neuroscience and Cognitive Development: The Role of Experience and the Developing Brain*. New York: John Wiley.

Paxson, C. et N. Schady. 2007. "Cognitive Development among Young Children in Ecuador: The Roles of Wealth, Health, and Parenting." *Journal of Human Resources* 42 (1): 49–84

Plomin, R. 1994. *Genetics and Experience: The Interplay Between Nature and Nurture*. Thousand Oaks, CA: Sage Publications.

Rolnick, A. J. et R. Grunewald. 2007. "The Economics of Early Childhood Development as Seen by Two Fed Economists." *Community Investments* 19 (2), Federal Reserve Bank of San Francisco.

Schlosser, A. 2005. "Public Pre-school and the Labor Supply of Arab Mothers: Evidence from a Natural Experiment." Manuscrit en hébreu non publié. Université de Jérusalem.

Schulman, K. 2005. "Overlooked Benefits of Prekindergarten." National Institute for Early Education Research. Retrieved March 21, 2009, http://www.nieer.org.

Schweinhart, L. J., J. Montie, Z. Xiang, W. S. Barnett, C. R. Belfield et M. Nores. 2005. *Lifetime Effects: The High/Scope Perry Preschool Study through Age* 40. Monographs of the HighScope Educational Research Foundation 14. Ypsilanti, MI: HighScope Press.

Shonkoff, J. P. et D. A. Phillips. 2000. From *Neurons to Neighborhoods: The Science of Early Childhood Development*. Washington, DC: National Academy Press.

Nations-Unies. 2006. "UN General Comment 7: Implementing Child Rights in Early Childhood." (40th session, 2005). U.N. Doc. CRC/C/GC/7/Rev.1.http://www1.umn.edu/humanrts/crc/crc_general_comments.htm

Banque mondiale. 2006. *Repositioning Nutrition as Central to Development: A Strategy for Large-Scale Action*. Washington, DC: Banque mondiale.

Young, M. E. et F. Mustard. 2007. "Brain Development and ECD: A Case for Investment." *In Africa's Future, Africa's Challenge: Early Childhood Care and Development in Sub-Saharan Africa*, éd. M. Garcia, A. Pence et J. L. Evans. Washington, DC: Banque mondiale.

Pourquoi investir dans le DPE ? Les arguments liés à la survie et à la santé *(pour le dialogue sur les politiques avec les ministres de la Santé)*

Cette note plaide pour un investissement public dans le développement de la petite enfance (DPE) en tant que contributeur essentiel à la croissance et au développement d'enfants sains depuis les âges les plus précoces. Elle présente des éléments montrant que beaucoup d'enfants de ménages à revenu faible et intermédiaire continuent à être victimes de taux de mortalité/morbidité élevés dus à des causes évitables, telles que la sous-nutrition, qui ont des effets négatifs et onéreux sur le développement tant à court qu'à long terme. La note montre également les importantes synergies existant entre la stimulation de la petite enfance[1], la nutrition et la santé/l'hygiène, soulignant que les trois sont nécessaires pour que les enfants grandissent et développent tout leur potentiel (voir Figure 1.2.1).

Malgré les progrès récents, de nombreux enfants pauvres meurent encore pour des raisons évitables

La mortalité juvénile est un indicateur sensible du développement d'une nation, représentant de nombreux éléments contribuant au bien-être des enfants, notamment la connaissance que les mères et les autres pourvoyeurs de soins ont de la nutrition, la santé et l'éducation des enfants ; le moment où ont lieu les naissances et leur espacement ; l'accès aux services de santé, à l'eau potable et à l'assainissement ; la demande de soins pendant les maladies ; et la sécurité générale de l'environnement.

Figure 1.2.1 La stimulation précoce, une nutrition adéquate et la santé/l'hygiène sont essentielles pour assurer des conditions optimales de santé et de développement des enfants

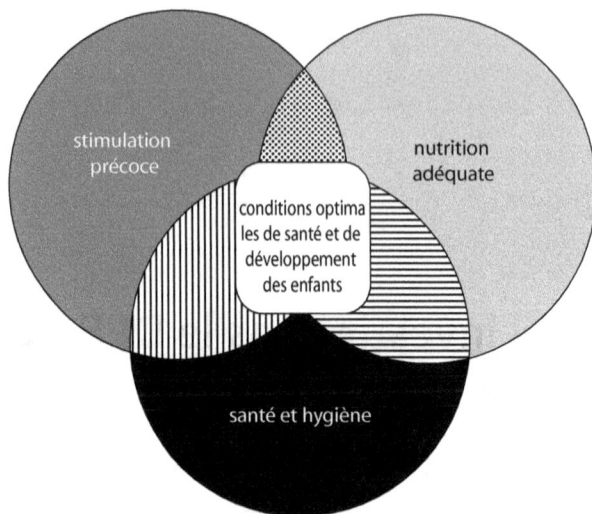

Source: Auteurs.

Des estimations récentes de l'UNICEF (janvier 2010) de la mortalité des moins de cinq ans révèlent des progrès et des tendances positives (You et coll. 2010). Par exemple, entre 1990 et 2008, le taux mondial de mortalité des moins de cinq ans a chuté de 28 %, passant de 90 à 65 morts pour 1000 naissances vivantes ; le nombre total de décès a également diminué de 12,5 à 8,8 millions. Cependant, malgré les progrès enregistrés dans de nombreux pays, les taux de mortalité des moins de cinq ans ont stagné en Afrique orientale et australe et empiré en Afrique centrale et occidentale.

Les infections sont les principaux responsables des morts d'enfants, notamment la pneumonie (20 % des décès des nouveau-nés et enfants) ; les maladies diarrhéiques (18 % des décès des nouveau-nés et enfants) ; et la rougeole, la malaria et le SIDA (à elles trois, ces maladies sont responsables de 15 % des décès des moins de cinq ans) (UNICEF 2008). En fonction du contexte des pays et des réductions des décès des enfants de plus d'un mois, les problèmes néonataux sont responsables d'un pourcentage de plus en plus élevé de décès chez les moins de cinq ans, ce qui met en évidence le besoin urgent de traiter les déterminants de la mortalité néonatale. Enfin, la sous-nutrition est la cause sous-jacente de pas moins d'un tiers des décès des moins de 5 ans, ce qui souligne l'importance critique d'une approche intégrée de la santé et de la nutrition (notamment à travers des pratiques de soins positives telles que l'alimentation attentive)[2] pour améliorer la survie des enfants vulnérables.

Des estimations indiquent qu'environ deux tiers des décès des moins de cinq ans pourraient être évités par des interventions actuellement disponibles et réalisables au niveau mondial (Black, Morris et Bryce 2003). La stratégie d'intervention la plus prometteuse pour l'amélioration de la survie des enfants est la promotion de l'allaitement maternel exclusif. Par exemple, en augmentant à 90 % le taux d'allaitement maternel exclusif pendant les six premiers mois de la vie, on pourrait éviter jusqu'à 13 % des décès d'enfants au niveau mondial. D'autres stratégies de prévention efficaces pour augmenter la probabilité de survie des enfants comprennent l'apport de compléments nutritionnels dès l'âge de six mois (notamment à travers les stratégies d'alimentation attentive, exposées plus en détail dans la Note 3.2.) ; l'apport de suppléments de vitamine A deux fois par an ; les vaccinations ; et la prévention et le traitement en temps voulu de la pneumonie, de la diarrhée et de la malaria (Black, Morris et Bryce 2003).

Pour ceux qui survivent, une mauvaise santé ainsi qu'une nutrition et une stimulation inadéquates dans la petite enfance conduisent souvent à des problèmes de santé et de développement à long terme, qui sont coûteux pour les sociétés

Garantir que les enfants survivent aux cinq premières années de leur vie est une priorité absolue, en particulier dans les pays où l'Objectif 4 du Millénaire pour le développement de l'ONU (Réduire la mortalité infantile de deux tiers entre 1990 et 2015) ne sera pas atteint. Cependant, à elle seule, la survie n'est pas suffisante pour que les enfants deviennent des membres sains, compétents et productifs de la société. Une étude de 2007 (Walker et coll. 2007) estime que dans le monde, au moins 200 millions d'enfants de moins de cinq ans survivront probablement à la petite enfance, mais ne parviendront pas à réaliser tout leur potentiel au cours de leur vie en raison d'une mauvaise santé, de la sous-nutrition et d'un manque de stimulation dans la petite enfance. Pour ces enfants et les sociétés où ils vivent, les déficits précoces se traduiront par des conséquences coûteuses et durables.

Une nutrition inadéquate, en particulier depuis avant la naissance jusqu'à l'âge de deux ans, entraîne un retard de croissance

La santé et l'hygiène dans la petite enfance sont étroitement associées à la nutrition. Un régime médiocre (quantité et qualité), des pratiques de soins inadéquates et les infections infantiles peuvent contribuer à un retard de croissance. Par exemple, une analyse groupée de neuf études a révélé que chaque épisode de diarrhée accroît d'environ 2,5 % le risque de retard de croissance à 24 mois (Humphrey 2009). La maladie peut supprimer l'appétit aussi bien qu'augmenter les besoins nutritionnels des enfants, tandis que les déficiences nutritionnelles peuvent augmenter le risque de maladie et la gravité des maladies (Banque mondiale 2006).

Un rapport récent suggère également la contribution probablement élevée (jusqu'ici insuffisamment documentée et examinée) de l'entéropathie tropicale (un trouble sous-clinique de l'intestin grêle causé par l'ingestion de bactéries fécales par les jeunes enfants vivant dans des conditions déficientes en hygiène et en assainissement) à la sous-nutrition infantile, soulignant le rôle essentiel que la disponibilité de toilettes et un lavage soigneux des mains peuvent jouer dans la réduction de la prévalence de la sous-nutrition infantile (Aboud, Shafique et Akhter 2009).

La mauvaise nutrition commence souvent dans l'utérus et conduit à des conditions de santé médiocres aux étapes ultérieures de la vie. La sous-nutrition maternelle (y compris un manque de calories et des déficiences en fer et en iode) et les infections non traitées (par exemple, la malaria et les infections transmises sexuellement) contribuent au retard de croissance intra-utérin (RCIU), à une insuffisance de poids à la naissance (IPN, poids inférieur à 2 500 g) et au rabougrissement. Déjà confronté à un désavantage avant leur naissance, les enfants souffrant d'une IPN récupèrent rarement la totalité de la croissance linéaire perdue dans l'utérus (Alderman et Behrman 2006).

Les bébés souffrant d'une IPN courent également des risques supplémentaires de problèmes de santé à l'âge adulte. Des éléments probants issus d'études basées sur les observations étayent l'hypothèse de l'origine fœtale de maladies à l'âge adulte. Cette théorie suggère qu'une IPN et un retard de croissance dans la petite enfance, suivis d'un gain de poids compensatoire à des âges ultérieurs (après 2 ans), sont associés à l'hypertension, à des taux de cholestérol plus élevés, à une plus grande disposition au diabète de type 2 et à un risque accru de maladies cardiaques à l'âge adulte (Barker et coll. 2002).

En plus de la probabilité élevée de déficits de croissance irréversibles, une analyse récente d'enfants nés pendant les trois années de la famine en Chine (1959–61) signale un risque accru de troubles de la santé mentale (y compris la schizophrénie) associé aux déficits nutritionnels chez le fœtus en développement (St. Clair et coll. 2005). Ces constatations coïncident avec les études antérieures sur l'impact de la famine hollandaise de 1944 (Stein et coll. 1975 ; Susser et coll. 1996).

La dénutrition conduit également à une perturbation du développement cérébral, à des retards cognitifs et à une productivité réduite. Les associations entre l'état de santé et le niveau de nutrition dans la petite enfance et les résultats ultérieurs du développement cognitif et les progrès scolaires sont bien documentés dans des études transversales (Grantham-McGregor et coll. 2007). Comparés aux enfants ne présentant aucun retard de croissance, les enfants ayant souffert d'un arrêt de croissance avant l'âge de 24 mois sont plus susceptibles d'être non scolarisés ou d'entrer tardivement à l'école. Ils ont également des niveaux inférieurs de maturité scolaire et de moins bons résultats académiques, notamment un retard dans le parcours scolaire et des compétences cognitives plus faibles. Une déficience en iode chez les femmes enceintes peut provoquer des retards mentaux irréversibles chez leurs enfants (Walker et coll. 2007). Les enfants victimes de malnutrition, notamment ceux souffrant d'anémie pendant leurs deux premières années, présentent aussi des compétences psychomotrices plus limitées, des niveaux d'activité plus faibles, une plus grande apathie, moins d'interaction avec les pourvoyeurs de soins, et des taux inférieurs d'exploration de leur environnement.

Les effets à long terme de la dénutrition précoce comprennent également une productivité réduite à l'âge adulte, résultant d'un nombre plus limité d'années d'études et d'un plus faible apprentissage scolaire annuel (Walker et coll. 2007), combinée aux coûts économiques évidents d'une éducation plus basse des individus et de la population active. En plus de l'association entre le retard de croissance et les résultats éducatifs, des éléments relient également le retard de croissance précoce à une petite stature à l'âge adulte et à une masse maigre réduite, qui ont un impact négatif sur la capacité de travail physique et la productivité (Haas et coll. 1995). Ainsi, une étude a estimé que les adultes ayant connu un retard de croissance dans leur petite enfance gagnent entre 22,2 et 30,1 % de moins que les adultes qui n'en ont pas été victimes (Grantham-McGregor et coll. 2007). Au Guatemala, les résultats d'une étude récente montrent que les garçons qui ont reçu un supplément nutritionnel[3] entre la naissance et l'âge de 24 mois (1969-77) percevaient des salaires en moyenne supérieurs de 46 % à ceux des adultes appartenant au groupe témoin (qui étaient plus susceptibles d'avoir subi un retard de croissance) (Hoddinott et coll. 2008).

Enfin, le risque de transmission intergénérationnelle de la mauvaise nutrition et de médiocres conditions de santé et de développement est élevé, étant donné que les filles ayant connu un retard de croissance et dont le poids est insuffisant sont plus susceptibles de donner naissance à des bébés chétifs et de petite taille que leurs homologues ayant bénéficié d'une nutrition adéquate.

Le double fardeau de la dénutrition et de la suralimentation. Alors que beaucoup de pays à revenu faible et intermédiaire sont encore confrontés aux problèmes des maladies infectieuses et le la dénutrition, ils connaissent également une augmentation de l'obésité et de la surcharge pondérale, des facteurs de risque pour les maladies non transmissibles. Dans plus en plus de pays, de communautés et de ménages, le double fardeau de la dénutrition et de la suralimentation est évident.

La prévalence de la suralimentation chez les jeunes a substantiellement augmenté, et le nombre des enfants de moins de cinq ans en surcharge pondérale est estimé à plus de 42 millions.[4] Près de 35 millions de ces enfants vivent dans des pays en développement. Les enfants obèses et en surcharge pondérale seront vraisemblablement toujours obèses à l'âge adulte et plus susceptibles de développer des maladies non transmissibles comme le diabète et les maladies cardiovasculaires à un âge plus précoce.

Selon l'Organisation mondiale de la santé, l'augmentation du surpoids et de l'obésité dans les pays à revenu faible et intermédiaire, en particulier dans les milieux urbains, résulte probablement de la combinaison d'une consommation accrue d'aliments hautement énergétiques et à forte teneur en graisses et sucres, et d'une activité physique réduite (OMS 2006).

Le manque de stimulation dans la petite enfance contribue également à une faible croissance et compromet le développement global des enfants[5]

Les jeunes enfants ne peuvent réaliser leur plein potentiel avec seulement un bon état de santé et une bonne nutrition. En effet, certains enfants pourtant nourris de manière adéquate ne se nourrissent et ne se développent pas convenablement parce que la stimulation et l'attention dont ils devraient bénéficier leur fait défaut pendant la petite enfance. Ces cas peuvent aboutir à tout un spectre de conditions appelé « retard staturo-pondéral » (Lozoff 1989 ; Tanner 1990).

La stimulation joue également un rôle critique dans le processus de formation du cerveau et les retards de développement avant l'âge de six ans sont difficiles à rattraper plus tard dans la vie, parce que la petite enfance est une période particulièrement sensible pour la formation du cerveau. En effet, des études neurologiques ont montré que les synapses (les connexions entre les neurones) se développent rapidement pendant cette période et forment la base du système cognitif et émotionnel pour le reste de la vie d'un enfant (Young et Mustard 2007).

C'est pourquoi, une nutrition adéquate, en particulier depuis la conception jusqu'à l'âge de deux ans, combinée à une stimulation pendant la petite enfance dans les cinq premières années de la vie jouent un rôle capital dans le processus de formation et de développement du cerveau, principalement en favorisant la multiplication des synapses et le processus de myélinisation[6], qui sont essentiels au fonctionnement normal du système nerveux (Banque mondiale 2006 ; Nelson, de Haan et Thomas 2006).

Des éléments fortement probants indiquent que les interventions de DPE axées sur la santé, la nutrition et la stimulation précoce (plutôt que sur la santé et la nutrition uniquement) génèrent les plus grands avantages en termes de santé et de développement général des enfants

Une étude réalisée en Jamaïque prouve les effets cumulatifs de la nutrition et de la stimulation des enfants. Chez les enfants de 9 à 24 mois en retard de croissance, ceux qui recevaient à la fois des suppléments nutritionnels et une stimulation obtenaient de meilleurs résultats aux tests de développement que ceux ne bénéficiant que d'une seule ou d'aucune de ces interventions (voir Figure 1.2.2) (Grantham-McGregor 1997). Après deux années d'intervention (1 kg par semaine d'une préparation lactée pour nourrissons et une heure de visite à domicile par semaine de professionnels de la santé communautaires visant à améliorer les interactions mère-enfant à travers le jeu), la différence de quotient de développement (QD) entre les enfants avec et sans retard de croissance avait

Figure 1.2.2 Quotient de développement (QD) des enfants en retard de croissance bénéficiant d'un supplément nutritionnel uniquement, d'une stimulation précoce uniquement ou des deux

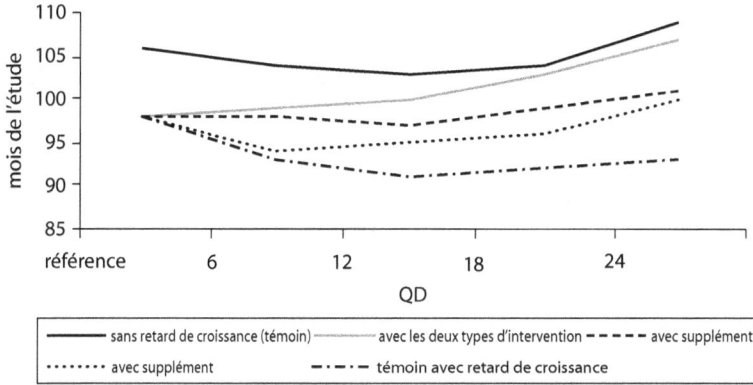

Source : Grantham

Note : QD à l'âge de référence (entre 9 et 24 mois) et à 6 mois d'intervalle jusqu'à 24 mois.

pratiquement disparu chez les enfants dénutris bénéficiant à la fois des interventions de nutrition et de stimulation

Le suivi d'une portion substantielle de la cohorte initiale de l'étude aux âges de 7 à 8, 11 à 12, et 17 à 18 ans a révélé que les enfants bénéficiant d'une stimulation maintenaient de meilleures performances cognitives et éducatives au cours du temps. Chez les enfants qui recevaient le supplément nutritionnel, mais pas la stimulation, les effets cognitifs positifs étaient évidents à l'âge de 7 ans, mais plus à l'âge de 11 et 17 ans (Walker et coll. 2007).

Une étude réalisée au Vietnam aboutit à des conclusions similaires. Des interventions en plusieurs phases (de nutrition entre 0 et 3 ans et de stimulation entre 4 et 5 ans) ont abouti à des résultats cognitifs améliorés par rapport à ceux des enfants ne bénéficiant que de l'intervention de nutrition (Watanabe et coll. 2005). L'impact était même plus important chez les enfants en retard de croissance, ce qui prouve que les activités de stimulation peuvent atténuer les conséquences négatives d'un arrêt de croissance linéaire pour le développement cognitif.

Les paradigmes de planification soutenant la prestation de services intégrés de DPE, incluant la santé, la nutrition (dès la grossesse) et la stimulation de la petite enfance (dès la naissance) produiront un maximum de rendement pour les investissements dans le capital humain à un âge plus avancé, tout en introduisant des facteurs significatifs d'efficacité dans le système de santé publique.

Notes

1. La stimulation dans la petite enfance consiste à offrir aux petits enfants des possibilités constantes d'interagir avec les personnes qui les soignent et d'apprendre de leur environnement depuis leur plus jeune âge. Dans la pratique, la stimulation implique la réactivité des parents, des autres membres de la famille et des pourvoyeurs de soin vis-à-vis des besoins émotionnels et physiques des enfants depuis leur naissance, en jouant et en parlant avec eux (même avant que les enfants ne puissent répondre verbalement), et en les exposant aux mots, aux chiffres et à des concepts simples dans le cadre des activités quotidiennes de routine.

2. L'alimentation attentive (ou active) désigne les « comportements positifs des pourvoyeurs de soins pendant les repas (par exemple, en encourageant l'enfant à manger, en remplissant à nouveau son assiette, en lui souriant et en lui parlant) et les pratiques d'alimentation adaptées aux capacités psychomotrices de l'enfant (par exemple son habileté à attraper les aliments avec les doigts ou à manipuler une cuiller ou une tasse, etc.) ». Voir Aboud, Shafique et Akhter 2009.

3. Le supplément nutritionnel (Atole) était composé de lait écrémé en poudre, de protéine végétale (semoule de maïs) et de sucre. Il était administré deux fois par jour aux enfants participants.

4. Extrait du site Web de l'OMS, mai 2010.

5. Une grande partie de l'information contenue dans cette section est tirée de Naudeau (2009).

6. La myélinisation est la production d'une couche de myéline (une substance d'isolation électrique) autour de l'axone d'un neurone, qui maximise l'intensité des transmissions neuronales dans le cerveau.

Lectures clés

Heckman, J. J., S. H. Moon, R. Pinto, P. A. Savalyev et A. Yavitz. 2009. "The Rate of Return to the High/Scope Perry Preschool Program." Working Paper 200936, Geary Institute, University College Dublin. http://www.ucd.ie/geary/static/publications/workingpapers/gearywp200936.pdf.

Naudeau, S. 2009. "Supplementing Nutrition in the Early Years: The Role of Early Childhood Stimulation to Maximize Nutritional Inputs." *Child and Youth Development* Notes 3 (1) (mars), Banque mondiale, Washington DC.

Victora C. G., L. Adair, C. Fall, P. C. Hallal, R. Martorell, L. Richter et H. S. Sachdev. 2008. "Maternal and Child Undernutrition: Consequences for Adult Health and Human Capital." *The Lancet* 371 (9609): 340–57.

Banque mondiale. 2006. *Repositioning Nutrition as Central to Development: A Strategy for Large-Scale Action*. Washington, DC: Banque mondiale.

Références

Aboud, F. E., S. Shafique et S. Akhter. 2009. "A Responsive Feeding Intervention Increases Children's Self-Feeding and Maternal Responsiveness But Not Weight Gain." *Journal of Nutrition* 139 (9): 1738–43.

Alderman, H. et J. R. Behrman. 2006. "Reducing the Incidence of Low Birth Weight in Low-Income Countries Has Substantial Economic Benefits." *World Bank Research Observer* 21 (1): 25–48.

Barker, D. J., J. G. Eriksson, T. Forsén et C. Osmond. 2002. "Fetal Origins of Adult Disease: Strength of Effects and Biological Basis." *International Journal of Epidemiology* 31 (6): 1235–39.

Black, R. E., S. S. Morris et J. Bryce. 2003. "Where and Why Are 10 Million Children Dying Every Year?" *The Lancet* 361 (9376): 2226–34.

Grantham-McGregor, S., Y. Bun Cheung, S. Cueto, P. Glewwe, L. Richer, B. Trupp, et l'International Child Development Steering Group. 2007. "Developmental Potential in the First 5 Years for Children in Developing Countries. *The Lancet* 369: 60–70.

Grantham-McGregor, S. M., S. P. Walker, S. M. Chang, et C. A. Powell. 1997. "Effects of Early Childhood Supplementation With and Without Stimulation on Later Development in Stunted Jamaican Children." *American Journal of Clinical Nutrition* 66 (2): 247–53.

Haas, J. D., E. J. Martinez, S. Murdoch, E. Conlisk, J. A. Revera et R. Martorell. 1995. "Nutritional Supplementation During the Preschool Years and Physical Work Capacity in Adolescent and Young Adult Guatemalans." *Journal of Nutrition* 125 (4): 1068–77.

Hoddinott, J., J. A. Maluccio, J. R. Behrman, R. Flores et R. Martorell. 2008. "Effect of a Nutrition Intervention During Early Childhood on Economic Productivity in Guatemalan Adults." *The Lancet* 371 (9610): 411–16.

Humphrey, J. H. 2009. "Child Undernutrition, Tropical Enteropathy, Toilets, and Handwashing." *The Lancet* 374 (9694): 1032–34.

Lozoff, B. 1989. "Nutrition and Behavior." *American Psychologist* 44: 231–36.

Naudeau, S. 2009. "Supplementing Nutrition in the Early Years: The Role of Early Childhood Stimulation to Maximize Nutritional Inputs." *Child and Youth Development Notes* 3 (1) (mars), Washington DC.: Banque mondiale.

St.Clair, D., M. Xu, P. Wang, Y. Yu, Y. Fang, Z. Feng, X. Zheng, et al. 2005. "Rates of Adult Schizophrenia Following Prenatal Exposure to the Chinese Famine of 1959–61." *Journal of the American Medical Association* 294 (5): 557–62.

Stein, Z., M. Susser, G. Saenger et F. Marolla. 1975. "Famine and Human Development." *In The Dutch Hunger Winter of 1944–1945.* New York: Oxford University Press.

Susser, E., R. Neugebauer, H. W. Hoek, A. S. Brown, S. Lin, D. Labovitz et J. M. Gorman. 1996. "Schizophrenia after Prenatal Famine: Further Evidence." *Archives of General Psychiatry* 53 (1): 25–31.

Tanner, J. M. 1990. Fetus into Man: *Physical Growth from Conception to Maturity* (2e éd.). Cambridge, MA: Harvard University Press.

UNICEF (United Nations Children's Fund). 2008. "The State of the World's Children 2008: Child Survival." UNICEF, New York.

Walker, S. P., T. D. Wachs, J. M. Gardner, B. Lozoff, G. A. Wasserman, E. Pollitt, J. A. Carter et l'International Child Development Steering Group. 2007. "Child Development: Risk Factors for Adverse Outcomes in Developing Countries." *The Lancet* 369: 145–57.

Watanabe, K., R. Flores, J. Fujiwara et L. T. H. Tran. 2005. "Early Childhood Development Interventions and Cognitive Development of Young Children in Rural Vietnam." *Journal of Nutrition* 135 (8): 1918–25.

OMS (Organisation mondiale de la santé). 2006. "Overweight and Obesity." Fact Sheet 311, à partir de http://www.who.int/mediacentre/fact-sheets/fs311/en/index.html.

Banque mondiale. 2006. *Repositioning Nutrition as Central to Development*: A Strategy for Large-Scale Action. Washington, D.C.: Banque mondiale.

You, D., T. Wardlaw, P. Salama et G. Jones. 2010. "Levels and Trends in Under-5 Mortality, 1990–2008." *The Lancet* 375: 100–03.

Pourquoi investir dans le DPE ? Les arguments liés à la maturité et aux performances scolaires
(pour le dialogue sur les politiques avec les ministres de l'Éducation)

Cette note plaide pour un investissement public dans le développement de la petite enfance (DPE) en présentant des éléments prouvant que les enfants pauvres qui ne bénéficient pas d'interventions de DPE de qualité ne sont souvent pas préparés à apprendre lorsqu'ils entrent à l'école primaire, ce qui conduit à des inefficacités dans le système d'éducation publique, coûteuses tant pour les familles que pour la société. Cette note présente également des éléments montrant que des interventions de DPE bien ciblées constituent une stratégie rentable de promotion de la maturité scolaire, de la réussite à l'école et de l'achèvement des études (y compris chez les filles plus âgées de la famille), optimisant ainsi les investissements supplémentaires dans l'éducation publique et permettant aux enfants pauvres de devenir des adultes productifs.

Les enfants pauvres sont souvent peu préparés à apprendre lorsqu'ils entrent à l'école primaire

La maturité scolaire est le degré de préparation d'un enfant à apprendre et à réussir à l'école (Ackerman et Barnett 2005). La recherche montre de plus en plus que la maturité scolaire des enfants ne dépend pas uniquement de leurs compétences cognitives à l'entrée à l'école primaire, même si ces compétences sont essentielles, mais aussi de leur santé physique, mentale et émotionnelle, ainsi que de leur capacité à interagir avec les autres (Hair et coll. 2006) (voir Tableau 1.3.1).

La recherche montre également que les capacités cognitives sont autant affectées par la qualité de l'environnement et la quantité de stimulation et de possibilités d'apprentissage auxquelles les enfants sont exposés depuis leur naissance que par les facteurs génétiques (dont l'influence est responsable de près de la moitié de la variance des capacités cognitives) (Fernald et coll. 2009). De même, le développement socio-émotionnel et la capacité physique des enfants sont fortement influencés par leur environnement à un âge précoce.[1]

Il a été démontré que des facteurs de risque environnementaux tels que la malnutrition, une mauvaise santé, un environnement familial peu stimulant, et la maltraitance des enfants ont tous un impact négatif sur le développement des capacités de l'enfant et son aptitude à apprendre et à réussir à l'école (Irwin,

Tableau 1.3.1 Dimensions de la maturité scolaire des enfants

Santé physique et développement moteur	Développement social et émotionnel	Approches de l'apprentissage	Développement du langage	Développement cognitif et connaissances générales
Taux de croissance ; condition physique ; conditions chroniques telles que le diabète, le handicap, la malnutrition ; motricité fine ; motricité globale ; et autonomie.	Capacité à nouer des relations positives avec les enseignants et les autres enfants ; perception de soi et efficacité par rapport à soi-même ; capacité à exprimer ses sentiments de manière appropriée ; et sensibilité aux sentiments des autres.	Ouverture et curiosité vis-à-vis des tâches et des défis ; persistance dans les activités, imagination, capacité d'attention et style d'apprentissage cognitif ex. : meilleur dans l'exploitation de l'information à l'écoute que dans l'observation/lecture).	*verbale* *Expression :* écoute, parole, usage social du langage (ex. : respect des conventions sociales, et de la politesse), et vocabulaire oral. *Début d'alphabétisation :* Intérêt pour les livres et les histoires, Début d'écriture (graffitis imitant l'écriture), Sensibilisation à l'écrit (compréhension du fait qu'un texte représente des mots prononcés), et séquencement (les histoires suivent une séquence standard).	Connaissance des propriétés des objets (ex. : couleur, poids et mouvement) ; compréhension des relations entre les objets, les événements ou les personnes (ex. : déterminer en quoi deux objets diffèrent) ; apprentissage des conventions sociales ou des connaissances enseignées à l'école (ex. : connaître son nom et adresse ou être capable de compter)

Source: Kagan, Moore et Bredekamp 1995.

Siddiqi, et Hertzman 2007). Ces facteurs de risque ont tendance à être plus concentrés parmi les ménages pauvres où les parents sont moins instruits, en partie à cause du manque d'information (par exemple, le manque de connaissance parentale de l'importance critique du soutien à la croissance et au développement des enfants depuis la conception) et, en partie en raison des limitations du côté de l'offre (par exemple, une distribution inégale des ressources et services destinés aux jeunes enfants).

Une analyse réalisée en 2007 sur des données relatives aux enfants des pays en développement révèle que plus de 200 millions de moins de cinq ans sont exposés à de nombreux risques ayant un impact négatif sur leur développement (Grantham-McGregor et coll. 2007). Les conséquences peuvent être dramatiques. Par exemple, alors que les différences dans le vocabulaire adapté à l'âge observées chez les enfants équatoriens de trois ans sont généralement limitées, des « écarts » socio-économiques radicaux s'installent à partir des années suivantes. À l'âge de six ans, les enfants vivant dans des ménages moins bien nantis et dont les mères sont peu instruites accusent un retard significatif par rapport à leurs homologues vivant dans des ménages plus à l'aise ou plus éduqués (voir Figure 1.1.1 dans la Note 1.1) (Paxson et Schady 2007).

Ce schéma est en partie dû au fait que, dans les familles pauvres, on a moins tendance à parler aux enfants et que le discours que ceux-ci entendent est généralement caractérisé par une richesse lexicale et une complexité syntaxique limitées (Fernald et coll. 2009). Des associations entre la pauvreté et les multiples facettes du développement de l'enfant (notamment cognitif, physique et socio-émotionnel) ont également été observées à des âges aussi précoces que 6 mois en Égypte, 12 mois au Brésil, 10 mois en Inde et 18 mois au Bangladesh (Grantham-McGregor et coll. 2007).

Pour tous ces enfants pauvres ou autrement désavantagés, des écarts précoces dans leur développement physique, linguistique, cognitif et socio-économique compromettent gravement leur capacité d'apprentissage et leur motivation lorsqu'ils accèdent à l'école primaire. À mesure qu'ils grandissent, ces enfants sont plus susceptibles d'avoir des résultats scolaires médiocres, de redoubler et d'abandonner l'école que les enfants dont les compétences cognitives et la maturité scolaire globale étaient supérieures au moment de leur entrée à l'école primaire (Feinstein 2003 ; Pianta et McCoy 1997 ; Currie et Thomas 1999).

Le manque de maturité scolaire chez les enfants pauvres entraîne des inefficacités coûteuses dans le système d'éducation publique

Lorsque le nombre des élèves entrant à l'école primaire avec une faible maturité scolaire est important, même les meilleures écoles ont des difficultés à maintenir un environnement favorable à l'apprentissage (Wentzel et Wigfield 1998), et les enfants sont plus susceptibles d'avoir des résultats médiocres, de redoubler et d'abandonner l'école avant la fin du cycle primaire (Reynolds et coll. 2001 ;

Heckman et Masterov 2007). Ces phénomènes sapent naturellement les avantages sociaux et économiques escomptés de l'investissement que les parents et les pouvoirs publics, lorsque l'éducation est financée par des fonds publics, placent dans les enfants. De plus, ces phénomènes soulèvent une question fondamentale à propos de la qualité des ressources humaines disponibles sur le marché de l'emploi et sur leur capacité à apporter une contribution efficace malgré les défis de la compétitivité et du développement général du pays.[2]

Des interventions correctives sont possibles comme l'enseignement spécial ou les programmes d'équivalence entre les années d'études pour les abandons scolaires. Toutefois, ces interventions sont généralement coûteuses et souvent beaucoup moins efficaces que les interventions préventives durant la petite enfance (Heckman 2008a).

Il existe des preuves solides que les interventions de DPE apportent des avantages significatifs en termes de maturité et de réussite scolaires, en particulier chez les enfants pauvres

De nombreuses fonctions cérébrales sont particulièrement sensibles au changement au début de la vie et deviennent moins plastiques (malléables) au fil du temps (Heckman 2008). En fait, une grande partie de l'architecture cérébrale d'un enfant est « câblée » au cours des cinq premières années de la vie (Shonkoff et Phillips 2000), ce qui laisse peu de place à des ajustements ultérieurs. Comme le montre la Figure 1.3.1, même les fonctions qui présentent encore un haut degré de sensibilité plus tard dans l'enfance (par exemple, la capacité numérique et la sociabilité avec les pairs) atteignent leurs niveaux maximaux au cours des quatre à cinq premières années de la vie. D'autres fonctions telles que le contrôle émotionnel et les schémas de réponse habituels enregistrent atteignent non seulement leurs niveaux les plus élevés au cours des premières années, mais normalement un haut niveau de stabilité avant l'âge de cinq ans. Cela suggère qu'ils ne peuvent être modifiés facilement par la suite, et que par conséquent, les opportunités d'apprentissage et de stimulation précoces avant l'école primaire sont essentielles.

Plusieurs études ont montré que l'investissement dans des programmes de DPE de qualité contribue à combler l'écart entre les enfants pauvres ou autrement désavantagés, et ceux issus d'environnements plus privilégiés, les préparant ainsi à une transition réussie vers l'école primaire et à un apprentissage de qualité tout au long de leur vie. En particulier, la participation à des programmes de DPE de qualité a été associée à une meilleure performance dans l'enseignement secondaire et à l'achèvement des études secondaires (Kagitcibasi, Sunar et Bekman 2001) ; à une plus grande attention et à de meilleurs résultats d'apprentissage (Vegas et Petrow 2008 ; Berlinski, Galiani et Gertler 2009) ; et à une exposition accrue à la langue officielle d'enseignement depuis un jeune âge.

À titre d'exemple des avantages du DPE, des enfants du Bengladesh ayant reçu une certaine forme d'éducation préscolaire organisée ont obtenu des résultats 58 % supérieurs à ceux de leurs homologues du groupe témoin, à un test standardisé de maturité scolaire (Aboud 2006). En Colombie, des enfants ayant bénéficié d'une

Figure 1.3.1 Périodes sensibles dans le développement précoce du cerveau

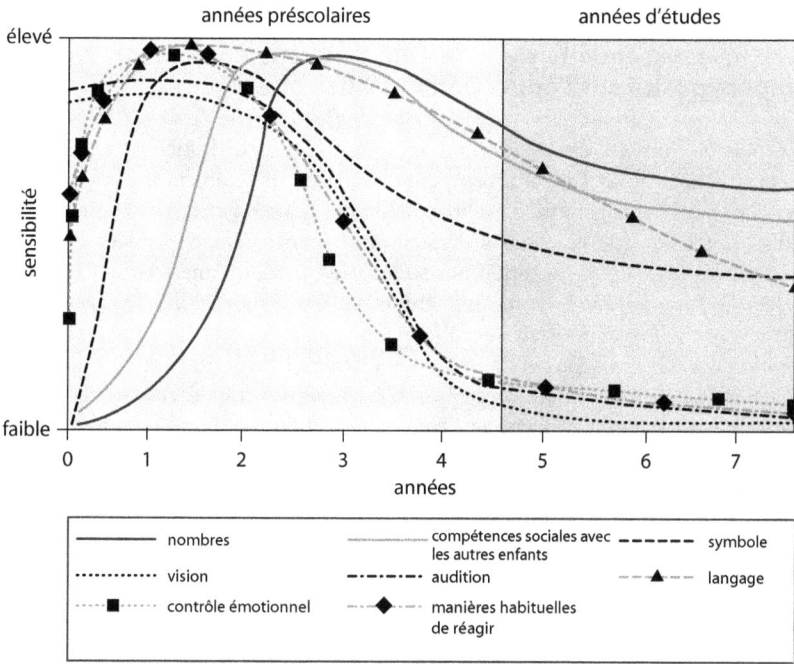

Source: Council for Early Child Development (2010).

intervention de DPE communautaire complète avaient 100 % plus de chances d'être scolarisés en troisième année, indiquant ainsi des taux d'abandon et de redoublement chez les enfants bénéficiaires du programme inférieurs à ceux du groupe de contrôle (Young 1995). En Argentine, on a pu estimer qu'une année d'école maternelle augmentait de 8 % la note moyenne aux tests de troisième année en mathématiques et espagnol (Berlinski, Galiani et Gertler (2009). En Turquie, les enfants bénéficiaires d'un programme d'éducation mère-enfant assurant un enrichissement cognitif des enfants et une formation et un soutien aux mères étaient plus susceptibles d'être scolarisés pendant leur adolescence que les enfants du groupe témoin (86 % contre 67 %) (Kagitcibasi, Sunar et Bekman 2001). Et aux États-Unis, les enfants ayant reçu des services de DPE complets et de haute qualité étaient 50 % plus susceptibles de terminer leurs études secondaires que les enfants qui n'en avaient pas bénéficié (Schweinhart et coll. 2005).

Par conséquent, les interventions de DPE ont un taux de rendement par dollar investi supérieur à celui des interventions destinées aux enfants plus âgés et aux adultes (Heckman 2008b ; Heckman, Stixrud et Urzua 2006). Des éléments probants suggèrent un taux de rendement potentiel de 7 à 16 % par an pour les programmes de DPE de haute qualité ciblant les groupes vulnérables – à savoir, les enfants issus d'environnements à faible revenu ou autrement défavorisés (Rolnick et Grunewald 2007 ; Heckman et coll. 2009).[3] De nombreux pays investissent donc des ressources publiques dans le DPE à la fois en tant que service fondé sur des droits (ONU 2006) et investissement financier judicieux

Les investissements dans le DPE peuvent également avoir un impact positif sur l'éducation des filles plus âgées

En plus de l'impact direct des interventions de DPE sur les jeunes enfants, des externalités positives (des avantages qui ne sont pas directement liés au coût d'un service) peuvent apparaître dans l'éducation des filles. En effet, des éléments probants suggèrent que des soins abordables aux jeunes enfants peuvent plus augmenter les taux de scolarisation des sœurs plus âgées qu'une augmentation des salaires des mères. Par exemple, une étude kényane a montré que l'augmentation du salaire des mères pourrait contribuer à une augmentation de 11 % de la scolarisation des garçons de la famille, mais à une diminution de 10 % de celle des filles, étant donné que les adolescentes assument plus de responsabilités ménagères lorsque leurs mères travaillent en dehors du foyer. En revanche, l'étude a montré que la réduction du coût des soins prodigués aux enfants augmentait la scolarisation des filles de la famille sans avoir un effet quantifiable sur la scolarisation des garçons dans un sens ou dans l'autre (Lokshin, Glinskaya et Garcia 2000).

Notes

1. Les éléments probants faisant la distinction entre les facteurs environnementaux et génétiques proviennent principalement de nations industrialisées. Pour une analyse, voir Plomin (1994).

2. Voir Marouani et Robalino (2008) pour un exemple de cette dynamique au Maroc.

3. Il convient de souligner que ces taux de rendement élevés ont été observés pour des interventions à petite échelle visant des groupes d'enfants vulnérables. Les interventions à grande échelle ciblant un éventail plus large de bénéficiaires peuvent avoir des rendements inférieurs.

Lectures clés

Grantham-McGregor, S., Y. Bun Cheung, S. Cueto, P. Glewwe, L. Richer, B. Trupp et l'International Child Development Steering Group. 2007. "Developmental Potential in the First 5 Years for Children in Developing Countries." *The Lancet* 369 (9555): 60–70.

Heckman, J. J. et D. V. Masterov. 2007. "The Productivity Argument for Investing in Young Children." *Review of Agricultural Economics* 29 (3): 446–93.

Heckman, J. J., S. H. Moon, R. Pinto, P. A. Savalyev et A. Yavitz. 2009. "The Rate of Return to the High/Scope Perry Preschool Program." Working Paper

200936, Geary Institute, University College Dublin. http://www.ucd.ie/geary/static/publications/workingpapers/gea-rywp200936.pdf.

Shonkoff, J. P. et D.A. Phillips (eds.). 2000. *From Neurons to Neighborhoods: The Science of Early Childhood Development.* Washington, DC: National Academy Press.

Références

Aboud, F. E. 2006. "Evaluation of an Early Childhood Preschool Program in Rural Bangladesh." *Early Childhood Research Quarterly* 21 (1): 46–60.

Ackerman, D. J. et W. S. Barnett. 2005. "Prepared for Kindergarten: What Does 'Readiness' Mean?" New Brunswick, NJ: National Institute for Early Education Research.

Berlinski, S., S. Galiani et P. Gertler. 2009. "The Effect of Pre-primary Education on Primary School Performance," *Journal of Public Economics* 93 (1–2): 219–34.

Council for Early Child Development. 2010. "The Science of Early Child Development." CECD, Vancouver, Canada. Consulté le 3 août 2010, http://www.councilecd.ca/files/Brochure_Science_of_ECD_June%202010.pdf

Currie, J. et D. Thomas. 1999. "Early Test Scores, Socioeconomic Status and Future Outcomes." NBER Working Paper 6943. National Bureau of Economic Research, Cambridge, MA.

Feinstein, L. 2003. "Inequality in the Early Cognitive Development of British Children in the 1970 Cohort." *Economica* 70 (1): 73–97.

Fernald, L., P. Kariger, P. Engle et A. Raikes. 2009. *Examining Early Child Development in Low-Income Countries: A Toolkit for the Assessment of Children in the First Five Years of Life.* Washington, DC: Banque mondiale.

Grantham-McGregor, S., Y. Bun Cheung, S. Cueto, P. Glewwe, L. Richer, B. Trupp et l'International Child Development Steering Group. 2007 "Developmental Potential in the First 5 Years for Children in Developing Countries. The Lancet 369 (9555): 60–70

Hair, E., T. Halle, E. Terry-Humen, B. Lavelle et J. Calkins. 2006. "Children's School Readiness in the ECLS-K: Predictions to Academic, Health, and Social Outcomes in First Grade." *Early Childhood Research Quarterly* 21 (4): 431–54

Heckman, J. J. 2008a. "The Case for Investing in Disadvantaged Young Children." In *Big Ideas for Children: Investing in Our Nation's Future*, ed. First Focus, 49–58. Washington, DC: First Focus.

———. 2008b. "Schools, Skills, and Synapses." *Economic Inquiry* 46 (3): 289–324

Heckman, J. J. et D. V. Masterov. 2007. "The Productivity Argument for Investing in Young Children." *Review of Agricultural Economics* 29 (3): 446–93

Heckman, J. J., S. H. Moon, R. Pinto, P. A. Savalyev et A. Yavitz. 2009. "The Rate of Return to the High/Scope Perry Preschool Program." Working Paper 200936, Geary Institute, University College Dublin. http://www.ucd.ie/geary/static/publications/workingpapers/gearywp200936.pdf

Heckman, J. J., J. Stixrud et S. Urzua. 2006. "The Effects of Cognitive and Noncognitive Abilities on Labor Market Outcomes and Social Behavior." *Journal of Labor Economics* 24 (3): 411–82.

Irwin, L., A. Siddiqi et C. Hertzman. 2007. "Early Child Development: A Powerful Equalizer: Final Report for the World Health Organization's Commission on the Social Determinants of Health." OMS, Genève. http://www.who.int/social_determinants/resources/ecd_kn_report_07_2007.pdf. http://www.who.int/social_determinants/resources/ecd_kn_report_07_2007.pdf.

Kagan, S. L., E. Moore et S. Bredekamp, eds. 1995. "Reconsidering Children's Early Development and Learning: Toward Common Views and Vocabulary." Report of the National Education Goals Panel, Goal 1 Technical Planning Group. Government Printing Office, Washington, DC. http://ceep.crc.uiuc.edu/eecearchive/digests/ed-cite/ed391576.html

Kagitcibasi, C., D. Sunar et S. Bekman. 2001. "Long-Term Effects of Early Intervention: Turkish Low Income Mothers and Children." *Journal of Applied Development Psychology* 22 (4): 333–61.

Lokshin, M. M., E. Glinskaya et M. Garcia. 2000. "The Effect of Early Childhood Development Programs on Women's Labor Force Participation and Older Children's Schooling in Kenya." Working Paper 2376. Banque. mondiale, Washington, DC.

Marouani, M. A. et D. A. Robalino. 2008. "Assessing Interactions among Education, Social Insurance, and Labor Market Policies in a General Equilibrium Framework: An Application to Morocco." Policy Research Working Paper 4681. Banque mondiale, Washington, DC..

Paxson, C. et N. Schady. 2007. "Cognitive Development among Young Children in Ecuador: The Roles of Wealth, Health, and Parenting." *Journal of Human Resources* 42 (1): 49–84.

Pianta, R. C. et S. J. McCoy. 1997. "The First Day of School: The Predictive.

Validity of Early School Screening." *Journal of Applied Developmental Psychology* 18 (1): 1–22.

Plomin, R. 1994. *Genetics and Experience: The Interplay Between Nature and Nurture.* Thousand Oaks, CA: Sage Publications.

Reynolds, A. J., J. A. Temple, D. L. Robertson et E. A. Mann. 2001. "Long-Term Effects of an Early Childhood Intervention on Educational Achievement and Juvenile Arrest—A 15-Year Follow-Up of Low-Income Children in Public Schools." *Journal of the American Medical Association* 285 (18): 2339–46.

Rolnick, A. J. et R. Grunewald. 2007. "The Economics of Early Childhood Development as Seen by Two Fed Economists." *Community Investments* 19 (2), Federal Reserve Bank of San Francisco.

Schweinhart, L. J., J. Montie, Z. Xiang, W. S. Barnett, C. R. Belfield et M. Nores. 2005. *Lifetime Effects: The High/Scope Perry Preschool Study Through Age* 40. Monographs of the HighScope Educational Research Foundation 14. Ypsilanti, Mich.: HighScope Press.

Shonkoff, J. P. et D. A. Phillips. 2000. *From Neurons to Neighborhoods: The Science of Early Childhood Development*. Washington, DC: National Academies Press.

UNations Unies. 2006. "UN General Comment 7: Implementing Child Rights in Early Childhood." 40th session, 2005. U.N. Doc. CRC/C/GC/7/Rev.1. http://www1.umn.edu/humanrts/crc/crc_general_comments.htm

Vegas, E. et J. Petrow. *2008. Raising Student Learning in Latin America—The Challenge for the 21st* Century. Washington, DC: Banque mondiale.

Wentzel, K. R. et A. Wigfield. 1998. "Academic and Social Motivational Influences on Students' Academic Performance." *Educational Psychology Review* 10 (2): 155–75.

Young, M. E. 1995. "Investing in Young Children." World Bank Discussion Paper 275. Banque mondiale, Washington, DC.

Évaluation des besoins, mesure des résultats et établissement de cadres des politiques

Collecte des données pour la conception, le suivi et l'évaluation des interventions de DPE

Cette note donne un aperçu de la collecte des données pour la conception, le suivi et l'évaluation des interventions de DPE. En premier lieu, pour concevoir des interventions de DPE adaptées à l'économie nationale et aux priorités d'un pays, il est important de procéder à une analyse de la situation ou à une évaluation des besoins intégrant des données sur le statut socio-économique, démographique, sanitaire, nutritionnel, et éducatif de la population, ainsi que des données sur la qualité et la disponibilité des services existants. En identifiant les écarts entre les besoins de la population et les services proposés, l'analyse de la situation constitue la première étape du développement d'une politique nationale de DPE (voir Note 2.2). En deuxième lieu, les données sont collectées pour suivre et contrôler la mise en place des services de DPE. Troisièmement, les pouvoirs publics peuvent souhaiter mesurer les résultats d'une intervention de DPE spécifique, afin d'en déterminer l'impact et le potentiel d'amélioration. Le recueil de ces données doit s'effectuer de manière cyclique (voir Figure 2.1.1). Idéalement, les pouvoirs publics et les partenaires évalueront et réévalueront les besoins de leur population au cours du temps, et ajusteront la prestation de services de DPE en conséquence. À mesure que les besoins sont satisfaits, les interventions peuvent se recentrer sur les nouvelles priorités qui émergent. D'autre part, les approches qui fonctionnent le mieux peuvent être appliquées à plus grande échelle.

La première section de cette note fournit une liste d'indicateurs prioritaires pour l'évaluation des besoins des jeunes enfants, prenant en considération les habituelles contraintes de temps, de financement et logistiques, inhérentes à l'obtention de l'information issue des données administratives et d'enquêtes auprès des ménages. La deuxième section se concentre sur les indicateurs liés à l'offre et à la demande permettant de suivre l'étendue et la qualité des services de DPE. La troisième section se concentre sur les données relatives aux résultats, et plus précisément au développement (physique, cognitif, linguistique, social et émotionnel) des enfants, et sur les questions liées à la sélection, adaptation et utilisation des données recueillies au moyen d'instruments normalisés d'évaluation du développement de l'enfant.

Figure 2.1.1 Cycle de collecte des données pour la conception, le suivi et l'évaluation des interventions de DPE

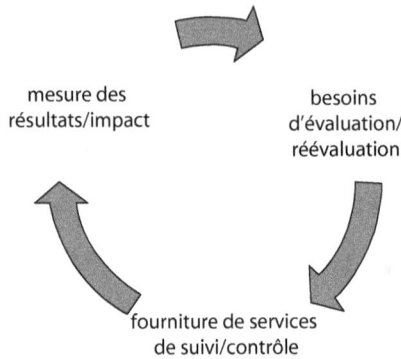

Source: Les auteurs.

Évaluation des besoins des jeunes enfants pour les analyses et le suivi de la situation

L'évaluation complète des besoins des jeunes enfants est un élément important d'une analyse de la situation. Elle vient compléter les données sur les politiques, les ressources et les services existants. Les indicateurs les plus utiles pour évaluer ces besoins et l'écart à combler dans les services pour un pays ou une région donnés, peuvent être classés en trois catégories

- **Les indicateurs socio-économiques et démographiques généraux** donnent un aperçu des sous-groupes de jeunes enfants qui peuvent être particulièrement à risque, et qui sont les plus susceptibles de bénéficier des services de DPE. Dans de nombreux pays en développement, on constate des « gradients » socio-économiques très nets dans le développement cognitif des enfants pas encore en âge d'école : les enfants issus des ménages plus pauvres ont des résultats significativement moins bons à 5 ou 6 ans (voir Note 1.1).
- **Les indicateurs de santé/nutrition** peuvent être utilisés pour évaluer : (1) les conditions générales de santé et d'hygiène dans lesquelles les jeunes enfants sont élevés ; et (2) si la malnutrition est un problème important, tant au niveau national que de sous-groupes spécifiques d'enfants.
- **Les indicateurs d'éducation** peuvent servir à évaluer le niveau de « maturité scolaire » des enfants (défini dans la Note 1.3) à leur entrée à l'école pri-

maire, et l'efficacité du système éducatif.

Le Tableau 2.1.1 fournit une courte liste des indicateurs nécessaires à l'élaboration d'une analyse complète du DPE, capable d'éclairer la conception de projets et la mise en œuvre des programmes.

Suivant les pays, les données sur tout ou partie de ces indicateurs socio-économiques, démographiques, de santé/nutrition et d'éducation peuvent être obtenues à travers les enquêtes démographiques et de santé (EDS), généralement soutenues par l'Agence américaine pour le développement international (USAID), à travers les ministères de la Santé et de l'Éducation des pays concernés (par exemple, les données des MIS [Systèmes d'information de gestion]), ou à travers les enquêtes en grappe à indicateurs multiples (MICS – Multiple Indicator Cluster Surveys) appuyées par l'UNICEF (Fonds des Nations Unies pour l'enfance).[1] En outre, l'Institut de statistiques de l'UNESCO (Organisation des Nations Unies pour l'éducation, la science et la culture) communique annuellement des données transnationales standardisées sur la CITE (Classification internationale type de l'éducation) pour le niveau 0 (enseignement maternel pour les enfants à partir de 3 ans) et au-delà.[2] Dans la mesure du possible, toutes les données devraient être ventilées par groupe d'âge (soit de 0 à 2 ans ; de 3 à 4 ans ; et de 5 à 6 ans) et en fonction des variables suivantes : l'ethnicité, la langue, des besoins spéciaux, milieu urbain ou rural, les quintiles de richesse, le niveau d'instruction/d'alphabétisation des parents, et des informations sur le ménage, comme le genre du chef de famille et la situation familiale (par exemple, s'il s'agit de familles monoparentales, ou dirigée par une femme).

De plus, des données sur l'état du développement de l'enfant peuvent être collectées à travers une évaluation directe de l'enfant ou le rapport d'un adulte qualifié. Les problèmes associés à la collecte et à l'utilisation de ces données sont présentés plus loin dans cette note.

Évaluer l'étendue et la qualité des services de DPE existants pour les analyses et le suivi de la situation

À des fins à la fois d'analyse et de contrôle continu de la situation, il est important d'évaluer les écarts dans les services de DPE pour un pays ou une région déterminés, en collectant des données sur l'étendue et la qualité des services de DPE existants. Étant donné que les services peuvent varier considérablement selon les groupes d'enfants, il est utile de ventiler les données suivantes par groupe d'âge (de 0 à 2 ans ; de 3 à 4 ans ; de 4 à 5 ans), et quand cela est possible, selon le milieu socio-économique et autres facteurs de risque.

Tableau 2.1.1 Indicateurs pour la conduite d'une analyse de la situation du DPE

Indicateurs socioéconomiques et démographiques

Description de l'indicateur	Description de l'indicateur
Taille de la population de jeunes enfants, en valeur absolue	Nombre total des enfants de moins de 6 ans
Taille de la population de jeunes enfants, en valeur relative	Pourcentage de la population des enfants de moins de 6 ans par rapport à la population totale
Taux de pauvreté des jeunes enfants	Pourcentage des enfants de moins de 6 ans élevés dans des ménages vivant avec moins de 50 % du revenu médian
Niveau d'études des parents	Plus haut niveau d'études atteint par chaque parent
Alphabétisme des parents	Pourcentage de la population des 15 ans et plus qui savent à la fois lire et écrire (comprendre des phrases courtes, simples, de la vie de tous les jours). Généralement, « l'alphabétisme » recouvre également « des notions de calcul », c'est-à-dire la capacité à effectuer des opérations arithmétiques simples.
Taux d'emploi des parents	Pourcentage des adultes ayant des enfants de moins de 6 ans et faisant partie de la population active
Prévalence des orphelins	Pourcentage des enfants de moins de 6 ans ayant perdu un de leurs parents ou les deux
Prévalence des ménages monoparentaux	Pourcentage des ménages dirigés par un seul parent
Prévalence des ménages de parents adolescents	Pourcentage des ménages dirigés par un parent de moins de 20 ans
Déclaration à la naissance	Pourcentage des enfants de moins de 6 ans ayant un acte de naissance

Indicateurs de santé et de nutrition

Description de l'indicateur	Description de l'indicateur
Âge de la mère à la naissance du premier enfant	Âge médian des mères à la naissance de leur premier enfant
Recours des mères à des soins prénataux	Pourcentage des femmes enceintes qui ont bénéficié de soins prénataux dispensés par un personnel de santé compétent, au moins quatre fois pendant leur grossesse
Taux d'allaitement exclusivement maternel	Pourcentage des nourrissons de 0 à 5 mois qui ont été nourris exclusivement au lait maternel au cours des dernières 24 heures
-Taux de prévalence de l'insuffisance de poids à la naissance (2500 g)	Pourcentage des bébés pesant moins de 2500 g à la naissance par rapport au nombre total de naissances vivantes au cours d'une même période de temps
Prévalence du retard de croissance (trop petite taille) chez les enfants	Pourcentage des enfants d'un âge donné (par exemple âgés de moins de 2 ans) dont la taille (ou la longueur) par rapport à l'âge a un Z-score inférieur à -2

Prévalence de l'insuffisance pondérale (pas assez de poids) chez les enfants	Pourcentage des enfants d'un âge donné dont le poids par rapport à l'âge a un Z-score inférieur à -2 chez les enfants
Prévalence de l'émaciation (amaigrissement prononcé) chez les enfants	Pourcentage des enfants d'un âge donné dont le poids par rapport à la taille a un Z-score inférieur à -2
Index de masse corporelle (IMC) – estimation de la graisse corporelle	Rapport entre le poids d'un individu en kilogrammes et sa taille en mètres carrés
Prévalence du surpoids/de l'obésité (trop gros)	Pourcentage des enfants d'un âge donné ayant un IMC pour leur âge situé dans le 85e percentile (surpoids) ou le 95e percentile ou plus (obésité)
Taux de mortalité infantile (TMI)	le taux de mortalité spécifiquement lié à l'âge de cette période, exprimé pour 1 000 naissances vivantes
Taux de mortalité des moins de 5 ans (TMI-5)	Probabilité qu'un enfant né pendant une année ou une période donnée meure avant l'âge de 5 ans, suivant Le taux de mortalité spécifiquement lié à l'âge de cette période, exprimé pour 1 000 naissances vivantes
Prévalence de l'anémie chez les jeunes enfants	Pourcentage des enfants de 6 à 59 mois dont l'hémoglobine est à moins de 11 g/dL
Consommation de sel iodé pour empêcher des troubles dus au manque d'iode	Pourcentage des enfants de 0 à 23 mois vivant dans un ménage ayant suffisamment de sel iodé (15 ppm ou plus)
Taux de vaccination : couverture des enfants par DTC3 (vaccin combiné contre la diphtérie, le tétanos et la coqueluche)	Pourcentage d'enfants d'un an ayant reçu trois doses de DTC3 dans une période de temps donnée
Accès à l'eau potable	Pourcentage de la population utilisant une source améliorée d'eau potable
Accès à des latrines hygiéniques.	Pourcentage de la population utilisant des installations sanitaires améliorées

Inidcateurs d'éducation

Pourcentage des nouveaux entrants en première primaire qui sont passés par un programme de soins et d'éducation de la petite enfance (SEPE)	Nombre des nouveaux entrants en première primaire qui sont passés par une quelconque forme de programme organisé de SEPE pendant l'équivalent d'au moins 200 heures, exprimé en pourcentage du nombre total des nouveaux entrants en première primaire

(Suite)

51

Ratio brut des entrées en première primaire — Nombre des nouveaux entrants en première primaire, quel que soit leur âge, exprimé en pourcentage de la population en âge officiel d'entrée à l'école primaire

Proportion des enfants entrant en première primaire à l'âge requis — Nombre des nouveaux entrants en première primaire qui ont l'âge officiel d'entrée à l'école, exprimé en pourcentage de la population correspondante

Taux brut de scolarisation en première primaire — Nombre total des inscriptions en première primaire, indépendamment de l'âge, exprimé en pourcentage de la population officiellement en âge d'être scolarisée, correspondant au même niveau d'éducation pour une année scolaire donnée

Taux net de scolarisation en première primaire — Nombre total des inscriptions en première primaire des enfants officiellement en âge d'être scolarisés, exprimé en pourcentage de la population correspondante

Tableau 2.1.1 Indicateurs à utiliser pour effectuer une analyse de la situation du DPE *(Suite)*

Description de l'indicateur	Définition de l'indicateur
Indicateurs d'éducation	
Taux de redoublement en première et deuxième primaire	Pourcentage des élèves d'une cohorte inscrite dans un niveau donné au cours d'une année scolaire donnée, qui se retrouvent au même niveau l'année suivante
Taux d'abandon en première et deuxième primaire	Pourcentage des élèves d'une cohorte inscrite dans un niveau donné au cours d'une année scolaire donnée, qui ne sont plus scolarisés l'année suivante
Perte d'effectif des écoles (absentéisme)	Nombre moyen de jours où les enfants étaient absents de l'école pendant le dernier mois
Taux d'achèvement du primaire	Ratio du nombre total des élèves ayant achevé avec succès (ou obtenu un diplôme de) la dernière année d'école primaire au cours d'une année donnée, par rapport au nombre total des enfants en âge officiel d'être diplômés au sein de la population

Source: Auteurs.

Prestation de services de DPE existants

Avant de concevoir une nouvelle intervention de DPE, il est nécessaire de cartographier les ressources et services existants, et d'établir dans quelle mesure ils répondent aux besoins de la population. La plupart des pays ont l'une ou l'autre forme de services destinés aux jeunes enfants – services de santé pour les mères et jeunes enfants organisés par les pouvoirs publics, garderies ou écoles maternelles publiques ou privées, et services de santé privés, ou une combinaison de ceux-ci.

Les questions suivantes peuvent aider à cartographier les services existants, en se concentrant sur les indicateurs liés à l'offre et à la demande :

Indicateurs liés à l'offre

- Quel est le taux de couverture des différents types de services (garderie, crèches à domicile, etc.)[3] pour différents segments de la population (riches/pauvres, urbains/ruraux, enfants handicapés), et pour différentes régions d'un pays ?
- Les services appropriés sont-ils disponibles dans les communautés les plus vulnérables ?
- Les services existants sont-ils majoritairement publics ou privés, ou une combinaison des deux ?
- Quel est le ministère/organisme/département responsable de la mise en œuvre des politiques et du contrôle de la qualité ?
- Quel est le ministère/organisme/département responsable du financement ?

Indicateurs liés à la demande

- Quel est le taux de participation (taux d'inscription) aux services existants ?
- Quelles sont les contraintes financières (coûts directs et d'opportunité) qui peuvent empêcher les familles les plus pauvres d'utiliser les services existants ?
- Les groupes les plus désavantagés ont-ils accès aux services existants et les utilisent-ils ?
- Y a-t-il d'autres contraintes qui empêchent au moins certaines familles d'utiliser les services existants ?
  Les contraintes possibles peuvent être : (1) de longues distances et des moyens de transport insuffisants entre le domicile et le lieu du service ; (2) le manque de sensibilisation des parents à la nécessité de prendre une part active dans le développement de leurs enfants ; (3) des contraintes culturelles, comme dans le cas des familles issues des minorités, qui estiment que les services existants ne sont pas assez ouverts à leurs croyances et pratiques en matière d'éducation des enfants, ou à leur langue ou religion.

Qualité des services de DPE existants

Une évaluation de la qualité des services de DPE existants doit être effectuée pour suivre leur mise en œuvre et déterminer lesquels (1) semblent particulièrement prometteurs et pourraient être étendus à l'échelle supérieure ; (2) ont besoin d'une amélioration dans des domaines spécifiques ; et (3) sont potentiellement nuisibles au développement des enfants et devraient être abandonnés.

La qualité d'un service est un concept déterminé dans un contexte. Elle peut être définie et mesurée de différentes manières (voir Notes 3.1 et 3.2). Il existe néanmoins des caractéristiques structurelles et organisationnelles et des éléments « qualité » des processus, qui sont communs et permettent de prédire les résultats du développement des enfants, notamment leur développement physique, cognitif, linguistique et socio-émotionnel (Myers 2004, 2006). Ces éléments de processus sont les suivants :

- **Variables structurelles** : ratio adulte/enfant, taille du groupe, environnement physique, et disponibilité de l'équipement et du matériel pédagogique ;
- **Variables liées aux fournisseurs de soins** : études initiales, formations, mentorat/encadrement, et salaires ;
- **Variables liées aux programmes** : intensité du programme, implication des parents, langue d'enseignement, programme scolaire, déroulement type de la journée, et apports à la santé/nutrition ;
- **Variables liées au processus** : interactions entre le fournisseur de soins et l'enfant, et entre les enfants.

Pour mesurer la qualité d'un environnement de la petite enfance, plusieurs outils d'observation standardisés ont été développés, souvent en tant que composante d'un cadre national d'assurance et de suivi de la qualité, comme en Australie, au Chili, au Costa Rica, en Équateur, en Indonésie, au Mexique, au Pakistan, au Panama, à Singapour et au Vietnam (National Research Council 2008). Certains outils sont des instruments d'auto-évaluation[4] qui peuvent être utilisés par des prestataires de services pour déterminer la qualité et identifier les domaines d'amélioration. D'autres sont conçus pour des évaluations externes, y compris, par exemple, les très utilisées Échelle d'évaluation de l'environnement préscolaire révisée (ÉÉEP-R, pour les 2 ans et demi à 5 ans), Échelle d'évaluation de l'environnement des nourrissons et des tout-petits révisée (ÉÉENTP-R, de la naissance à 30 mois), et Échelle d'évaluation de l'environnement familial de l'enfant révisée (ÉÉEF-R, pour la garde à domicile ou au sein de la famille, de la naissance à l'entrée à l'école primaire). Les points d'évaluation compris dans ces instruments sont l'environnement physique, les soins de bases, le programme d'enseignement, l'interaction, la structure de l'emploi du temps et du programme, l'éducation des parents et du personnel (Harms, Clifford, et Cryer 1998). Ces échelles ont été adaptées pour être utilisées dans plusieurs pays, dont le Bangladesh (Aboud 2006), le Brésil et l'Afrique orientale (Kenya, Zanzibar et Ouganda) (Malmberg, Mwaura, et Sylva, à paraître), pour n'en nommer que quelques-uns. Elles peuvent également être utilisées pour entreprendre une évaluation des besoins.

Ces instruments d'évaluation de la qualité peuvent aussi servir de compléments utiles à l'analyse ou à l'interprétation des évaluations d'impact, visant à déterminer si une intervention de DPE donnée apporte de meilleurs résultats en termes de santé/nutrition, ou encore de maturité scolaire, voire les deux, chez les enfants bénéficiaires (voir la partie suivante de cette note). Par exemple les outils d'évaluation de la qualité peuvent fournir des données de suivi permettant de déterminer si l'intervention a été mise en œuvre comme prévu, ou s'il y a eu des variations dans la qualité de la prestation entre les sites d'interventions, qui pourraient aider à expliquer les impacts sur les résultats de l'évaluation.

Mesure des résultats du développement de l'enfant

Dans le cadre de l'appui de la Banque mondiale à ses clients, les trois principales raisons de collecter des données sur le développement des enfants sont les suivantes :

- **Afin d'établir une base de référence et de documenter l'ampleur du problème.** Avant la mise en œuvre d'une intervention, il est important de recueillir des données sur les résultats du développement des enfants pour servir de références à partir desquelles le changement peut être mesuré. Ces données documentent également les lacunes dans la prestation de services. Par exemple, la base de référence de l'évaluation d'un programme communautaire de DPE en milieu rural au Mozambique a mis en évidence le large retard de développement cognitif et linguistique des enfants défavorisés par rapport à leurs pairs plus favorisés. Il a également souligné la nécessité d'intervenir sur le DPE pour aider, autant que possible, à combler les écarts entre les enfants avant que ceux-ci n'entrent à l'école et que les disparités ne s'accroissent encore plus.

- **Pour évaluer l'impact des interventions de DPE existantes :** S'il est, entre autres, important de savoir combien d'enfants sont atteints par un projet de DPE donné, ou combien d'enseignants ou fournisseurs de DPE sont formés, cette information n'est néanmoins pas suffisante en elle-même. Les projets n'enregistrant aucun impact positif mesurable sur le développement de l'enfant, ne contribuant pas à sa maturité scolaire et à son maintien en bonne santé ne peuvent être considérés comme des succès, et peuvent s'avérer en réalité être un gaspillage de ressources. De même, ne mesurer que la qualité des interventions est insuffisant, puisque la « qualité » des interventions peut se révéler inefficace ou inappropriée dans certains contextes.

- **Pour évaluer les types spécifiques d'interventions de DPE qui sont les plus efficaces et les plus rentables dans un contexte donné ou pour des populations** spécifiques, et pour éclairer le dialogue sur les politiques dans le cadre de futures planifications : La faisabilité relative et le rapport coût/efficacité des différentes interventions de DPE peuvent varier selon les contextes, en fonction des types de services et des infrastructures déjà en place. Les éléments probants sont encore relativement limités dans ce domaine, mais plusieurs études d'évaluation de l'impact appuyées par la Banque mondiale abordent actuellement ces questions. Par exemple, au Cambodge, une évaluation de l'impact a pour but d'évaluer le rapport relatif coût-efficacité de trois types d'interventions de DPE (écoles maternelles officielles, écoles maternelles communautaires et intervention programmes à domicile) afin d'éclairer les activités d'extension à l'échelle supérieure.

Sélectionner les domaines du développement de l'enfant à mesurer

Les indicateurs couramment utilisés sont différents pour chacun des quatre domaines du développement de l'enfant décrits dans l'introduction à ce guide. Les domaines, et les indicateurs spécifiques correspondants, ont les caractéristiques suivantes:

• **Les indicateurs de développement physique** couvrent la croissance et l'état de santé général (voir les indicateurs de santé et de nutrition dans le Tableau 2.1.1), le développement de la motricité globale (par exemple marcher, courir, sauter), et le développement de la motricité fine (par exemple, chez les nourrissons et les tout-petits, ramasser des objets et tenir des couverts, pour les enfants en âge préscolaire, tenir un crayon pour dessiner et écrire).

• **Les indicateurs de développement cognitif** comprennent les aptitudes à la résolution de problèmes (par exemple, empiler et emboiter des objets), à la mémorisation, et aux pré-mathématiques (par exemple, trier des objets et savoir ce que signifie « un » ou « deux » éléments de quelque chose). Pour les enfants proches de l'âge d'école, les indicateurs incluent la connaissance des lettres et des chiffres, la capacité à retenir des informations à court terme, et la connaissance de renseignements personnels clés comme le nom et l'adresse.

• **Les indicateurs de développement linguistique** comprennent le babillage, le pointage du doigt et les gestes chez les nourrissons, l'apparition des premiers mots et phrases chez les tout-petits, et une explosion de mots entre 2 et 3 ans. Pour les enfants qui ne sont pas encore en âge d'école, les indicateurs incluent l'émission et la compréhension de mots, la capacité à raconter des histoires et à identifier des lettres ainsi que l'aisance et la familiarité avec les livres.

• **Les indicateurs de développement social et émotionnel** comprennent le sentiment de confiance et de sécurité des jeunes enfants vis-à-vis de leurs pourvoyeurs de soins. Pour les enfants en âge préscolaire, les indicateurs incluent le fait de bien s'entendre avec leurs camarades et les enseignants, de bien se comporter (en suivant les instructions et en coopérant à ce qui leur est demandé), d'être socialement à l'écoute (identifier leurs propres pensées et sentiments, ainsi que ceux des autres), et d'être capable d'autodiscipline (d'exercer un contrôle sur ses émotions et son comportement, en particulier dans des situations stressantes)

- **La fonction exécutive** est une combinaison de compétences cognitives et socio-émotionnelles qui peut également être mesurée.

Les domaines de développement de l'enfant à mesurer dépendent de l'intention initiale de l'intervention et des sujets de recherche à aborder. Par exemple, dans le cas d'une intervention portant sur la nutrition, il est pertinent de mesurer les résultats du développement à la fois physique et cognitif chez les enfants bénéficiaires de l'intervention ; mais il serait sans doute moins pertinent de mesurer le développement linguistique ou socio-émotionnel.

Au cours de ses premières années, un enfant développe constamment de nouvelles capacités, et souvent par successions très rapprochées. Le développement dans un domaine agit souvent comme un catalyseur du développement d'un autre. Par exemple, après avoir appris à marcher, les enfants sont confrontés à de nouvelles exigences de contrôle de soi ; notamment du fait des parents qui sont alors plus susceptibles de restreindre le comportement de leurs enfants et s'attendent à ce qu'un « non » soit suivi d'effet. De même, les enfants qui sont lents à se développer dans un domaine (par exemple, la compréhension du langage) sont, en général, moins à même de démontrer leurs compétences dans d'autres domaines (par exemple, dans la réalisation de tâches cognitives nécessitant d'avoir au préalable développé des compétences linguistiques).[5] En outre, plusieurs études récentes ont montré que les compétences non cognitives jouent un rôle important dans la réussite scolaire, la productivité, et la probabilité de développer des comportements à risque, voire criminels, plus tard dans la vie (Heckman 2008). C'est pourquoi le développement de la petite enfance devrait être évalué de façon aussi complète que possible, chaque fois que c'est réalisable.

Lors de la sélection des domaines à mesurer, il est également important de considérer la relation entre la durée de l'intervention et la durabilité des gains de développement. Autrement dit, il est important d'examiner en quoi une intervention est susceptible de modifier le développement au moment où les données de l'évaluation sont recueillies. Par exemple, la taille en fonction de l'âge n'est pas vraiment sujette à variation passé 2 ans. On en déduit que ce n'est probablement pas un très bon indicateur de l'impact d'un projet qui concerne les 3 à 5 ans (Glewwe et King 2001).

Sélection et adaptation des instruments de développement des enfants, pour une utilisation dans les pays à revenu faible et intermédiaire

La plupart des instruments de développement des enfants ont été développés, validés et normalisés dans les pays développés. Bien que certains de ces tests « occidentaux » (c'est-à-dire originaires des pays de l'OCDE) puissent être utiles dans des contextes différents comme, quand il n'existe aucun test local pour évaluer un résultat spécifique du développement de l'enfant ou pour effectuer des comparaisons entre pays, leur capacité d'adaptation et d'utilisation dans les pays à revenu faible et intermédiaire varie énormément. En effet, certains sont tout simplement trop orientés culturellement. D'autres sont principalement destinés au dépistage (par exemple, afin d'identifier les enfants qui pourraient bénéficier de services spéciaux tels que la remédiation), et d'autres encore nécessitent beaucoup de temps ou doivent être administrés par un pédopsychologue qualifié. De plus, certains tests n'ont pas la même efficacité pour évaluer l'éventail des aptitudes et caractéristiques à considérer à tous les niveaux existants chez les enfants. Il peut être nécessaire d'adapter les échelles à certaines populations, par exemple en ajoutant ou en supprimant des questions visant à évaluer les extrémités de la courbe de distribution des résultats, afin d'appréhender la totalité de l'éventail. Le Tableau 2.1.2 donne des exemples de tests de développement de l'enfant utilisés dans de récentes évaluations d'impact appuyées par la Banque mondiale.

Les considérations suivantes sont à garder en mémoire pendant la sélection et adaptation des tests à utiliser dans les pays à revenu faible et intermédiaire (voir Fernald et coll. 2009 pour un examen exhaustif):

Sélection des tests Il est préférable d'utiliser des tests qui :

- Permettent une interprétation des données au niveau de la population plutôt qu'au niveau individuel de l'enfant. En effet, l'objectif principal de la collecte de données dans le cadre du soutien de la Banque mondiale à ses clients est habituellement d'évaluer les tendances du développement au sein des groupes d'enfants (par exemple, comparer les enfants d'un groupe de traitement avec ceux d'un groupe de contrôle), et non pas de mener des dépistages développementaux d'enfants individuels ;
- Fournissent des notations continues plutôt qu'un seuil en dessous duquel les enfants risquent de présenter des retards de développement. Les mesures continues sont souvent plus utiles dans le contexte des évaluations d'impact (c'est-à-dire pour mesurer les différences de notation entre les groupes de traitement et de contrôle).

Il est également important de prendre en considération certaines des contraintes spécifiques de l'environnement dans lequel la collecte des données va s'effectuer. Dans les pays à revenu faible et intermédiaire, les contraintes les plus communes incluent :

Tableau 2.1.2 Exemples de tests du développement de l'enfant couramment utilisés dans les évaluations d'impact du DPE

Nom du test	Tranche d'âge (années)	Domaines du développement de l'enfant	Type d'évaluation	Exemples de pays[a]
Échelle de vocabulaire en images Peabody (EVIP) et son équivalent espagnol (TVIP)	2, 5 et plus	Développement du langage (langage réceptif)	Évaluation directe de l'enfant	Cambodge Équateur[b] Madagascar Mozambique Nicaragua[c]
Ages and Stages Questionnaire ASQ – Questionnaire portant sur l'âge et le niveau)	0–6	Multiples domaines du développement de l'enfant	Notation et rapports (par les parents ou les pourvoyeurs de soins) et	Cambodge Chili[d] Équateur[b] Mozambique
Test de mémoire des noms de Woodcock-Johnson III	2,5 et plus	Développement cognitif (mémoire associative)	évaluation directe de l'enfant	Cambodge Équateur[f]
Échelles d'intelligence de Stanford-Binet	2 ans et demi et plus	Développement cognitif	Évaluation directe de l'enfant	Madagascar
Questionnaire de comportement de l'enfant d'Achenbach (CBLC–Achenbach Child Behavior Checklist)	1,5 à 6 ans (5 ans et 11 mois)	Développement socio-émotionnel	Notation et rapports (par les parents et les pourvoyeurs de soins)	Brésil Chine[g] Turquie
Test de Stroop (adapté en test jour/nuit)	3 à 6	Fonction exécutive	Évaluation directe de l'enfant	Madagascar
Questionnaires sur les forces et difficultés	3 et plus	Développement socio-émotionnel	Notation et rapports	Madagascar
Instrument de mesure du développement de la petite enfance (IMDPE)	4–7	Domaines multiple /maturité scolaire	Notation et rapports (par les enseignants des écoles maternelles)	Mozambique Kosovo Mexique Indonésie

Source: Fernald et coll. 2009.
Notes: a. Cette liste fournit des exemples représentatifs et n'a pas la prétention d'être exhaustive. En outre, plusieurs de ces études sont en cours au moment de la publication de ce document, et des références spécifiques ne peuvent donc pas encore être données. Veuillez contacter le premier auteur de ce guide pour plus d'information.
b. Paxson et Schady (2010).
c. Macours, Schady et Vakis (2008).
d. Urzúa et Veramendi (à paraître).
e. Voir les références complètes dans Fernald et coll. 2009.
f. Paxson et Schady (2007).
g. Voir les références complètes dans Fernald et coll. 2009.

- Un budget limité pour acheter et administrer les tests : le prix des tests ainsi que le coût pour les administrer varient fortement. Pour respecter les droits d'auteur de certains tests, il est parfois nécessaire d'acheter autant de nouveaux kits qu'il y a d'équipes participant à la collecte des données.
- La nécessité de collecter des données sur le développement de l'enfant dans un court laps de temps, en particulier lorsque des données sur les ménages sont également recueillies auprès du pourvoyeur de soins ou d'un autre adulte au cours d'une même visite. Faire court (pas plus de 30 minutes pour une évaluation directe de l'enfant) aidera à prévenir la fatigue chez les répondants, surtout les enfants les plus jeunes.
- Le manque de spécialistes du développement de l'enfant ou de pédopsychologues disponibles pour administrer les tests. Dans ce cas, il peut s'avérer nécessaire de choisir des tests qui n'exigent pas un personnel très qualifié.
- L'existence de plusieurs langues officielles et vernaculaires. Traduire les tests dans plusieurs langues locales peut prendre du temps, et il peut être difficile de s'assurer de la traduction correcte d'une langue à l'autre C'est pourquoi les tests qui ne dépendent pas trop de la langue sont souvent plus fiables et faciles à utiliser dans de tels contextes.

Adapter les tests. Une fois que des tests pertinents de développement de l'enfant ont été identifiés, plusieurs étapes doivent encore être franchies pour s'assurer qu'ils soient aussi valides[6] et fiables[7] que possible dans le contexte d'une collecte d'information donnée. Idéalement, l'ensemble du processus d'adaptation devrait être mené conjointement avec des professionnels locaux (pédiatres, pédopsychologues ou spécialistes du développement de l'enfant, personnel de santé communautaire et travailleurs sociaux, spécialistes du DPE, etc.) afin de s'assurer que les tests et protocoles d'administration finaux soient appropriés et efficaces dans le contexte local. Le processus d'adaptation comprend généralement les étapes suivantes :

- Produire une traduction correcte, qui implique les éléments suivants : (1) une traduction exacte dans la langue locale, (2) un traducteur différent, ou un groupe de traducteurs pour effectuer une rétro-traduction dans la langue d'origine, et (3) l'identification et la correction des éventuels glissements de sens.
- Adapter le contenu du test aux environnements où ils seront utilisés. Certains items spécifiques pourraient être abandonnés (par exemple, s'ils ne sont pas pertinents ou ne peuvent être testés), ou modifiés (par exemple, si les accessoires nécessaires ne sont pas facilement disponibles).
- Adapter le protocole d'administration du test au contexte culturel de l'endroit où les tests seront utilisés pour s'assurer à la fois de conditions de test optimales dans un contexte donné et de la cohérence entre les ménages. Par exemple, beaucoup de jeunes enfants sont peu à l'aise avec le fait de passer des « tests » et beaucoup se méfieront d'un étranger se présentant dans leur maison à cet effet. Les protocoles peuvent encourager les personnes responsables

de la collecte des données à jouer à des jeux simples avec les enfants avant de commencer à recueillir l'information, pour aider à « briser la glace. »

- Réaliser un test pilote. Une fois le test traduit et adapté, et le protocole mis par écrit, les deux doivent être testés de manière extensive sur le terrain, en conditions réelles, afin de (1) s'assurer que le matériel convient à la population, (2) offrir des possibilités supplémentaires de formation aux personnes en charge de la collecte de données, et (3) obtenir des données pilotes qui peuvent être utilisées pour effectuer des analyses préliminaires et vérifier la validité et la fiabilité des tests adaptés.[8]
- Encore adapter les protocoles de test et d'administration si nécessaire. Sur base des résultats du pilote, de nouvelles adaptations sont souvent souhaitables pour affiner les instruments et protocoles. Des tests pilotes supplémentaires peuvent alors s'avérer nécessaires

Ce processus itératif d'adaptation peut être long et coûteux mais il constitue un investissement nécessaire pour s'assurer de la qualité des données qui seront recueillies. L'Encadré 2.1.1 présente un exemple concret de ce processus au Mozambique.

Encadré 2.1.1

Adapter les instruments de développement de l'enfant au Mozambique

La Banque mondiale mène actuellement plusieurs évaluations d'impact des interventions de DPE dans différents pays (dont le Cambodge, l'Indonésie, le Mozambique, le Brésil, le Chili et le Nicaragua). Dans la province de Gaza au Mozambique, par exemple, une étude aléatoire vise à évaluer si un programme communautaire de DPE peu coûteux, mis en œuvre par Save the Children, pourrait améliorer de manière significative le développement et la maturité scolaire des enfants participants.

Avant de collecter les données de référence en 2008, l'équipe a passé du temps à sélectionner et adapter des instruments de développement de l'enfant pour s'assurer de leur pertinence par rapport au contexte local et de l'utilité des données recueillies par rapport aux sujets traités par la recherche. Les instruments sélectionnés comprenaient le TVIP (version en espagnol de l'Échelle de vocabulaire en images Peabody – EVIP), le Questionnaire ASQ (une combinaison du rapport d'évaluation directe par la mère des compétences de l'enfant dans les différents domaines, dont la motricité fine, la motricité globale, la résolution de problèmes, la communication, et la relation personnelle-sociale) destiné aux enfants de 3 à 5 ans, et l'IMDPE (rapport de l'instituteur de première primaire sur les compétences de l'enfant dans les différents domaines) pour les élèves de première primaire. L'équipe a également recueilli des données anthropométriques (par mesure directe).

(Suite)

Encadré 2.1.1 *(Suite)*

Les instruments du développement de l'enfant ont été adaptés comme suit

- Ils ont d'abord été traduits en portugais, puis en changana (la langue locale principale dans la province de Gaza) par une équipe de professionnels locaux, comprenant un pédopsychologue mozambicain, et enfin, ils ont été retraduits dans la langue d'origine.
- Certains éléments ont été abandonnés. Par exemple, la question demandant si les jeunes enfants pouvaient monter les escaliers (dans le cadre de la section de l'ASQ consacrée à la motricité globale) n'avait pas beaucoup de sens dans la mesure où la plupart des enfants des communautés cibles vivent dans des huttes à un seul niveau, et n'ont pas accès à des escaliers. La question a donc été supprimée.
- D'autres éléments ont été modifiés afin de gagner en pertinence dans le contexte local, et de faciliter le processus de collecte des données. Par exemple, une question demandait si les jeunes enfants étaient capables de poser un livre sur le dessus d'une chaise, puis en dessous de celle-ci (afin d'évaluer si les enfants comprennent les concepts de « au-dessus » et « en dessous », dans le cadre de la section communication de l'ASQ). Cette question était inappropriée dans la mesure où il n'y a ni livres ni chaises dans la plupart des ménages cibles. Il a suffi de remplacer « livre » et « chaise » par des objets familiers (assiette et natte de paille), et le problème a été résolu.
- Les instruments ainsi révisés ont été plusieurs fois mis à l'essai sous forme de pilotes, d'abord par l'équipe principale d'évaluation, et ensuite par les personnes en charge de la collecte des données (après avoir reçu une formation par le pédopsychologue local). Des adaptations supplémentaires ont été apportées aux instruments et aux protocoles d'administration avant le début du véritable processus de collecte des données.

Mesurer les variables médiatrices ou modératrices

Les variables telles que la qualité de l'environnement familial, la fréquence de la stimulation des enfants par leurs pourvoyeurs de soins, la dépression maternelle, l'allaitement au sein, et les types d'alimentation complémentaires, peuvent être influencés par les interventions de DPE, et peuvent jouer un rôle médiateur important (c'est-à-dire agir comme un mécanisme de transmission) en faveur de l'obtention de meilleurs résultats dans le développement de l'enfant. Des études d'évaluation d'impact du DPE collectent des données pour ces variables également dans le contexte d'enquête auprès des ménages et/ou de questionnaires mère-enfant. Par exemple, l'Échelle HOME (Home Observation for Measurement of the Environment – observations destinées à mesurer l'environnement familial) peut être utilisée dans différentes cultures pour évaluer la qualité de l'environnement familial et des interactions parent-enfant. Et l'Échelle du Centre d'études épidémiologiques (CES-D) peut être utilisée pour évaluer le niveau de dépression maternelle (Fernald. 2009).

D'autres variables (par exemple, le niveau de scolarité de la mère et son développement cognitif, le nombre de frères et sœurs et le nombre d'adultes dans le ménage) ne sont pas susceptibles d'être affectées par l'intervention de DPE, mais peuvent néanmoins jouer un rôle modérateur important dans le développement de l'enfant. Par exemple, certaines interventions de DPE peuvent être particulièrement efficaces pour les mères peu éduquées tandis que d'autres le seront plus pour les mères ayant un niveau de scolarisation plus élevé. L'étude devrait également collecter des données sur ces variables d'environnement familial, soit en incluant des questions spécifiques dans les enquêtes auprès des ménages, soit à travers des tests particuliers permettant d'évaluer le développement cognitif des mères. Une fois collectée, cette information pourra être utilisée comme données de contrôle dans l'analyse. Il faut soigneusement veiller à sélectionner des mesures appropriées à la distribution de ces facteurs dans les pays pris individuellement, et aux variations existant entre les régions d'un même pays.

Enfin, avant d'entamer le processus de collecte des données, il est important de garder à l'esprit plusieurs considérations éthiques importantes (voir Encadré 2.1.2).

Encadré 2.1.1

Considérations éthiques pour la collecte et la gestion des données sur le développement humain

Dans certains pays, les recherches proposées doivent être examinées par un Comité d'examen institutionnel (CEI), avant que les chercheurs ne puissent collecter des données sur le développement humain. Cela garantit que (1) les participants (l'enfant ou le pourvoyeur de soins) ont le choix de participer ou non à l'étude ; (2) les données restent confidentielles ; (3) le processus de collecte ne nuit en aucune façon, ni physiquement, ni psychologiquement, aux participants ; (4) les participants sont dirigés vers des services spécifiques quand des problèmes sont détectés (par exemple, les enfants diagnostiqués comme anémiques sont dirigés vers des programmes de complément à base de fer ; les mères identifiées comme dépressives sont envoyées vers des services de conseil).

De nombreux pays ne disposent pas d'un système de CEI bien établi, et certaines des exigences citées ci-dessus peuvent être difficiles à satisfaire dans les contextes où les services de suivi ne sont pas disponibles. Toutefois, l'équipe de recherche reste responsable de veiller à ce que les données soient collectées d'une manière respectueuse des droits des participants.

Considérations sur l'interprétation des données

Même après avoir consacré du temps et des ressources à sélectionner et adapter un test donné avant de l'utiliser sur une population spécifique, les chercheurs doivent interpréter les résultats avec prudence. Bien que les résultats puissent être pertinents lorsqu'ils sont utilisés pour comparer différents groupes d'enfants dans un environnement donné (par exemple, pour déclarer qu'un groupe de traitement a de meilleurs résultats que le groupe de contrôle pour un test donné, ou pour identifier les enfants les plus vulnérables au sein d'une communauté), il est beaucoup plus difficile d'établir des comparaisons entre des contextes culturels et socio-économiques différents. Par exemple, le fait que 40 % d'un échantillon d'enfants cambodgiens issus de familles à faible revenu obtiennent un score les situant dans le 5e percentile à un test développé et normalisé aux États-Unis ne signifie pas nécessairement que ce groupe a un retard de développement. Il se pourrait en effet que le test adapté ne soit pas encore complètement valide et fiable pour cette population, ou que la manière dont les données ont été recueillies au Cambodge n'a pas permis aux répondants de faire preuve de performances optimales.

En conclusion, la collecte de données multisectorielles sur les besoins spécifiques des jeunes enfants, et sur l'étendue et la qualité des services de DPE existants, fournit des informations de base importantes qui peuvent être utilisées pour concevoir de nouveaux services de DPE ou pour modifier ceux qui existent déjà et les rendre plus pertinents. Une analyse complète de la situation documentera également les politiques (voir Note 2.2) et le type de financement (voir Note 4.2) en place. Les catégories de données comprises dans l'analyse de la situation fournissent également un cadre pour le renforcement des capacités des systèmes d'information de gestion à suivre les progrès en direction de la satisfaction des besoins identifiés. Enfin, une gamme d'outils peut être utilisée pour mesurer le développement des enfants afin d'établir une base de référence pour les nouvelles interventions et d'évaluer l'impact et le rapport coût-efficacité des interventions de DPE existantes. Plusieurs évaluations en cours sur l'impact de divers programmes de DPE vont générer de l'information qui servira à guider les futurs investissements nationaux et internationaux.

Notes

1. Les résultats de l'enquête en grappe à indicateurs multiples (MICS), comprenant les rapports nationaux, les ensembles standards de tabulations, et les ensembles de données de niveau micro, peuvent être trouvés sur le site http://www.childinfo.org.

2. Des tableaux de données personnalisés peuvent être créés en utilisant le site suivant : http://www.uis.unesco.org.

3. Voir les notes de la Section 3 pour une description des types de services.

4. Par exemple, l'Association for Childhood Education International a élaboré des « directives mondiales » accompagnées d'un outil d'évaluation (disponible sur http://www.acei.org). D'autres outils sont répertoriés dans Myers (2006).

5. Fernald et coll. (2009) donnent une description détaillée de chacun de ces tests (et d'autres), y compris l'objet du test, la tranche d'âge, les normes, l'administration et la phase de test, la formation requise, le temps nécessaire pour l'administration, le coût, et des informations sur l'éditeur.

6. La validité de l'instrument signifie que celui-ci mesure bien ce qu'il est censé mesurer.

7. La fiabilité correspond d'une part à la fiabilité inter-évaluateur (c'est-à-dire le fait que deux collecteurs de données attribuent le même score à un enfant donné) et d'autre part, la fiabilité du test-retest (le fait qu'un même collecteur de données attribue le même score à un enfant donné, si celui-ci est évalué plusieurs fois au cours d'une brève période, d'environ une semaine).

8. Idéalement, la fiabilité tant inter-évaluateurs que de test-retest devrait se situer autour de 0,8 ou plus. En outre, la fiabilité Cohen Alpha des tests contenant des échelles (c'est-à-dire plusieurs items groupés sous une même rubrique) doit être contrôlée pour vérifier que les items individuels de l'échelle se comportent de manière cohérente.

Lectures clés

Fernald, L., P. Kariger, P. Engle et A. Raikes. 2009. *Examining Early Child Development in Low-Income Countries: A Toolkit for the Assessment of Children in the First Five Years of Life.* Washington, DC: Banque mondiale.

Myers, R. G. 2006. "Quality in Programs of Early Childhood Care and Education. Article commandé pour *Education for All Global Monitoring Report 2007: Strong Foundations: Early Childhood Care and Education.* Organisation des Nations Unies pour l'éducation, la science et la culture, Paris. Consulté le 22 avril 2010 sur :http://unesdoc.unesco.org/images/0014/001474/147473e.pdf.

National Research Council. 2008. *Early Childhood Assessment: Why, What, and How?* National Research Council of the National Academies. Washington, DC. National Academies Press.

Références

Aboud, F. E. 2006. "Evaluation of an Early Childhood Preschool Program in Rural Bangladesh. *Early Childhood Research Quarterly* 21 (1): 46–60.

Bricker, Diane and Squires, Jane. 1999. *Ages & Stages Questionnaires®(ASQ), Second Edition: A Parent-Completed, Child-Monitoring System.* Paul H. Brookes Publishing Co., Inc. www.agesandstages.com. Used with permission of the publisher.

Fernald, L., P. Kariger, P. Engle et A. Raikes. 2009. *Examining Early Child Development in Low-Income Countries: A Toolkit for the Assessment of Children in the First Five Years of Life.* Washington, DC: Banque mondiale.

Glewwe, P. et E. M. King. 2001. "The Impact of Early Childhood Nutritional Status on Cognitive Development: Does the Timing of Malnutrition Matter?" *The World Bank Economic Review* 15 (1): 81–113.

Harms, T., R. Clifford et D. Cryer. 1998. *Early Childhood Environment Rating Scale* (éd. rev.). New York: Teacher College Press.

Heckman, J. J. 2008. "Schools, Skills, and Synapses." *Economic Inquiry* 46 (3): 289–324.

Macours, K., N. Schady et R. Vakis, 2008. "Cash Transfers, Behavioral Changes, and Cognitive Development in Early Childhood: Evidence from a Randomized Experiment." Série des documents de travail sur les politiques de développement de la Banque mondiale 4759. Banque mondiale, Washington, DC.

Malmberg, L. E., P. Mwaura et K. Sylva. À paraître. "Effects of a Preschool Intervention on Cognitive Development among East-African Preschool Children: A Flexibly Time-Coded Growth Model." Early Childhood Research Quarterly.

Myers, R. G. 2004. "In Search of Quality in Programmes in Early Childhood Care and Education." Paper commissioned for the *Education for All Global Monitoring Report 2005: The Quality Imperative.* United Nations Educational, Scientific and Cultural Organization, Paris.

———. 2006. "Quality in Programs of Early Childhood Care and Education. Paper commissioned for the *Education for All Global Monitoring Report 2007: Strong Foundations: Early Childhood Care and Education.* United Nations Educational, Scientific and Cultural Organization, Paris. Accessed April 22, 2010: http://unesdoc.unesco.org/images/0014/001474/147473e.pdf.

National Research Council. 2008. *Early Childhood Assessment: Why, What, and How?* National Research Council of the National Academies. Washington, DC: National Academies Press.

Paxson, C., et N. Schady. 2007. "Cognitive Development among Young Children in Ecuador: The Roles of Wealth, Health, and Parenting." *Journal of Human Resources* 42 (1): 49–84.

Urzúa, S., et G. Veramendi. Forthcoming. "The Impact of Out-of-Home Childcare Centers on Early Childhood Development." Background paper for Inter-American Development Bank.

Cadre de la politique et dispositions institutionnelles pour les services intégrés

Cette note donne un aperçu de la justification et du processus d'élaboration d'un cadre national de la politique de développement de la petite enfance (DPE).[1] Étant donné la nature multisectorielle des programmes de DPE, qui englobent les domaines de la santé, la nutrition, l'éducation et la protection sociale, ainsi que le fait que l'implication de l'État a jusqu'ici été souvent limitée, la mise en place d'un cadre de la politique peut accroître la visibilité de la vision et des objectifs d'une nation par rapport à la petite enfance, clarifier les responsabilités respectives de différents acteurs et organismes, et fournir une orientation essentielle pour les investissements publics et privés.[2] Les dispositions institutionnelles d'un pays en faveur du DPE et sa gouvernance en la matière sont étroitement liées à l'élaboration des politiques. Il n'y a néanmoins aucune approche universelle valable pour tous.

Cette note donne les raisons de créer un cadre de la politique de DPE et ses phases de développement. Les trois études de cas du Ghana, de l'Indonésie et de la Jamaïque montrent comment l'élaboration de politiques intersectorielles et la mise en œuvre de programmes de DPE peuvent être efficacement réalisées dans différents contextes politiques, économiques et culturels. Le cas de la Jamaïque est un exemple d'une approche stratégique de collaboration entre les ministères et les intervenants politiques, prenant en compte un secteur privé fort. L'exemple de l'Indonésie montre comment des mécanismes de coordination du DPE aux niveaux national, provincial et de district peuvent soutenir le développement communautaire décentralisé (DCD) dans la prestation de services intégrés de DPE dans les zones rurales pauvres et mal desservies. Le cas du Ghana illustre l'importance de la construction progressive d'un consensus pour l'adoption et la mise en œuvre d'une politique multisectorielle. La note conclut avec des leçons tirées de plusieurs pays sur l'élaboration et la mise en œuvre des politiques.

Justification de la création d'un cadre de la politique de DPE

Le cadre national de la politique de DPE présente la vision et les objectifs pour la petite enfance et les familles

Le cadre de la politique accroît la visibilité du DPE et identifie les stratégies visant à satisfaire les besoins des jeunes enfants et de leurs familles. En fait, les jeunes enfants sont souvent oubliés ou leurs besoins insuffisamment abordés dans les politiques sectorielles et les documents clés tels que les documents de stratégie pour la réduction de la pauvreté (DSRP).

Un cadre de la politique comprend habituellement une déclaration de politique et une description des structures institutionnelles et administratives pour la mise en œuvre de la politique. La déclaration de politique inclut une vision de l'orientation du DPE, un ensemble de buts ou d'objectifs que l'État souhaite réaliser, ainsi que des stratégies pour les atteindre (Secrétariat CARICOM 2008). Il est important que la politique de DPE soit en conformité avec les autres politiques sectorielles concernées.

Le cadre de la politique de DPE clarifie les responsabilités des différents acteurs et organismes

Le cadre de la politique identifie l'organisme chef de file et les entités qui mettront en œuvre, géreront, suivront et évalueront les programmes de DPE (Secrétariat CARICOM 2008). La responsabilité de l'État par rapport à la prestation ou à la supervision des services de DPE est souvent répartie à travers différents ministères, souvent en fonction de l'âge de l'enfant. Habituellement, le ministère de la Santé est responsable des nourrissons et des moins de 2 ans, et le ministère de l'Éducation joue un rôle de la maternelle à l'école primaire. Un cadre de la politique de DPE peut aider à harmoniser *horizontalement* les buts et stratégies de ces institutions. La politique peut impliquer dans le DPE de nouveaux ministères qui ne le sont pas traditionnellement, tels que l'agriculture et les finances. En outre, la responsabilité peut également être répartie verticalement à travers différents niveaux de gouvernement, tels que les niveaux national/central, provincial, de district et communautaire (voir l'Encadré 2.2.1), comme en Indonésie. Un cadre de la politique peut aider à maximiser des ressources financières, humaines et matérielles limitées en réduisant la redondance des efforts (Neuman 2007).

Le cadre de la politique doit clarifier le degré de responsabilité publique et privée dans le DPE

Dans une approche purement basée sur le secteur privé, les services pourraient être payants et limités à ceux qui peuvent se les permettre. Le rôle de l'État serait plus réglementaire, pour assurer la qualité des services four-

Encadré 2.2.1

DPE en Indonésie : Prise en compte particulière de la décentralisation

L'État indonésien est l'un des plus décentralisés du monde. La plupart des dépenses dans l'éducation, la santé et les infrastructures sont basées sur les districts et ceux-ci emploient trois quarts des fonctionnaires. Ces dernières années, par exemple, 90 % du budget annuel du ministère de l'Éducation nationale ont été transférés du niveau central vers les districts sous la forme de subventions globales octroyées directement aux entités d'éducation et formation, y compris les écoles. Par le passé, les districts étaient chargés de la mise en œuvre, du financement et de la supervision des services d'éducation et de développement de la petite enfance (EDPE), souvent sans unité d'EDPE, ni mandat juridique clair, ni capacité de mise en œuvre. Pour faire face à ces préoccupations, l'État indonésien, avec l'appui de la Banque mondiale, a adopté une approche communautaire pour la prestation de services de DPE, comprenant des programmes basés sur des établissements spécialisés, des programmes de garderies à domicile et des programmes de visites à domicile ou d'éducation et de soutien parentaux. La conception a pris appui sur un projet pilote portant sur 12 districts, qui a montré que la prestation centralisée des services n'était pas la mieux adaptée aux besoins des communautés pauvres. Dans le nouveau modèle, les fonds des subventions au développement communautaire sont directement versés au niveau d'environ 3 000 villages de 50 districts défavorisés d'Indonésie, profitant ainsi à quelque 738 000 enfants de 0 à 6 ans et à leurs parents/pourvoyeurs de soins appartenant à environ 6 000 communautés pauvres.

L'Indonésie a mis en place des structures institutionnelles dans ce contexte fortement décentralisé pour veiller à ce que les services d'EDPE soient délivrés de façon durable et intégrée. Premièrement, avant de mettre en œuvre les services d'EDPE, les districts doivent apporter la preuve de (1) l'attribution d'un budget aux programmes d'EDPE ; (2) l'existence d'une unité et d'un personnel dotés d'un mandat clair et détaillé de gestion de l'EDPE ; (3) l'existence d'un forum d'EDPE permettant une coordination entre les différentes parties intéressées ; (4) un plan d'action pour l'intégration de l'éducation préscolaire, la santé, la nutrition et les aspects d'éducation parentale de l'EDPE ; et (5) une capacité de financer certaines des activités après la période du projet afin de soutenir les services d'EDPE sur la durée. Deuxièmement, pour s'assurer que les pouvoirs publics locaux ne se concentrent pas trop sur l'éducation aux dépens des autres secteurs, les communautés reçoivent un menu des services à fournir avec les fonds qu'elles reçoivent et le renforcement des capacités au niveau des districts s'est accru. Troisièmement, pour maintenir la cohérence, ces structures décentralisées sont soutenues centralement par une Direction de l'enfance au sein du ministère de l'Éducation nationale et par un forum national de l'EDPE rassemblant des praticiens, des universitaires et des fonctionnaires.[3]

nis. Dans une approche purement basée sur le secteur public, tous les enfants, ou au moins quelques grands groupes tels que les enfants les plus vulnérables, pourraient avoir accès aux services de DPE, avec une assistance disponible pour ceux qui ne peuvent pas en assumer les frais. Le plus souvent, il y aura un équilibre entre les approches basées sur les secteurs privé et public. Pour mettre en place des services dans les zones qui ne sont pas financièrement attrayantes pour le secteur privé, l'État peut lancer des services de DPE et transférer progressivement certaines responsabilités au secteur privé, tout en conservant quelques rôles clés, tels que le financement des enseignants. Pour faire face aux questions de qualité, l'État peut également subventionner les contributions privées à la prestation de services en échange d'améliorations des indicateurs de qualité (voir la Note 4.2).

Éléments d'un cadre de la politique de DPE

Un cadre de la politique comprend une déclaration de politique et une description des structures institutionnelles. La déclaration de politique doit être en conformité avec les directives nationales et les exigences de format qui régissent les documents de politique et doit inclure les éléments suivants :

1. **Vision** — une déclaration de l'objectif national à long terme du programme de DPE et les résultats qui devraient être réalisés pour les enfants une fois que le programme commence à réussir.
2. **Buts et objectifs** — doivent découler de la vision et décrire des résultats mesurables qui peuvent être évalués au cours du temps.
3. **Stratégies directrices** — description générale des activités envisagées pour atteindre les buts et objectifs.

Habituellement, la décision de mise en application d'un cadre de DPE est basée sur une *analyse situationnelle* détaillée (voir la Note 2.1), ou nécessite une évaluation du statut, des problèmes et des besoins des enfants et de leurs familles. C'est une bonne pratique d'inclure un bref résumé des résultats de l'analyse situationnelle en introduction à la déclaration de politique, afin de fournir un contexte à la vision, aux buts et objectifs et aux stratégies.

La description des structures institutionnelles devrait inclure :

- **Structures organisationnelles** — une description des structures administratives et de coordination opérant à tous les niveaux de gouvernement et du secteur privé, comprenant la structure et les responsabilités organisationnelles.
- **Plans d'investissement** — une description de la manière dont les ressources humaines, institutionnelles, financières et matérielles seront allouées et mobilisées, y compris l'équilibre des ressources publiques et privées.
- **Stratégies de communication** — une description de la manière dont la communication sera pratiquée au sein des structures administratives et des autres parties intéressées, y compris la communication telle que la défense de la politique.

• **Partenariats** — en particulier les partenariats entre les bailleurs de fonds/donateurs et les chargés de la mise en œuvre, y compris les ONG et organisations communautaires, et la responsabilité de liaison entre eux.

• **Processus de suivi et évaluation** — une description des systèmes de redevabilité qui mesureront, suivront et évalueront les progrès vers les buts de la politique.

Phases du processus d'élaboration d'un cadre de la politique

Le processus d'élaboration d'un cadre de la politique comporte cinq phases (Vargas-Barón 2005) :

1. **Préparation** — trop souvent surestimée, cette phase peut assurer que les phases suivantes se déroulent sans encombre. Pendant cette phase, les dirigeants et les parties intéressées clés sont identifiées et impliquées ; un comité de planification peut être organisé pour prendre la direction des phases suivantes ; des lignes de communication et d'autorité sont établies ; un plan de travail, un calendrier et un budget sont développés et des sources de financement sont confirmées. Les discussions commencent pendant cette phase au sujet de l'organisme chef de file du DPE.

2. **Analyse de la situation** — semblable à une évaluation des besoins (voir Note 2.1.), cette étude fournit les bases de la déclaration de politique. Elle doit être détaillée et complète et la charge de son élaboration, souvent supervisée par le comité de planification, peut être assignée à une entité extérieure dotée d'une expertise particulière.

3. **Consultation communautaire et des parties intéressées** — l'implication des parties intéressées à ce stade génère une prise de conscience, un enthousiasme et une appropriation vis-à-vis de l'initiative de DPE, la rendant nettement plus susceptible de refléter les besoins et les priorités des bénéficiaires. La consultation des partenaires fait également naître la confiance, permet un retour d'information sur la faisabilité du plan de la politique, identifie les problèmes assez tôt pour pouvoir les résoudre plus facilement, et crée un réseau de partenaires susceptible d'apporter un appui à mesure que le processus avance.

4. **Élaboration de la politique et obtention d'un consensus** — à partir de l'information en retour générée dans la phase précédente, une première version du document de politique peut être produit, débattu et finalisé.

5. **Approbation et adoption de la politique** — implique de présenter la politique et le plan d'action proposés à l'autorité de prise de décision, d'obtenir son approbation et de profiter de l'élan ainsi généré pour entamer rapidement le processus de mise en œuvre. Pour assurer la soutenabilité dans la durée, la politique devra être traduite dans des programmes, des services, ou des actions et mesures à long terme afin de l'inscrire dans le plan et les budgets de fonctionnement annuels.

L'identification d'un point d'ancrage institutionnel est essentielle pour engager les différents secteurs et surmonter les possibles rivalités institutionnelles

Il doit y avoir un accord rapide au sein du pays sur l'organisme chef de file ou le point d'ancrage institutionnel pour la coordination de l'élaboration et la mise en œuvre de la politique. L'un des ministères d'exécution – Assistance sociale ou Éducation – prend généralement le rôle de chef de file. Depuis la fin des années 1980, de plus en plus de pays, dont le Brésil, le Kenya, la Nouvelle-Zélande, la Norvège, la Suède, l'Espagne et le Vietnam, ont assigné ce rôle au ministère de l'Éducation pour assurer la continuité entre l'éducation préscolaire et l'école primaire. D'un autre côté, faire du ministère de la Planification, du ministère des Finances, du cabinet du Président ou du Premier ministre le point d'ancrage institutionnel, ou créer une commission indépendante (comme, par exemple, au Chili, en Colombie et en Jamaïque) peut réduire au minimum la concurrence entre les ministères d'exécution. Au Ghana, les discussions sur l'organisme chef de file (Encadré 2.2.2) ont retardé le processus d'élaboration de la politique, et ont été finalement résolues de manière à soutenir la coordination intersectorielle. Les mécanismes de coordination intersectorielle (par exemple, des commissions de DPE) fonctionnent mieux lorsqu'un organisme vigoureux est chef de file et quand la commission a le pouvoir de prendre les décisions de financement (UNESCO-OREALC 2004).

Éléments d'un cadre de la politique et institutionnel réussi

Les trois études de cas décrites ici étayent des leçons tirées d'examens transnationaux des principaux éléments des cadres de la politique de DPE et institutionnels réussis qui incluent ce qui suit :

- La recherche d'un appui politique de haut niveau pour sécuriser le DPE au sein de l'agenda national.
- La définition d'un point d'ancrage institutionnel, de préférence tôt dans le processus d'élaboration de la politique.
- L'implication des parties intéressées d'une série de secteurs (y compris celles ne faisant pas partie des organismes traditionnellement consacrés aux enfants) dans l'élaboration de la politique, et une répartition claire des responsabilités.
- Assurer une représentation bipartite au sein des entités de coordination inter-organismes.
- Impliquer les pouvoirs publics locaux pour assurer l'appropriation et la soutenabilité.
- Adopter une approche participative afin d'encourager l'acceptation et la pertinence du cadre de la politique.
- Assurer un financement adéquat pour soutenir une mise en œuvre efficace.

Encadré 2.2.2

DPE au Ghana : le voyage est aussi important que la destination

Le Ghana est l'un des 19 pays d'Afrique subsaharienne dotés d'une politique nationale de DPE promouvant la survie, la croissance, le développement et la protection des enfants, de la naissance à l'âge de 8 ans, afin de leur permettre de développer tout leur potentiel. Les principaux objectifs de la politique sont d'aborder les problèmes de la pauvreté des enfants, d'améliorer les activités de tous les acteurs du DPE et d'obtenir l'appui de toutes les parties intéressées ayant des ressources pour le secteur. La politique définit les dispositions institutionnelles, les rôles et responsabilités, les stratégies de mise en œuvre, et les implications de coût et financières (Gouvernement du Ghana 2004).

Le processus d'élaboration de la politique a été long et non dénué de difficultés. Un premier jet a été produit en 1995 par un groupe de travail et utilisé pendant des consultations avec les parties intéressées. Le processus a connu de sérieux retards à différentes étapes, y compris pendant la longue préparation du document initial par le groupe de travail, des révisions et réécritures multiples, et des consultations de la communauté qui ont pris beaucoup de temps. Un retard de taille a été causé par l'indécision continue sur le ministère qui devait coordonner le programme de DPE. Bien qu'initialement la Commission nationale des enfants du Ghana (GNCC – Ghana National Children's Commission) faisant partie du Cabinet du Président ait été désignée en tant qu'organisme de coordination chef de file, au moment où le premier jet a été envoyé au cabinet en 2000, l'administration politique avait changé. Le ministère de la Condition féminine et de l'Enfance (MCFE) a alors absorbé la GNCC en tant que département et est devenu l'organisme chef de file (UNESCO 2006a). Le document final, adopté en 2004, a encouragé des efforts d'expansion et d'amélioration, dont certains étaient déjà en cours (UNESCO 2006b). Deux années de jardin d'enfants font maintenant partie de l'enseignement fondamental, avec un programme scolaire et des normes d'apprentissage et de DPE. Actuellement, environ 40 % des 5 ans et 35 % des 4 ans sont couverts. Les pouvoirs publics ont également émis des directives pour la mise en place de centres de DPE et pour la prise en charge des questions liées au VIH, accru la formation et mobilisé des ressources pour la mise en œuvre (Addison, Noyoru et Kyei-Gyamfi 2007).

Le programme du Ghana a également mis en place de solides mécanismes institutionnels de coordination. Un Comité et un Secrétariat nationaux de coordination du DPE conseillent le MCFE et coordonnent la mise en œuvre de la politique. Le comité rassemble cinq ministères clés, l'Association nationale des enseignants du Ghana, des associations reconnues de professionnels du DPE ainsi que d'autres individus ou organisations cooptés. Cette structure institutionnelle est reproduite au niveau des régions et des districts. Les fonctionnaires régionaux de l'éducation et de l'assistance sociale ont reçu une orientation sur la politique de DPE. Les princi-

(suite)

Encadré 2.2.2 *(suite)*

pales parties intéressées sont sensibilisées pour s'assurer que le DPE soit incorporé dans les plans de district (Pence et coll. 2004).

Lancé il y a presque onze ans, ce processus d'élaboration de la politique de DPE a compris de multiples examens et révisions visant à améliorer la qualité, a encouragé un processus participatif avec des contributions des communautés, et a amélioré l'appropriation par les parties intéressées. Tout cela a renforcé la probabilité d'une mise en œuvre réussie (Boakye et coll. 2008). L'expérience du Ghana met en évidence l'importance de choisir un organisme chef de file fort pour coordonner l'élaboration, l'adoption et la mise en œuvre de la politique de DPE.

Notes

1. Un cadre de la politique est différent d'un cadre réglementaire, qui inclut des normes, des règlementations et des procédures formelles visant à faire fonctionner, octroyer des licences et suivre les institutions de DPE (Secrétariat CARICOM 2008).
2. Un outil d'analyse comparative des politiques nationales de DPE par rapport à plusieurs dimensions et d'évaluation de leur caractère sectoriel ou de leur

Encadré 2.2.3

DPE en Jamaïque : Dispositions institutionnelles pour gérer à travers les secteurs

À la fin des années 1990, les administrations jamaïcaines, y compris les ministères de la Santé et de l'Éducation et l'Institut de la planification de la Jamaïque, ont reconnu le besoin d'un plan à long terme pour offrir aux enfants jamaïcains des services complets et intégrés bénéficiant de synergies et complémentarités entre les acteurs, réduire les doubles emplois et minimiser les écarts dans la prestation de services. En 2000, un examen stratégique du secteur du DPE a recommandé la création d'une nouvelle Commission pour la petite enfance (CPE). En 2003, le Parlement a voté une loi portant création de la CPE avec pour mandat de développer des normes et des règlementations pour l'octroi de licences aux institutions de la petite enfance, de conseiller le ministre de l'Éducation sur les questions de politiques liées à la petite enfance, d'aider à planifier et élaborer les stratégies et programmes, et de suivre l'exécution des programmes. Deux ans plus tard, le Parlement a voté la Loi sur la petite enfance, définissant les règlementations, les normes,

(suite)

Encadré 2.2.3 *(suite)*

l'octroi des licences et les politiques régissant le DPE en Jamaïque. La CPE a le pouvoir de concevoir les systèmes et politiques, y compris la capacité d'imposer des amendes jusqu'à 50 000 dollars jamaïcains (560 dollars EU) pour non-conformité de licence.

L'approche jamaïcaine est importante dans la mesure où elle tient compte de la nature multisectorielle du DPE en impliquant les différents secteurs et partis politiques dans la formation de la CPE. Comme stipulé dans la Loi sur la CPE, le Conseil des commissaires de la CPE inclut :

- Le Directeur exécutif de la CPE, en tant que membre de droit
- Le Président nommé par le Gouverneur général, qui représente le Roi ou la Reine de Jamaïque, sur recommandation du Premier ministre, après consultation du chef de l'opposition
- Un représentant du parti d'opposition
- Le Secrétaire permanent (ou mandataire) de chacun des ministères de l'Éducation, de la Santé, du Travail et de la Sécurité sociale, des Collectivités locales, et du Développement communautaire, et des Finances et du Service public.
- Le Directeur exécutif (ou mandataire) de l'Agence de développement de l'enfance et de l'Institut de planification de la Jamaïque ; et
- Au moins sept personnes « que le Gouverneur général juge qualifiées parce qu'elles ont une expérience et ont démontré une capacité dans les questions liées au DPE, y compris la garde d'enfants, la psychologie infantile, la nutrition, la pédiatrie et les soins infirmiers ».

Cette structure institutionnelle a contribué de trois manières à la gestion réussie du DPE à travers les secteurs en Jamaïque. D'abord, la présence de tous les ministères clés, ainsi que d'acteurs non publics, au sein du conseil de la CPE constitue un forum permanent où débattre des défis et de la planification du secteur du DPE. Ceci est d'une importance capitale en Jamaïque et dans d'autres pays ayant un secteur privé dominant. En second lieu, l'inclusion des deux partis politiques dans le conseil et le processus de sélection de son président assure un degré de soutien bipartite du secteur. Ceci s'est avéré crucial pendant les consultations et la conception du Plan stratégique national du DPE. Bien que le gouvernement ait changé à mi-chemin de la planification, il y a eu peu de ruptures du processus. Troisièmement, le fait que la CPE dispose de l'autorité législative d'imposer des normes de qualité dans la prestation de services ainsi que des sanctions a facilité son travail.

niveau de détail est actuellement en cours de développement par la Banque mondiale (voir Vegas et coll., à paraître).

3. Pour plus d'information, voir Banque mondiale (2006).

Lectures clés

Secrétariat CARICOM (Communauté des Caraïbes). 2008. *Guidelines for Developing Policy, Regulation, and Standards in Early Childhood Development Services*. Jamaica: Pear Tree Press.

Vargas-Barón, E. 2005. "*Planning Policies for Early Childhood Development: Guidelines for Action*." Paris: UNESCO/ADEA/UNICEF (Organisation des Nations Unies pour l'éducation, la science et la culture/Association pour le développement de l'éducation en Afrique/Fonds des Nations Unies pour l'enfance).

UNESCO-OREALC. 2004. "*Inter-sectoral Co-ordination in Early Childhood Policies and Programmes: A Synthesis of Experiences in Latin America*." Bureau régional de l'éducation pour l'Amérique latine et les Caraïbes, Organisation des Nations Unies pour l'éducation, la science et la culture, Santiago, Chili.

Références

Addison, R. O. Q., C. C. Noyoru et S. Kyei-Gyamfi. 2007. "Overview of Ghana's National Early Childhood Care and Development Policy." Consulté le 18 octobre 2009 sur http://mowacghana.net/?q=node/30.

Boakye, J. K. A., S. Etse, M. Adamu-Issah, M. D. Moti, J. L. Matjila et S. Shikwambi. 2008. "ECD Policy: A Comparative Analysis in Ghana, Mauritius, and Nambia." In *Africa's Future, Africa's Challenge: Early Childhood Care and Development in Sub-Saharan Africa*, éd. M. Garcia, A. Pence et J. L. Evans, 169–86. Washington, DC: Banque mondiale.

Secrétariat CARICOM (Communauté des Caraïbes). 2008. *Guidelines for Developing Policy, Regulation, and Standards in Early Childhood Development Services*. Jamaica: Pear Tree Press.

Engle P. L., M. M. Black, J. R. Behrman, M. C. de Mello, P. J. Gertler, L. Kapiriri, R. Martorell et M. E. Young, et le Groupe international de pilotage du développement de l'enfant. 2007. "Strategies to Avoid the Loss of Developmental Potential in More Than 200 Million Children in the Developing World." *The Lancet* 369 (9557): 229–42.

Gouvernement du Ghana. 2004. "Early Childhood Care and Development Policy." Accra: Ministry of Women and Children's Affairs.

Myers, R. G. 2006. "Quality in Program of Early Childhood Care and Education." Document commandé pour l' *Education for All Global Monitoring Report 2007: Strong Foundations: Early Childhood Care and*

Education. Organisation des Nations Unies pour l'éducation, la science et la culture, Paris. Consulté le 22 avril 2010 sur : http://unesdoc.unesco.org/images/0014/001474/147473e.pdf.

Neuman, M. J. 2007. "Good Governance of Early Childhood Care and Education: Lessons from the *2007 Education for All Global Monitoring Report*." UNESCO Policy Briefs on Early Childhood 40. Organisation des Nations Unies pour l'éducation, la science et la culture, New York.

Pence, A. R., M. Amponsah, F. Chalamanda, A. Habtom, G. Kameka et H. Nankunda. 2004. "ECD Policy Development and Implementation in Africa." *International Journal of Educational Policy, Research, and Practice* 5 (3): 13–29.

UNESCO. 2006a. "Ghana: Early Childhood Care and Education Programmes." Profil pays commandé pour l'*Education for All Global Monitoring Report 2007: Strong Foundations: Early Childhood Care and Education*. Organisation des Nations Unies pour l'éducation, la science et la culture, Paris. Consulté le 18 octobre 2009 sur http://unesdoc.unesco.org/images/0014/001471/147192e.pdf.

—. 2006b. *Education for All Global Monitoring Report 2007: Strong Foundations: Early Childhood Care and Education*. Organisation des Nations Unies pour l'éducation, la science et la culture, Paris.

UNESCO–OREALC. 2004. "Inter-sectoral Co-ordination in Early Childhood Policies and Programmes: A Synthesis of Experiences in Latin America." Bureau régional de l'éducation pour l'Amérique latine et les Caraïbes, Organisation des Nations Unies pour l'éducation, la science et la culture, Santiago, Chili.

Vargas-Barón, E. 2005. "Planning Policies for Early Childhood Development: Guidelines for Action." Paris: UNESCO/ADEA/UNICEF (Organisation des Nations Unies pour l'éducation, la science et la culture/Association pour le développement de l'éducation en Afrique/Fonds des Nations Unies pour l'enfance).

Vegas, E. et coll. À paraître. "Roadmap of ECD Policies across the World." Banque mondiale, Washington, DC.

Banque mondiale. 2006. "Project Appraisal Document for the Indonesia Early Childhood Development Project." Banque mondiale, Washington, DC.

Points d'entrée stratégiques pour l'investissement dans le DPE

Programmes de DPE dispensés dans des centres et mettant l'accent sur la maturité scolaire

Les programmes de développement de la petite enfance (DPE) dispensés dans des centres peuvent être mis en œuvre dans différents types de lieux, y compris des salles de classe, des centres communautaires, des établissements religieux (comme des églises, des mosquées ou des pagodes), des maisons privées (garderie familiale), ou même sous un arbre. Ces centres peuvent être détenus, financés et gérés par tout un éventail d'entités telles que l'État, la communauté, des organisations sans but lucratif, des entreprises privées, des institutions religieuses, ou encore par le biais de partenariats entre ces entités. Selon le contexte et les groupes d'âge desservis, ces programmes peuvent être appelés crèches, garderies, prématernelles, écoles maternelles, centres pour enfants, ou jardins d'enfants. Cette diversité d'environnements et d'appellations peut être déroutante, c'est pourquoi cette note se concentre sur les programmes qui partagent les caractéristiques suivantes : (1) ils visent à promouvoir le développement des jeunes enfants (tout ou partie de la tranche d'âge des 0 à 6 ans) ; et (2) ils fournissent des services dans un environnement de groupe où les enfants interagissent avec leurs pairs. Idéalement, les programmes dispensés dans des centres fournissent des services qui répondent de manière intégrée aux différents besoins des jeunes enfants (à savoir, la santé, la nutrition, l'éducation et la stimulation).

Bien que le type et la nature des programmes de DPE dispensés dans des centres puissent varier, les éléments probants tirés des pays tant développés qu'en développement suggèrent que les enfants qui y participent tendent à présenter, à l'entrée à l'école primaire, des capacités cognitives et une maturité scolaire globale (c'est-à-dire un développement complet, tel que défini dans l'introduction et la Note 3.1.) plus élevées que ceux n'ayant pas profité de ces programmes (Engle et coll. 2007). Par exemple, des évaluations longitudinales des projets de DPE mis en œuvre aux États-Unis en faveur des enfants défavorisés, tels que les programmes High/Scope Perry Preschool et Abecedarian, ont non seulement enregistré des gains dans les capacités cognitives des enfants du programme, mais également des avantages continus par rapport au groupe de contrôle en matière de résultats scolaires et de comportements sociaux plus tard dans leur vie (Campbell et coll. 2002 ; Schweinhart et coll. 2005). Les évaluations menées dans les pays en développement, tels que le Bangladesh, le Cap-Vert, la Colombie, la Guinée, et le Vietnam, ont également montré un effet substantiel sur le développement des enfants des programmes dispensés dans des centres (Engle et coll. 2007). En outre, ces programmes semblent particulièrement efficaces pour promouvoir le développement physique, cognitif et socio-affectif des enfants à risque, c'est-à-dire ceux qui sont issus de familles à faible revenu ou sont désavantagés.

Cette note présente des éléments probants sur l'impact des programmes de DPE dispensés dans des centres dans différentes conditions et pour différents groupes de bénéficiaires. Elle pointe également les domaines présentant des lacunes dans la recherche. La mise en œuvre des programmes sera examinée, y compris les facteurs à considérer et les détails des programmes, tels que le ciblage, la fréquence et la durée des sessions, le ratio enfants-personnel, les qualifications du personnel, le contenu du programme, et sa qualité globale. Plusieurs programmes dispensés dans des centres prometteurs de pays à revenu faible et intermédiaire sont mis en évidence dans l'Encadré 3.1.4.

Considérations sur le ciblage

Dans les pays tant développés qu'en développement, les faits indiquent que les enfants issus des milieux socio-économiques les plus pauvres sont les plus susceptibles de tirer profit des soins dispensés dans les centres, surtout s'ils commencent entre 2 et 3 ans. Les facteurs qui doivent être pris en compte lors de la mise en œuvre d'un programme comprennent : le contexte socioéconomique, l'âge de départ, la fréquence et la durée des sessions, ainsi que la qualité du programme (déterminée par les qualifications du personnel, le contenu du programme, le ratio adulte-enfant et les interactions).

Contexte socio-économique

Dans de nombreux pays en développement, on constate de nets « gradients » dans le développement cognitif des enfants en fonction de leur niveau socio-économique ; les enfants issus de ménages plus pauvres affichent dès le départ, des résultats nettement moins bons. En Équateur par exemple, il existe généralement peu de différences dans le niveau de vocabulaire des enfants âgés de 3 ans.

Par contre, à 6 ans, les enfants issus des ménages moins nantis et ceux dont les mères sont peu instruites présentent déjà un retard important (à savoir de 2,5 écarts-types) par rapport à leurs homologues vivant dans des ménages plus riches ou plus instruits (Paxson et Schady 2007). Les enfants plus pauvres bénéficiant généralement d'un enseignement de moindre qualité, ces différences sont susceptibles d'être encore amplifiées après l'entrée à l'école. De même, au Bangladesh, au Brésil, en Égypte, en Inde, au Mexique et aux Philippines, d'importants gradients socio-économiques ont également été constatés dans le développement cognitif des tout jeunes enfants (Grantham-McGregor et coll. 2007).

Les éléments probants tirés d'études longitudinales réalisées dans les pays développés ainsi que d'études non expérimentales effectuées dans des pays en développement montrent de manière constante que les enfants ayant un faible statut socio-économique ou dont les mères sont peu instruites tirent particulièrement profit d'interventions précoces et des soins prodigués dans des centres. Par exemple, les données de l'enquête auprès des ménages uruguayens, qui a collecté de manière rétrospective des informations sur la fréquentation préscolaire, fait état de meilleurs résultats scolaires à l'âge de 15 ans chez les enfants de mères moins éduquées (Berlinski, Galiani et Manacorda 2008). Aux États-Unis, des études longitudinales ont montré que les enfants défavorisés sont ceux qui ont le plus bénéficié de l'augmentation de la quantité (Loeb et coll. 2007) et de la qualité des services (Peisner-Feinberg et coll. 2001). Par conséquent, même si les programmes de DPE dispensés dans des centres bénéficient également aux enfants de la classe moyenne, les décisions d'investissement des ressources publiques doivent prioritairement assurer l'accès des enfants les plus défavorisés à ces programmes.

Âge de départ

La plupart des programmes de DPE dispensés dans des centres se concentrent sur les enfants de 4 et 5 ans, c'est-à-dire un ou deux ans avant l'entrée à l'école primaire. Pourtant, les données de l'étude longitudinale sur la petite enfance réalisée aux États-Unis montrent que les avantages cognitifs les plus importants sont enregistrés chez les enfants qui entrent dans un programme basé sur des centres entre 2 et 3 ans (Loeb et coll. 2007). Une évaluation de programme menée aux Philippines a également constaté que l'impact des services intégrés de DPE sur le développement cognitif, social, moteur, et linguistique était plus élevé chez les enfants exposés au programme depuis plus de 12 mois et chez les enfants de 2 et 3 ans. En effet, l'impact moyen sur les résultats tels que le développement cognitif et la motricité était de 90 % de l'écart-type chez les enfants de 2 ans et de 49 % chez les enfants de trois ans, alors qu'il n'était que de 26 à 29 % chez les enfants de 4 à 6 ans. De plus, les enfants de 2 et 3 ans manifestent des résultats positifs plus rapidement (c'est-à-dire après 4 à 12 mois) que les enfants plus âgés (Armecin et coll. 2006).

En Colombie, même si une exposition aux soins intégrés prodigués dans un centre (nutrition, santé et éducation préscolaire) d'à peine 9 mois avant l'entrée à l'école primaire entraîne déjà des avancées significatives dans les capacités cognitives, on observe des effets nettement plus importants chez les enfants ayant profité plus jeunes de ces soins, c'est-à-dire à l'âge de 3 ans et demi (McKay et coll. 1978). Ces études semblent affirmer l'intérêt des services de DPE dispensés dans des centres aux enfants dès l'âge de 2 ans, surtout au sein des groupes les plus vulnérables. Toutefois, ce faisant, il est important de s'assurer que le contenu du programme pédagogique et l'ensemble du programme soient appropriés aux besoins spécifiques des jeunes enfants.

Les données relatives aux effets des services dispensés par des centres sur les enfants de moins de 2 ans sont mitigées. Une analyse de l'étude longitudinale de la petite enfance menée aux États-Unis a révélé que les programmes dispensés dans des centres n'avaient eu aucun effet positif sur les enfants de moins de 2 ans. En fait, l'étude a constaté que la fréquentation de centres dispensant des services de DPE a eu un impact négatif sur le comportement des enfants. Ces effets se sont avérés encore plus importants chez les enfants ayant bénéficié de ces services avant l'âge de 1 an. (Loeb et coll. 2007). D'un autre côté, en prenant en compte la quantité totale des soins non maternels reçus par les enfants, l'étude effectuée par le National Institute for Child Health and Development (NICHD – l'institut national pour la santé infantile et le développement) n'a observé aucun impact comportemental négatif engendré par les soins prodigués dans les centres chez les enfants inscrits avant l'âge de 2 ans (mesuré à l'âge de 4 ans et demi) (NICHD 2003).

Fréquence et durée des sessions basées sur des centres

Les services de DPE dispensés dans des centres sont disponibles tout au long de l'année (12 mois) ou uniquement durant l'année scolaire (9 à 10 mois). La durée de chaque session peut aller de 2 à 3 heures par jour à 8 à 10 heures par jour dans les centres qui gardent les enfants à temps plein pendant que leurs parents travaillent. Aux États-Unis, la fréquentation d'un centre de DPE pendant de longues périodes a été associée à des effets négatifs sur le comportement des enfants des familles à haut revenu (Loeb et coll. 2007). Cependant, l'analyse des données de l'étude longitudinale de la petite enfance a révélé que les enfants des ménages à faible revenu présentent plus d'avancées cognitives lorsqu'ils participent aux programmes de DPE dispensés par des centres pendant de plus longues périodes (30 heures ou plus par semaine), sans augmentation significative des problèmes de comportement. Cette étude a conclu que la plupart des enfants pourraient enregistrer des avancées cognitives en participant aux programmes de DPE dispensés par des centres pendant 15 à 30 heures par semaine (environ 3 à 6 heures par jour), sur au moins neuf mois par an, et que les enfants des familles à plus faible revenu pourraient bénéficier encore davantage d'une participation plus intensive aux programmes (Loeb et coll. 2007).

En revanche, le projet Effective Provision of Pre-school Education (EPPE), une étude longitudinale à grande échelle menée au Royaume-Uni, n'a observé aucun gain supplémentaire dans les capacités cognitives des enfants ayant fréquenté l'école maternelle à plein temps par rapport à ceux qui y sont allés à temps partiel. Le projet n'a cependant pas analysé les éventuelles différences d'effet chez les enfants issus de contextes familiaux différents et n'a pas non plus recueilli des données sur le comportement des enfants (Sylva et coll. 2003).

De manière générale, les recherches indiquent que les services de DPE dispensés dans les centres doivent offrir au moins 15 heures d'activités hebdomadaires afin de produire des effets significatifs.

Qualité

La plupart des études expérimentales ou quasi-expérimentales disponibles sur l'impact du DPE évaluent l'efficacité d'un programme donné dans un contexte particulier, mais peu d'études évaluent l'impact relatif de traitements différenciés. Il existe donc peu d'éléments probants sur la façon dont différents types et niveaux de qualité des programmes de DPE dispensés par des centres influencent les résultats de la petite enfance (Karoly, Kilburn et Canon 2005). L'information sur ce sujet provient de plusieurs études longitudinales non expérimentales menées à grande échelle aux États-Unis et au Royaume-Uni. Ces études soulignent l'influence positive d'un programme de qualité (évalué à l'aide de notations mondiales de la qualité normalisées décrites dans l'encadré 3.1.1) sur la maturité scolaire des enfants, leur performance à l'école primaire, et leurs compétences linguistiques (voir, par exemple, Flood et coll. 2007). Ainsi par exemple, l'étude NICHD sur la petite enfance menée aux États-Unis a constaté qu'une meilleure qualité des services de DPE dispensés dans les centres présageait de meilleures capacités pré-académiques et linguistiques chez les enfants de 4 ans et demi (NICHD 2002). L'étude sur le coût, la qualité et les résultats effectuée aux États-Unis a révélé que la qualité des services de DPE dispensés dans les centres s'accompagnait de compétences linguistiques plus élevées chez les enfants de maternelle et de compétences mathématiques supérieures chez les enfants de deuxième primaire (Peisner-Feinberg et coll. 2001). Le projet EPPE mentionné précédemment, une étude longitudinale à grande échelle menée au Royaume-Uni, a également relié la qualité des services de DPE dispensés dans des centres (mesurée par des échelles de notation normalisées) aux résultats positifs observés chez les bénéficiaires, y compris une diminution des problèmes comportementaux au moment de l'entrée à l'école (Sylva et coll. 2003). Au Bangladesh, la qualité de l'enseignement préscolaire (mesuré par l'échelle d'évaluation de l'environnement préscolaire révisée – ÉÉEP-R) est associée de manière significative aux compétences cognitives des enfants et à leur maturité scolaire (Aboud 2006). Des résultats similaires ont été observés chez les enfants fréquentant les écoles maternelles du Madrasa Resource Center en Afrique orientale (Malmberg, Mwaura et Sylva, à paraître).

Plusieurs autres études ont évalué la manière dont les indicateurs de qualité structurelle, tels que la taille des classes, le ratio enfants-adulte, les qualifications du personnel, et le contenu du programme pédagogique, peuvent affecter le niveau de qualité général observé dans la salle de classe (mesuré à l'aide des échelles d'évaluation normalisées).

Qualifications du personnel et interaction éducateur-enfant. La plupart des études indiquent une forte corrélation entre les qualifications du personnel et les résultats pour la petite enfance, entre les qualifications du personnel et la qualité

Encadré 3.1.1

Qualité des programmes de DPE dispensés dans des centres

La qualité fait référence aux caractéristiques des programmes de DPE dispensés dans des centres qui influencent le développement des enfants (Flood et coll. 2007 ; voir également la Note 2.1 pour de plus amples informations sur les résultats du DPE). La plupart des études se concentrant sur la qualité des programmes de DPE s'intéressent à la fois à la qualité structurelle et à celle des processus. La qualité structurelle comprend des variables telles que le ratio enfants-adulte ; la taille des classes ; le niveau d'instruction, l'expérience et la formation spécialisée des éducateurs ; mais aussi les salaires du personnel. La qualité du processus fait référence à des variables qui déterminent l'expérience vécue par les enfants au sein d'un programme particulier, comme les types d'activités menées, les interactions avec les éducateurs, et la structure globale du programme.

Deux normes de qualité couramment utilisées pour les évaluations et la recherche sont les échelles suivantes :
- L'échelle d'évaluation de l'environnement préscolaire – révisée (ÉÉEP-R, destinée aux enfants de 2 ans et demi à 5 ans), l'échelle d'évaluation de l'environnement des nourrissons et des tout-petits – révisée (ÉÉENTP-R, allant de la naissance à 30 mois), et l'échelle d'évaluation de l'environnement familial de l'enfant - révisée (ÉÉEF-R, garde à domicile/dans la famille, de la naissance au début de l'école primaire). Ces échelles mesurent la qualité globale de divers types de programmes destinés à la petite enfance dispensés dans des centres (y compris les crèches familiales) et comprennent des éléments tels que l'environnement physique, les soins de base, le programme pédagogique, les interactions, l'horaire, la structure du programme, et l'éducation des parents et du personnel.

- La grille d'évaluation des interactions avec le pourvoyeur de soins (GÉI) mesure la qualité du processus et est utilisée pour évaluer la tonalité affective des pourvoyeurs de soins et leur réactivité vis-à-vis des enfants. À travers des observations, les interactions sont notées dans les domaines de la sensibilité, de la sévérité, du détachement, et de la permissivité.

en salle de classe, ou les deux. Par exemple, une étude transnationale des données non expérimentales effectuée dans sept pays a constaté que le niveau d'éducation des enseignants était positivement corrélé avec les résultats linguistiques des enfants (Montie, Xiang et Schweinhart 2006). De même, des études de données non expérimentales réalisées aux États-Unis et au Canada ont observé que la qualité du personnel est un bon facteur de prédiction de la qualité des interactions en salle de classe (Goelman, Forer et Kershaw 2006 ; Burchinal, Howes et Kontos 2002). Les éléments de la qualité du personnel de DPE qui ont été étudiés comprennent le niveau d'étude des pourvoyeurs de soins (Montie, Xiang et Schweinhart 2006), leur formation spécialisée dans l'éducation et la garde de la petite enfance (Doherty et coll. 2006.), et leur engagement dans leur travail de garde d'enfants (Doherty et coll. 2006). Le projet EPPE a réalisé une étude qualitative approfondie sur 12 centres de DPE affichant des performances élevées en termes de résultats chez les enfants, elle a conclu que la connaissance du programme pédagogique chez les éducateurs ainsi que leur connaissance et compréhension du développement de l'enfant sont des qualités particulièrement importantes (Siraj-Blatchford et coll. 2003).

Le niveau de compensation financière perçue par les éducateurs du DPE semble également être fortement corrélé avec la qualité des soins prodigués. Par exemple, dans les crèches et maternelles des États-Unis, les salaires des éducateurs étaient plus fortement associés à la qualité en salle de classe que tout autre indicateur structurel (tel que le ratio adulte-enfant et le niveau d'études de l'éducateur) (Phillips et coll. 2000 ; Phillipsen et coll. 1997).

Dans la même veine, Early et coll. (2007) ont analysé sept grandes études de l'éducation de la petite enfance aux États-Unis et ont recommandé une approche globale du développement des ressources humaines du secteur du DPE. Leur rapport recommande en particulier que les programmes soient conçus de manière à recruter, former et retenir du personnel qualifié et motivé en fournissant (1) des salaires raisonnables ; (2) des possibilités de formation et de développement professionnel avant l'entrée en fonction et en cours d'emploi ; et (3) des systèmes de soutien parmi les éducateurs et les fournisseurs de soins, y compris des possibilités d'échange de bonnes pratiques à travers des réseaux d'acteurs du DPE.

Trouver, former, et payer des éducateurs qualifiés peut être un véritable défi dans les pays en développement, notamment en raison des contraintes de ressources humaines et des nombreuses priorités concurrentes auxquelles l'État est confronté. Quelques programmes dispensés dans des centres qui ont fait appel à des paraprofessionnels dans des pays en développement, tels que les écoles maternelles du Madrasa Resource Center en Afrique orientale (Mwaura et Mohamed 2008) et *Hogares Comunitarios de Bienestar Familiar* en Colombie (Vegas et Santibáñez 2009), ont obtenu des résultats prometteurs. En outre, l'assistance en classe utilisant des technologies de la communication (comme l'instruction interactive par radio ; voir Encadré 3.1.2) peut être une option peu coûteuse permettant d'améliorer la qualité de l'enseignement. Des études complémentaires sont nécessaires pour mieux comprendre quels éléments liés à la qualité importent le plus dans les environnements à faible revenu et comment les pays ayant des ressources limitées peuvent fournir des soins et une éducation de qualité dans des centres.

Contenu du programme et programme pédagogique. Le meilleur programme pédagogique pour les programmes de DPE semble être celui qui se concentre sur le développement global des enfants, en favorisant non seulement leurs compétences cognitives et linguistiques mais aussi leur fonctionnement socio-émotionnel, y compris la motivation et la capacité à s'autoréguler. En effet, les éléments probants suggèrent que la compétence sociale des enfants améliore le développement d'autres domaines tels que le fonctionnement cognitif, et en fin de compte, la réussite scolaire. L'analyse des données du NICHD effectuée par Downer et

Encadré 3.1.2

Instruction interactive par radio

L'instruction interactive par radio (IIR) est :

> « un système d'enseignement à distance qui combine des émissions radio-
> phoniques avec un apprentissage actif afin d'améliorer la qualité éducative
> et les pratiques d'enseignement. ... Les programmes d'IIR demandent aux
> enseignants et étudiants de réagir verbalement et physiquement aux ques-
> tions et exercices posés par les personnages radiophoniques et de participer
> aux travaux, expériences et autres activités de groupe proposés par le pro-
> gramme radio ». (Anzalone et Bosch 2005)

L'IIR est apparue comme une option importante permettant d'améliorer la qualité de l'enseignement et de l'apprentissage dans les environnements à faible
revenu et a enregistré des résultats prometteurs dans plusieurs projets à grande
échelle mis en œuvre en Afrique et en Amérique latine. Bien que la preuve de
l'efficacité de l'IIR soit principalement avérée dans les programmes d'enseignements primaire et secondaire, certains programmes ciblant les enfants plus
jeunes obtiennent des résultats encourageants. Par exemple, le projet Radio Instruction to Strengthen Education (RISE) mis en œuvre à Zanzibar a produit des
programmes radio adaptés aux enfants de maternelle, première et deuxième
années primaires, afin d'inciter les enfants à apprendre le kiswahili, les mathématiques, l'anglais, et les compétences de vie. L'évaluation du programme RISE n'a
été menée que pour les élèves de première année et a montré que ceux qui
avaient été exposés à l'IIR au sein d'écoles formelles ou informelles obtenaient
en moyenne de meilleures notes aux tests normalisés que leurs pairs du groupe
de contrôle (Educational Développement Centre 2009). L'utilisation de l'IIR pour
les enfants de maternelle a également été testée en Bolivie, au Salvador, au Honduras et en Indonésie (Ho et Thukral 2009).

Pianta montre que de meilleures compétences sociales chez les jeunes enfants
contribuent à améliorer les capacités de lecture et mathématiques ainsi que la
connaissance des phonèmes chez les enfants de première année (Downer et
Pianta 2006). En outre, une évaluation du programme High/Scope Perry
Preschool mis en œuvre aux États-Unis a montré que, même si l'impact positif
du programme sur le QI des participants s'estompe au cours des quatre années
suivant l'intervention, ces enfants obtiennent encore de meilleurs résultats aux
tests que les enfants du groupe de contrôle, atteignent des niveau d'études plus
élevés, ont de meilleurs salaires, et sont moins susceptibles d'avoir recours à
l'aide sociale ou de finir en prison au début de l'âge adulte. Heckman suggère
que ces résultats positifs et durables sont la conséquence de l'impact positif du
programme sur les compétences non cognitives des participants
(Heckman 2008).

Afin de fournir un cadre aux bonnes pratiques en matière d'éducation et de soins à la petite enfance, National Association for the Education of Young Children (NAEYC – l'association nationale américaine pour l'éducation des jeunes enfants) a adopté les Developmentally Appropriate Practices (DAP – pratiques développementales appropriées) dans ses programmes pour la petite enfance (voir Encadré 3.1.3). Ce cadre est conçu pour aider les décideurs politiques, les administrateurs et les éducateurs/fournisseurs de soins à identifier les objectifs de développement des enfants et à prendre des décisions intentionnelles sur le programme pédagogique, prenant en considération l'âge de l'enfant (c'est-à-dire les caractéristiques spécifiques à l'âge qui déterminent la manière d'apprendre de l'enfant), les différences de développement individuelles, et le contexte social et culturel (NAEYC 2009). Une déclaration conjointe de la NAEYC et de la National Association of Early Childhood Specialists in State Departments of Education (l'association nationale des spécialistes de la petite enfance du Département d'État de l'Éducation) dresse la liste des indicateurs d'efficacité d'un programme pédagogique comme suit : « (1) les enfants sont actifs

---

Encadré 3.1.3

Pratiques développementales appropriées (DAP – Developmentally Appropriate Practices)

La National Association for the Education of Young Children (NAEYC – l'association nationale américaine pour l'éducation des jeunes enfants) définit les DAP comme « un cadre de principes et directives pour les bonnes pratiques dans le domaine des soins et de l'éducation des jeunes enfants » (NAEYC s.d.). Leurs principes de base comprennent l'encouragement du développement global des enfants en reconnaissant l'importance de la petite enfance, le développement séquentiel des compétences et fonctions des enfants, les différences individuelles, les différentes manières dont les enfants apprennent (notamment à travers le jeu) ; et l'importance du développement de relations sûres entre l'enfant et le pourvoyeur de soins et entre les enfants eux-mêmes, en accord avec les théories et la littérature sur le développement de l'enfant (NAEYC 2009).

Dans la pratique, les DAP impliquent : (1) la promotion de relations positives entre tous les enfants et les adultes ; (2) un programme pédagogique soigneusement planifié, posant des défis, engageant, approprié du point de vue du développement, culturellement et linguistiquement réactif, global, et susceptible de favoriser des résultats positifs chez tous les jeunes enfants ; (3) des approches pédagogiques appropriées et efficaces du point de vue du développement, de la culture et de la langue, qui améliorent l'apprentissage et le développement de chaque enfant ; (4) des approches d'évaluation systématiques, formelles et informelles pour fournir des informations sur l'apprentissage et le développement des enfants ; (5) la nutrition et la santé des enfants ; et (6) un milieu sûr et sain qui offre des environnements intérieurs et extérieurs appropriés et bien entretenus, entre autres (NAEYC 2008).

et engagés ; (2) les objectifs du programme pédagogique sont clairs et partagés par toutes les parties prenantes ; (3) le programme pédagogique est fondé sur des faits ; (4) le contenu est appris à travers l'investigation, le jeu et un enseignement centré intentionnel ; (5) le programme pédagogique s'appuie sur les acquis et l'expérience ; et (6) il est global (c'est-à-dire concerne le développement physique, cognitif ainsi que social et émotionnel) », entre autres critères (NAEYC et NAECSSDE 2003). Les DAP ne sont bien sûr pas exemptes de critiques, même aux États-Unis. Toutefois, ils constituent un cadre de travail utile et plusieurs études interculturelles ont constaté que ses principes de base sont soutenus par de nombreux professionnels du DPE en dehors des États-Unis (Hoot et coll. 1996 ; McMullen et coll. 2005).

L'efficacité de l'approche DAP s'appuie sur des éléments principalement tirés de l'expérience avec les enfants défavorisés des États-Unis, où certaines études suggèrent qu'un apprentissage plus actif au cours de la petite enfance est associé à de meilleurs résultats que ceux des programmes académiques (Marcon, 2002 ; Huffman et Speer, 2000). L'expérience internationale montre également que les programmes pédagogiques axés sur l'enfant sont les plus susceptibles de produire des résultats positifs chez les participants. Le Preprimary project de l'IEA (International Association for the Evaluation of Educational Achievement), une étude longitudinale transnationale des performances cognitives et linguistiques des enfants, ainsi que leurs expériences dans la petite enfance à l'âge de 7 ans, a recueilli des données en Chine, en Espagne, en Finlande, en Grèce, à Hong Kong, en Indonésie, en Irlande, en Pologne, en Thaïlande, et aux États-Unis. L'étude a constaté que les programmes dans lesquels les enfants passent le plus clair de leur temps dans des activités de groupe, où tous participent à la même activité choisie et dirigée par l'éducateur (comme la lecture d'histoires, le chant, la dance) ont tendance à être moins efficaces que ceux où les enfants peuvent faire un choix entre quelques activités structurées (Montie, Xiang et Schweinhart 2006). L'étude de cas qualitative approfondie réalisée par le projet EPPE sur les centres faisant preuve d'excellentes performances, mentionnée précédemment, a également constaté que les environnements d'apprentissage les plus efficaces sont ceux qui combinent des travaux de groupe dirigés par des adultes et des possibilités de jeux librement choisies (Siraj-Blatchford et coll. 2003).

Enfin, la variété et la quantité du matériel didactique disponible dans le centre de DPE sont également corrélées positivement avec le développement cognitif des enfants (Montie, Xiang et Schweinhart 2006). Dans les milieux défavorisés, où le matériel didactique et les jouets éducatifs peuvent ne pas être facilement disponibles, les éducateurs du DPE peuvent être formés à une utilisation créative des ressources naturelles et des matériaux recyclés disponibles dans leur environnement.

Taille des classes et ratio adulte-enfant. La taille de la classe semble particulièrement importante pour les plus jeunes enfants (Montie, Xiang et Schweinhart 2006). Par exemple, une étude réalisée aux États-Unis a constaté que le respect des réglementations étatiques sur la taille des groupes et le ratio adulte-enfant était plus fortement corrélé avec la qualité globale des soins apportés aux nourrissons que de ceux dispensés aux tout-petits et aux enfants de maternelle (Phillips et coll. 2000). De même, une autre étude des classes de nourrissons et de tout-petits, également réalisée aux États-Unis, a révélé qu'un ratio adulte-enfant plus élevé était corrélé avec une meilleure qualité globale du programme et que, dans ce cas, les fournisseurs de soins passaient plus de temps à interagir avec les enfants (NICHD 2002). Pour les crèches familiales – c'est-à-dire les services de DPE dispensés à son domicile par un fournisseur de soin qualifié à un groupe d'enfants de 0 à 6 ans – certaines études indiquent que les programmes avec moins de nourrissons et tout-petits (par rapport à la taille de l'ensemble du groupe) ont tendance à fournir des soins de meilleure qualité (Phillipsen et coll. 1997). Le Preprimary project de l'IEA n'a pas trouvé d'association entre la taille des classes et le développement cognitif des enfants et a conclu que la relation entre des variables telles que la taille des classes ou le ratio adulte-enfant et les résultats des enfants est spécifique à chaque pays (Montie, Xiang et Schweinhart 2006).

En fin de compte, la taille de la classe et le ratio adulte-enfant idéaux dans un environnement donné dépend de plusieurs facteurs, notamment : (1) l'âge des enfants ; (2) si les services de DPE sont dispensés à des groupes composés d'enfants d'âges différents ; et (3) le contexte culturel et les attentes comportementales pour les enfants d'un groupe d'âge donné. Par exemple, la première phase du Preprimary project de l'IEA a étudié différents types d'enseignement maternel dans 15 pays[1] et a constaté que la taille moyenne des classes maternelles d'enfants de 4 ans allait de 11 à 30 enfants et avait tendance à être plus grande en Asie et en Afrique[2]. En Bolivie, le projet PIDI (*Proyecto Integral de Desarrollo Infantil*) a mis en place des crèches à domicile comptant un maximum de 15 enfants par centre, avec un ratio adulte-enfant de 1 à 5, et il prévoyait du personnel supplémentaire dans les centres ayant une plus grande proportion de nourrissons. Les écoles maternelles Madrasa en Afrique orientale (Kenya, Ouganda et Zanzibar) ont inscrit en moyenne 40 à 60 enfants par école, avec un ratio éducateur-enfant de 12 à 17 enfants suivant le pays (Issa et Evans 2008).

La plupart des pays développés ont des normes spécifiques à l'âge pour la taille des classes et le ratio adulte-enfant. Toutes recommandent expressément des groupes de plus petite taille ou un ratio adulte-enfant plus élevé pour les enfants plus jeunes (OCDE 2006). Toutefois, ces règlementations peuvent s'avérer difficiles à mettre en œuvre dans les milieux défavorisés où la disponibilité d'éducateurs qualifiés est souvent limitée.

Assurance qualité globale. Il peut être difficile de garantir la qualité des services de DPE fournis par les secteurs tant public que privé, surtout lorsque les ressources déjà limitées sont également utilisées pour accroître l'offre (la quantité) de ces services. De manière générale, les systèmes d'assurance qualité pour le DPE doivent être conçus dans les limites des cadres juridiques et des dispositions institutionnelles et de financement en vigueur (voir Notes 2.1 et 4.2). Il n'existe évidemment aucune approche unique de la question. Néanmoins, les systèmes existants ont tendance à s'appuyer sur l'une des deux approches suivantes : 1) l'accréditation volontaire (par exemple le système d'accréditation du NAEYC aux États-Unis)[3] ; ou (2) une combinaison de réglementations, licences, certification, et suivi publics liés au financement public (par exemple, en Nouvelle-Zélande[4] et en Australie[5]).

Valeur ajoutée de l'intégration d'une composante d'information parentale

Un grand nombre d'enfants bénéficiant des services de DPE dispensés par des centres y sont inscrits à l'âge de 3 ans ou plus. Pourtant, comme examiné dans l'introduction de ce guide, les deux premières années de la vie de l'enfant sont particulièrement critiques en termes de développement physique et général (en particulier, une nutrition inappropriée et un manque de stimulation précoce durant cette période entraînent un retard de croissance et une réduction du développement du cerveau).

Les parents jouent un rôle primordial en fournissant une base solide au développement futur de leurs enfants. En effet, à qualité et quantité des soins apportés aux enfants en dehors de leur foyer constantes, les variables de contexte familiale, en particulier le niveau d'étude des mères, continuent d'être parmi les plus forts prédicteurs du développement cognitif et socio-émotionnel des enfants et de leurs performances académiques à l'école primaire (Montie, Xiang et Schweinhart 2006 ; Downer et Pianta 2006). Presque toutes les interventions de DPE dispensées dans des centres qui ont été rigoureusement évaluées (à l'aide d'une méthode d'assignation aléatoire ou quasi expérimentale) et ont été considérées comme efficaces aux États-Unis intégraient aux soins prodigués par les centres une composante d'éducation parentale ou de visites à domicile (Karoly, Kilburn et Canon 2005). En pratique, plusieurs programmes de DPE dans les pays à revenu faible et intermédiaire ont ajouté une composante parentale aux interventions basées sur des centres.[6]

Les résultats de l'étude NICHD, qui comprenait l'observation des interactions mère-enfant, indiquent que les enfants ayant reçu des soins maternels plus sensibles, stimulants et encourageants, et participant à des jeux semi-structurés à la maison faisaient preuve de meilleurs résultats académiques, cognitifs et sociaux. Dans cette étude et dans d'autres (Pianta et Harbers 1996), l'effet de la qualité de l'éducation parentale est important, car il inclut à la fois l'héritage génétique et l'influence de l'environnement, et parce que l'effet cumulatif d'une bonne éducation parentale (par opposition à quelques années passées dans un environnement préscolaire ou en garderie) surpasse l'impact de la prise en charge en dehors du foyer (NICHD 2002).

Des séances d'information parentale peuvent constituer un puissant complément aux programmes basés sur des centres. Par exemple, le projet Turkish Early Enrichment a mis en place un programme d'information parentale de deux ans destiné aux mères de trois types d'enfants : les enfants fréquentant l'école maternelle ; ceux inscrits dans une garderie n'assurant que la garde des enfants ; et ceux gardés à domicile. Bien que les enfants inscrits en maternelle aient un QI de base plus élevé et bénéficient de gains à court terme sensiblement plus importants au niveau du développement cognitif et socio-émotionnel que

Encadré 3.1.4

Exemples de programmes prometteurs dispensés par des centres dans des pays en développement

En Argentine, le système scolaire public comprend une éducation maternelle de trois ans pour les enfants de 3 à 5 ans. Les objectifs du programme maternel sont : 1) d'améliorer les résultats de l'éducation dispensée à la maison et de développer de nouvelles compétences adaptées à l'âge des enfants ; et 2) de fournir un accès précoce à des connaissances et compétences qui améliorent la performance au cours des premières années d'école primaire. Le programme pédagogique est axé sur le développement de toute une gamme de compétences incluant la communication, l'autonomie personnelle et les capacités comportementales, sociales, émotionnelles et logiques et mathématiques. Généralement, les enfants fréquentent les classes de maternelle pendant trois heures et demie par jour, cinq jours par semaine, pendant une année scolaire de neuf mois. La taille moyenne des classes est de 25 enfants.

Suite à l'introduction en 1993 d'une nouvelle loi visant à étendre l'enseignement obligatoire aux élèves de la dernière année de maternelle, l'État a investi dans la construction de plus de 3 500 nouvelles classes pré-primaires. En conséquence, le taux de scolarisation en maternelle a augmenté de 49 % en 1991 à 64 % en 2001. L'analyse des résultats obtenus aux tests normalisés administrés au niveau national et des enquêtes auprès des enseignants a estimé qu'une année de maternelle améliorait les résultats obtenus par les élèves de troisième année primaire aux tests d'espagnol et de mathématiques de 8 % par rapport à la moyenne ou de 23 % de l'écart type. Elle a également constaté des effets positifs de l'éducation maternelle dans les domaines de l'attention, de l'effort, de la discipline et de la participation chez les élèves de troisième année (Berlinski, Galiani, Gertler et 2009).

En Bolivie, le projet PIDI (Proyecto Integral de Desarrollo Infantil) fournit des services intégrés à domicile (garderie familiale à temps plein, nutrition et activités éducatives) aux enfants de 6 mois à 6 ans issus de familles pauvres des zones urbaines. Les objectifs du PIDI sont : 1) d'améliorer la santé et le développement cognitif/social des jeunes enfants en leur fournissant une meilleure nutrition, une supervision adéquate, et des environnements stimulants. Les enfants participant au programme sont rassemblés par groupes de 15 pour deux ou trois fournisseurs de soins, dans la maison d'une femme de la région choisie par la communauté. Dans le cadre du programme, les enfants reçoivent deux repas par jour et une collation, soit environ 70 % de leurs besoins caloriques, et participent à des jeux et activités stimulants, structurés et adaptés à leur âge. Ils bénéficient également de services de santé de base, y compris les vaccinations de routine et le suivi de la croissance. Le projet offre aux fournisseurs de soins une formation au développement de l'enfant, ainsi que des prêts ou subventions pour améliorer leurs domiciles. Les résultats de l'évaluation d'impact utilisant des données quasi-expérimentales montrent les

(suite)

Encadré 3.1.4 *(suite)*

effets positifs du programme sur la motricité globale et fine, les capacités psychologiques et l'acquisition du langage, en particulier chez les enfants qui ont participé au
programme pendant au moins sept mois (Behrman, Cheng et Todd 2004 ; Van der
Gaag et Tan, 1997).

En Inde, le programme de DPE Integrated Child Development Services (ICDS) est
l'un des plus importants du monde. Dans le cadre du programme, chaque communauté met en place une *anganwadi*, une garderie destinée à l'ensemble de la communauté couplée à un centre de soins maternels. Le personnel est composé d'un tra-
vailleur communautaire formé et d'un assistant recruté dans la communauté et qui
reçoit des honoraires de l'État. Le programme dispense aux enfants de moins de 6 ans
et aux femmes enceintes et allaitantes des services intégrés comprenant la vaccination,
le suivi de la croissance, des compléments nutritionnels, ainsi que l'éducation préscolaire des enfants de 3 à 6 ans. L'objectif de cette composante éducative est d'offrir aux
enfants un environnement naturel, joyeux et stimulant, tout en mettant l'accent sur les
intrants nécessaires à une croissance et à un développement optimaux. En moyenne, 37
enfants sont inscrits dans chaque programme d'écoles maternelles, où ils participent à
des activités organisées, telles que le chant et la lecture d'histoires. Ils reçoivent également un complément nutritionnel pendant les heures de classe (Department of
Woman and Child Development, s.d.).

Bien qu'aucune évaluation rigoureuse de ce programme n'ait encore été menée,
quelques études non expérimentales montrent des résultats prometteurs. Par
exemple, une enquête effectuée sur 16 000 enfants a constaté que les bénéficiaires du
programme ICDS sont moins susceptibles d'être atteints de malnutrition sévère et plus
susceptibles d'être scolarisés que ceux qui n'en ont pas profité. Une autre étude réalisée dans les trois États les plus riches a constaté que les enfants de 3 à 5 ans inscrits au
programme ICDS obtenaient de meilleurs résultats que les autres pour les mesures du
développement de l'enfant (capacités motrices et cognitives) (Vazir et Kashinath 1999).

les enfants fréquentant des garderies ou gardés à domicile, cet avantage initial
dans la performance scolaire a complètement disparu en cinquième primaire.
D'un autre côté, indépendamment de la fréquentation de centres, les effets du
programme d'information parentale sur la réussite scolaire, le développement
socio-émotionnel et l'adaptation sociale des enfants se maintiennent durant
toute l'enfance (Kagitçibasi, Sunar et Bekman 2001).

Par conséquent, il est fortement recommandé que les soins de DPE dispensés
par les centres soient complétées par des initiatives intégrées ou parallèles visant
à développer une éducation par les parents et un environnement familial de qualité (voir Note 3.2 pour plus d'information sur les programmes mettant l'accent
sur le changement de comportement chez les parents et autres pourvoyeurs
de soins).

Notes

1. Les économies concernées sont la Belgique (partie francophone), la Chine, la Finlande, la Grèce, Hong Kong, la Chine, l'Indonésie, l'Irlande, l'Italie, le Nigeria, la Pologne, la Roumanie, la Slovénie, l'Espagne, la Thaïlande et les États-Unis.

2. Site internet du projet HighScope IEA Preprimary ; consulté le 10 mai 2010 sur http://www.iea.nl/ppp.html.

3. L'information sur l'accréditation des programmes destinés aux jeunes enfants est fournie par la NAEYC sur : http://www.naeyc.org/academy/.

4. Les règlementations, critères d'octroi des licences et critères de certification sont disponibles sur le site Internet du ministère de l'Éducation : http://www.lead.ece.govt.nz/ManagementInformation/RegulatoryFramewor kForECEServices/2008Regulatory Framework.aspx.

5. L'Australie a récemment adopté une norme nationale de qualité ; des détails sur la politique sont disponibles sur le site internet du Département de l'éducation, de l'emploi et des relations sur le lieu de travail : http://www.deewr.gov.au/EarlyChildhood/Policy_Agenda/Quality/Pages/ho me.aspx.

6. Pour un exemple de la manière dont cela a été mis en œuvre au Chili, voir Rolla et coll. (2009).

7. L'affectation au traitement n'a pas été effectuée de manière aléatoire : les enfants du groupe de contrôle ont été choisis parmi ceux ayant des antécédents similaires à ceux des enfants du programme, en utilisant l'appariement des coefficients de propension.

8. Selon l'évaluation nationale de l'ICDS réalisée par le NIPCCD, New Delhi 1992, cité dans Engle et coll. (2007).

Lectures clés

Engle P.L., M. M. Black, J. R. Behrman, M. C. de Mello, P. J. Gertler, L. Kapiriri, R. Martorell et M. E. Young, et l'International Child Development Steering Group. 2007. "Strategies to Avoid the Loss of Developmental Potential in More Than 200 Million Children in the Developing World." The Lancet 369 (9557): 229–42.

Garcia, M., A. Pence et J. Evans (éd.). 2008. *Africa's Future, Africa's Challenge:Early Childhood Care and Development in Sub-Saharan Africa.* Washington, DC: Banque mondiale.

Karoly, L. A., M. R. Kilburn et J. S. Canon. 2005. "Early Childhood Interventions: Proven Results, Future Promise." RAND Corporation, Santa Monica, CA.

Vegas, E. et L. Santibáñez. 2009. *The Promise of Early Childhood Development in Latin America and the Caribbean.*Washington, DC: Banque mondiale.

Programmes de DPE dispensés dans des centres : Résumé et perspectives d'avenir

Considérations clés sur la mise en œuvre

- Débuter tôt, idéalement à l'âge de 2 à 3 ans, et s'assurer que le programme pédagogique soit approprié à l'âge.
- Cibler les enfants à risque, c'est-à-dire ceux issus de foyers à faible revenu ou autrement défavorisés.
- Fournir 15 heures ou plus par semaine de services de DPE dispensés dans des centres, pendant au moins 9 mois par an.
- Recruter des enseignants engagés dans le DPE et leur fournir des formations fréquentes (à la fois avant l'entrée en fonction et en cours d'emploi), des compensations financières acceptables, et des opportunités d'évolution professionnelle et de participation à des réseaux.
- Conserver des groupes d'une taille appropriée et un ratio adulte-enfant en rapport avec l'âge des enfants et le contexte culturel global.
- Concevoir un programme pédagogique centré non seulement sur le développement cognitif et les compétences linguistiques, mais aussi sur les capacités socio-émotionnelles.
- Incorporer des activités centrées sur les enfants où ceux-ci peuvent librement choisir parmi plusieurs options de jeu/d'apprentissage structuré, et où les éducateurs s'adaptent aux choix des enfants
- Former les éducateurs à l'utilisation d'une variété de matériel didactique.
- Compléter les activités de DPE dispensées par les centres par un programme de sensibilisation visant à fournir aux parents des informations pertinentes sur la manière de favoriser et entretenir le développement de leurs enfants, y compris à travers la nutrition et des activités de stimulation précoces.

Domaines pour des recherches complémentaires

- Comparaison de l'efficacité et du rapport coût-efficacité des modèles officiels, communautaires et familiaux dans les pays en développement.
- Les effets des différents modèles basés sur des centres sur les enfants de moins de 2 ans.
- Les effets des modèles basés sur des centres sur le développement socio-émotionnel des enfants dans les pays en développement
- L'intensité et la durée optimales de fréquentation des programmes dispensés dans des centres pour les enfants issus de familles à faible revenu dans les pays en développement.
- La relation entre la qualité du programme (y compris la taille des groupes et le ratio adulte-enfant, les qualifications du personnel, et le programme pédagogique) et les résultats obtenus chez les enfants dans les pays en développement.
- La valeur ajoutée de la composante d'éducation parentale dans les interventions qui combinent des services dispensés aux enfants dans des centres et l'information parentale.

References

Aboud, F. E. 2006. "Evaluation of an Early Childhood Preschool Program in Rural Bangladesh." *Early Childhood Research Quarterly* 21 (1): 46–60.

Anzalone, S. et A. Bosch. 2005. "Improving Educational Quality through Interactive Radio Instruction: A Toolkit for Policymakers and Planners." Africa Region Human Development Working Paper Series. Banque mondiale, Washington, DC.

Armecin, G., J. R. Behrman, P. Duazo, S. Ghuman, S. Gultiano, E. M. King et N. Lee. 2006. "Early Childhood Development Through an Integrated Program: Evidence from the Philippines." Policy Research Working Paper 3922. Banque mondiale, Washington DC.

Behrman, J., Y. Cheng et P. Todd. 2004. "Evaluating Pre-school Programs when Length of Exposure to the Program Varies: A Nonparametric Approach." *Review of Economics and Statistics* 86 (1): 108–32.

Berlinski, S., S. Galiani et P. Gertler. 2009. "The Effect of Pre-primary Education on Primary School Performance." *Journal of Public Economics* 93 (1–2): 219–34.

Berlinski, S., S. Galiani et M. Manacorda. 2008. "Giving Children a Better Start: Preschool Attendance and School-Age Profiles." *Journal of Public Economics* 92 (5-6): 1416–40.

Burchinal, M., C. Howes et S. Kontos. 2002. "Structural Predictors of Child Care Quality in Child Care Homes." *Early Childhood Research Quarterly* 17 (1): 87–105.

Campbell, F. A., C. T. Ramey, E. P. Pungello, S. Miller-Johnson et J. J. Sparling. 2002. Early childhood education: Young adult outcomes from the Abecedarian Project. *Applied Developmental Science.* 6(1), 42–57.

Department of Woman and Child Development. s.d. "Three Decades of ICDS— An Appraisal." Department of Woman and Child Development, Government of India. Consulté le 13 novembre 2009 sur http://www.wcd.nic.in/.

Doherty, G., B. Forer, D. Lero, H. Goelman et A. LaGrange. 2006. "Predictors of Quality in Family Child Care." *Early Childhood Research Quarterly* 21 (3): 296–312.

Downer, J. T. et R. C. Pianta. 2006. "Academic and Cognitive Functioning in First Grade: Associations with Earlier Home and Child Care Predictors and with Concurrent Home and Classroom Experiences." *School Psychology Review* 35 (1): 11–30.

Early, D. M., K. L. Maxwell, M. Burchinal, S. Alva, R. H. Bender, D. Bryant, K. Cai, R. M. Clifford, C. Ebanks, J. A. Griffin, G. T. Henry, C. Howes, J. Iriondo-Perez, H. Jeon, A. J. Mashburn, E. Peisner-Feinberg, R. C. Pianta, N. Vandergrift et N. Zill. 2007. "Teachers' Education, Classroom Quality et Young Children's Academic Skills: Results from Seven Studies of Preschool Programs." *Child Development* 78 (2): 558–80.

Educational Development Center. 2009. "Radio Instruction to Strengthen Education in Zanzibar." Consulté le 7 juin 2010 sur http://idd.edc.org/resources/publications.

Engle P.L., M. M. Black, J. R. Behrman, M. C. de Mello, P. J. Gertler, L. Kapiriri, R. Martorell et M. E. Young, et l'International Child Development Steering Group. 2007. "Strategies to Avoid the Loss of Developmental Potential in More Than 200 Million Children in the Developing World." *The Lancet* 369 (9557): 229–42.

Filmer, D. et N. Schady. 2009. "School Enrollment, Selection and Test Scores." Policy Research Working Paper 4998. Banque mondiale, Washington, DC.

Flood, M., D. Weinstein, T. Halle, L. Martin, K. Tout, L. Wandner, J. Vick, J. Sherman et E. Hair. 2007. "Quality in Early Childhood Care and Education Settings: A Compendium of Measures." Consulté le 4 novembre 2009 sur www.childtrends.org/Files//Child_Trends-2007_12_10_FR_Complete Compendium.pdf.

Garcia, M., A. Pence et J. Evans (eds.). 2008. *Africa's Future, Africa's Challenge: Early Childhood Care and Development in Sub-Saharan Africa*. Washington, DC: Banque mondiale.

Goelman, H., B. Forer et P. Kershaw. 2006. "Toward a Predictive Model of Child Care Quality in Canada." *Early Childhood Research Quarterly* 21 (3): 280–329.

Grantham-McGregor, S., Y. Bun Cheung, S. Cueto, P. Glewwe, L. Richer, B. Trupp, et l'International Child Development Steering Group. 2007. "Developmental Potential in the First 5 Years for Children in Developing Countries. The Lancet 369 (9555): 60–70.

Heckman, J. J. 2008. "Schools, Skills et Synapses." *Economic Inquiry* 46 (3): 289–324.

HighScope. s.d. "IEA Preprimary Project." Consulté le 10 mai 2010 sur http://www.iea.nl/ppp.html.

Ho., J., et H. Thukral. 2009. "Tuning in to Student Success: Assessing the Impact of Interactive Radio Instruction for the Hardest-to-Reach." Educational Development Center, Washington, DC.

Hoot, J. L., R. S. Parmar, E. Hujala-Huttunen, Q. Cao et A. M. Chacon. 1996. "Cross-National Perspectives on Developmentally Appropriate Practices for Early Childhood Programs." *Journal of Research in Childhood Education* 10 (2): 160–69.

Huffman, L. R et P. W. Speer. 2000. "Academic Performance among At-Risk Children: The Role of Developmentally Appropriate Practices." *Early Childhood Research Quarterly* 15 (2): 167–84.

Issa, S. S. et J. L. Evans. 2008. "Going to Scale with Effective ECD Interventions: What Is Involved? A Costing Model of the Madrasa ECD Programme in East Africa. *Coordinator's Notebook* 30. Consultative Group on Early Childhood Care and Development, Toronto, Canada.

Kagitçibasi, C., D. Sunar et S. Bekman. 2001. "Long-Term Effects of Early Intervention: Turkish Low-Income Mothers and Children." *Journal of Applied Developmental Psychology* 22 (4): 333–61

Karoly, L. A., M. R. Kilburn et J. S. Canon. 2005. "Early Childhood Interventions: Proven Results, Future Promise." RAND Corporation, Santa Monica, CA.

Loeb, S., M. Bridges, D. Bassok, B. Fuller et R.W. Rumberger. 2007. "How Much Is Too Much? The Influence of Preschool Centres on Children's Social and Cognitive Development." *Economics of Education Review* 26 (1): 52–66.

Malmberg, L. E., P. Mwaura et K. Sylva. À paraître. "Effects of a Preschool Intervention on Cognitive Development among East-African Preschool Children: A Flexibly Time-Coded Growth Model." *Early Childhood Research Quarterly*, sous presse.

Marcon, R. 2002. "Moving Up the Grades: Relationship between Preschool Model and Later School Success." *Early Childhood Research and Practice* 4 (1). Consulté le 22 septembre 2009 sur http://ecrp.uiuc.edu/v4n1/marcon.html.

McKay, H., L. Sinisterra, A. McKay, H. Gomez et P. Lloreda. 1978. "Improving Cognitive Ability in Chronically Deprived Children. Science 200 (4339): 270–78.

McMullen, M., J. Elicker, J. Wang, Z. Erdiller, S. Lee, C. Lin et P. Sun. 2005. "Comparing Beliefs about Appropriate Practice among *Early Childhood Education and Care Professionals from the U.S., China, Taiwan, Korea and Turkey.*" *Early Childhood Research Quarterly* 20 (4): 451–64.

Montie, J. E., Z. Xiang et L. J. Schweinhart. 2006. "Preschool Experience in 10 Countries: Cognitive and Language Performance at Age 7." *Early Childhood Research Quarterly* 21 (3): 313–31.

Mwaura, P. et B. T. Mohamed. 2008. "Madrasa Early Childhood Development Program: Making a Difference." In Africa's Future, Africa's Challenge: Early Childhood Care and Development in Sub-Saharan Africa." éd. M. Garcia, A. Pence et J. Evans. Washington, DC: Banque mondiale.

NAEYC. (National Association for the Education of Young Children). 2009. "Developmentally Appropriate Practice in Early Childhood Programs Serving Children from Birth through Age 8." Consulté le 22 septembre 2009 sur http://www.naeyc.org/DAP.

—2008. "Overview of the NAEYC Early Childhood Program Standards." Consulté le 10 mai 2010 sur http://www.naeyc.org/files/academy/file/OverviewStandards.pdf

—. 2009. "Position Statement on Developmentally Appropriate Practice." Consulté le 10 mai 2010 sur http://www.naeyc.org/DAP.

—. s.d. "Accreditation of Programs for Young Children." Consulté le 24 juin 2010 sur http://www.naeyc.org/academy/.

—. s.d. "The Core of DAP." Consulté le 10 mai 2010 sur http://www.naeyc.org/dap/core.

NAEYC et NAECSSDE. (National Association for the Education of Young Children and National Association of Early Childhood Specialists in State Departments of Education). 2003. "Early Childhood Curriculum, Assessment and Program Evaluation: Building an Effective, Accountable System in Programs for Children Birth through Age 8." Consulté le 22 septembre 2009 sur http://www.naeyc.org/DAP/resources.

NICHD (Early Child Care Research Network). 1996. "Characteristics of Infant Child Care: Factors Contributing to Positive Caregiving." *Early Childhood Research Quarterly* 11 (3): 269–306.

—. 2003. "Does Amount of Time Spent in Child Care Predict Socioemotional Adjustment During the Transition to Kindergarten?" *Child Development* 74 (4): 976–1005.

—. 2002. "Early Child Care and Children's Development Prior to School Entry: Results from the NICHD Study of Early Child Care." *American Educational Research Journal* 39 (1): 133–64.

OCDE (Organisation de coopération et de développement économiques). 2006. *Starting Strong II: Early Childhood Education and Care*. Paris : Publications de l'OCDE.

Paxson, C. et N. Schady. 2007. "Cognitive Development among Young Children in Ecuador: The Roles of Wealth, Health et Parenting." *Journal of Human Resources* 42 (1): 49–84.

Peisner-Feinberg, E. S., M. R. Burchinal, R. M. Clifford, M. L. Culkin, C. Howes, S. L. Kagan et N. Yazegian. 2001. "The Relation of Preschool Child-Care Quality to Children's Cognitive and Social Development Trajectories through Second Grade." *Child Development* 72 (5):1534–53.

Phillips, D., D. Mekos, S. Scarr, K. McCartney et M. Abbott-Shim. 2000. "Within and Beyond the Classroom Door: Assessing Quality in Child Care Centers." *Early Childhood Research Quarterly* 15 (4): 475–96.

Phillipsen, L. C., M. R. Burchinal, C. Howes et D. Cryer 1997. "The Prediction of Process Quality from Structural Features of Child Care." *Early Childhood Research Quarterly* 12 (3): 281–303.

Pianta, R. C. et K. L. Harbers. 1996. "Observing Mother and Child Behavior in a Problem-Solving Situation at School Entry: Relations with Academic Achievement." *Journal of School Psychology* 34 (3): 307–22.

Rolla, A., M. Rivadeneira, D. Leyva, I. Gamboa, M. C. Barata, C. Melo, G. Barra, M. C. Arbour, P. Fernández et C. Snow. 2009. "Integrated Work with Families in Chile: Parents' Perceptions and Their Interactions with Their Children." Présenté à la réunion annuelle de l'American Educational Research Association, San Diego, 13-17 avril.

Schweinhart, L. J., J. Montie, Z. Xiang, W. S. Barnett, C. R. Belfield et M. Nores. 2005. *Lifetime Effects: The High/Scope Perry Preschool Study through Age 40*. Ypsilanti, MI: High/Scope Educational Research Foundation.

Siraj-Blatchford, I., K. Sylva, B. Taggart, P. Sammons, E Melhuish, et K. Elliot. 2003. "The Effective Provision of Pre-School Education (EPPE) Project: Intensive Case Studies of Practice Across the Foundation Stage." Technical Paper 10, Institute of Education, University of London.

Sylva, K., E. C. Melhuish, P. Sammons, I. Siraj-Blatchford et B. Taggart. 2003. "The Effective Provision of Pre-school Education (EPPE) Project: Findings from the Pre-school Period: Summary of Findings." Institute of Education, University of London. Consulté le 7 août 2010 sur http://eppe.ioe.ac.uk/eppe/eppepdfs/RB%20summary%20findings%20 from%20Preschool.pdf.

Van der Gaag, J. et J.-P. Tan. 1997. "The Benefits of Early Child Development Programs: An Economic Analysis." Human Development Network, Banque mondiale, Washington, DC.

Vazir, S. et K. Kashinath. 1999. "Influence of the ICDS on Psychosocial Development of Rural Children in Southern India." *Journal of the Indian Academy of Applied Psychology* 25 (2): 11–24.

Vegas, E. et L. Santibáñez. 2009. *The Promise of Early Childhood Development in Latin America and the Caribbean.* Washington, DC: Banque mondiale

Programmes de DPE à domicile pour la modification des comportements en matière de santé, de nutrition et de rôle parental

La capacité d'un enfant à penser, établir des contacts et développer pleinement son potentiel est en lien direct avec l'effet synergétique d'une bonne santé, d'une saine nutrition, et d'une stimulation et interaction avec les autres appropriées pendant la petite enfance. Une bonne santé et une nutrition saine sont des préalables indispensables à la survie des enfants au cours de leurs premières années et à la pleine réalisation de leur potentiel de développement. La malnutrition de la mère et de l'enfant non seulement accroît le risque de mortalité et de morbidité parmi les jeunes enfants, mais compromet également leurs perspectives de développement à long terme. En effet, la malnutrition peut nuire au développement cognitif de l'enfant en causant des dommages structurels directs au cerveau pendant la vie intra-utérine et au cours des cinq premières années de la vie, et en altérant le développement moteur et le comportement exploratoire chez les nourrissons (Victora et coll. 2008). Inversement, il a été montré qu'une stimulation appropriée dans la petite enfance (donnant au jeune enfant de multiples occasions d'interagir avec ceux qui s'occupent d'eux et de découvrir leur environnement dès leur plus jeune âge) non seulement favorise le développement socio-émotionnel et cognitif, mais améliore également la santé et la nutrition de l'enfant (Naudeau 2009).

Les programmes de DPE abordant les questions de santé, de nutrition et de stimulation précoce chez les jeunes enfants s'adressent généralement directement aux mères (comme les consultations prénatales, l'accouchement sans risque et les soins post-partum précoces) et aux enfants (comme les consultations postnatales,

les services de prévention et les traitements), ou indirectement en améliorant les pratiques de soins et les compétences d'éducation parentales à travers des programmes d'information et d'éducation. Bien qu'ils soient parfois offerts en dehors du domicile (par exemple dans un centre communautaire ou de santé), ces programmes sont considérés comme des interventions de DPE à domicile dans la mesure où ils visent à faire évoluer le comportement dans le milieu familial, là où l'enfant passe habituellement le plus clair de son temps. Ces interventions sont essentielles pour assurer la survie de l'enfant et améliorer les résultats du DPE car beaucoup des stratégies les plus efficaces de promotion de la santé, la croissance et le développement général des très jeunes enfants sont celles qui se passent à domicile. De plus, les données disponibles font apparaitre l'importance d'une éducation par les parents efficace pour le développement général de l'enfant et sa maturité scolaire.

Cette note examine différents aspects des comportements familiaux ayant trait à la santé, la croissance et le développement général des enfants ; différents types de programmes d'éducation visant l'évolution des comportements familiaux ; ainsi que les difficultés potentielles de la mise en œuvre des programmes.

Les pratiques de soins aux enfants et le rôle des parents contribuent à la santé, à la croissance et au développement général des enfants

La petite enfance est à la fois la période la plus vulnérable de la vie humaine et celle où les familles peuvent le plus opportunément investir dans leurs enfants à travers les soins qu'il leur prodiguent et leurs pratiques d'éducation parentale. Même si les expressions « soins aux enfants » et « rôle des parents » sont parfois utilisées de façon interchangeable, les « soins aux enfants » font le plus souvent référence aux comportements adoptés par les parents pour répondre aux besoins physiques et émotionnels de leurs enfants, alors que le « rôle des parents » concerne généralement les comportements des parents déterminant le comportement et les compétences cognitives et socio-émotionnelles de leurs enfants. Engle et Lhotska (1999) définissent les soins comme « les comportements et pratiques des pourvoyeurs de soins (mères, frères et sœurs, pères ou toute autre personne prodiguant des soins aux enfants) visant à fournir la nourriture, les soins de santé, la stimulation et le soutien émotionnel nécessaires à la croissance et au développement sains des enfants ». Le rôle des parents comprend l'environnement familial qu'ils offrent à leurs enfants, ce qu'ils font avec eux et en leur présence, ainsi que leur manière de communiquer et d'interagir avec eux.

L'approche par le cycle de vie constitue un précieux cadre pour l'évaluation des besoins de la population cible et pour la prise de décision par rapport aux actions prioritaires. Ce cadre aide à comprendre les vulnérabilités et les possibilités spécifiques à chaque âge de la vie, et à identifier les apports nécessaires dans les populations visées dans les différents secteurs et domaines d'intervention (voir Tableau 3.2.1).

Tableau 3.2.1 Identification des options de projet à l'aide de l'approche par le cycle de la vie

Groupe d'âge	Vulnérabilités	Comportement parental/familial et environnement familial souhaitables	Exemples pertinents de services de santé, de nutrition et d'éducation des parents
De la conception à la naissance	• Risque d'infections maternelles, de déficience nutritionnelle débouchant sur la mortalité, la naissance prématurée, des malformations à la naissance et un faible poids à la naissance	• Alimentation équilibrée pendant la grossesse • Pas de consommation d'alcool, de tabac ou d'autres tératogènes (drogues, pollution, etc.) pendant la grossesse • Hygiène et conditions sanitaires ; hygiène alimentaire	• Consultations prénatales • Apport de micronutriments • Vaccination • Accouchement assisté
De 0 à 2 ans	• Décès ou handicap permanent résultant de maladies ou d'accidents • Nutrition inadéquate et épisodes de maladie répétés entraînant une malnutrition et un retard de croissance • Le stress généré par des abus ou la négligence peut influencer ultérieurement le comportement, le développement socio-émotionnel et la santé de l'enfant. • Une stimulation sensorielle inadaptée (vision, audition, odorat et toucher) peut limiter la capacité cérébrale de contrôle du langage, intellectuelle, émotionnelle, psychologique et physique • Le manque d'exposition au langage peut entraîner un retard linguistique	• Bonnes pratiques en matière d'alimentation du nourrisson et du jeune enfant (allaitement maternel exclusif pendant 6 mois, poursuite de l'allaitement avec une introduction en temps voulu d'une alimentation complémentaire adéquate après 6 mois) • Gestion des maladies infantiles notamment poursuite de l'alimentation pendant la maladie suivie d'une augmentation après la maladie pour rattraper la courbe de croissance • Stimulation précoce et soins réactifs, attentifs et chaleureux • Parler et jouer avec les enfants • Hygiène et conditions sanitaires; hygiène alimentaire	• Soins postnataux • Soins néonataux • Consultations du nourrisson • Suivi et stimulation de la croissance • Apport de micronutriments • Vaccination • Traitement vermifuge des enfants de plus de 12 mois • Dépistage des retards de développement et orientation vers une prise en charge • Éducation et soutien des parents
3 à 6 ans	• Une alphabétisation précoce et des compétences mathématiques inadéquates peuvent limiter le développement cognitif et les performances scolaires • Le manque d'interactions sociales avec des enfants du même âge peut influencer les compétences socio-émotionnelles et la maturité scolaire	• Parler et jouer avec les enfants • Faire des lectures aux enfants et leur apprendre les concepts de base tels que les nombres, les formes et les couleurs • Emmener les enfants aux aires de jeu et leur donner les occasions d'entrer en relation avec les autres enfants • Hygiène et conditions sanitaires; hygiène alimentaire	• Éducation et soutien des parents • Vaccinations et apport de micronutriments, suivant le programme national • Dépistage des retards de développement et orientation vers une prise en charge • Traitement vermifuge

Source: Auteurs

Une nutrition adéquate et une stimulation précoce sont des éléments essentiels des soins qui soutiennent le développement de l'enfant au cours de la période décisive des deux premières années suivant la naissance

Les deux premières années constituent la période la plus critique pour la survie de l'enfant, sa santé, sa croissance et le développement du cerveau. C'est aussi le moment où l'enfant est le plus vulnérable au manque de soins adéquats. Une grande partie de la mortalité infantile survient, en particulier, au cours des 28 premiers jours de la vie (Black, Morris et Bryce 2003). Les retards de croissance apparaissent habituellement au cours des deux premières années de la vie et sont difficiles à corriger après 36 mois. Des preuves épidémiologiques de plus en plus nombreuses indiquent que les enfants sous-alimentés pendant leurs deux premières années et qui reprennent rapidement du poids plus tard dans l'enfance peuvent souffrir de conséquences négatives à long terme telles qu'une augmentation de la masse adipeuse au détriment de la masse maigre, un facteur associé à des complications à long terme pour la santé (Bhutta et coll. 2008).

Ces deux premières années sont également cruciales pour le développement du cerveau : lorsque la stimulation et les contacts humains font gravement défaut, les répercussions sur la biologie et la psychologie du jeune cerveau peuvent être dévastatrices. (Nelson 2007).

Pratiques d'alimentation du nourrisson. Les pratiques de nutrition et d'alimentation du nourrisson sont parmi les plus importantes pour les enfants de cette tranche d'âge. L'encouragement de l'allaitement exclusif est reconnu comme la méthode d'intervention la plus prometteuse pour accroître les chances de survie de l'enfant au cours des six premiers mois.

L'allaitement exclusif durant les six premiers mois, complété par la suite par une alimentation adéquate à partir d'environ six mois et poursuivi ainsi jusqu'à l'âge de deux ans, non seulement réduit le risque d'infection et de malnutrition, mais contribue également à long terme à la santé et au développement du cerveau de l'enfant grâce à la richesse de l'apport nutritionnel et aux bienfaits de l'interaction socio-émotionnelle entre la mère et l'enfant (Nelson 2007).

Après la période recommandée d'allaitement exclusif pendant 6 mois, le risque de retard de croissance est particulièrement élevé car l'alimentation complémentaire des enfants ne contient souvent pas la quantité de nutriments voulue (Black et coll. 2008). Des éléments probants montrent l'efficacité des interventions centrées sur le comportement visant à prévenir les retards de croissance et à améliorer le développement de l'enfant en encourageant les mères à introduire des aliments complémentaires appropriés pour leurs enfants de six mois et plus. Par exemple, l'analyse des données de l'enquête Ecuador Demographic and Maternal and Child Health (ENDEMAIN) suggère que les conseils sur la durée appropriée de l'allaitement exclusif et sur le choix du meilleur moment pour introduire l'alimentation complémentaire ont entraîné une diminution des retards de croissance d'environ 10 % chez les bénéficiaires (Banque mondiale 2007).

L'examen des interventions portant sur l'alimentation complémentaire montre que les programmes d'éducation soulignant l'apport d'aliments d'origine animale, riches en nutriments semble prometteur, de même que d'autres messages concernant le choix du bon moment, les quantités, l'hygiène dans la préparation des aliments et autres conseils (Dewey et Abu-Afarwuah 2008). Les deux interventions qui ont affiché des progrès sensibles à la fois au niveau du poids et de la taille des enfants comportaient des messages clés sur l'importance de donner régulièrement aux enfants des aliments d'origine animale disponibles localement à un coût raisonnable ; par exemple, au Pérou, du foie de poulet, des œufs ou du poisson, et en Chine, des œufs. L'examen recommande également « une sélection soigneuse d'un petit nombre de messages spécifiques sur les pratiques qui peuvent facilement être adoptées par la population cible » et leur intégration avec l'information concernant l'allaitement et l'hygiène. En Équateur, une étude a montré que des familles ayant des revenus et des dépenses alimentaires similaires pouvaient avoir des enfants de taille normale ou présentant un retard de croissance en fonction de la part de protéine animale consommée par les enfants (qui était relativement faible pour les ménages vivant à haute altitude) (Banque mondiale 2007).

Une alimentation attentive (ou active) – qui associe la prise des repas avec une stimulation et un soutien émotionnel – est essentielle pour répondre aux besoins nutritionnels des jeunes enfants. L'alimentation attentive fait référence aux comportements positifs des pourvoyeurs de soins pendant les repas (par exemple, en encourageant l'enfant à manger, en remplissant à nouveau son assiette, en lui souriant et en lui parlant) et aux pratiques d'alimentation adaptées aux capacités psychomotrices de l'enfant (par exemple son habileté à attraper les aliments avec les doigts ou à manipuler une cuiller ou une tasse. Au Vietnam, l'alimentation attentive a été associée à une augmentation de l'attrait pour la nourriture (Dearden et coll. 2009) et au Bangladesh, à une plus grande propension à se nourrir tout seul (Aboud, Shafique et Akhter 2009). Bien que les effets de l'alimentation attentive sur la croissance et le développement socio-émotionnel n'aient pas encore été complètement évalués, il existe une base potentielle en faveur de l'introduction de la stimulation précoce dans les interventions actuelles principalement axées sur la nutrition.

Stimulation précoce. Un environnement stimulant et favorable au sein duquel un enfant peut entretenir une relation forte avec au moins un pourvoyeur de soins est un autre facteur crucial du DPE. Par exemple, un certain nombre d'études portant sur des orphelins placés en institution en Europe de l'Est et en Russie observent que la privation de stimulations sensorielles, cognitives, linguistiques et émotionnelles pendant la toute petite enfance débouche sur tout un éventail de troubles du développement, y compris des problèmes médicaux graves, des déficiences dans le développement physique et cérébral, des troubles cognitifs, des retards du langage et des problèmes émotionnels et sociaux (Nelson 2007). Par ailleurs, des études portant sur des enfants de familles à revenu faible ou intermédiaire des pays développés montrent de façon persistante l'ampleur considérable des conséquences du lien mère-enfant et de l'environnement familial sur les acquis cognitifs de l'enfant et sur son adaptation sociale (NICHD 2002). Il est possible de concevoir une intervention centrée sur la stimulation précoce pour les très jeunes enfants. Par exemple, en Jamaïque, l'évaluation d'un programme de visites à domicile hebdomadaires pendant les huit semaines suivant la naissance a montré que les nourrissons traités avaient une plus grande aptitude à régler un problème à l'âge de sept mois que ceux du groupe témoin (voir Encadré 3.2.1). Pendant les visites à domicile, on montrait aux parents comment communiquer avec leurs enfants, répondre aux indices qu'ils émettent et leur manifester de signes d'affection (Meeks-Gardner et coll. 2003).

L'environnement familial et l'apprentissage précoce améliorent la maturité scolaire des enfants de plus de deux ans

Après deux ans, une bonne alimentation continue de jouer un rôle important dans la croissance et le développement de l'enfant. Entre deux ans et l'âge d'école, les

---

Encadré 3.2.1

Essais d'interventions pour une stimulation précoce en Jamaïque

Les enfants ayant un faible poids à la naissance sont souvent confrontés à de multiples facteurs de risque. Des études ont identifié le faible poids à la naissance comme un facteur de risque pour le développement cognitif des enfants (Matte et coll. 2001 ; Richards et coll. 2001), surtout lorsqu'il est combiné avec la pauvreté et un bas niveau d'instruction de la mère

Un essai aléatoire contrôlé réalisé à Kingston en Jamaïque pour un programme de visites à domicile axé sur la stimulation précoce a été conçu pour les nourrissons ayant un faible poids à la naissance (Meeks-Gardner et coll. 2003). Quelque 140 nourrissons ayant un faible poids à la naissance ont été assignés de manière aléatoire à un groupe témoin ou à un groupe de traitement. L'étude a également suivi 94 nourrissons ayant un poids normal à la naissance. L'intervention visait à accroître les intéractions entre les mères et leurs nourrissons grâce à des visites hebdomadaires à domicile d'une heure, effectuées par des professionnels communautaires de la santé au cours des huit premières semaines suivant l'accouchement. Ces visiteurs utilisaient des jouets de fabrication maison et les laissaient aux familles.

À l'âge de 7 mois, la capacité de résolution des problèmes des nourrissons a été mesurée à l'aide des tests de « support » et « couverture »[1], et leur comportement a été noté pendant les tests. Les résultats des tests ont montré que les nourrissons du groupe de traitement avaient des notes sensiblement plus élevées que les nourrissons du groupe témoin, et qu'ils se montraient plus coopératifs pendant la séance. Comparés aux nourrissons ayant un poids normal à la naissance, les nourrissons du groupe de traitement n'affichaient des notes sensiblement plus basses que pour le test de support et obtenaient des notes comparables au test de couverture ainsi que pour les diverses évaluations du comportement, tandis que les nourrissons du groupe témoin (ayant eu aussi un faible poids à la naissance) obtenaient des notes inférieures dans les deux tests, vocalisaient moins et étaient moins coopératifs, moins heureux, et moins actifs que les nourrissons ayant un poids de naissance normal.

enfants font aussi d'importants progrès sur le plan du développement cognitif (la compréhension de concepts), de l'acquisition du langage (compréhension et utilisation d'un vocabulaire élargi, accroissement de la complexité et de la longueur des phrases) et du développement socio-émotionnel (plaisir à jouer avec les autres enfants), ainsi que des compétences pré-scolaires (tenir un crayon, reconnaître les lettres et les chiffres). Les parents peuvent encourager ce processus en offrant à leurs enfants un environnement stimulant.

L'environnement familial doit favoriser l'apprentissage. Les pratiques parentales qui accompagnent l'apprentissage des enfants sont particulièrement importantes pour les deux à six ans. Par exemple, au Royaume-Uni, une étude transversale à grande échelle a trouvé que les activités à la maison qui fournissent de réelles occasions d'apprentissage des enfants (écouter des histoires, jouer avec les chiffres, peindre, dessiner, apprendre l'alphabet et les chiffres) avaient des effets positifs notables sur l'aptitude à comprendre et utiliser les lettres et les chiffres à l'âge de cinq ans (Sylva et coll. 2008). De même, des études aux États-Unis ont montré une relation forte entre les possibilités d'apprentissage offertes à la maison (par exemple, la fréquence de la lecture d'histoires aux enfants, des visites à la bibliothèque ou au musée, le nombre de livres dans la maison) et les diverses mesures du développement tout au long de la petite enfance, incluant le développement moteur et social précoce, le vocabulaire, des résultats aux tests préscolaires et le nombre moindre de troubles du comportement (Bradley et coll. 2001; National Institute of Child Health and Human Development Early Child Care Research Network 2005).

La façon dont les parents communiquent avec leurs enfants ainsi que les types d'activités qu'ils partagent avec eux ont des effets positifs quel que soit le statut socio-économique. Par exemple, aux États-Unis, la pauvreté pendant la petite enfance est invariablement liée à un effet défavorable sur le développement de l'enfant, mais cette association semble partiellement atténuée par de bonnes pratiques parentales, telles qu'une attitude affectueuse et attentive vis-à-vis de l'enfant et une stimulation à l'apprentissage de la lecture et l'écriture (Mistry et coll. à paraître ; NICHD 2002). L'apprentissage précoce à la maison peut également être une option de programme viable dans certains pays. Par exemple, l'Early Enrichment Project turc, a formé des mères d'enfants de trois à cinq ans à travailler avec eux en utilisant du matériel didactique pendant deux ans. En fin de programme, les enfants participants présentaient non seulement des capacités cognitives et d'adaptation sociale sensiblement meilleures que celles des enfants du groupe témoin, mais sept ans plus tard, étaient également plus susceptibles d'être encore à l'école et d'afficher de meilleurs résultats scolaires et de meilleurs mécanismes d'adaptation sociale et familiale, une fois adolescents (Kagitçibasi, Sunar et Bekman 2001).

Possibilités d'interaction avec les autres enfants. Les études portant sur les enfants fréquentant l'école maternelle dans les pays développés indiquent que les meilleurs résultats cognitifs se retrouvent chez les enfants qui ont participé à des programmes basés sur des centres entre l'âge de deux et trois ans (Loeb et coll. 2007). Cela pourrait signifier que les enfants de cet âge n'apprennent pas seulement des membres de la famille, mais aussi des autres enfants. Quoique l'accès à une école maternelle ne soit pas toujours possible dans les milieux défavorisés, les parents peuvent créer des opportunités pour que les enfants puissent jouer ensemble ou participer à des activités éducatives de groupe.

Un comportement parental attentionné et constructif et deux parents responsables accroissent les chances de réussite scolaire de l'enfant et contribuent au développement de ses capacités cognitives et socio-émotionnelles

Un environnement familial propice est un facteur clé pour le développement de l'enfant durant toute son enfance. Les normes familiales et les pratiques parentales varient largement selon les cultures ; et même à l'intérieur d'un pays, l'expérience de l'enfant à la maison diffère fortement selon son appartenance ethnique, son âge ou son degré de pauvreté (Bradley et coll. 2001). Il est donc difficile de déterminer l'ensemble des comportements ou le style spécifique des parents, qui contribuera le mieux au développement de l'enfant. Des études réalisées dans les pays développés ont toutefois observé des associations entre des résultats cognitifs et/ou socio-émotionnels positifs et certains aspects du rôle parental, notamment les signes d'affection et l'attention, offrant des possibilités d'apprentissage adaptées à l'âge de l'enfant (c'est-à-dire des jeux et des expériences), ainsi que des encouragements à devenir autonome, à explorer et à apprendre. (Bradley 2002).

Relation adulte-enfant. Certains aspects de la relation enfants-parents, en particulier la sensibilité et l'écoute de la mère, ont été associés au développement cognitif et socio-émotionnel de l'enfant. Par exemple, une relation mère-enfant intime et affectueuse pendant les jeux a été associée à des compétences sociales et des fonctions exécutives supérieures (habitudes de travail et tolérance à la frustration), à une transition sans accroc vers le système scolaire formel et à une absence de troubles du comportement rapportés par les enseignants des écoles maternelles (Pianta, Nimetz et Bennett 1997). De plus, une autre étude a constaté que les mères qui sont affectueuses et sensibles aux émotions de leurs enfants et leur prodiguent des encouragements, un soutien et, si nécessaire, des instructions adaptées, ont tendance à avoir des enfants réussissant mieux en classe entre la deuxième et la quatrième année primaire (Pianta et Harbers 1996).

Implication des pères. Certaines études portant sur les relations parent-enfant ont souligné l'importance de la relation père-enfant dans le développement du langage et des compétences scolaires acquises précocement (Pancsofar, Vernon-Feagans, and the Family Life Project investigators, forthcoming; Martin, Ryan, et Brooks, Gunn 2007). Une étude menée aux États-Unis a noté l'influence de l'implication des pères dans la vie des enfants sur leur sentiment de satisfaction et leur détresse psychologique lorsqu'ils deviennent de jeunes adultes (Amato 1994). Une autre étude réalisée au Royaume-Uni a constaté que l'implication des pères et des mères dans la vie de leurs enfants de sept ans, quel que soit le parent, est un prédicteur de réussite scolaire de ces enfants à l'âge de vingt ans (Flouri et Buchanan 2004).

Il a également été démontré que les programmes d'éducation des parents peuvent améliorer les compétences éducatives parentales des pères. Par exemple, une évaluation du programme américain Early Head Start montre que les pères participants étaient sensiblement moins enclins à donner la fessée que ceux du groupe de contrôle. Il a également été observé que les pères du programme Early Head Start étaient moins intrusifs et plus attentifs pendant les jeux, et que les enfants participants arrivaient mieux à entraîner leurs pères dans diverses activités (Love et coll. 2002). Plusieurs projets tentent donc d'impliquer les pères dans les programmes d'éducation parentale d'une manière qui répond aux besoins et attentes spécifiques des pères. En Jordanie, par exemple, le Better Parenting Program a commencé à atteindre les pères en formant des imams à enseigner les techniques d'éducation positive des enfants juste après la prière du vendredi (UNICEF 2009).

Stratégies pour la modification des comportements familiaux

L'accompagnement et l'apprentissage basé sur un programme pédagogique sont les stratégies les plus courantes adoptées par les programmes d'éducation des parents visant à modifier le comportement familial, et de nombreux programmes combinent les deux

L'information sur les soins aux enfants et le rôle parental peut être diffusée via divers canaux et à différents endroits. Les modes rôle mise en œuvre des programmes comprennent les réunions communautaires habituelles au cours desquelles les parents se rencontrent et discutent en groupe de leurs besoins ; les contacts avec la famille dans le cadre d'activités de santé, telles que les visites dans les hôpitaux au moment de la naissance (hôpitaux amis des bébés) ou les consultations de vaccination ou de suivi de la croissance ; les visites à domicile au cours desquelles des professionnels ou para-professionnels rencontrent individuellement les famille. Les stratégies les plus courantes et les plus prometteuses sont examinées ci-dessous.

L'accompagnement est l'une des formes les plus fréquemment utilisées pour l'éducation parentale. Il semble contribuer efficacement à la promotion de l'allaitement et l'amélioration de l'alimentation complémentaire (Bhutta et coll. 2008 ; Penny et coll. 2005). Par exemple, une méta-analyse des interventions en faveur de l'allaitement maternel a révélé que les accompagnements tant individuel que de groupe ont tous deux accru la pratique de l'allaitement exclusif pendant la période néonatale jusqu'à l'âge de six mois (Bhutta et coll. 2008). L'analyse de 34 études sur l'allaitement maternel réalisée par Cochrane a constaté l'efficacité des séances d'accompagnement en tête-à-tête, par rapport aux séances par téléphone (Britton et coll. 2007). Elle a également déterminé que les séances d'accompagnement de l'allaitement offertes par l'Organisation mondiale de la santé et le Fonds des Nations Unies pour l'Enfance (OMS/UNICEF) étaient un instrument efficace pour former les professionnels.

Par contre, les résultats sont mitigés pour les programmes reposant sur l'accompagnement qui se concentrent sur la stimulation et l'apprentissage précoces. Alors qu'un certain nombre d'études sérieuses des programmes intégrant des composantes d'accompagnement ou de gestion des cas ont montré que ces programmes obtenaient de bons résultats auprès des enfants et des parents (Gomby, Culross et Behman 1999), certaines évaluations n'ont pas noté d'incidence sensible sur les enfants (Goodson et coll. 2000) ; d'autres études n'ont trouvé que deux situations où ces programmes produisent de bons résultats : en association avec des activités dispensées par des centres (Wasik et coll. 1990 ; Love et coll. 2005) et pour certaines catégories de bénéficiaires ou situations géographiques.

La qualité du personnel employé dans les programmes, à savoir les conseillers, les visiteurs à domicile et les éducateurs parentaux, constitue l'un des éléments essentiels des programmes d'éducation des parents. Il semble que tant les professionnels que les conseillers formés par leurs collègues se montrent efficaces dans la promotion de l'allaitement maternel (Britton et coll. 2007). Toutefois, quand on examine les programmes reposant sur l'accompagnement ayant pour but la stimulation et l'apprentissage précoces, on ne trouve que des preuves limitées et mitigées que le personnel dispose des qualités requises pour être efficace. Les résultats d'une méta-analyse des programmes de visites à domicile à travers les États-Unis montrent que les visites à domicile de professionnels avaient des effets importants sur le développement cognitif des enfants, tandis que les travailleurs paraprofessionnels étaient plus efficaces dans la réduction des cas de maltraitance des enfants (Sweet et Appelbaum 2004). De son côté, un essai de contrôle randomisé du programme Nurse-Family Partnership où différents types de personnel (infirmier et paraprofessionnel) effectuaient des visites à domicile dans des familles à faible revenu des États-Unis, a montré que le personnel infirmier avait un effet plus fort sur une large gamme de comportements maternels, et que seuls les enfants ayant bénéficié de visites à domicile par des professionnels présentaient des résultats durables (Olds et coll. 2002 ; 2004).

L'apprentissage reposant sur un programme pédagogique a souvent été utilisé dans les programmes parentaux pour renforcer le développement cognitif et socio-émotionnel des enfants et aborder les troubles du comportement. Ces programmes peuvent être dispensés au cours de visites à domicile, dans des salles de classe, au cours d'ateliers ou à travers une combinaison de ces différentes méthodes. Par exemple, le Turkish Early Enrichment Project mentionné précédemment utilisait des visites à domicile bihebdomadaires alternant à la même fréquence avec des réunions de groupe. Sur la base d'un programme pédagogique adapté du programme HIPPY d'éducation parentale à domicile pour les enfants d'âge préscolaire, les mères recevaient chaque semaine du matériel didactique et des instructions sur la façon de l'utiliser avec leurs enfants. Les réunions de groupe consistaient en discussions structurées sur divers sujets tels que la nutrition, la santé de l'enfant, les activités de jeu, la discipline et la communication parent-enfant. D'autres modèles prometteurs basés sur un programme pédagogique ont fait l'objet de projets pilotes à différents endroits, notamment le programme Incredible Years qui obtient des résultats avec les enfants selon des études portant sur les enfants à risques et présentant des troubles du comportement ; et les programmes DARE to be You et Parents as Teachers. Certains de ces programmes ont également été mis en œuvre dans des pays en voie de développement (voir Tableau 3.2.2) (Karoly, Kilburn et Cannon 2005).

Des possibilités d'apprentissage basé sur un programme pédagogique ont fréquemment été offertes, avec un succès inégal, aux femmes enceintes des pays développés, en particulier parmi les populations à risque comme les adolescentes et les femmes issues d'un milieu socio-économique désavantagé. Le but de ces interventions est habituellement d'influer favorablement sur l'issue de la grossesse et d'améliorer les pratiques de soins aux nourrissons, notamment l'initiation à l'allaitement maternel (Clewell, Brooks-Gunn et Benasich 1989).

*Adapter les modèles d'éducation des parents aux environnements à faible revenu-*L'adaptation de ces modèles aux environnements à faible revenu pose un certain nombre de défis particuliers, qui peuvent être atténués par une évaluation soigneuse des besoins des mères, de leurs croyances et pratiques en matière de rôle des parents ainsi que de leurs méthodes d'apprentissage préférées. (Voir Note 3.3). Ainsi, en Thaïlande, des anecdotes montrent que des vidéoclips se sont avérés utiles pour sensibiliser les parents illettrés à l'idée qu'un enfant est déjà un individu capable de percevoir, à l'importance de l'interaction et du jeu entre la mère et l'enfant, et à l'alimentation complémentaire (Kotchabhakdi 1988).

Combiner l'accompagnement et l'apprentissage basé sur un programme pédagogique. La plupart des programmes d'éducation des parents axés sur les résultats cognitifs, socio-émotionnels et comportementaux de l'enfant comportent à la fois un accompagnement où les éducateurs des parents ou visiteurs à domicile abordent les besoins individuels de chaque famille et de chaque enfant, et un apprentissage où les messages clés sur les soins aux enfants et le rôle parental sont délivrés aux parents sur la base d'un programme pédagogique. Dans ce type de

Tableau 3.2.2 Modèles d'éducation des parents

Modèle	Buts	Âge d'entrée et de sortie	Contenu principal, intensité, durée
DARE to Be You	Améliorer les compétences parentales et le développement de l'enfant afin de contribuer à la résilience des enfants à l'usage de drogues plus tard au cours de leur vie	Entrée et sortie 2 à 5 ans	Ateliers parent-enfant centrés sur les compétences parentales et des activités des enfants adaptées à leur développement. Durée : 15 à 18 heures atelier d'éducation des parents et programmes simultanés pour les enfants, de préférence sur 10 à 12 semaines.
HIPPY (Programme d'éducation parentale à domicile pour les enfants d'âge préscolaire	Aider les parents peu instruits à préparer leurs enfants à l'entrée à l'école	Entrée : 3 à 4 ans Sortie : 5 ans	Classes d'éducation au rôle de parent et livres offerts aux parents, avec des activités à réaliser avec les enfants. Visites bihebdomadaires à domicile par des paraprofessionnels pendant 45 à 60 minutes ; matériel à utiliser par les parents HIPPY avec leurs enfants au moins 15 minutes par jour ; réunions de groupe bihebdomadaires pour les parents. Durée : 30 semaines par an pendant 2 ans.
Incredible Years	Promouvoir les compétences sociales et émotionnelles de l'enfant et aborder les troubles comportementaux et émotionnels de l'enfant.	Entrée et sortie : 2 à 8 ans	Classes d'éducation au rôle de parent et programmes pour l'enfant. Durée : parents 12 à 14 semaines, 2 heures par semaine ; enfants 18 à 20 semaines, 2 heures par semaine
Parents as Teachers	Donner aux parents les moyens d'offrir à leurs enfants un bon départ dans la vie, de les préparer à l'entrée à l'école ; et prévenir/réduire la maltraitance	Entrée : prénatal ou enfant de moins de 8 mois Sortie : 3 à 8 ans	Visites à domicile par les éducateurs des parents ; réunions de groupe avec les parents ; suivi du développement de la santé, de la vue et de l'audition ; mise en place de réseaux pour répondre aux besoins des familles. Durée : visites à domicile/réunions de groupe hebdomadaires à mensuelles, 60 à 90 minutes.

Source: Karoly, Kilburn, et Cannon (2005).

programmes, le centrage sur le DPE est associé à la modification des comportements familiaux. Par exemple, l'étude Early Head Start Study aux États-Unis a montré qu'un plus grand nombre de visites à domicile centrées sur le développement de l'enfant au lieu des problèmes des familles avait un plus grand impact sur le développement cognitif et linguistique des enfants (Raikes et coll. 2006). Une analyse qualitative approfondie du projet Parents as Teachers aux États-Unis a identifié plusieurs défis dans la mise en place de programmes de qualité, notamment l'accent mis sur le rôle des éducateurs parentaux en tant que sources d'information et d'éducation en plus de l'apport d'un soutien social, de l'émission de messages clairs, et de la démonstration des comportements souhaités (Hebbeler et Gerlach-Downie 2002).

L'apprentissage communautaire peut également être efficace dans certains contextes

L'apprentissage communautaire à travers des groupes de femmes peut être une option viable et permanente dans les pays où il existe par tradition des communautés locales dynamiques. Par exemple, au Népal, une tentative d'approche communautaire a facilité les discussions des femmes des villages couverts par le projet sur diverses questions liées à l'accouchement et aux soins aux enfants ; ces groupes ont ensuite élaboré et mis en œuvre des stratégies pour aborder les questions communautaires (comme les fonds générés par la communauté pour les soins aux mères et aux nourrissons, et les visites à domicile chez les femmes nouvellement enceintes effectuées par un membre du groupe). Au cours du processus, les participants au programme ont cherché et reçu de l'information sur la santé de la mère et de l'enfant et les soins à apporter à celui-ci. L'évaluation d'impact du programme a constaté un plus faible taux de mortalité néonatale, un meilleur recours aux services prénataux et d'accouchement, et de meilleures pratiques de soins à domicile dans les communautés couvertes par le programme que dans communautés témoins (Manandhar et coll. 2004). La première initiative de cette sorte, le Projet Warmi en Bolivie, avait montré des résultats similaires (O'Rourke, Howard Grabman et Seoane 1998).

Défis de mise en œuvre des programmes d'éducation des parents

L'un des problèmes les plus fréquemment rencontrés dans la mise en œuvre des programmes d'éducation des parents est la faible participation de ceux-ci. Dans certains cas, l'information seule ne suffit pas à modifier les comportements familiaux parce que les parents sont incapables de transformer leur savoir en action. Par exemple, les programmes d'éducation des parents n'auront vraisemblablement pas d'impacts significatifs sur le comportement des enfants si la participation est insuffisante ou lorsque l'information seule ne suffit pas.

Quand la participation est insuffisante

Lors de la conception d'un programme d'éducation des parents, on peut découvrir que la fréquence et la durée prévues pour le programme ne reflètent pas la quantité réelle des services offerts à la famille parce que le niveau de participation est souvent insuffisant. Un examen des divers modèles de programmes d'éducation des parents aux États-Unis a constaté que l'un des problèmes de mise-en-œuvre les plus courants était le fort taux d'attrition et le faible niveau d'implication des parents dans le programme. Selon cette étude, jusqu'à 40 % des familles invitées à participer au programme de visites à domicile ont décliné l'offre et seuls 50 % des inscrits ont effectivement été jusqu'au bout du programme (Gomby 2005).

Il est également important de prendre en compte la qualité de la participation parentale. Une analyse approfondie de l'étude Early Head Start Research and Evaluation Project Data effectuée par Raikes et coll. (2006) aux États-Unis a observé que le niveau d'implication des parents dans le programme (mesuré par une notation de l'engagement attribuée par le personnel et au cours de chaque visite à domicile) était corrélé à un meilleur développement cognitif et du langage, un meilleur soutien parental de l'acquisition et apprentissage du langage par l'enfant, ainsi qu'un meilleur environnement familial général. Les faibles taux d'inscription et d'attrition du programme ainsi que la médiocre qualité de la participation pourraient résulter du fossé qui existe parfois entre le contenu du programme et les attentes et besoins des parents, ou de raisons plus pratiques telles que les horaires ou l'emplacement.

Quand l'information seule ne suffit pas

Dans certaines circonstances, les parents peuvent ne pas être capables de modifier leurs habitudes parentales. En particulier, l'information sur la nutrition peut ne pas être suffisante pour prévenir ou corriger le retard de croissance chez les jeunes enfants, et les types d'intervention les plus prometteurs peuvent varier en fonction de la population visée. Une méta-analyse de 10 programmes visant à améliorer les pratiques en matière d'alimentation complémentaire à travers l'éducation des parents a trouvé que seuls trois de ces programmes conduits au sein de populations bénéficiant de la sécurité alimentaire (ayant un revenu moyen de plus d'un dollar par personne et par jour) obtenaient des effets positifs sur l'indice de taille en fonction de l'âge des enfants (Bhutta et coll. 2008). De plus, une analyse regroupant sept évaluations de programmes ciblant des populations ne bénéficiant pas de la sécurité alimentaire (comme définie ci-dessus) a observé que la taille en fonction de l'âge n'augmentait que chez ceux ayant reçu une alimentation complémentaire (en plus ou à la place d'une éducation des parents) (Bhutta et coll. 2008). Par conséquent, une combinaison de l'éducation à la nutrition et à la santé avec des programmes de compléments alimentaires ou de génération de revenus, y compris les transferts monétaires conditionnels (voir Note 3.4), peut s'avérer la solution la plus pertinente pour certaines populations.

De même, l'information sur la stimulation précoce peut ne pas suffire à encourager la modification des comportements chez les parents lorsque le temps est une contrainte (c'est-à-dire, lorsqu'ils sont tellement occupés par leurs activités génératrices de revenu qu'ils n'ont pas le temps de s'investir dans des activités stimulantes avec leurs enfants). Des stratégies supplémentaires, telle que la formation d'autres membres de la famille aux jeux et aux interactions avec les jeunes enfants, peuvent se révéler utiles dans de tels contextes.

Programmes de DPE pour la modification des comportements en matière de santé, nutrition et rôle des parents : Résumé et perspectives d'avenir

Considérations clés sur la mise en œuvre

- Promouvoir des approches intégrées englobant la santé, la nutrition et la stimulation pour un apprentissage précoce.
- Identifier les interventions clés en inventoriant les vulnérabilités et les possibilités de la population visée.
- Cibler les enfants les plus vulnérables à certains risques (par exemple, les moins de deux ans présentant un risque de malnutrition, les filles et les pauvres).
- Dans la mesure du possible, recruter du personnel professionnel et le former correctement afin d'améliorer les performances et la qualité des services.
- Communiquer l'information d'une manière pratique et directe au cours des séances ; faire des démonstrations et encourager explicitement les comportements souhaitables.
- Veiller à ce que les parents (y compris les pères) participent à autant de séances que possible et s'impliquent pleinement dans chacune.

Domaines pour des recherches complémentaires

- Méthodes pratiques pour inclure les messages sur la stimulation et l'apprentissage précoce dans les services de santé et de nutrition destinés aux jeunes enfants et à leur famille.
- Combinaison optimale des messages sur la nutrition, la santé et l'hygiène avec l'information et les conseils en matière de stimulation et d'apprentissage précoce.
- Efficacité des programmes d'éducation des parents pris séparément (c'est-à-dire non associés aux programmes dispensés par des centres) par rapport aux résultats cognitifs, scolaires et socio-émotionnels pour diverses tranches d'âge des enfants.
- Effets à long terme des programmes d'éducation au rôle parental sur le développement des enfants.
- Façon dont le niveau d'instruction de la mère et d'autres variables familiales ou communautaires atténuent l'impact des programmes de santé et de nutrition ou d'éducation des parents, en particulier des interventions axées sur le comportement.
- Meilleures manières d'étendre la portée des petits programmes fonctionnant bien.
- Interactions entre la composante basée sur des centres et l'éducation des parents à leur rôle et aux pratiques de soins des enfants, au sein d'une démarche mixte comprenant à la fois les services basés sur des centres et les services liés au rôle parental.

- Relation entre les détails des programmes d'éducation des parents (notamment le programme pédagogique, les qualifications du personnel, l'intensité, la durée et le lieu de prestation de services) et les résultats des enfants dans les pays en développement.
- Rentabilité relative des différentes stratégies d'apprentissage.

Note :

1. Pendant le test de « support », les observateurs testent si les enfants peuvent retrouver un jouet placé sur un morceau de tissu en tirant sur celui-ci. Dans le test de « couverture », les enfants doivent trouver un jouet recouvert d'un morceau de tissu en retirant celui-ci. Les séances sont enregistrées sur cassette vidéo pour analyse.

Lectures clés

Bhutta, Z. A., T. Ahmed, R. E. Black, S. Cousens, K. Dewey, E. Giugliani, B. A. Haider, B. Kirkwood, S. S. Morris, H. P. Sachdev et M. Shekar et la Maternal and Child Undernutrition Study Group. 2008. "What Works? Interventions for Maternal and Child Undernutrition and Survival." The Lancet 371 (9610): 417–440.

Bradley, R. 2002. "Environment and Parenting." In Handbook of Parenting, 2e éd., éd. M. Bornstein. Hillsdale, NJ: Lawrence Erlbaum.

Evans, J. 2006. "Parenting Programmes: an Important ECD Intervention Strategy." Paper commissioned for the Education for All Global Monitoring Report 2007: Strong Foundations: Early Childhood Care And Education. Organisation des Nations Unies pour l'éducation, la science et la culture, Paris.

Références

Aboud, F. E., S. Shafique et S. Akhter. 2009. "A Responsive Feeding Intervention Increases Children's Self-Feeding and Maternal Responsiveness but Not Weight Gain." Journal of Nutrition 139 (9): 1738–43.

Amato, P. R. 1994. "Father-Offspring Relations, Mother-Child Relations, and Offspring Psychological Well-Being in Early Adulthood." Journal of Marriage and the Family 56 (4): 1031–42.

Bhutta, Z. A., T. Ahmed, R. E. Black, S. Cousens, K. Dewey, E. Giugliani, B. A. Haider, B. Kirkwood, S. S. Morris, H. P. Sachdev et M. Shekar et le Maternal and Child Undernutrition Study Group. 2008. "What Works? Interventions for Maternal and Child Undernutrition and Survival." The Lancet 371 (9610): 417–40.

Black, R. E., L. H. Allen, Z. Z. Bhutta, L. E. Caulfield, M. de Onis, M. Ezzati, C. Mathers et J. Rivera. 2008. "Maternal and Child Undernutrition: Global and Regional Exposures and Health Consequences." *The Lancet 371 (9376): 243–60.*

Black, R. E., S. S. Morris et J. Bryce. 2003. "Where and Why Are 10 Million Children Dying Every Year?" *The Lancet* 361 (9608): 2226–34.

Bradley, R. 2002. "Environment and Parenting." *In Handbook of Parenting,* 2e éd., éd. M. Bornstein. Hillsdale, NJ: Lawrence Erlbaum.

Bradley, R. H., R. F. Corwyn, M. Burchinal, H. P. McAdoo et C. G. Coll. 2001. "The Home Environments of Children in the United States Part II: Relations with Behavioral Development through Age Thirteen." *Child Development* 72 (6): 1868–86.

Britton, C., F. M. McCormick, M. J. Renfrew, A. Wade et S. E. King. 2007. "Support for Breastfeeding Mothers." *Cochrane Database of Systematic Reviews Issue* 1. Art. No.: CD001141.

Clewell, B. C., J. Brooks-Gunn et A. Benasich. 1989. "Evaluating Child-Related Outcomes of Teenage Parenting Programs." *Family Relations* 38 (2): 201–09.

Dearden, K. A., S. Hilton, M. E. Bentley, L. E. Caulfield, C. Wilde, P. B. Ha et D. Mars 2009. "Caregiver Verbal Encouragement Increases Food Acceptance among Vietnamese Toddlers." *Journal of Nutrition* 139 (7): 1387–92.

Dewey, K. G. et S. Abu-Afarwuah. 2008. "Systematic Review of the Efficacy and Effectiveness of Complementary Feeding Interventions in Developing Countries." Web appendix in Bhutta et coll. 2008.

Engle, P. et L. Lhotska. 1999. "The Role of Care in Programmatic Actions for Nutrition: Designing Programmes Involving Care." *Food and Nutrition Bulletin* 20 (1): 121–35.

Evans, J. 2006. "Parenting Programmes: an Important ECD Intervention Strategy." Paper commissioned for the *Education for All Global Monitoring Report 2007: Strong Foundations: Early Childhood Care And Education.* Organisation des Nations Unies pour l'éducation, la science et la culture, Paris.

Flouri, E. et A. Buchanan. 2004. "Early Father's and Mother's Involvement and Child's Later Educational Outcomes." *British Journal of Educational Psychology* 74 (juin): 141–53.

Gomby, D. 2005. "Home Visitation in 2005: Outcomes for Children and Parents." Committee for Economic Development: Invest in Kids Working Group. Washington, DC.

Gomby, D., P. Culross et R. Behman. 1999. "Home Visiting: Recent Program Evaluations—Analysis and Recommendations." *The Future of Children* 9 (1) (Printemps/été).

Goodson, B. D., J. I. Layzer, R. G. St.Pierre, L. S. Bernstein et M. Lopez. 2000. "Effectiveness of a Comprehensive, Five-Year Family Support

Program For Low-income Children and Their Families: Findings from the Comprehensive Child Development Program." *Early Childhood Research Quarterly* 15 (1): 5–39.

Guldan, G. S., H. C. Fan, X. Ma, Z. Z. Ni, X. Xiang, M. Z. Tang. 2000. "Culturally Appropriate Nutrition Education Improves Infant Feeding and Growth in Rural Sichuan, China." *Journal of Nutrition* 130 (5): 1204–11.

Hebbeler, K. M. et S. G. Gerlach-Downie. 2002. "Inside the Black Box of Home Visiting: A Qualitative Analysis of Why Intended Outcomes Were Not Achieved." *Early Childhood Research Quarterly* 17 (1): 28–51.

Kagitçibasi, C., D. Sunar et S. Bekman. 2001. "Long-Term Effects of Early Intervention: Turkish Low-Income Mothers and Children." *Journal of Applied Developmental Psychology* 22 (4): 333–61.

Karoly, L. A., M. R. Kilburn et J. S. Canon. 2005. "Early Childhood Interventions: Proven Results, Future Promise." RAND Corporation, Santa Monica, CA.

Kotchabhakdi, N. 1988. "A Case Study: The Integration of Psychosocial Components of Early Childhood Development into a Nutrition Education Programme of Northeast Thailand." Paper prepared for the Third Inter-Agency Meeting of the Consultative Group on Early Childhood Care and Development, 12 au 14 janvier, Washington, DC, cité dans Evans, J. 2006.

Loeb, S., M. Bridges, D. Bassok, B. Fuller et R.W. Rumberger. 2007. "How Much Is Too Much? The Influence of Preschool Centers on Children's Social and Cognitive Development." *Economics of Education Review* 26 (1): 52–66.

Love, J. M., E. E. Kisker, C. M. Ross, P. Z. Schochet, J. Brooks-Gunn, D. Paulsell, K. Boller, J. Constantine, C. Vogel, A. S. Fuligni et C. Brady-Smith. 2002. *Making a Difference in the Lives of Infants and Toddlers and Their Families:* The Impacts of Early Head Start. Publication 2002-06-00. Washington, DC.: U.S. Department of Health and Human Services.

—. 2005. "The Effectiveness of Early Head Start for 3-Year-Old Children and Their Parents." *Developmental Psychology* 41 (6): 885–901.

Manandhar, D. S., D. Osrin, B. P. Shrestha, N. Mesko, J. Morrison, K. M. Tumbahangphe, S. Tamang, S. Thapa, D. Shrestha, B. Thapa, J. R. Shrestha, A. Wade, J. Borghi, H. Standing, M. Manandhar, A. M. del Costello et membres de l'équipe d'essai MIRA Makwanpur. 2004. "Effect of a Participatory Intervention with Women's Groups on Birth Outcomes in Nepal: Cluster-Randomised Controlled Trial." *The Lancet* 364 (9438): 970–79.

Martin, A., R. M. Ryan et J. Brooks-Gunn. 2007. "The Joint Influence of Mother and Father Parenting on Child Cognitive Outcomes at Age 5." *Early Childhood Research Quarterly* 22 (4): 423–39.

Matte T. D., M. Bresnahan, M. D. Begg et E. Susser. 2001. "Influence of Variation in Birth Weight Within Normal Range and Within Sibships on IQ at Age 7 Years: Cohort Study." *British Medical Journal* 323 (7308): 310–14.

Meeks-Gardner, J., S. P. Walker, C. A. Powell et S. Grantham-McGregor. 2003. "A Randomized Controlled Trial of a Home-Visiting Intervention on Cognition and Behavior in Term Low Birth Weight Infants." *Journal of Pediatrics* 143 (5): 634–39.

Mistry, R. S., A. D. Benner, J. Biesanz, S. Clark, C. Howes. À paraître. "Family and Social Risk, and Parental Investments During the Early Childhood Years as Predictors of Low-Income Children's School Readiness Outcomes." *Early Childhood Research Quarterly.*

National Institute of Child Health and Human Development Early Child Care Research Network. 2005. "Duration and developmental Timing of Poverty and Children's Cognitive and Social Development from Birth through Third Grade." *Child Development* 76 (4): 795–810.

Naudeau, S. 2009. "Supplementing Nutrition in the Early Years: The Role of Early Childhood Stimulation to Maximize Nutritional Inputs." *Child and Youth Development* Notes 3 (1) (March). Banque mondiale, Washington, DC.

Nelson, C. 2007. "A Neurobiological Perspective on Early Human Deprivation." *Child Development Perspectives* 1 (1): 13–18.

NICHD (Early Child Care Research Network). 2002. "Early Child Care and Children's Development Prior to School Entry: Results from the NICHD Study of Early Child Care." *American Educational Research Journal* 39:133–164.

Olds, D., H. Kitzman, R. Cole, J. Robinson, K. Sidora, D. W. Luckey, C. R. Henderson, Jr., C. Hanks, J. Bondy et J. Holmberg. 2004. "Effects of Nurse Home-Visiting on Maternal Life Course and Child Development: Age 6 Follow-Up Results of a Randomized Trial." *Pediatrics* 114: 1550–59.

Olds, D. L., J. Robinson, R. O'Brien, D. W. Luckey, L. M. Pettitt, C. R. Henderson Jr., R. K. Ng, K. L. Sheff, J. Korfmacher, S. Hiatt et A. Talmi. 2002. "Home Visiting by Paraprofessionals and by Nurses: A Randomized, Controlled Trial." *Pediatrics* 110 (3): 486–96.

O'Rourke, K., L. Howard-Grabman et G. Seoane. 1998. "Impact of Community Organization of women on Perinatal Outcomes in Rural Bolivia." *Pan American Journal of Public Health* 3 (1): 9–14.

Pancsofar, N., L. Vernon-Feagans et the Family Life Project investigators. À paraître. "Fathers' Early Contributions to Children's Language Development in Families from Low-Income Rural Communities." *Early Childhood Research Quarterly.*

Penny, M. E., H. M. Creed-Kanashiro, R. C. Robert, M. R. Narro, L. E. Caulfield et R. E. Black. 2005. "Effectiveness of an Educational Intervention Delivered through the Health Services to Improve Nutrition in Young Children: A Cluster-randomised Controlled Trial." *The Lancet* 365 (9474): 1863–72.

Pianta, R. C. et K. L. Harbers. 1996. "Observing Mother and Child Behavior in a Problem-Solving Situation at School Entry: Relations with Academic Achievement." *Journal of School Psychology* 34 (3): 307–22.

Pianta, R. C., S. L. Nimetz et E. Bennett. 1997. "Mother-Child Relationships, Teacher-Child Relationships, and School Outcomes in Preschool and Kindergarten." *Early Childhood Research Quarterly* 12 (3): 263–80.

Raikes, H., B. Green, J. Atwater, E. Kisker, J. Constantine et R. Chazan-Cohen. 2006. "Involvement in Early Head Start Home Visiting Services: Demographic Predictors and Relations to Child and Parent Outcomes. *Early Childhood Research Quarterly* 21 (1): 2–24.

Richards, M., R. Hardy, D. Kuh et M. E. Wadsworth. 2001. "Birth Weight and Cognitive Function in the British 1946 Birth Cohort: Longitudinal Population Based Study." *British Medical Journal* 322 (7280): 199–203.

Sweet, M. A. et M. I. Appelbaum. 2004. "Is Home Visiting an Effective Strategy? A Meta-analytic Review of Home Visiting Programs for Families with Young Children." *Child Development* 75 (5): 1435–56.

Sylva, K., E. C. Melhuish, P. Sammons, I. Siraj-Blatchford et B. Taggart. 2008. "Effective Pre-school and Primary Education 3–11 Project: Final Report from the Primary Phase: Pre-school School and Family Influence on Children's Development during Key Stage 2 (Age 7–11)." Research Report DCSFRR061, Institute of Education, University of London.

UNICEF (Fonds des Nations Unies pour l'enfance). 2009. "Jordan's Early Childhood Development Initiative: Making Jordan Fit for Children." UNICEF MENARO Learning Series, vol. 2.

Victora, C. G., L. Adair, C. Fall, P. C. Hallal, R. Martorell, L. Richter et H. S. Sachdev 2008. "Maternal and Child Undernutrition: Consequences for Adult Health and Human Capital." *The Lancet* 371 (9609): 340–57.

Wasik, B. H., C. T. Ramey, D. M. Bryant et J. J. Sparling. 1990. "A Longitudinal Study of Two Early Intervention Strategies: Project CARE." *Child Development* 61 (6): 1682–96.

Banque mondiale. 2007. *Nutritional Failure in Ecuador.* Causes, Consequences, and Solutions. Étude pays de la Banque mondiale. Washington, DC: Banque mondiale.

Campagnes de communication et médiatiques visant les familles de jeunes enfants

De nombreuses études de cas et évaluations formatives[1] semblent indiquer que les campagnes de communication sur la santé, la nutrition et le développement global de l'enfant sont efficaces. Toutefois, nous n'avons trouvé qu'une seule étude qui utilise un modèle expérimental pour évaluer l'impact des campagnes de communication en s'appuyant sur des résultats pertinents au niveau des enfants et des familles (Alderman, 2007). Il n'est pas aisé de conduire des évaluations rigoureuses de l'impact des campagnes de communication pour deux raisons. Premièrement, les campagnes de communication sont habituellement associées à d'autres interventions, telles que l'introduction de nouveaux biens ou services (par exemple, la distribution de moustiquaires imprégnées d'insecticides) ou le renforcement de services existants. Il est donc difficile de déterminer l'impact de la campagne en elle-même. Deuxièmement, il est difficile de construire un contrefactuel[2] lors de l'évaluation de campagnes de communication utilisant les médias de masse (TV, radio, journaux), étant donné que l'ensemble de la population est susceptible d'être exposée à la campagne, ou que l'exposition est liée à la détention ou à l'accès aux canaux de communication utilisés (à savoir, la détention des médias), qui n'est pas aléatoire.

Étant donné le peu d'éléments disponibles sur l'impact des campagnes de communication ciblant les familles de jeunes enfants, cette note se concentre sur (1) la discussion des concepts généraux intervenant dans les campagnes de communication et de la manière dont ils s'appliquent au développement de la petite enfance (DPE) ; (2) la présentation d'exemples ou d'études de cas montrant comment les campagnes de communication ont été conçues pour les familles de jeunes enfants et mises en œuvre dans différents pays ; et (3) le résumé des leçons tirées de ces expériences.

Principes généraux de la planification des campagnes de communication

De nombreux types de campagnes de communication peuvent être adoptés pour promouvoir le DPE

Les campagnes de communication utilisent les médias et les services de messagerie, ainsi qu'un ensemble organisé d'actions de communication pour obtenir des résultats spécifiques chez un grand nombre d'individus, sur une période déterminée. Elles constituent une tentative pour faire évoluer le comportement des gens afin d'atteindre des résultats sociaux souhaitables (Coffman, 2002). On distingue deux grands types de campagnes de communication. Les campagnes en aval visent des publics particuliers, dont les comportements et pratiques sont considérés comme sous-optimaux, voire dangereux. Les campagnes de communication destinées aux familles de jeunes enfants peuvent inclure des messages sur la santé et le développement global de l'enfant. Elles visent généralement à améliorer les attitudes, les connaissances, et les pratiques des pourvoyeurs de soins à l'enfant et des autres membres de la communauté concernés, afin d'améliorer le développement global des jeunes enfants. En pratique, ces campagnes peuvent chercher à prolonger l'allaitement maternel ; à améliorer l'hygiène de la famille (pratiques culinaires saines, lavage des mains, etc.) ; à sensibiliser les parents à l'importance et à la disponibilité de certains services spécifiques au sein de leur communauté (vaccination, supplémentation en vitamine A, sel enrichi en iode) ; à réduire les punitions corporelles, la maltraitance et la négligence envers les enfants ; à informer les parents sur les stades clés de développement que leurs enfants devraient traverser (par exemple, les enfants devraient commencer à marcher entre 8 et 18 mois) ; ou encore à leur donner des conseils pour assurer la sécurité et stimuler le développement global de leurs enfants (par exemple, « ne jamais laisser un jeune enfant seul sur une surface élevée », « parler/chanter à son enfant »).

Les campagnes en amont, quant à elles, visent en général une audience plus large et cherchent à obtenir un soutien public et politique aux politiques et à leur financement. Elles cherchent également à faire naître des intérêts communs et une communauté autour d'une cause spécifique (Coffman, 2002). En pratique, les campagnes en amont comprennent des activités conçues pour influencer les pouvoirs publics et les élus, directement à travers un plaidoyer, ou indirectement en faisant évoluer l'opinion publique afin de les persuader de prendre des mesures.

Les campagnes de communication en faveur du DPE ciblent habituellement différents niveaux d'audience et ont recours à des canaux multiples pour transmettre leurs messages

La plupart des campagnes de communication sont créées pour toucher différents niveaux d'audience et adoptent des stratégies globales pour couvrir une communication à la fois en amont et en aval. Elles peuvent employer toute une gamme de moyens de communication suivant la technologie disponible et les conditions de vie/caractéristiques des populations cibles. Les options de médias comprennent la télévision (messages des services publics, feuilletons, documentaires) ; la radio (programmes thématiques et émissions-débats) ; les publications imprimées (journaux, magazines, brochures/prospectus, cartes de vaccination) ; les panneaux d'affichage, fresques murales et posters ; les évènements spéciaux (foires, spectacles, concerts, projections de vidéos) ; et les technologies de l'information et de la communication (Internet, messagerie mobile [SMS] c'est-à-dire les petits messages textuels échangés par téléphone portable).

Les programmes de communication pour le DPE ciblent habituellement les parents, grands-parents et autres pourvoyeurs de soins, mais certains visent directement les enfants. Par exemple, des programmes éducatifs, tels que Sesame Street (Fisch et Truglio, 2000), et des messages destinés aux jeunes enfants sont diffusés sous la forme de programmes et spots TV, de bandes dessinées, de motifs sonores et programmes radio, et de livres d'images dans de nombreux pays développés et de plus en plus dans les pays en voie de développement. Dans certains cas, les stratégies de communication s'appuient directement sur les enfants en tant qu'agents du changement dans leur communauté. Dans le modèle de communication d'enfant à enfant, par exemple, les enfants transmettent des messages à d'autres enfants dans le cadre d'activités scolaires ou d'évènements culturels organisés au niveau de la communauté (par exemple, des jeux ou chansons promouvant l'hygiène ou l'éducation à la santé). Ces stratégies de communication semblent prometteuses et des éléments probants commencent à apparaître dans des projets ciblant les adolescents (voir par exemple Sikkema et coll., 2005). Elles n'ont toutefois pas été évaluées de façon systématique pour les projets visant la petite enfance.

Le secteur privé peut être un partenaire puissant pour promouvoir un changement comportemental, mais il y a un risque de conflit d'intérêts

Les campagnes de communications du secteur privé cherchant à vendre certains produits aux familles de jeunes enfants sont parfois désignées sous le nom de « marketing social ». Elles utilisent des concepts et des techniques de marketing, notamment la publicité ainsi que la distribution et la vente de biens et services. Dans certains cas, les intérêts respectifs des entreprises et des secteurs sociaux pour l'évolution de certains comportements dans une population cible se rejoignent. Par exemple, le lavage des mains avec du savon est l'un des moyens les plus efficaces de réduire les maladies diarrhéiques, et les secteurs tant public que privé trouvent des avantages évidents à le promouvoir. En effet, un lavage des mains plus fréquent permet aux entreprises d'étendre leur marché et de vendre plus de savon, tandis que pour améliorer la santé publique, les pouvoirs publics peuvent profiter de l'expertise du secteur privé en matière de conception de campagnes de communication efficaces. Plusieurs pays ont fait l'expérience de ces partenariats public-privé dans des campagnes de communication destinées aux familles de jeunes enfants (Banque mondiale, 2002). Même si la comparaison de l'efficacité et des performances de ces partenariats avec celles des campagnes de communication traditionnelles menées par l'État n'est pas encore documentée, ils semblent néanmoins prometteurs.

Dans d'autres cas, des conflits d'intérêts peuvent exister entre l'État et un secteur particulier quand il s'agit de promouvoir l'usage de certains produits par les familles de jeunes enfants. Un exemple classique est la controverse entourant la commercialisation de lait pour nourrissons dans les pays en voie de développement, où l'accès à l'eau potable est limité et le niveau d'instruction des mères peu élevé, ce qui risque d'exposer les enfants à la consommation d'une eau non potable ou d'un lait trop dilué. En 1981, le Code international de commercialisation des substituts du lait maternel a été adopté par l'Assemblée mondiale de la santé. Depuis lors, 65 pays ont adopté des législations mettant en œuvre toutes ses dispositions ou la plupart d'entre elles. Le Code interdit toute promotion de substituts du lait maternel ou de biberons auprès du grand public, et également cette promotion par les établissements de santé et les professionnels de la santé ainsi que la distribution d'échantillons gratuits aux femmes enceintes, jeunes mères ou familles. Cet exemple démontre que tant les pouvoirs publics nationaux que la communauté internationale doivent être particulièrement vigilants lorsque certaines entreprises se lancent dans des campagnes de communication allant à l'encontre de l'intérêt des jeunes enfants, et qu'ils doivent se montrer proactifs en prenant des mesures contre ce type de marketing.

Sélection d'études de cas

Comme dit précédemment, l'impact des campagnes de communication est difficile à mesurer et est rarement évalué. Cependant, plusieurs initiatives prometteuses ont été mises en place pour transmettre des messages de promotion du DPE. Les trois exemples suivants montrent comment les messages visant à améliorer les pratiques familiales de soins à l'enfant peuvent être élaborées et communiquées par le biais de mécanismes de diffusion généralement disponibles dans les pays en voie de développement.[3]

Projet de nutrition et de développement de la petite enfance en Ouganda

La communication stratégique a constitué une partie importante de ce projet de nutrition et de développement de la petite enfance en Ouganda, financé par la Banque mondiale et qui s'est déroulé de 1995 à 2005 (Cabanero-Verzosa 2005). Ses principales composantes étaient les suivantes :

- Un ensemble intégré de soins de l'enfant, qui a mobilisé des groupes de parents et de pourvoyeurs de soins au niveau communautaire. Des foires de l'enfant menées par des « animateurs » (travailleurs locaux) se sont tenues tous les six mois. Elles ont constitué un canal important pour la prestation de services et la communication, à travers lequel les communautés pouvaient accéder à des services intégrés de santé et de nutrition destinés à leurs enfants ;
- Des subventions de soutien aux communautés et des fonds pour l'innovation qui ont fourni une assistance financière à des projets de développement de l'enfant, avec une contribution communautaire équivalente en espèce ou en nature ; et
- Un programme national d'appui au développement de l'enfant, apportant un soutien à des activités de niveau national, telles qu'un suivi et évaluation participatif ; un programme de micronutriments ; l'élaboration d'un programme pédagogique de DPE ; des activités d'information, d'éducation et de communication (IEC) ; ainsi qu'un plaidoyer pour les droits de l'enfant.

Ces composantes ont été mises en œuvre en utilisant la communication publique comme stratégie globale. Les activités de communication étaient centrées sur (1) l'alimentation des nourrissons, c'est-à-dire l'allaitement maternel jusqu'à 18 mois et l'introduction d'une alimentation complémentaire seulement après 6 mois ; (2) la vermifugation des enfants ; et (3) le développement de la petite enfance pour les moins de 6 ans, avec une attention particulière aux interactions parentales positives et à l'implication des pères dans les soins aux enfants. La conception du programme prévoyait l'utilisation d'une combinaison de médias, et des messages ont été créés spécifiquement pour chaque audience. Par exemple, les jeunes mères, les femmes enceintes et les grands-mères ont reçu des messages ciblant en particulier leur groupe, sur le moment idéal pour introduire une alimentation complémentaire. Ils ont été diffusés à travers des conseils directs, la radio, le théâtre, des imprimés et des affiches. Des messages différents et parfois des médias différents ont été utilisés pour les différentes audiences, telles que par exemple, les mères d'enfants de 6 mois ou plus. De même, des messages sur les causes et conséquences des vers et les stratégies de prévention ont été communiqués aux parents et aux autres personnes gardant les enfants, à travers des visites à domicile, des réunions, des projections de vidéos en milieu rural, une journée de l'enfant et la radio. Les activités de communication ont été menées en deux phrases. La première (sensibilisation) a accru la prise de conscience des effets négatifs à long terme des retards de croissance et de la malnutrition, tandis que la seconde (motivation/adoption) a promu et encouragé l'adoption de comportements positifs dans les familles et les communautés.

Les recherches formatives qui ont précédé la mise en place du projet comprenaient (1) une évaluation rapide visant à identifier les pratiques locales en matière d'éducation des enfants et les raisons spécifiques de certains comportements ; (2) trois études qualitatives sur l'alimentation complémentaire, la vermifugation et la recherche en communication sur le DPE. Elles avaient pour but d'orienter la segmentation de l'audience, la détermination des objectifs du changement des comportements, l'élaboration du message, ainsi que le suivi et la mise en œuvre, au moment de la conception du projet ; et (3) une évaluation de l'environnement de communication existant et de ses capacités.

La stratégie de communication vise différentes audiences, et l'équipe a donc produit différents matériels de communication. Ceux-ci comprenaient (1) la mise en place d'un réseau de parlementaires soutenant la cause, l'organisation de voyages d'études et de visites sur le terrain, la production d'enregistrements audio de plaidoyer et de sensibilisation des acteurs en amont (les parlementaires, par exemple), ainsi que l'organisation d'un cours d'apprentissage à distance de six semaines sur la communication stratégique pour sensibiliser les médias ; (2) des brochures, encarts dans les journaux, séminaires locaux, spots radio et tournées de divertissement éducatif pour renforcer la sensibilisation à la base ; et (3) des posters, publicités dans les journaux, brochures, spots radio, évènements communautaires (c'est-à-dire, une journée de l'enfant et des tournées de divertissement éducatif) et services interpersonnels, tels que le conseil en nutrition et des visites à domicile visant à promouvoir un changement de comportement chez les parents de jeunes enfants.

Une série d'évaluations d'impact a constaté une amélioration du rapport poids-âge chez les enfants de moins de 12 mois participant au projet, par rapport à ceux d'un groupe témoin choisis de manière aléatoire au sein des communautés. (Alderman, 2007) ; ainsi qu'une amélioration des pratiques d'allaitement et d'alimentation complémentaires (Ibid.). De plus, les mères de la zone du projet ont manifesté des attitudes et comportements plus positifs vis-à-vis du développement de l'enfant[4]. Enfin, par rapport au groupe témoin, les pères ont eux-mêmes signalé un niveau d'implication plus élevé (évalué sur la base de quatre questions qui leur étaient posées sur leurs activités de la veille avec leurs enfants, et deux questions sur leur attitude en matière d'éducation des enfants) (Britto, Engle et Alderman 2007).

Campagne en faveur de la santé de la mère et de l'enfant au Cambodge

La campagne pour la santé maternelle et infantile (SMI) mise en place au Cambodge à partir de 2003 par le BBC World Service Trust, a utilisé des canaux médiatiques multiples pour transmettre un large éventail de messages aux familles de jeunes enfants. Ces messages comprenaient des informations sur la santé maternelle et infantile, le VIH/SIDA, et la santé sexuelle et génésique. (4). La campagne comprenait es interventions suivantes : 100 épisodes du premier feuilleton réalisé au Cambodge et se déroulant dans le cadre d'un hôpital (« Le goût de la vie ») ; un magazine photo sur le programme TV ; trois types de tribunes libres à la radio ciblant respectivement les jeunes, les hommes, les jeunes couples et les parents de jeunes enfants ; et 23 spots TV et 22 spots radio. Cette campagne multimédia avait pour but d'améliorer la santé sexuelle, d'accroître l'utilisation du préservatif, et de changer les attitudes vis-à-vis des personnes vivant avec le VIH et le SIDA. Elle abordait également la santé des jeunes enfants en encourageant l'allaitement, en sensibilisant à la question des infections aigües des voies respiratoires, et en promouvant le lavage des mains pour prévenir la diarrhée. Les programmes ont eu une large couverture : 83 % des téléspectateurs ont regardé « Le goût de la vie » au moins une fois (BBC World Service Trust [c]) ; 27 % des auditeurs radio ont écouté le programme destiné aux hommes, 32 % le programme pour les jeunes (BBC World Service Trust [a]), et 19 % le programme consacré à la santé maternelle et infantile (BBC World Service Trust [b]).

Une évaluation a examiné la différence dans les connaissances et les attitudes des spectateurs/auditeurs d'un programme ou d'une publicité TV ou radio et des non-spectateurs/non-auditeurs. Elle a conclu que les spectateurs/auditeurs étaient mieux informés sur les malades infantiles telles que l'infection aiguë des voies respiratoires et le traitement de la diarrhée par l'absorption de sels de réhydratation par voie orale (Power, 2005).

Programme First Steps aux Maldives

Le programme d'un an First Steps, lancé par l'UNICEF en 1999, comprenait un renforcement des capacités à encourager la communication imprimée, radiophonique et télévisée en faveur et à propos du DPE. Grâce à une enquête initiale sur les connaissances, l'attitude et les pratiques locales, et à une série d'ateliers et de visites sur le terrain, les 12 messages fondamentaux suivants ont été formulés :

1) Les bébés communiquent depuis le jour de leur naissance. Ils naissent avec la capacité basique d'apprendre, voir, toucher, sentir et goûter ; 2) Ce dont un bébé a le plus besoin, c'est de l'amour et de l'attention des personnes clés de sa famille ; 3) Il est important que tant les pères que les mères élèvent les bébés et participent à leurs soins. Il existe de nombreuses manières pour un père qui travaille tous les jours loin du foyer de montrer à son enfant à quel point il l'aime ; 4) Les habitudes quotidiennes peuvent constituer des occasions d'apprentissage pour l'enfant ; 5) L'habitude de regarder et de lire des

livres peut être bénéfique même pour les plus jeunes enfants ; 6) L'estime de soi fait référence au sentiment qu'un enfant ou un adulte a de sa valeur en tant qu'être humain. La meilleure façon d'aider un enfant à développer son estime de soi est de veiller à ce qu'il se sente aimé et sache qu'on lui fait confiance et qu'il est capable de relever des défis ; 7) Les garçons et les filles naissent avec le même potentiel de développement d'aptitudes dans les domaines du langage, de la musique, des arts, des sports, de la science, etc. Les filles et les garçons méritent d'être encouragés et considérés de la même façon, et de bénéficier d'opportunités égales ; 8) Les enfants apprennent mieux par le jeu. Obliger les enfants à apprendre à lire ou à écrire avant leur entrée en primaire peut brider leur intérêt naturel pour l'apprentissage ; 9) Les bébés et enfants handicapés peuvent apprendre et être une joie pour la famille. Les enfants et adultes handicapés ont le droit d'être intégrés dans tous les aspects de la vie de la famille et de la communauté ; 10) Les frères et sœurs plus âgés peuvent aider les cadets de multiples façons ; 11) La plupart des blessures des bébés et des jeunes enfants peuvent être évitées ; Et 12) Les enfants apprennent mieux quand ils ont un modèle (UNICEF, 2006, réseau de la Communication Initiative s.d.).

Une campagne multimédia comprenait des spots radiophoniques et télévisés hebdomadaires sur des questions liées aux soins et au développement de la petite enfance. Le programme a contribué à former du personnel des médias et des éducateurs locaux, y compris des enseignants de maternelle, à transmettre ces messages aux parents (UNICEF, 2006, réseau de la Communication Initiative s.d.). Aucune évaluation publiée n'est disponible, mais des éléments anecdotiques indiquent des améliorations dans les pratiques de soin des enfants, en particulier une augmentation de la lecture aux jeunes enfants et une meilleure attitude vis-à-vis de l'implication des pères dans l'éducation de leurs enfants.

Enseignements tirés

Comme mentionné, nous ne disposons pas d'une connaissance étayée par des faits de l'impact des campagnes de communication destinées aux familles de jeunes enfants. Par rapport au but des stratégies de communication, à savoir l'évolution des comportements, plusieurs leçons peuvent néanmoins être tirées des projets passés et en cours.

Élaborer les messages et la stratégie de communication à travers un processus participatif pour assurer leur pertinence au niveau local

La recherche formative a fait partie intégrante de la phase de préparation de tous les projets décrits ci-dessus. Ce type d'études, souvent menées dans le cadre d'un processus participatif, renseigne l'équipe du projet sur le contexte culturel, social et religieux existant au niveau local, ainsi que sur les croyances, connaissances et pratiques d'éducation des enfants qu'ont les parents. Elles contribuent aussi à déterminer le niveau d'alphabétisation linguistique et visuelle des populations ciblées, ainsi que les canaux d'information que celles-ci sont le plus susceptibles d'utiliser – notamment les médias de masse et les réseaux sociaux. Toutes ces informations sont essentielles pour l'élaboration de messages pertinents et réalistes et pour décider de la façon dont la campagne d'information doit être menée. De plus, des avant-projets de matériel de communication doivent être testés sur le terrain sur un échantillon de la population cible. Le retour d'information des participants peut aider l'équipe du projet à déterminer la manière dont ce matériel provisoire est reçu et à l'ajuster en fonction des commentaires.

Renforcer les messages à travers les communications interpersonnelles

Tout comme le programme First Steps aux Maldives, le Projet de nutrition et de développement de la petite enfance de l'Ouganda a utilisé des canaux de communication combinant les médias de masse et des contacts personnels. Bien que la valeur ajoutée des contacts personnels et des mécanismes de retour d'information intégrés n'ait été évaluée dans aucun des deux projets, les communications interpersonnelles à l'occasion de foires de l'enfant semblent plus rentables que la production et la distribution de matériels imprimés et de manuels en Ouganda (Cabañero-Verzosa, 2005).

Établir des liens forts avec les résultats du projet, les activités opérationnelles et les activités de communication

Pour démontrer l'efficacité du projet, ses résultats doivent être explicites et liés aux messages véhiculés par la campagne. Le projet doit être segmenté de manière à ce que la communication et les activités opérationnelles abordent en temps voulu les besoins spécifiques aux différentes audiences. Par exemple, dans le cas de la promotion du sel enrichi en iode, les familles doivent non seulement être informées des avantages de la consommation d'iode, mais doivent également avoir accès au sel enrichi en iode. Les activités opérationnelles de mise en place des réseaux de distribution doivent donc être exécutées avant ou en même temps que le déploiement des activités de communication.

Campagnes de communication/médiatiques destinées aux familles de jeunes enfants : Résumé et perspectives d'avenir

Considérations clés sur la mise en œuvre
- Étudier et connaître l'audience, y compris ses croyances et ses pratiques d'éducation des enfants, ainsi que son média de communication préféré.
- Concevoir des messages à la fois pertinents localement et valables scientifiquement, et utiliser un matériel testé sur l'audience ciblée.
- Utiliser des médias de communication accessibles et populaires.
- Envisager de renforcer les messages transmis par les médias de masse avec une communication interpersonnelle.
- Impliquer un large éventail d'acteurs, introduire la communication en amont en tant que partie intégrante de la stratégie globale.
- Évaluer les capacités du média et lui fournir un soutien si nécessaire.
- Envisager la possibilité ainsi que les avantages et inconvénients d'une implication du secteur privé dans les campagnes de communication.

Domaines pour des recherches complémentaires
- Impact des campagnes de communication sur les comportements parentaux et l'éducation des enfants
- Impact relatif des campagnes de communication utilisant plusieurs canaux de communication
- Analyse du rapport coût/avantages des campagnes de communication
- Valeur ajoutée des campagnes de communication quand elles sont exécutées en plus d'autres services de DPE (plus directs).
- Typologie des messages/évolutions des comportements attendues/audiences.
- Impact des modèles de diffusion fondés sur les réseaux, tels que les stratégies de communication parents à parents, enfants à enfants et enfants à familles.

Impliquer tous les acteurs concernés

Les trois projets examinés plus haut ont utilisé avec succès la communication en amont pour obtenir le soutien de nombreux segments des pouvoirs publics (tels que les ministères de la Santé, de l'Éducation et de l'Information) ainsi que de membres du pouvoir législatif (parlementaires) et des médias (journalistes et animateurs de radio). Cette communication en amont a pris la forme d'un plaidoyer au niveau central et local, entrepris dès les premières étapes de la conception et de la mise en œuvre du projet.

Choisir les canaux de communication les plus pertinents (c'est-à-dire, les plus accessibles et les plus populaires) pour les populations ciblées
Le choix de moyens de communication adaptés et l'évaluation de la capacité des canaux locaux existants à produire et distribuer du matériel de communication destiné aux familles de jeunes enfants sont essentiels pour garantir une bonne conception du projet, ainsi qu'un budget et un planning adaptés. Dans certains cas, les médias peuvent avoir de l'expérience dans les campagnes de communication, mais ne pas savoir grand-chose sur le développement de l'enfant. Dans d'autres cas, l'expertise locale en matière de production du matériel de communication peut être très limitée. Par exemple, aucune des équipes locales recrutées pour produire le feuilleton TV« Le goût de la vie » de la campagne de SMI au Cambodge n'avait une d'expérience significative de la télévision avant le début du projet. La BBC a donc formé l'ensemble de l'équipe : scénaristes, producteurs, personnel technique et acteurs (BBC World Service Trust s.d.). Dans le cas du projet de nutrition et de développement de la petite enfance de l'Ouganda, l'État a subventionné le média/sponsor d'une émission-débat radiophonique sur les questions de santé, afin que ce média en manque d'effectif et sous-payé puisse consacrer du temps à faire des recherches sur ces questions.

Notes

1. Les évaluations formatives (ou de processus) visent à renforcer ou améliorer le programme évalué, tandis que les évaluations sommatives évaluent les effets des programmes.

2. C'est-à-dire un groupe de personnes aussi semblables que possible, par leurs caractéristiques aussi bien observables que non observables, à celles qui participent à l'intervention.

3. Cette sélection d'études de cas n'est nullement exhaustive. Les projets de communication ici présentés ont été sélectionnés parce qu'ils mettent l'accent sur différents aspects du développement de la petite enfance dans des environnements à faible revenu et qu'ils emploient des canaux de communication multiples.

4. Les spots radio étaient diffusés également dans les communautés témoin.

Lectures clés

Britto, P. R., P. Engle et H. Alderman. 2007. "Early Intervention and Caregiving: Evidence from Uganda Nutrition and Early Childhood Development Program." Child Health and Development 1 (2): 112–33.

Cabañero-Verzosa, C. 2005. "Counting on Communication: The Uganda Nutrition and Early Childhood Development Project." Banque mondiale, Washington, DC.
UNICEF (Fonds des Nations Unies pour l'enfance). 2006. "Programme Communication for Early Child Development." UNICEF, New York.

Références

Alderman, H. 2007. "Improving Nutrition through Community Growth Promotion: Longitudinal Study of the Nutrition and Early Child Development Program in Uganda." World Development 35 (8): 1376–89.

BBC World Service Trust (a). s.d. "Encouraging Cambodians to Talk about Taboo Subjects." http://www.bbc.co.uk/worldservice/trust/whatwedo/where/asia/cambodia/2008/03/080225_cambodia_hivaids_mch_project_real_men.shtml.l.

BBC World Service Trust (b). n.d. "First Steps: Improving Child and Maternal Health." Consulté le 9 décembre 2008 sur http://www.bbc.co.uk/worldservic/trust/whatwedo/where/asia/cambodia/2008/03/080225_cambodia_hivaids_mch_project_first_steps.shtml.

BBC World Service Trust (c). s.d. "Hospital Soap Changes Attitudes and Behaviour around HIV and AIDS." Consulté le 9 décembre 2008 sur http://www.bbc.co.uk/worldservice/trust/whatwedo/where/asia/cambodia/2008/03/080225_cambodia_hivaids_mch_project_taste_of_life.shtml.

Britto, P. R., P. Engle et H. Alderman. 2007. "Early Intervention and Caregiving: Evidence from Uganda Nutrition and Early Childhood Development Program." Child Health and Development 1 (2): 112–33.

Cabañero-Verzosa, C. 2005. "Counting on Communication: The Uganda Nutrition and Early Childhood Development Project." Banque mondiale, Washington, DC.

Coffman, J. 2002. "Public Communication Campaign Evaluation: An Environmental Scan of Challenges, Criticisms, Practice, and Opportunities." Harvard Family Research Project, Cambridge, MA.

Réseau de la Communication Initiative. s.d. "First Steps—Maldives." Consulté le 22 janvier 2009 sur http://www.comminit.com/en/node/119005/303.

Fisch, S. M. et R. T. Truglio, eds. 2000. G is for Growing: Thirty Years of Research on Children and Sesame Street. Mahwah, NJ: Lawrence Erlbaum Associates.

Power, G. 2005. "Preliminary Findings from Cambodia Maternal and Child Health Campaign." Presentation at a meeting of The Communication Initiative Partners, Research and Learning Group at the BBC World Service Trust. Dec. 1. Consulté le 9 décembre 2008 sur http://www.comminit.com/pdf/Thursday_BBC_MCHFinal.pdf.

Sikkema, K. J., E. S. Anderson, J. A. Kelly, R. A. Winett, C. Gore-Felton, R. A. Roffman, T. G. Heckman, K. Graves, R. G. Hoffmann et M. J. Brondino. 2005. "Outcomes of a Randomized, Controlled Community-Level HIV Prevention Intervention for Adolescents in Low-Income Housing Developments." AIDS 19 (14): 1509–16.

UNICEF (Fonds des Nations Unies pour l'enfance). 2006. "Programme Communication for Early Child Development." UNICEF, New York.

Banque mondiale. 2002. "Lessons from Building Public-Private Partnerships for Washing Hands with Soap." Water and Sanitation Program, Banque mondiale, Washington, DC.

Transferts monétaires conditionnels (TMC) pour les familles de jeunes enfants

Les programmes de transferts monétaires conditionnels (TMC) versent de l'argent à des ménages ciblés, généralement des familles pauvres, à condition qu'ils effectuent certaines actions déterminées, telles qu'envoyer leurs enfants à l'école ou utiliser les services de santé préventifs. L'objectif est de favoriser l'accumulation de capital humain chez les enfants afin de rompre le cycle intergénérationnel de la pauvreté. Depuis les premiers programmes de TMC mis en œuvre par le Brésil et le Mexique dans la seconde moitié des années 1990 (respectivement Bolsa Escuela en 1995 et PROGRESA en 1997), presque tous les pays d'Amérique latine ont introduit de tels programmes, de même que des pays d'Afrique (Afrique du Sud et Malawi), d'Asie de l'Est (Indonésie), d'Asie du Sud (Bangladesh), d'Afrique du Nord et du Moyen-Orient (République du Yémen et Maroc), d'Europe et d'Asie centrale (Turquie et ex-République yougoslave de Macédoine).

Alors que la plupart des TMC ciblant les familles ayant des enfants de moins de 6 ans se sont focalisés sur l'amélioration des résultats en matière de santé, cette note explique comment les TMC peuvent servir à promouvoir une plus grande variété de résultats dans cette population. Cette note examine les peu nombreux mais prometteurs éléments probants disponibles, et suggère avec prudence que, pour les familles avec de jeunes enfants, les TMC ont le potentiel, non seulement de promouvoir les résultats développementaux des jeunes enfants (y compris le développement cognitif), mais aussi de maximiser l'effet des TMC ciblant les enfants plus âgés. À plus long terme, cette note identifie un certain nombre de domaines spécifiques qui pourraient bénéficier d'expérimentations et d'évaluations supplémentaires.

À quel point les TMC peuvent-ils servir la promotion du DPE ?

Dans de nombreux pays en développement, il existe de forts « gradients » socio-économiques dans le développement cognitif et général ; en d'autres termes, les enfants issus des ménages plus pauvres ont très tôt de nettement moins bons résultats. En Équateur, par exemple, les différences dans le vocabulaire correspondant à leur âge sont généralement minimes chez les enfants de 3 ans. Toutefois, à l'âge de 6 ans, les enfants des ménages moins nantis et ceux dont la mère est peu instruite affichent un retard important par rapport aux enfants issus de ménages plus nantis ou plus instruits (voir Notes 1.1 et 1.3) (Paxson et Schady 2007). Plusieurs études soutenues par la Banque mondiale révèlent des tendances semblables après avoir mesuré les mêmes résultats de développement des enfants dans des pays tels que le Cambodge, le Mozambique et le Nicaragua.[1]

Plusieurs raisons pourraient expliquer ces tendances développementales négatives présentes chez les enfants pauvres dès la petite enfance. Premièrement, la recherche démontre de plus en plus que le développement et les capacités des enfants sont tout aussi fortement influencés par la qualité générale de leur environnement et le niveau de nutrition et de stimulation[2] précoce dont ils bénéficient, qu'ils le sont par la génétique, l'influence de celle-ci n'expliquant qu'environ la moitié des variations dans les capacités cognitives, par exemple (Fernald et coll. 2009).[3]

Deuxièmement, les facteurs de risque environnementaux,[4] tels que la malnutrition, la mauvaise santé, l'absence de stimulation dans l'environnement familial et les mauvais traitements subis par les enfants, ont tendance à se retrouver concentrés parmi les ménages pauvres où les parents sont peu instruits (Irwin, Siddiqi et Hertzman 2007), en partie à cause de contraintes - du côté de la demande (par exemple, le manque de ressources financières pour acheter des aliments nutritifs pour les jeunes enfants ; des carences dans l'information, comme lorsque les parents ignorent l'importance critique de soutenir la croissance et le développement des enfants dès la conception et tout au long de l'enfance ; etc.) et en partie en raison de contraintes du côté de l'offre (notamment, une distribution et qualité inégales des ressources et des services destinés aux jeunes enfants).

Étant donné les contraintes qui caractérisent cet environnement, et malgré que les programmes de TMC ne constituent pas en eux-mêmes des interventions de DPE, les TMC effectuent généralement deux types de choses qui peuvent améliorer les résultats de DPE pour les enfants pauvres :

1. **Ils versent de l'argent aux familles pauvres — dans certains cas, une grande somme.** Si cet argent aide à atténuer certains des risques identifiés précédemment (par exemple, lorsque les parents utilisent cet argent pour acheter des aliments nutritifs et des jouets et autres matériels éducatif pour leurs jeunes enfants, ou lorsqu'ils consacrent plus de temps à interagir avec leurs enfants), alors les transferts monétaires peuvent engendrer des résultats développementaux favorables chez les enfants.

2. **Le transfert monétaire est généralement conditionné par la participation à des services spécifiques.** À ce jour, la plupart des TMC ciblant des familles de jeunes enfants se sont concentrés sur des questions de santé (par exemple, le fait de réaliser des bilans de santé et suivis de la croissance réguliers chez l'enfant), mais en théorie les transferts monétaires pourraient également être conditionnés par la participation à un plus large éventail de services (dans la mesure où ceux-ci sont disponibles), notamment des programmes de DPE dispensés dans des centres (voir Note 3.1) et des programmes qui promeuvent les changements de comportement dans le domaine de la santé, de la nutrition et l'éducation des enfants par les parents (voir Note 3.2). Comme indiqué dans ces deux notes, la participation à ce type de services s'accompagne souvent d'une amélioration des résultats développementaux chez les enfants concernés lorsque la qualité, l'intensité et le ciblage sont adéquats.

Certains programmes de TMC ont tenté de familiariser les parents à de nouveaux concepts et pratiques d'éducation des enfants, en particulier dans les domaines de la santé et de la nutrition, en conditionnant les transferts à la participation à des séances d'information, connues sous le nom de pláticas dans certains pays d'Amérique latine. Au Mexique par exemple, les éléments probants recueillis tendent à indiquer que ces séances d'information ont contribué à l'amélioration des résultats de santé grâce à un meilleur régime alimentaire des enfants ou des parents participants (voir Hoddinott et Skoufias 2004) et grâce à une meilleure connaissance d'une série de questions liées à la santé (Duarte Gomez 2004). Toutefois, il reste encore beaucoup à apprendre sur le contenu optimal, y compris la manière de ne pas aborder seulement la santé et la nutrition mais aussi la stimulation précoce et les mécanismes à utiliser pour dispenser ces séances d'information.

Les éléments probants relatifs aux effets des TMC sur les résultats du DPE sont maigres mais prometteurs

De manière générale, les programmes TMC axés sur les enfants plus âgés (en âge d'école primaire ou plus âgés) ont habituellement eu un impact sur l'utilisation des services tant éducatifs que de santé. Néanmoins, les preuves de l'effet de ces programmes sur les résultats finaux de santé et d'apprentissage sont plutôt décevantes, ce qui pourrait indiquer que la qualité de ces services pourrait ne pas être optimale et/ou qu'il est difficile de rattraper les retards développementaux précoces des enfants une fois qu'ils sont plus âgés. Fiszbein et Schady (2009) ont dressé un bilan exhaustif des résultats des programmes de TMC, dont un résumé est donné ici.

Jusqu'à un certain point, les éléments décrivant les effets des TMC sur la santé des plus jeunes enfants, de la naissance jusqu'à l'âge de 6 ans, suivent un schéma semblable. Plusieurs évaluations ont révélé que les programmes de TMC ont amené les familles de jeunes enfants à utiliser plus souvent les services de santé.

A titre d'exemple, les jeunes enfants passaient plus souvent des visites de suivi de la croissance en Colombie et au Nicaragua, et des bilans de santé plus réguliers au Honduras, en Jamaïque et au Mexique. Toutefois, leur état de santé et nutritionnel ne s'améliorait généralement pas. Et lorsqu'une amélioration avait lieu, les gains enregistrés à court terme avaient disparu à moyen terme.

Les preuves de l'impact des programmes de TMC sur la couverture vaccinale des nourrissons et tout-petits sont également mitigées. Des impacts significatifs ont été observés dans plusieurs pays (notamment, une immunisation complète en Turquie, une augmentation de la couverture vaccinale DCT chez les enfants de moins de 24 mois en Colombie et les enfants de moins de 3 ans au Honduras). D'un autre côté, les programmes de TMC n'ont pas donné lieu aux impacts escomptés dans d'autres environnements (par exemple, la couverture du DCT parmi les enfants de 24 à 48 mois n'a pas significativement augmenté en Colombie ; la couverture vaccinale contre le tétanos et la rougeole ne s'est pas vraiment étendue parmi les enfants de moins de 3 ans au Honduras ; la vaccination contre la tuberculose des enfants de moins de 12 mois, et contre la rougeole des enfants de 12 à 23 mois ne s'est pas accrue de manière importante au Mexique).

En même temps, un nouvel éventail de preuves a été mis en évidence – principalement par des études menées en Équateur, au Mexique et au Nicaragua. Il indique que les TMC peuvent engendrer des résultats de DPE positifs (autres que dans le domaine de la santé) chez les jeunes enfants, notamment des effets sur le développement cognitif, linguistique et socio-émotionnel ainsi que la motricité fine. Par exemple, au Nicaragua, le développement socio-émotionnel et linguistique des enfants de 0 à 7 ans dont les familles avaient été sélectionnées de manière aléatoire pour participer pendant 9 mois au programme *Atención a Crisis* était plus avancé que celui des enfants du groupe témoin.[5] Ce programme n'a toutefois eu aucune conséquence sur le développement moteur ou l'incidence des problèmes comportementaux (Macours, Schady et Vakis 2008). L'étude a également mesuré les résultats intermédiaires, y compris l'évolution du comportement et des attitudes des parents, qui peut être considérée comme une contribution favorable au développement sain des enfants, et elle a révélé que les enfants participants bénéficiaient d'une alimentation plus nutritive, d'une plus grande stimulation précoce à la maison et de plus de soins de santé préventifs. Ces résultats sont d'autant plus intéressants que le programme de TMC en question n'imposait aucune condition sur les soins de santé dispensés aux enfants dans ce groupe d'âge (en raison de difficultés administratives). Macours, Schady et Vakis (2008) expliquent que cette évolution des résultats intermédiaires est plus importante que ce à quoi pouvait mener la simple augmentation des revenus des ménages bénéficiaires des TMC. Selon eux, il est possible que la campagne d'information et de « marketing social » lancée par le programme (sur l'importance de l'investissement dans le DPE) ait aussi pu jouer un rôle significatif. (Voir Note 3.3 pour de plus amples informations sur le rôle que les campagnes médiatiques/de communication peuvent jouer dans la promotion des résultats du DPE.)

Une évaluation du programme équatorien BDH (*Bono de Desarrollo Humano*) (Paxson et Schady 2010), mis en œuvre lui aussi sans condition de soins de santé pour les jeunes enfants, n'a décelé aucun impact sur les traitements dans l'ensemble de l'échantillon mais a identifié des impacts modestes sur la motricité fine et la mémoire à long terme parmi les participants appartenant au quartile le plus pauvre de l'échantillon (c'est-à-dire, parmi les enfants de 3 à 7 ans qui avaient participé au programme pendant une durée moyenne de 17 mois). Les auteurs signalent également des effets positifs sur le recours aux soins de santé (par exemple, sur la probabilité d'administration des traitements vermifuges) ; le taux d'hémoglobine des enfants et des mères ; et la qualité de l'environnement éducatif par les parents à domicile. Le Tableau 3.4.1 résume les constatations des études menées au Nicaragua et en Équateur.

Enfin, une évaluation non expérimentale du programme mexicain *Oportunidades* a comparé une série d'indicateurs de résultats développementaux de l'enfant dans divers groupes de bénéficiaires qui avaient reçu des transferts de montants différents. Les auteurs ont découvert que le doublement des sommes transférées se traduisait par une meilleure motricité globale, mémoire à moyen et long terme, intégration visuelle et capacité linguistique chez les enfants de 36 à 68 mois (Fernald, Gertler et Neufeld 2006).

Ensemble, ces trois études apportent des preuves prometteuses de la capacité des programmes de TMC à améliorer les résultats du DPE. De plus, les résultats suggèrent que les programmes de TMC ciblant les familles de jeunes enfants sont également susceptibles de maximiser les impacts des programmes de TMC ciblant ces mêmes enfants tout au long de leur croissance (c'est-à-dire, lorsqu'ils rentrent à l'école primaire et secondaire). En effet, comme indiqué précédemment, les TMC ciblant les enfants en âge d'école ont généralement entraîné une augmentation de l'assiduité scolaire mais n'ont pas généré de meilleurs résultats d'apprentissage (par exemple, au Mexique [Behrman, Parker et Todd 2005] et au Cambodge [Filmer et Schady 2009]). Ces résultats décevants sont très vraisemblablement dus à une combinaison de facteurs, notamment la qualité souvent sous-optimale des services éducatifs dont bénéficient ces enfants et la difficulté à rattraper les retards développementaux précoces plus tard au cours de la vie (voir Note 1.3). C'est pourquoi, dans la mesure où les TMC sont capables de prévenir ou d'inverser les retards développementaux précoces, comme l'indiquent les trois études examinées ici, ils sont également susceptibles de favoriser de meilleurs résultats d'apprentissage et comportementaux parmi les mêmes enfants, à mesure qu'ils grandissent.

Tableau 3.4.1 Effet des TMC sur le DPE : Données recueillies en Équateur (2004-05) et au Nicaragua (2005-06)

Indicateur	Équateur (40% les plus pauvres)	Équateur (10% les plus pauvres)	Nicaragua
Langage (TVIP)	0.005	0.137	0.228***
	(0.098)	(0.129)	(0.084)
Langage (Denver)	n.d.	n.d.	0.189***
			(0.065)
Mémoire à court terme	−0.019	0.079	0.070
	(0.100)	(0.143)	(0.058)
Mémoire à long terme	0.141	0.173*	n.d.
	(0.092)	(0.097)	
Intégration visuelle-fonction exécutive	0.054	0.256	n.d.
	(0.095)	(0.160)	
Indice de problèmes comportementaux	0.066	0.240	0.037
	(0.091)	(0.147)	(0.064)
Aptitudes comportementales/personnelles	n.d.	n.d.	0.135**
			(0.066)
Effet moyen sur les résultats cognitifs	**0.049**	**0.177***	**0.132***
	(0.066)	**(0.094)**	**(0.040)**

Source : Fiszbein et Schady (2009), dont les calculs pour l'Équateur sont basés sur Paxson et Schady (2007) et pour le Nicaragua sur Macours, Schady et Vakis (2008).

Notes : n.d. = non disponible ; TVIP = Test de vocabulaire en images Peabody.

Les coefficients de la variable de traitement et des écarts-types des TMC sont indiqués entre parenthèses. Des régressions ont été effectuées séparément pour chacune des variables dépendantes présentées dans la colonne de gauche (c'est-à-dire TVIP, Denver, etc.). Toutes les régressions ont été ajustées pour un groupement au niveau du village. Les effets moyens sont calculés par des régressions sans corrélation apparente. Toutes les mesures ont été normalisées de manière à avoir une moyenne de 0 et un écart-type de 1. Les coefficients peuvent donc être interprétés comme des changements exprimés en unités d'écart-type. Toutes les régressions comprennent des variables nominales uniques correspondant à l'âge en mois et une variable nominale pour le sexe. Dans les deux pays, l'échantillon est limité à des enfants de 36 à 63 mois, pour des raisons de comparabilité.

* significatif au niveau de 10 %
** significatif au niveau de 5 %
*** significatif au niveau de 1 %

Enfin, des données récentes indiquent que les TMC ciblant les familles de jeunes enfants peuvent également avoir un effet positif sur l'assiduité scolaire des frères et sœurs plus âgés, en particulier les filles. Par exemple, une étude sur échantillon aléatoire s'est intéressée à l'impact du programme mexicain de TMC Oportunidades sur le temps passé par les mères et les grandes sœurs à s'occuper des enfants de moins de 3 ans. Elle a ainsi révélé que les adolescentes appartenant aux ménages traités consacraient plus de temps à leurs études et moins de temps à s'occuper de leurs jeunes frères et sœurs (Dubois et Rubio-Codina 2010). Elle a également observé que les ménages consacraient au total plus de temps à s'occuper de leurs enfants, indiquant ainsi que les jeunes enfants des ménages traités recevaient plus d'attention et une attention potentiellement de meilleure qualité (de la part de la mère plutôt que des frères et sœurs).

Lacunes dans les connaissances et options politiques pour aller de l'avant

Bien que de nouveaux éléments probants indiquent que les TMC sont susceptibles de promouvoir des résultats développementaux chez les jeunes enfants, des lacunes dans les connaissances persistent par rapport aux questions suivantes :

1. Quels sont le ou les aspects de l'enveloppe de TMC (c'est-à-dire, l'argent, l'information sur l'éducation parentale dispensée, ou les deux) qui permettent le mieux d'expliquer les résultats positifs ? L'étude nicaraguayenne mentionnée plus haut (Macours, Schady et Vakis 2008) a fait quelques progrès dans ce domaine mais de plus amples contributions seraient utiles.

2. Quels groupes cibles sont-ils susceptibles de bénéficier le plus des TMC ? En règle générale, les interventions visant à prévenir ou rattraper les retards de croissance sont susceptibles d'être les plus efficaces entre la conception et l'âge de 2 ans (voir Notes 1.2 et 3.2), tandis que les interventions visant à améliorer les développements cognitif et socio-émotionnel des enfants peuvent également bénéficier aux enfants de la tranche d'âge supérieure de la jeune enfance (voir Notes 1.3 et 3.1). Les études actuelles du DPE, décrites dans ce guide, indiquent aussi que les impacts les plus forts peuvent être observés dans les sous-groupes dont les niveaux de référence sont les plus bas, tels que les enfants et les filles les plus pauvres. Des recherches plus poussées sont toutefois nécessaires pour confirmer si les impacts des TMC suivent un schéma semblable.

3. Quel est le montant de transfert le plus approprié pour promouvoir des résultats de DPE significatifs ? La plupart des programmes de TMC versent de l'argent aux femmes plutôt qu'aux hommes, en partie parce qu'il a été observé que les femmes investissent une plus grande partie des revenus qu'elles contrôlent dans le bien-être de leurs enfants (Lundberg, Pollak et Wales 1997 ; Thomas 1990). Mais quel est le montant suffisant ? En théorie, la somme transférée devrait tenir compte à la fois des coûts directs des intrants (par exemple : des aliments riches en nutriments, des livres d'enfants, d'autres supports éducatifs, le transport jusqu'aux centres de santé et autres services de DPE) et les coûts d'opportunité associés à un changement comportemental donné (par exemple : le temps passé par les parents pour emmener leurs enfants chez les prestataires de services ou pour engager leurs enfants dans des activités stimulantes à la maison). Toutefois, en pratique, le montant des TMC que reçoivent les familles varie fortement et peu d'informations sont disponibles sur le montant optimal permettant de promouvoir des résultats de DPE dans un contexte donné.

4. La conditionnalité est-elle importante, et si oui, à quel point ? Dans les études tant équatorienne que nicaraguayenne, la condition de consulter les services de santé avait été communiquée mais pas imposée. Pourtant, les deux programmes ont engendré des résultats positifs en matière de développement des enfants ainsi que des évolutions favorables dans le comportement des parents. Ces résultats semblent indiquer que le fait de disposer de sommes d'argent

supplémentaires, conjuguée à l'information sur la manière de favoriser le développement des enfants, peut être plus important que la conditionnalité elle-même. D'autres études portant sur les effets des transferts monétaires pour des enfants plus âgés ont également trouvé que les résultats ne variaient pas en fonction de la mise en application des conditions (Baird, McIntosh et Ozler 2010). Comme il peut être coûteux de suivre le respect des conditions imposées, il serait utile de déterminer si de tels investissements sont véritablement justifiés.

Il serait possible de répondre à ces questions en mettant à l'essai de nouveaux programmes et en effectuant de plus amples recherches dans une variété de contextes, afin d'étoffer la mince base d'éléments probants actuellement disponible. En outre, l'une des options politiques importantes pour aller de l'avant consiste à expérimenter différentes interventions du côté de l'offre, notamment :

1. **Interventions pour élargir la *portée* des services de DPE disponibles pour les bénéficiaires des TMC.** Alors que les TMC ciblant les familles de jeunes enfants ont jusqu'ici mis l'accent sur des conditionnalités relatives à la santé, l'utilisation d'autres types de services de DPE (par exemple, des programmes dispensés par des centres (voir Note 3.1) ou des programmes promouvant le changement comportemental des parents/pourvoyeurs de soins (voir Note 3.2) pourrait être encouragée lorsque ce type de programme est accessible localement.

2. **Interventions pour améliorer la *qualité* des services de DPE disponibles pour les bénéficiaires des TMC.** Comme l'indique la littérature sur les TMC et le DPE, les questions de qualité comptent lorsqu'il s'agit de s'assurer qu'un service donné entraînera des effets positifs. Plusieurs programmes de TMC ciblant les enfants plus âgés (d'âge scolaire) ont cherché à résoudre les problèmes de qualité du côté de l'offre, dans les secteurs éducatif et de la santé, à travers différentes tactiques, telles que d'octroi de subventions aux écoles plus performantes, des transferts monétaires aux professeurs ou aux associations de parents, et l'organisation de séances d'éducation à la santé en réaction à la faible fréquentation des centres de santé (Fiszbein et Schady 2009). Des stratégies semblables pourraient être adoptées (et évaluées) afin de promouvoir l'utilisation d'une variété de services de DPE de qualité parmi les jeunes enfants et leurs familles.

Transferts monétaires conditionnels pour les familles de jeunes enfants : Résumé et perspectives d'avenir

Considérations clés sur la mise en œuvre

- Se concentrer sur le bon groupe d'âge en fonction des objectifs et des résultats attendus du programme (par exemple, les programmes visant à améliorer les résultats en matière de nutrition devraient se concentrer sur les enfants de moins de 2 ans, tandis que les programmes cherchant à améliorer des résultats plus globaux en matière de développement, y compris cognitif et social, peuvent se concentrer sur l'ensemble de la fourchette d'âge de 0 à 6 ans).
- Cibler les ménages les plus démunis et s'assurer que les filles participent au programme et en tirent les fruits.
- Verser les transferts monétaires aux femmes des ménages.
- Communiquer des informations claires sur la manière dont les transferts sont supposés être utilisés.
- Résoudre les contraintes du côté de l'offre en encourageant la prestation de services de DPE de qualité (y compris les services de suivi de la croissance, les programmes de formation des parents et les garderies/écoles maternelles) et en améliorant la qualité des services existants.

Domaines pour des recherches complémentaires

- Impact des TMC sur les résultats développementaux des jeunes enfants (y compris physiques, cognitifs et socio-émotionnels), en particulier en dehors de l'Amérique latine et des Caraïbes
- Valeur ajoutée potentielle de l'information des parents sur l'éducation des enfants (par exemple, sur l'hygiène, une nutrition correcte et la stimulation précoce), en plus des transferts monétaires
- Stratégies de ciblage optimales
- Montant des transferts optimal pour atteindre les résultats escomptés
- Relation (ou absence de relation) entre la conditionnalité et les résultats du programme
- Stratégies innovantes pour atténuer les contraintes du côté de l'offre à travers des TMC (tant en termes de qualité que de quantité des services de DPE).

Notes

1. Ces données n'ont pas encore été publiées mais devraient être disponibles en décembre 2010.

2. La stimulation précoce des enfants est définie comme le fait d'offrir constamment aux enfants, dès leur plus jeune âge, des possibilités d'interagir avec les personnes qui en ont la charge et d'apprendre des choses sur leur environnement. En pratique, la stimulation implique que les parents et autres pourvoyeurs de soins de l'enfant répondent aux besoins physiques et émotionnels de leurs enfants à partir de la naissance, en jouant et parlant avec eux (même avant que les enfants puissent répondre verbalement) et en les exposant à des mots, des chiffres et des concepts élémentaires au cours des activités de routine quotidiennes.

3. Les éléments probants faisant la distinction entre les facteurs génétiques et environnementaux proviennent principalement des nations industrialisées. Pour un examen, voir Plomin (1994).

4. Les facteurs de risque sont définis comme « les caractéristiques personnelles ou circonstances environnementales qui augmentent la probabilité de résultats défavorables chez les enfants » (Cole et Cole 2000).

5. La taille de ces impacts représentait un écart-type de 0,17 à 0,22 pour les aptitudes linguistiques et de 0,13 pour les aptitudes socio-émotionnelles.

Lectures clés

Fiszbein , A. et N. Schady. 2009. "Conditional Cash Transfers: Reducing Present and Future Poverty." Rapport de recherche sur les politiques de la Banque mondiale, Banque mondiale, Washington DC.

Macours, K., N. Schady et R. Vakis. 2008. "Cash Transfers, Behavioral Changes, and Cognitive Development in Early Childhood: Evidence from a Randomized Experiment." Rapport de recherche sur les politiques de la Banque mondiale 4759. Banque mondiale, Washington, DC.

Paxson, C. et N. Schady. 2010. "Does Money Matter? The Effects of Cash Transfers on Child Health and Development in Rural Ecuador." EDCC (2010), 59 (1): 187–229.

Références

Baird, S. C. McIntosh et B. Ozler. 2010. "Cash or Condition? Evidence from a Randomized Cash Transfer Program in Malawi." Banque mondiale, Washington DC.

Behrman, J., S. Parker et P. Todd. 2005. "Long-Term Impacts of the Oportunidades Conditional Cash Transfer Program on Rural Youth in Mexico." Document de travail 122, Ibero America Institute for Economic Research, Gottingen, Germany.

Cole, M. et S. R. Cole. 2000. The Development of Children (4e éd.). New York: Worth.

Duarte Gomez, M. B., Sonia Morales Miranda, Alvaro Javier Ihovó Velandia, Sandra Catalina Ochoa Marin, Siemon Bult van der Wal, Marta Caballero Garcia et Mauricio Hernandez Avila. 2004. "Impact of Oportunidades on Knowledge and Practices of Beneficiary Mothers and Young Scholarship Recipients: An Evaluation of the Educational Health Sessions." In External

Evaluation of the Impact of the Human Development Program Oportunidades, éd. 2004, éd. Bernardo Hernandez Prado et Mauricio Hernandez Avila. Cuernavaca, Morales, Mexico: National Institute of Public Health

Dubois, P. et M. Rubio-Codina. 2010. "Child Care Provision: Semiparametric Evidence from a Randomized Experiment in Mexico." IDEI Working Paper Series 542, Institut d'économie industrielle (IDEI), Toulouse, France.

Fernald, L. C., P. J. Gertler et L. M. Neufeld. 2006. "Role of Cash in Conditional Cash Transfer Programmes for Child Health, Growth et Development: An Analysis of Mexico's Oportunidades." *The Lancet* 371 (9615): 828–37.

Fernald, L., P. Kariger, P. Engle et A. Raikes. 2009. *Examining Early Child Development in Low-Income Countries: A Toolkit for the Assessment of Children in the First Five Years of Life.* Washington, DC: Banque mondiale.

Filmer, D. et N. Schady. 2009. "In School but Not Learning: The Impact of a Scholarship Program on School Enrollment and Achievement." Manuscrit non publié, Banque mondiale, Washington, DC.

Fiszbein , A. et N. Schady. 2009. "Conditional Cash Transfers: Reducing Present and Future Poverty." Rapport de recherche sur les politiques de la Banque mondiale, Banque mondiale, Washington DC.

Hoddinott, J. et E. Skoufias. 2004. "The Impact of Progressa on Food Consumption. *Economic Development and Cultural Change* 53(1): 37–61.

Irwin, L., A. Siddiqi et C. Hertzman. 2007. "Early Child Development: A Powerful Equalizer: Final Report for the World Health Organization's Commission on the Social Determinants of Health." OMS, Genève. http://www.who.int/social_determinants/resources/ecd_kn_report_07_2007.pdf.

Lundberg, S. J., R. A. Pollak et T. J. Wales. 1997. "Do Husbands and Wives Pool Their Resources? Evidence from the United Kingdom Child Benefit." *The Journal of Human Resources* 32 (3): 463–80.

Macours, K., N. Schady et R. Vakis. 2008. "Cash Transfers, Behavioral Changes, and Cognitive Development in Early Childhood: Evidence from a Randomized Experiment." Rapport de recherche sur les politiques de la Banque mondiale 4759. Banque mondiale, Washington, DC.

Paxson, C. et N. Schady. 2010. "Does Money Matter? The Effects of Cash Transfers on Child Health and Development in Rural Ecuador." EDCC (2010), 59 (1): 187–229.

Plomin, R. 1994. *Genetics and Experience: The Interplay between Nature and Nurture.* Thousand Oaks, CA: Sage Publications.

Thomas, D. 1990. "Intra-Household Resource Allocation: An Inferential Approach." *The Journal of Human Resources* 25 (4): 635–64.

Coût et financement

Détermination des coûts des projets de DPE

Cette note identifie des difficultés liées à l'analyse et à la comparaison des structures des coûts des différents programmes de DPE. Elle fournit également des informations sur les coûts financiers et économiques qui doivent être pris en compte lors de la planification et de la détermination des coûts d'un programme de DPE. Une introduction aux objectifs de rentabilité et à l'analyse coûts-avantages est présentée, accompagnée d'exemples de travaux de recherche et d'outils pratiques élaborés pour évaluer le coût des programmes et faire des simulations pour des scénarios alternatifs de prestation de services. Enfin, cette note donne des exemples de coûts unitaires pour les programmes préscolaires dans plusieurs pays.

La difficulté de comparer les coûts unitaires

Les programmes de DPE comportent de multiples facettes et ont une définition plus large que les programmes d'enseignement primaire

Pour l'enseignement primaire, il existe un ensemble d'éléments de base des programmes et de normes pour l'intensité des services, un groupe défini de bénéficiaires, et des protocoles internationaux pour la collecte des données et l'établissement des rapports. Par contre, pour les programmes de DPE (qui vont des services de promotion de la santé des nourrissons et des tout-petits à des programmes de soutien aux parents et pourvoyeurs de soins visant à promouvoir le développement et la stimulation des jeunes enfants, en passant par les services de garde d'enfants et l'enseignement préscolaire), les interventions diffèrent considérablement tant par leurs contenus que par leur intensité. Les bénéficiaires des programmes peuvent inclure les nourrissons, les enfants ou les parents/pourvoyeurs de soins, et il existe peu de protocoles pour les données mis en place pour faciliter les comparaisons entre les programmes des différents pays. Le Tableau 4.1.1 montre l'éventail des programmes de DPE avec leurs multiples facettes et leurs différents niveaux, par rapport aux programmes d'enseignement primaire, qui sont plus simples, et par conséquent plus faciles à comparer.

Les comparaisons directes entre les programmes de DPE, tant entre eux qu'avec des programmes d'enseignement primaire, doivent être conçues de façon à compenser les différences entre leurs objectifs, la conception, leur qualité et leur intensité (Levin et Schwartz 2006). Étant donné les imbrications des programmes de DPE, il n'est pas rare de trouver des informations transnationales portant sur les programmes préscolaires ne tenant pas.

Les éléments déterminant les coûts des programmes sont les coûts financiers et les coûts économiques

Les coûts financiers et les coûts économiques sont les deux grandes catégories de coûts à prendre en compte pendant l'estimation du coût d'un projet de DPE. Les coûts financiers comprennent les dépenses monétaires engagées dans le programme, tandis que les coûts économiques intègrent la valeur des ressources fournies en nature, notamment le temps des bénévoles, les dons d'espaces ou le matériel fourni par les bénéficiaires (voir Tableau 4.1.2) (Myers 2008b). Ces deux catégories doivent être prises en compte pour déterminer le coût total des programmes de DPE et éviter des biais dans l'estimation qui pourraient entraîner des difficultés budgétaires ou une réalisation incomplète des paquets d'interventions.

Les coûts financiers des programmes DPE peuvent être subdivisés en deux catégories de coûts : les coûts d'investissement et les coûts opérationnels

Les coûts financiers comprennent les coûts d'investissement, qui correspondent souvent à des investissements ponctuels (par exemple, pour financer de nouvelles constructions ou des rénovations d'installations physiques), et les coûts opérationnels, qui sont généralement récurrents (c'est-à-dire hebdomadaires, mensuels ou annuels) pendant toute la durée du projet. Le Tableau 4.1.2 fournit des exemples d'éléments de programmes et de types d'activités habituellement compris dans ces sous-catégories.

Les salaires et primes du personnel constituent habituellement l'essentiel des coûts opérationnels. Les coûts du personnel ont tendance à être le plus important facteur de coût des programmes de DPE. Les niveaux de qualification du personnel requis pour la réalisation des programmes peuvent entraîner des coûts représentant 60 à 90 % du coût opérationnel. C'est pourquoi, il est nécessaire de prendre en compte les avantages et inconvénients associés aux niveaux de compétence requis pour les différents types de tâches et leurs implications

Tableau 4.1.1 Comparaison des domaines des programmes d'enseignement primaire et de DPE

Domaine	Programmes de développement de la petite enfance	Enseignement primaire
Cible	Les programmes sont généralement encore en phase d'expansion, beaucoup mettant l'accent sur les enfants vulnérables et défavorisés. Différentes interprétations de l'« expansion » : plus d'enfants inscrits, davantage de temps passé par an dans les programmes, davantage d'années, etc.	Enseignement primaire
Prestations	Un éventail de modalités allant de quelques interventions ponctuelles à domicile à des programmes préscolaires formels.	Principalement formel
Personnel requis	Professionnels, paraprofessionnels, parents, frères et sœurs, bonnes d'enfants, baby-sitters. Les pourvoyeurs de soins non formés peuvent progressivement parvenir à des niveaux de professionnalisme plus élevés.	Professionnels
Catégories ciblées par les interventions	Enfants et/ou parents (par exemple, mères suivant des programmes d'alphabétisation traitant de l'éducation des enfants)	Enfants
Âge d'admission	Au plus tôt, les programmes de DPE peuvent commencer avant la naissance (par le biais des programmes prénataux); au plus tard, ils commencent un an avant l'entrée à l'école primaire.	Officiellement, à l'âge de 6 ans dans la plupart des pays. En pratique, les enfants peuvent être admis une ou plusieurs années plus tard, et parfois, plus tôt.
Fréquence et durée	Très variable : d'une fois par semaine jusqu'à 5 jours par semaine, de quelques heures à une journée entière. La durée varie également beaucoup.	En général, au moins 5 jours par semaine, pendant les mois ordinaires de l'année, et durée habituelle de 6 ans.
Nombre d'enfants desservis	Les définitions varient en fonction du type de programme ; la plupart des programmes ne signalent pas lorsqu'ils comptent en équivalent temps plein, ce qui rend difficile l'estimation de la couverture.	Accord relativement bon sur la définition des programmes; les programmes sont à plein temps, avec un nombre varié d'heures d'enseignement.
Coûts unitaires	Les estimations sont rares.	Estimations approximatives issues d'un large corpus de recherches

Source: Adapté de van Ravens et Aggio (2008).

Tableau 4.1.2 Coûts financiers et économiques des programmes de DPE

	Coûts financiers
Investissement (démarrage)	• Élaboration du projet : création/expérimentation de l'approche, de l'infrastructure et du matériel • Installations : construction ou modernisation • Équipement : transport, bureau, d'enseignement (tables et chaises), stockage et préparation des repas • Matériel didactique : manuels, livres, jouets réutilisables • Formation : formation initiale de tous les niveaux (formateurs, locaux, indemnités journalières, transport et fournitures) • Consultants : frais, honoraires et dépenses • Microentreprise : emprunts pour des systèmes de financement des projets
Opérationnels (récurrents)	• Salaires et avantages du personnel : administrateurs, cadres, directeurs, personnel spécialisé dans le DPE, personnel de santé, cuisiniers, personnel d'appui (chauffeurs et entretien) • Alimentation : coût des achats • Soins de santé : fournitures (salaires déjà pris en compte ci-dessus) et locaux (au prorata) • Administration : frais d'administration générale (frais généraux) • Formation : formation en entreprise • Communication : téléphone, fax, impressions et média • Fournitures : articles non-réutilisables • Transport : carburant et entretien des véhicules • Indemnités journalières : coûts liés à la surveillance, à la formation et aux visites de terrain • Entretien : coûts liés aux infrastructures, électricité, téléphone et assurance • Évaluation : missions périodiques de suivi et évaluation • Imprévus : provisions pour frais inattendus

	Coût économique
	• Contributions en nature • Dons d'espaces physiques • Contributions bénévoles des parents, des pourvoyeurs de soins ou des membres de la communauté

Source: Evans, Myers, et Ilfeld (2000).

financières. Les types de personnel à prendre en considération lors de la conception et budgétisation d'un programme comprennent : (1) le personnel de service qui interagit directement avec les enfants ; (2) le personnel administratif qui pilote le programme au niveau local, régional ou national ; (3) le personnel d'encadrement, qui assure la surveillance et la formation technique ; et (4) le personnel d'appui travaillant sur les sites où les services sont dispensés. Les qualifications de chaque type de personnel varient considérablement en fonction de la situation budgétaire des pays, voire même des pouvoirs organisateurs locaux (par exemple, les qualifications des enseignants) ; du cadre des politiques de DPE (c'est-à-dire des priorités accordées aux programmes préscolaires par les pouvoirs publics) ; et du type de bénéficiaires ciblés (ruraux, urbains ou périurbains), entre autres. Par exemple, les programmes de DPE dans les pays qui exigent un diplôme de niveau universitaire pour les enseignants des écoles maternelles ont une structure des coûts différente de celle des programmes mis en place dans des pays où les services préscolaires sont assurés par du personnel contractuel (éducateurs) ou des bénévoles communautaires. Au sein d'un même pays, il peut également exister des variations importantes entre les programmes de DPE des zones urbaines et ceux mis en place dans des communautés rurales ou des régions isolées.

Les coûts économiques reflètent souvent la valeur monétaire des contributions en nature. Il n'est pas rare qu'un programme de DPE intègre diverses contributions en nature parmi les services fournis. Toutefois, lorsque les contributions en nature jouent un rôle essentiel dans la prestation de services, il est important de leur attribuer une valeur monétaire pour faire en sorte qu'ils soient pris en compte dans la structure des coûts du programme. La connaissance du coût total d'un programme est importante pour une mise en œuvre efficace, en particulier dans les cas où le programme doit être étendu ou reproduit ailleurs avec les mêmes niveaux et les mêmes normes de services, mais sans être sûr dans ce contexte de bénéficier de services en nature, tels que des espaces offerts ou du temps bénévole.

Estimation des coûts d'un programme

Les deux démarches habituellement utilisées pour estimer les coûts d'un programme consistent à : (1) déduire les coûts à partir des budgets officiels des programmes et des registres des dépenses ; et (2) construire des modèles de simulation de coûts où l'ensemble des ingrédients possibles des projets (coûts financiers et économiques) sont pris en compte dans un modèle informatisé. Chacune de ces approches a ses avantages et inconvénients et, en pratique, il n'est pas rare d'utiliser ces deux démarches pour déterminer le coût unitaire d'un programme et évaluer l'implication financière de l'extension d'un programme en fonction de divers paramètres de prestation de services. Il est important de noter qu'une estimation des coûts unitaires à partir des seuls budgets officiels et informations liées aux dépenses peut conduire à une sous-estimation, du fait que, trop souvent, le temps de travail bénévole, les fournitures et les espaces offerts, ainsi que d'autres contributions en nature, ne sont pas officiellement comptabilisés. Les modèles de simulation sont particulièrement utiles pour la conception de nouveaux programmes ; ils présentent en revanche l'inconvénient d'avoir tendance à fournir une information agrégée sur les coûts unitaires, qui ne prend pas en compte les différences de prix entre les zones urbaines, rurales et périurbaines ou entre les diverses régions d'un même pays (notamment le fait que dans les régions les plus difficiles d'accès les coûts unitaires sont plus élevés que la moyenne).

Parmi les exemples récents de modèles de simulation complets élaborés pour estimer les coûts unitaires de l'extension des services de DPE on peut citer ceux de van Ravens et Aggio (2008) et de Mingat (2006). Leurs modèles estiment les coûts unitaires des programmes de DPE en termes de PIB par habitant dans le but de déterminer le coût potentiel de l'extension des services, en prenant en compte différents paramètres du service prodigué. Les constatations de van Ravens et Aggio indiquent que l'extension des écoles maternelles coûterait environ 20,8 % du PIB par habitant en Afrique subsaharienne et 12,5 % dans les pays arabes. Le coût d'extension des programmes à domicile dans les pays arabes a été estimé à 4,5 % du PIB par habitant. Les simulations effectuées par Mingat en Afrique subsaharienne permettent d'estimer un coût de 17 % du PIB par habitant pour les programmes d'écoles maternelles formelles à plein temps, et de 4,2 % pour les programmes communautaires. Cumulées, ces estimations informent sur l'ampleur des coûts liés à l'extension des programmes en fonction de certains paramètres, qui sont ensuite utilisés dans l'estimation du niveau total des fonds publics et privés qui seraient nécessaires pour atteindre un certain niveau de prestation de services.

Parmi les autres modèles de simulation des coûts figurent : (1) l'outil de calcul appliqué au DPE développé par l'Amsterdam Institute for International Development (AIID) (Van der Gaag et Tan 1998)[1]; (2) le modèle CARICOM développé par Charles et Williams (2008) pour estimer les coûts de la mise en place de programmes de DPE de qualité ; (3) l'outil d'estimation des coûts de l'école maternelle universelle aux États-Unis élaboré par l'Institute of Women's Policy Studies (Golin, Mitchell et Gault 2004) ; (4) l'article de Karoly et Bigelow (2005) sur la façon d'évaluer les coûts et les avantages de l'école maternelle universelle dans l'État de Californie ; et (5) le modèle de Brandon (2004) élaboré pour estimer le coût de financement de l'accès à l'enseignement préscolaire des enfants de 4 ans et moins aux États-Unis. Ces modèles ont de nombreuses applications car ils donnent une très bonne idée du nombre et des types de catégories de coût, ainsi que des paramètres permettant de parvenir aux différents niveaux de qualité et de services fournis (van der Gaag et Tan 1998).

Un cadre détaillé d'analyse des coûts peut être utile pour orienter la planification et les exigences en matière de données

Toute étude d'estimation des coûts devrait préciser dès le début le type d'informations qu'il est nécessaire de rassembler. Les domaines suivants sont fréquents dans la plupart des analyses de coûts : (1) sources de financement pour déterminer qui prend en charge le coût du programme et où des fonds peuvent être générés (voir Note 4.2 pour plus de détails) ; (2) une liste des coûts d'investissement et opérationnels ; (3) une répartition des coûts opérationnels afin de déterminer la part des coûts directs et des frais généraux, ainsi que des coûts fixes et variables ; (4) l'environnement du programme (rural/urbain) ; (5) les coûts associés aux lignes budgétaires (matériels, fournitures, nourriture, formation) ; (6) le stade du projet (programme pilote, en cours de mise en œuvre ou en fonctionnement) ; et (7) l'intensité des services (durée pendant laquelle le service est assuré, s'il s'agit d'un service à plein temps ou à temps partiel). Une fois que les informations sont recueillies, un tableau de détermination des coûts est élaboré à partir duquel le coût unitaire peut être établi, en fonction du nombre total des bénéficiaires attendus.

Les coûts unitaires des programmes préscolaires varient considérablement. Les dépenses annuelles consacrées dans les établissements d'enseignement offrant des services préscolaires (publics ou privés) varient considérablement entre 8 867 dollars aux États-Unis et 1 315 dollars au Brésil (voir Figure 4.1.1). La moyenne au sein de l'Organisation de coopération et de développement économiques (OCDE) est de 5 260 dollars. Ces coûts unitaires doivent être interprétés avec prudence, ils correspondent aux dépenses pour les établissements d'enseignement pré-primaire (enseignement essentiellement formel, dispensé dans des centres) sur la base d'équivalents temps plein en ce qui concerne les inscriptions. Une analyse des programmes qui ne sont pas à plein temps, dans des environnements informels ou non basés sur des centres, aboutirait probablement à une structure de coûts inférieure, étant donné que ces programmes fonctionnent souvent avec un personnel doté de niveaux de qualification différents et avec des types d'intensité des services différents, en particulier pour les enfants de moins de 2 ans.

Le modèle de simulation de van Ravens et Aggio (2008) estime que le coût unitaire des programmes préscolaires varie de 58 dollars en Mauritanie, 70 dollars au Yémen, 145 dollars en Égypte, 318 dollars en Tunisie, jusqu'à 2 739 dollars dans les Émirats arabes unis. D'autres programmes préscolaires non formels, tels que le programme de DPE Madrasa en Afrique de l'Est (Kenya, Ouganda et Zanzibar), ont estimé le coût unitaire entre 14 dollars et 24 dollars par enfant et par mois. Là encore, ces chiffres doivent être interprétés avec prudence étant

Figure 4.1.1 Dépenses dans l'enseignement pré-primaire par an et par enfant (3 ans et plus) (2006)

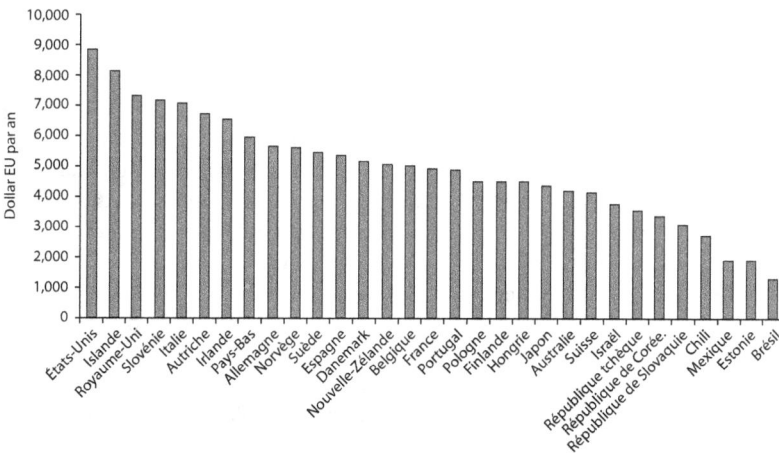

Source: OCDE, *Regards sur l'éducation : Les indicateurs de l'OCDE*

donné que les composantes du programme sont spécifiques aux projets (Issa et Evans 2008 ; Myers 20008a). De même, les estimations de coût unitaire pour les programmes destinés aux enfants de 3 à 6 ans, produites par la Commission économique pour l'Amérique latine et les Caraïbes (CEPALC) et l'Organización de Estados Iberoamericanos para la Educación, Ciencia y la Cultura (OEI) (CEPALC et OEI 2009) pour l'ensemble des pays d'Amérique latine et des Caraïbes indiquent une fourchette allant de 74 dollars au Nicaragua, 145 dollars en Bolivie et 161 dollars en Colombie jusqu'à 1 078 dollars en Uruguay, 1 170 dollars au Mexique et 1 966 dollars au Chili.[2]

Les informations sur les coûts unitaires des programmes d'éducation des parents, y compris les programmes de visites à domicile, sont encore moins nombreuses. Le Caribbean Child Development Center a estimé le coût d'un programme de visites à domicile à 312 dollars par enfant et par an en Jamaïque (Myers 2008a), tandis que les estimations de coûts issues du modèle de simulation de van Ravens et Aggio (2008) pour les programmes d'interventions à domicile indiquaient des coûts unitaires annuels de : 13 dollars en Mauritanie, 23 dollars à Djibouti, 90 dollars au Maroc, 203 dollars en Tunisie, 413 dollars au Liban et 1 252 dollars dans les Émirats arabes unis.[3] Une fois encore, ces estimations de coûts doivent être interprétées avec prudence étant donné que le contenu technique et l'intensité des services peuvent varier considérablement.

En absence d'information sur les coûts unitaires des programmes destinés aux enfants de 0 à 3 ans, la CEPALC et l'OEI (2009) ont décidé de se baser sur les informations de coût unitaire des programmes destinés aux enfants de 3 à 6 ans pour établir des estimations pour les enfants de 0 à 3 ans.[4]

Rentabilité et analyses coûts-avantages

Malgré les nombreux éléments probants soulignant l'importance des programmes de DPE dans la formation du capital humain (voir Notes 1.1–1.3), les demandes concurrentielles auxquelles sont confrontés les fonds publics contraignent souvent les décideurs politiques ou les responsables des programmes à introduire des demandes étayées par des arguments de rentabilité ou des analyses coûts-avantages.

L'analyse coût-efficacité compare deux programmes ou plus en termes d'efficacité et de coûts dans la réalisation d'un objectif particulier

L'analyse coût-efficacité désigne l'évaluation d'options sur la base de leurs coûts et de leurs effets dans le cadre de l'obtention d'un certain résultat ou ensemble de résultats. Dans une analyse coût-efficacité, tant les coûts que les effets des différentes options sont pris en compte dans l'évaluation de programmes ayant des objectifs similaires. On part de l'hypothèse que 1) seuls des programmes avec des objectifs similaires ou identiques peuvent être comparés et 2) qu'une mesure commune de l'efficacité peut être utilisée pour les évaluer. Par exemple, le rapport coût-efficacité peut être utilisé pour comparer différents modèles de prestation de services destinés à améliorer la maturité scolaire en utilisant comme objectif les résultats aux tests obtenus par les enfants.

La combinaison des informations sur l'efficacité et les coûts fournit aux décideurs des renseignements sur un niveau donné d'efficacité pour un coût donné, ou sur le plus haut niveau d'efficacité pour un coût donné. Même si l'analyse coût-efficacité est utile pour choisir entre deux ou plusieurs options en fonction de leur efficacité, elle n'indique pas laquelle est la plus avantageuse dans l'absolu. L'analyse coût-efficacité est moins utile lorsque les objectifs examinés sont trop nombreux et qu'il existe peu d'indications sur les critères de décision pour le choix entre différentes options d'efficacité (Levin et McEwan 2002). The Lancet series (Engle et coll. 2007) a résumé l'impact d'une série d'études de programmes pilotes de DPE sur les résultats des enfants dans le domaine du développement cognitif ; cependant, les données sur la détermination des coûts n'étaient pas disponibles pour comparer les effets (résultats) par dollar investi dans différentes options.

Dans une analyse coûts-avantages, les résultats d'une option sont exprimés directement en termes monétaires

Une analyse coûts-avantages fournit un cadre permettant d'évaluer les avantages et inconvénients de différentes options d'investissement produisant des améliorations de résultats spécifiques par rapport à d'autres investissements. L'analyse coûts-avantages repose sur le principe du « profit social maximum », qui suppose que les décideurs cherchent à maximiser leur propre aide ou bien-être social. Ce principe impose donc que les avantages attendus soient supérieurs aux coûts prévus, et surtout que l'excédent des avantages par rapport aux coûts soient le plus grand possible. Les méthodes habituellement utilisées pour évaluer la valeur d'un investissement comprennent le calcul du ratio entre la valeur actualisée des avantages totaux de l'investissement ou du programme et la valeur actualisée du coût total de la réalisation de l'investissement, c'est-à-dire : (1) Avantages ^{0} > Coûts ^{0} ou Avantages ^{0} − Coûts ^{0} > 0 ; (2) le taux de rentabilité interne (TRI), qui est le taux d'actualisation pour lequel Avantages0 − Coûts 0 = 0 ; et (3) le ratio avantages-coûts sur la base duquel les projets sont sélectionnés lorsque le ratio entre les valeurs actualisées des avantages et des coûts est supérieur à l'unité, soit les projets où Avantages ^{0} / Coûts ^{0} > 1. L'ensemble des valeurs impliquées dans le ratio avantages-coûts doivent être des avantages et coûts économiques exprimés en termes monétaires (Cohn et Geske 1990).

Par exemple, d'après les constatations faites par Karoly et Bigelow (2005) sur le coût de l'extension d'un programme préscolaire à tous les enfants de l'État de Californie, les investissements dans le DPE présentent un ratio coûts-avantages positif, générant 2,62 dollars par dollar investi dans les programmes spécifiques étudiés. Ils ont estimé qu'en Californie, un programme d'enseignement préscolaire universel de haute qualité d'une durée d'un an générait un avantage par enfant d'une valeur actualisée nette d'environ 7 000 dollars pour la société californienne (secteurs privé et public), avec un taux d'actualisation de 3 %. Ce résultat équivaut à un rendement de 2,62 dollars par dollar investi, soit un taux de rendement annuel d'environ 10 % sur une période de 60 ans. En prenant pour hypothèse un taux de participation au programme d'enseignement préscolaire universel de 70 %, l'étude estimait également que chaque cohorte annuelle d'enfants californiens desservis par le programme pouvait générer des avantages d'une valeur actuelle nette de 2,7 milliards de dollars pour la société californienne (sur la base d'un taux d'actualisation à 3 %).

Le défaut de l'analyse coûts-avantages est qu'elle nécessite que les avantages soient mesurables et valorisés, des conditions difficiles à satisfaire dans le cas des programmes sociaux, y compris les interventions de DPE. L'une des raisons en est l'existence d'un certain nombre d'externalités difficiles à mesurer de manière précise, et encore plus à valoriser. L'estimation de tous les avantages des programmes de DPE est une entreprise complexe qui exige l'élaboration d'un cadre d'analyse multidisciplinaire pour lequel des données chronologiques sont nécessaires. Les avantages de la participation à des programmes de DPE se manifestent à court, moyen et long terme dans des domaines tels que les performances scolaires, le niveau d'étude atteint, l'employabilité, les revenus du travail, les compétences sociales et émotionnelles, l'état de santé, le bien-être social et la qualité de vie.

Lorsqu'une analyse coûts-avantages est réalisable, elle peut déterminer si les avantages sont supérieurs aux coûts, ce qui permet une prise de décision dans le seul domaine financier au sens absolu du terme. Un autre intérêt de l'analyse coûts-avantages est qu'elle fournit des informations sur la conception et la réalisation des programmes, notamment le type de services ou de combinaison de services qui peut être proposés à un certain âge, le degré de couverture qu'ils peuvent avoir, les effectifs qu'ils devraient utiliser, où ils devraient être localisés et comment ils devraient être financés. Bien qu'une analyse coûts-avantages puisse fournir des informations absolues sur les options possibles pour les programmes, cette méthode requiert habituellement un grand nombre de données et un temps d'observation plus long, et nécessite que les avantages soient valorisés, une condition difficilement réalisable dans les secteurs sociaux (Wolfe et Zuvekas 1997 ; Haveman et Wolfe 1984).

Aux États-Unis, plusieurs programmes de DPE ont été analysés à l'aide de données longitudinales sur les impacts des interventions à différents moments (premières années de scolarité, adolescence, vie d'adulte) (Campbell et coll. 2002 ; Schweinhart et coll. 2005 ; Reynolds et coll. 2001) (voir Encadré 4.1.1). Les résultats de ces études montrent un ratio avantages-coûts positif, allant de 3,78 dans le cas du programme Carolina Abecedarian à 16,24 pour le projet High/Scope Perry Preschool. Les études indiquent que les interventions de DPE engendrent tout au long de la vie des avantages dont profitent à la fois les bénéficiaires directs des programmes et la société. Dans le cas du projet High/Scope Perry Preschool, l'avantage total par dollar investi (incluant les avantages des participants et du public) a été estimé à 8,74 dollars (à l'âge de 27 ans) (Temple et Reynolds 2007).

Une méta-analyse des évaluations des programmes de DPE aux États-Unis montre que les effets favorables des programmes en faveur de la petite enfance peuvent se traduire en avantages exprimés en dollars pour l'État comme pour les participants et les autres membres de la société. Sur les programmes examinés, l'étude réalisée par Karoly, Kilburn, et Cannon (2005) en a trouvé sept avec des informations sur l'analyse coûts-avantages, dont cinq produisant une série d'avantages chiffrés entre 1 400 et presque 240 000 dollars par enfant, soit un

Encadré 4.1.1

Interventions de DPE ayant fait l'objet d'études à long terme aux États-Unis

Aux États-Unis, plusieurs études longitudinales ont contribué à notre compréhension de l'impact à long terme des programmes de développement de la petite enfance de haute qualité, qui ont tous enregistré de remarquables taux de rendement (ainsi qu'on peut le voir dans le tableau ci-dessous) de l'investissement dans les services destinés aux enfants de familles à faible revenu au cours de leurs premières années (Committee for Economic Development 2006 ; Nores et coll. 2005 ; Belfield et coll. 2006 ; Masse et Barnett 2002 ; Karoly et Bigelow 2005 ; Aos et coll. 2004 ; Reynolds et coll. 2002).

Programme d'intervention en faveur de la petite enfance Carolina Abecedarian : Entre 1972 et 1977, 111 nourrissons identifiés comme à risque important d'échec scolaire en raison de plusieurs facteurs familiaux et parentaux ont été inscrits au programme Carolina Abecedarian. Ces nourrissons, qui étaient pour la plupart des Afro-américains, ont soit bénéficié de services d'éducation et de soins précoces à partir de l'âge de 6 semaines jusqu'à leurs 5 ans, soit été affectés au groupe témoin. Dans les composantes tant de soins aux jeunes enfants que d'enseignement préscolaire, des programmes pédagogiques spéciaux centrés sur le développement du langage ont été élaborés ; les classes avaient un ratio enfant-enseignant très faible, et les enseignants étaient titulaires d'un diplôme de licence. Les participants au programme ont été suivis jusqu'à l'adolescence et, plus récemment, jusqu'à l'âge de 21 ans. Le programme Carolina Abecedarian concernait des enfants plus jeunes que ceux d'autres programmes préscolaires et la durée importante de son suivi a fourni des informations précieuses sur les effets à long terme d'interventions d'éducation précoces et prolongées.

Centres parents-enfants de Chicago : Les centres parents-enfants de Chicago (CPE) sont des établissements d'éducation préscolaires financés par des fonds publics, situés dans des quartiers très pauvres et destinés à des enfants de familles à faible revenu âgés de 3 à 5 ans. Ils ont été créés en 1967 et fonctionnent encore à ce jour. Les enfants participent à trois heures d'enseignement préscolaire par jour durant l'année scolaire, pendant lesquelles, ils sont initiés à la lecture, à l'écriture et au calcul par des enseignants qualifiés de l'école publique, dans des classes de petite taille. L'étude longitudinale quasi-expérimentale de Chicago a suivi une cohorte de 1 539 enfants (essentiellement afro-américains) ayant fréquenté le jardin d'enfants en 1985-1986. Parmi eux, 989 ont fréquenté un centre CPE pendant une année ou deux avant le jardin d'enfants, tandis que les 550 autres n'ont pas participé au programme CPE (moins d'un quart de ce groupe n'a fréquenté aucun établissement préscolaire). Le plus récent suivi des enfants a été réalisé à l'âge de 20 ou 21 ans.

(suite)

Encadré 4.1.1 *(suite)*

Projet High/Scope Perry Preschool : Le projet Perry Preschool a offert un enseignement préscolaire de grande qualité à un petit nombre d'enfants afro-américains de 3 à 4 ans d'Ypsilanti, dans le Michigan, entre 1962 et 1967. Les 123 enfants de l'étude étaient nés dans la pauvreté et présentaient un risque élevé d'échec scolaire. Le groupe de traitement a reçu une éducation préscolaire de grande qualité pendant 2,5 heures par jour durant l'année scolaire, en plus d'une visite à domicile d'1,5 heure chaque semaine, tandis que le groupe témoin ne bénéficiait d'aucun des services du programme. Tous les enseignants du projet Perry Preschool étaient titulaires d'un diplôme de licence et gagnaient 10 % de plus que les enseignants du jardin d'enfants de la même école. Les participants au programme ont été suivis pendant leur jeunesse et leur vie adulte, l'étude la plus récente ayant été réalisée alors qu'ils étaient âgés de 41 ans.

	Dollars par enfant (actualisé à 3%)				Taux de rentabilité interne (%)
Programme	Avantage total	Coût total	Avantage net	Bénéfice/coût ratioa	
Carolina Abecedarian (dollars de 2002)	135,546	35,864	99,682	3.78	7
Chicago CPE (dollars de 1998)	47,759	6,692	41,067	7.14	10
Suivi Perry Preschool à l'âge de 40 ans (dollars de 2000)	244,811	15,166	229,645	16.14	18

Sources: Committee for Economic Development (2006) ; Nores et coll. (2005) ; Belfield et coll. (2006) ; Masse et Barnett (2002) ; Karoly et Bigelow (2005) ; Aos et coll. (2004) ; Reynolds et coll. (2002).
a. Le ratio varie considérablement en raison des différences dans les types et les mesures des avantages et dans la durée des suivis.

rendement de 1,26 à 17,07 dollars par dollar investi par la société. Fait intéressant, il a été constaté que les retombées économiques étaient positives pour les programmes centrés sur les visites à domicile ou l'éducation au rôle parental, ainsi que pour ceux qui combinaient ces services avec une éducation de la petite enfance. Les retombées sont plus importantes pour les programmes assortis d'un suivi à plus long terme que pour ceux dont la durée de suivi était plus courte (c'est-à-dire jusqu'à l'entrée à l'école primaire).

Il existe un outil d'analyse coûts-avantages conçu spécifiquement pour le développement de la petite enfance par van der Gaag et Tan (1998), le Early Child Development (ECD) Calculator (calculateur DPE), il calcule les avantages économiques des programmes de DPE en valorisant, par exemple, l'amélioration des capacités des enfants à tirer profit du système scolaire (c'est-à-dire qu'ils sont inscrits à l'école en temps voulu, parviennent jusqu'à l'enseignement secondaire, et redoublent et abandonnent moins leurs études). Cet instrument mesure l'augmentation de la productivité (c'est-à-dire, la valeur actualisée nette de l'augmentation de la productivité au cours de la vie) pouvant être attendue pour une cohorte de 1 000 nouveau-nés bénéficiaires de programmes de DPE. Il a été utilisé dans des projets financés par la Banque mondiale en Égypte, Indonésie et Jamaïque.[5]

Notes

1. Le calculateur DPE peut être téléchargé à partir du site www.worldbank.org/children, en cliquant sur la rubrique Costing and Financing. De l'information de l'AIID est disponible à l'adresse http://www.aiid.org/index.php?ap=feature.

2. Les coûts unitaires peuvent varier du fait des différences d'intensité et de modalités de prestation des différents programmes.

3. Pour les paramètres spécifiques des programmes, voir van Ravens et Aggio (2008).

4. Les coûts unitaires peuvent varier du fait des différences d'intensité et de modalités de prestation des différents programmes.

5. Voir les documents d'évaluation de projet de la Banque mondiale pour chaque pays concerné.

Lectures clés

Levin, M., et P. J. McEwan 2002. "Cost-Effectiveness and Educational Policy." 2002 *Yearbook*. American Education Finance Association. Eye on Education, Larchmont, NY.

van Ravens, J., et C. Aggio. 2008. "Expanding Early Childhood Care and Education: How Much Does It Cost? A Proposal for a Methodology to Estimate the Costs of Early Childhood Care and Education at Macro-Level, Applied to the Arab States." Document de travail 46. Bernard van Leer Foundation, La Haye.

Wolfe, B., et S. Zuvekas. 1997. "Nonmarket Outcomes of Schooling." *International Journal of Educational Research* 27 (6): 491–501.

Références

Aos, S., R. Lieb, J. Mayfield, M. Miller, et A. Pennucci. 2004. Benefits and Costs of *Prevention and Early Intervention Programs for Youth*. Olympia, WA: Washington State Institute for Public Policy.

Belfield, C. R., M. Nores, S. Barnett, et L. Schweinhart. 2006. "The High/Scope Perry Preschool Program: Cost-Benefit Analysis Using Data from the Age-40 Follow-Up." Journal of Human Resources 41 (1): 162–90.

Brandon, R. N. 2004. "Financing Access to Early Education for Children Age Four and Below: Concepts and Costs." Article présenté à la conférence de la Brookings–University of North Carolina sur le thème "Créer un plan national en faveur de l'éducation des enfants de 4 ans" 9 et 10 septembre, Washington, DC.

Campbell, F. A., C. T. Ramey, E. P. Pungello, S. Miller-Johnson, et J. J. Sparling. 2002. "Early Childhood Education: Young Adult Outcomes from the Abecedarian Project. *Applied Developmental Science* 6 (1): 42–57.

CEPALC et OEI. (*Commission économique pour l'Amérique latine et les Caraïbes et Organización de Estados Iberoamericanos para la Educación, Ciencia y la Cultura*). 2009. "Metas educativas 2021: Estudio de Costos." División de Desarrollo Social, Santiago du Chili.

Charles, L. et S. Williams. 2008. A Model to Support ECD Decision-making: Caribbean Regional Experiences with Costs and Simulations. *Coordinators' Notebook* 30: 52. Groupe consultatif sur l'éducation et le développement de la petite enfance, Toronto, Canada.

Cohn, E. et G. Geske. 1990. *Economics of Education*. Oxford, UK: Pergamon Press.

Committee for Economic Development. 2006. "The Economic Promise of Investing in High Quality Preschool: Using Early Education to Improve Economic Growth and the Fiscal Sustainability of States and the Nation." Committee for Economic Development, Washington, DC.

Engle, P. L., M. M. Black, J. R. Behrman, M. C. de Mello, P. J. Gertler, L. Kapiriri, R. Martorell et M. E. Young, et le International Child Development Steering Group. 2007. "Strategies to Avoid the Loss of Developmental Potential in More Than 200 Million Children in the Developing World." *The Lancet* 369: 229–42.

Evans, J. L., en collaboration avec R. G. Myers et E. M. Ilfeld. 2000. *Early Childhood Counts: A Programming Guide on Early Childhood Care for Development*. Washington, DC: Banque mondiale, p. 322–23.

Golin, S. C., A. W. Mitchell et B. Gault. 2004. "The Price of School Readiness: A Tool for Estimating the Cost of Universal Preschool in the States." Institute for Women's Policy Research, Washington, DC.

Haveman, B. et B. Wolfe. 1984. "Education, Productivity, and Well-Being: On Defining and Measuring the Economic Characteristics of Schooling." *Dans Education and Economic Productivity*, éd. E. Dean, 19–55. Cambridge, MA: Ballinger.

Issa, S. S. et J. L. Evans. 2008. "Going to Scale With Effective ECD Interventions: What Is Involved? A Costing Model of the Madrasa ECD Programme in East Africa." Coordinators' Notebook 30: 41–45.

Karoly, L., R. Kilburn et J. Cannon. 2005. "Early Childhood Interventions: Proven Results, Future Promise." The Rand Corporation, Santa Monica, CA.

Karoly, L. A. et J. H. Bigelow. 2005. *The Economics of Investing in Universal Preschool in California*, p. 82. Santa Monica, CA: The Rand Corporation.

Levin, M. et P. J. McEwan 2002. "Cost-Effectiveness and Educational Policy." American Education Finance Association, Gainesville, FL.

Levin, H. et H. Schwartz. 2006. "Costs of Early Childhood Care and Education Programs." Article commandé pour le *Education for All Global Monitoring Report 2007: Strong Foundations: Early Childhood Care and Education*. UNESCO, Paris. National Center for the Study of Privatization in Education, Teachers College, Columbia University, New York.

Masse, L. et W. S. Barnett. 2002. "A Benefit-Cost Analysis of the Abecedarian Early Childhood Intervention." National Institute for Early Education Research (NIEER), New Brunswick, NJ.

Mingat, A. 2006. "Early Childhood Care and Education in Africa: Towards Expansion of Coverage and Targeting of Efficient Services." Article présenté à l'Association pour le développement de l'éducation en Afrique (ADEA) Biennale du Gabon, mars 2006. ADEA, Paris.

Myers, R. G. 2008a. "Costing Early Childhood Care and Development Programmes." Document de vulgarisation en ligne 5. Fondation Bernard van Leer, La Haye.

Myers, R. G. 2008b. "A Note on Costs and Costing of Early Childhood Care and Development Programmes." *Coordinators' Notebook* 30: 29. Groupe consultatif sur les soins et le développement de la petite enfance, Toronto, Canada.

Nores, J. C. R. Belfield, W. S. Barnett et L. Schweinhart. 2005. "Updating the Economic Impacts of the High/Scope Perry Preschool Program." *Educational Evaluation and Policy Analysis* 27 (3) (Fall): 245–61.

OCDE (Organisation de coopération et de développement économique). 2009. "Regards sur l'éducation 2009 : Indicateurs de l'OCDE." http://www.oecd.org/document/24/0,3343,en_2649_39263238_43586328jj jj,00.html.

Reynolds, A. J., J. A. Temple, D. L. Robertson et E. A. Mann. 2001. "Long- Term Effects of an Early Childhood Intervention on Educational Achievement and Juvenile Arrest: A 15-Year Follow-Up of Low-Income Children in Public Schools." *Journal of the American Medical Association* 285: 2339–46.

——. 2002. "Age 21 Cost-Benefit Analysis of the Title I Chicago Child-Parent Centers." *Educational Evaluation and Policy Analysis* 24 (4) (Winter): 267–303.

Schweinhart, L. J., J. Montie, Z. Xiang, W. S. Barnett, C. R Belfield et M. Nores. 2005. "Lifetime Effects: The High/Scope Perry Preschool Study through Age 40. Ypsilanti, MI: High/Scope Educational Research Foundation.

Temple, Judy A. et Arthur J. Reynolds. 2007. "The Benefits and Costs of Investments in Preschool." *Economics of Education Review* 26(1): 126–44.

van der Gaag, J. et J. P. Tan. 1998. The Benefits of Early *Child Development Programs: An Economic Analysis.* Washington, DC : Banque mondiale.

van Ravens, J. et C. Aggio. 2008. "Expanding Early Childhood Care and Education: How Much Does It Cost? A Proposal for a Methodology to Estimate the Costs of Early Childhood Care and Education at Macro-Level, Applied to the Arab States." Document de travail 46. Bernard van Leer Foundation, La Haye.

Wolfe, B. et S. Zuvekas. 1997. "Nonmarket Outcomes of Schooling." *International Journal of Educational Research* 27 (6) : 491–501.

Financement des programmes de DPE

Cette note porte sur les mécanismes de financement des programmes de DPE. Elle identifie les difficultés de la comparaison entre pays des investissements dans le DPE et donne des orientations sur les dimensions qui peuvent être utilisées comme variables dans une analyse comparative. La note présente un cadre simple pour l'organisation de l'information sur les différentes sources de financement et mécanismes d'allocation de ces fonds. Une recherche documentaire a été menée pour comparer les investissements dans le DPE entre les pays ; des exemples de pays sont fournis pour illustrer la variété, l'intrication et la complexité des schémas de financement du DPE dans divers pays. La plupart des pays sont encore loin de rassembler assez de revenus pour offrir des services de DPE de qualité. Les États ne doivent pas seulement prévoir un engagement budgétaire pour les services de DPE, mais aussi travailler avec l'éventail des fournisseurs de DPE et les principales parties prenantes pour trouver des sources de revenus innovantes, stables et durables.

Investissement dans le développement de la petite enfance

L'information à travers les pays sur les programmes et les investissements dans le DPE est maigre

Les programmes de DPE sont divers et hétérogènes dans leur portée, contenu et intensité. Rien que cette diversité des programmes, doublée d'un manque de normes et paramètres universels pour guider la collecte des données au niveau international, pose un défi aux chercheurs qui essaient d'analyser les approches programmatiques, les investissements et les résultats du DPE. Des informations comparatives sur les programmes de DPE pour les nouveau-nés et les enfants de moins de 3 ans sont particulièrement difficiles à trouver à cause du degré élevé de fragmentation à travers les secteurs, les programmes et les prestataires ciblant cette classe d'âge. Pour les enfants de 3 à 6 ans, l'information est habituellement plus facilement disponibles parce que l'école maternelle[1] est un niveau éducatif officiellement reconnu et un service disponible dans de nombreux pays, quoiqu'avec des degrés de couverture divers et une grande variation dans le contenu et l'intensité des programmes.

Des comparaisons précises des programmes et investissements dans le DPE nécessitent une certaine normalisation

Étant donné l'hétérogénéité des programmes de DPE, des analyses comparatives entre les pays doivent compenser les différences dans la portée, le contenu et l'intensité des programmes en appliquant un ensemble commun de normes qui peuvent servir de référence pour les programmes de chaque pays. Les caractéristiques communément utilisées pour normaliser les informations des programmes sont les suivantes :[2]

1. *résultats visés* : grossesse ; capacités cognitives, socio-émotionnelles, comportementales, de santé ; éducation par les parents ;
2. *personne cible* : enfant, parent, enfant-parent, cellule familiale;
3. *critères de ciblage* : universel, basé sur le revenu, basé sur le handicap, problèmes de risque parental ; âge de l'enfant cible (de prénatal à 6 ans) ;
4. *localisation des services* : à la maison, hors de la maison ;
5. *type de services offerts* : éducatifs (maternelle, formation des parents à l'éducation des enfants), soutien familial, en relation avec la santé ou la nutrition, en relation avec le travail, thérapeutique ;
6. *intensité de l'intervention* : de l'âge de début à l'âge de fin, heures par semaine, semaines par an ;
7. *mode de prestation* : personnes individuelles, petits ou grands groupes
8. *portée du programme* : nationale, régionale, limitée à une ville, environnement unique ;
9. *sources de financement* : publique, privée, partenariat public-privé, aide internationale ;
10. *mécanisme d'allocation des financements* : ligne budgétaire, subventions (en bloc ou spécifique), bons, crédits fiscaux, financements de contrepartie.

À moins que les spécificités des différents types de programmes ne soient standardisées grâce à une échelle d'analyse similaire, il y a un risque de production d'informations inexactes ou même trompeuses, notamment en termes d'investissement, de rentabilité et de résultats.

Les organisations internationales ont relevé le défi de réunir des informations comparables sur le DPE

Au cours des dernières années, plusieurs organismes internationaux ont relevé le défi de compiler des données standardisées de plusieurs pays sur les services de DPE pour déterminer le niveau de pénétration des services, les taux de participation et les efforts d'investissement. Parmi ces efforts, les plus notables sont les récentes études du DPE réalisées par l'OCDE, l'UNESCO (Organisation des Nations Unies pour l'éducation, la science et la culture) et la Banque mondiale, qui offrent une information complète au niveau mondial et régional sur une série de dimensions des programmes destinés aux enfants de 0 à 6 ans. La plupart de ces études transnationales ont été menées en un exercice unique, limitant les perspectives d'analyses longitudinales.

L'information disponible indique qu'un investissement public de 1 % du PIB est nécessaire pour offrir des services de DPE de qualité

Selon le rapport *Doing Better for Children II* (2006) de l'OCDE qui fournit des informations complètes sur les investissements dans le DPE visant les enfants de moins de 6 ans, les pays accordent une priorité élevée à leur plus jeune cohorte. Les dernières statistiques indiquent que les États dépensent en moyenne 2,36 % de leur PIB dans une large gamme de services destinés aux familles et aux jeunes enfants, notamment pour les programmes du niveau maternel. Les dépenses moyennes dans l'éducation maternelle destinée aux enfants de 3 à 6 ans représentent 0,49 % du PIB, dépenses publiques et privées confondues. Des études de l'OCDE (Starting Strong II) montrent qu'un investissement public de 1,0 % du PIB est le minimum requis pour assurer une offre de services de qualité. D'autres études du réseau de la Commission européenne des modes de garde d'enfants et d'autres mesures destinées à concilier les responsabilités professionnelles et familiales (1996), et du Groupe consultatif sur les soins et le développement de la petite enfance (2008) suggèrent des niveaux similaires d'investissement public comme point de référence.

En dehors de l'OCDE, les pays d'Europe centrale et de l'Est ont les niveaux les plus élevés d'investissement dans l'école maternelle

Selon le *Rapport 2007 de suivi mondial de l'Éducation pour tous* (EPT) de l'UNESCO (UNESCO 2006), qui donne un ensemble complet de statistiques sur les services de DPE, les pays d'Europe centrale et de l'Est ont le niveau le plus élevé de dépenses publiques dans l'école maternelle – en moyenne 0,5 % du PNB. Les dépenses vont de 1,0 % du PNB au Bélarus à 0,3 % en Estonie et en Roumanie. L'Amérique latine et les Caraïbes se classent en deuxième position au niveau des régions, avec une dépense moyenne de 0,2 % du PNB. Les dépenses varient de 0,6 % du PNB au Guyana au faible taux de 0,02 % au Nicaragua. Les pays d'Afrique subsaharienne ont les plus bas niveaux de dépenses publiques dans l'école maternelle.

En part du budget de l'éducation, l'école maternelle reste un investissement de faible priorité

Le Rapport de suivi mondial de l'EPT montre également que l'investissement public dans l'école maternelle absorbe moins de 10 % de la dépense publique totale dans l'éducation de nombreux pays ; dans certains, cette fraction est même inférieure à 5 %. Les pays en développement affectant au moins 10 % des dépenses publiques à l'école maternelle sont le Bélarus, la Bulgarie, le Costa Rica, la Croatie, la République tchèque, le Guyana, la Hongrie, le Mexique, la Mongolie, la Moldavie, la République slovaque et la Slovénie. Les pays d'Afrique subsaharienne ont des niveaux de dépense de moins de 1 % du budget total de l'enseignement public. Les taux de scolarisation bruts à l'école maternelle suivent les schémas régionaux des dépenses publiques ; ils sont plus élevés dans le monde développé, en moyenne 80 %, et plus faibles dans le monde en développement, en moyenne 36 %. Par sous-région, les taux de scolarisation bruts sont plus élevés dans les Caraïbes (82 %) et plus faibles en Afrique subsaharienne (15 %) et dans les États arabes (19 %).

Financement du DPE : Sources de financement et mécanismes d'allocation

Cette section présente un cadre de financement pour illustrer la variété des mécanismes de financement et d'allocation montrée dans le Tableau 4.2.1. Même si la liste des sources de financement, systèmes mis en place pour générer des revenus publics, et façons spécifiques d'allouer les ressources n'est pas exhaustive, le cadre trace les grandes lignes des différentes options de financement qui peuvent convenir aux pratiques de financement public établies au niveau pays.

Le financement des programmes de DPE repose sur une combinaison de financements publics et privés

Les fonds publics peuvent provenir de diverses sources publiques (fédérales, étatiques, provinciales, municipales ou de district) et sont habituellement mobilisés à partir de l'impôt (impôt sur le revenu, taxes sur les ventes, charges sociales, impôts fonciers), de loteries ou de droits (routes à péage, octroi de permis, taxes d'admission). Les fonds privés peuvent provenir d'entreprises industrielles, de fondations, de groupes communautaires et d'autres ONG, ainsi que des ménages (frais d'utilisation, taxes et frais de scolarité) – tous pouvant être particulièrement utiles lorsque les services de DPE sont offerts à un vaste ensemble de bénéficiaires, y compris les enfants des familles nanties.

Les partenariats public-privé sont souvent établis pour lever des fonds « de contrepartie », notamment pour des initiatives à grande échelle d'amélioration du capital. Dans les pays où la génération de revenus à partir de sources publiques et privées est limitée, les organismes internationaux peuvent financer la conception ou l'extension des programmes de DPE, en accordant des prêts ou des subventions comme moyen d'extension des services de DPE.

Tableau 4.2.1 Sources et modalités d'allocation des fonds aux programmes de DPE

Sources des fonds	Modalités d'allocation des fonds		
Fonds publics	*Les financements peuvent provenir de différentes sources de gouvernement :* • fédérale/centrale • états/provinces • municipalités • districts/localités • A remplir *Les financements peuvent provenir :* • de sources générales ; revenus fiscaux (par exemple les taxes sur les ventes, l'impôt sur le revenu, les charges sociales, l'impôt foncier) • de loteries • de taxes d'exercice sur le tabac et l'alcool • de divers frais (par exemple les routes à péage, l'octroi de permis, les taxes d'admission)	**Allocation directe à travers :**	• Des allocations budgétaires : les bénéficiaires peuvent être les prestataires publics ou privés. • Des subventions globales : les bénéficiaires peuvent être publics ou privés. • Des fonds de contrepartie ou de contrepartie partielle. Les pouvoirs publics « couvrent » un niveau prédéterminé d'investissement pendant que les prestataires ou les ménages financent le reste. • Des bons : les bénéficiaires peuvent être des prestataires publics ou privés, ou les participants au programme. • La subvention directe de certains éléments du programme (par exemple, les salaires du personnel, le développement physiques d'installations, les programmes pédagogiques, le système d'assurance qualité, etc.) : les bénéficiaires peuvent être des prestataires publics ou privés. • Des transferts monétaires conditionnels : les bénéficiaires sont généralement les participants au programme.
		Allocation indirecte à travers :	• Des subventions à échelle mobile basées sur les besoins • Des politiques de congé parental et de maternité • Des dégrèvements fiscaux et remboursements de taxes

(suite)

Tableau 4.2.1 Sources et modalités d'allocation des fonds aux programmes de DPE
(suite)

Sources des fonds		Modalités d'allocation des fonds	
Fonds publics	*Les financements peuvent provenir :* • d'entreprises privées • de fondations • de groupes communautaires/ONG • des ménages (frais d'utilisation, taxes, frais de scolarité, quotes-parts)	**Allocation directe à travers :** **Allocation indirecte à travers :**	• Des soins sur les lieux de travail • Le paiement des prestataires • Des fonds de contrepartie • Des bons • Les dons en espèces ou en nature aux organisations confessionnelles et à but non lucratif
Partenariats public-privé	*Les financements peuvent provenir :* • des pouvoirs publics • d'entreprises privées • de fondations • de groupes communautaires/NGO		• Des fonds de contrepartie pour les initiatives d'investissement en capital pour étendre les services de DPE
Organismes internationaux	*Les financements peuvent provenir :* • d'organismes de financement internationaux (prêts et dons) • d'organismes bilatéraux (dons) • d'ONG internationales (dons)		• Des fonds destinés aux programmes approuvés par les pouvoirs publics : les bénéficiaires peuvent être des prestataires publics ou privés, ou les participants au programme.

Source: Adapté de Belfield (2006).

Les modalités d'allocation des fonds publics et privés sont variées

Les fonds peuvent être alloués « directement » au prestataire des services de DPE à travers des allocations budgétaires, des subventions globales, des subventions spécifiques, des fonds de contrepartie ; ou aux participants au programme par des bons, des subventions ou des transferts monétaires conditionnels. Les fonds peuvent également être alloués « indirectement » aux prestataires à travers des dégrèvements fiscaux et des remboursements de taxes ; ou aux participants au programme à travers l'application de politiques de congé parental généreuses, des échelles mobiles basées sur les besoins, ou des dégrèvements fiscaux et remboursements de taxes.

La sélection des sources de financement ou des modalités spécifiques d'allocation des fonds dépend d'un certain nombre de facteurs spécifiques à chaque pays et à son contexte social. Par exemple, les politiques de DPE de certains pays prévoient un droit légal à la gratuité des services, un mandat public de financement, et peuvent même avoir une source de revenus spéciale à cet effet. D'autres pays prennent des décisions sur les sources et les mécanismes d'allocation sur la base de pratiques étatiques établies en matière de financement des programmes de politique sociale (vastes ou limités) ; du ciblage souhaité (couverture universelle, basé sur le revenu, basé sur la vulnérabilité) ; et de la capacité d'absorption et de la sophistication du « marché » des services de DPE (ceci est une considération particulière lors de la prise de décisions sur les instruments de financement lié à la demande, tels que les bons et les transferts monétaires conditionnels).

La sélection du mécanisme de financement demande un équilibre entre la simplicité, la fiabilité et l'équité

Il n'existe aucun plan précis ou équilibre optimal entre les financements publics et privés, et le poids relatif des types de financement est susceptible d'avoir un effet différent et d'entraîner une réponse différente en termes d'équité, de mécanismes de redevabilité, de choix parental, de normes d'apprentissage et d'assurance qualité. Les conclusions du rapport Starting Strong II de l'OCDE (Tayler et Bennett 2006) indiquent que le financement public direct offre les avantages d'un pilotage public plus efficace des services de DPE, des avantages d'échelle, une meilleure qualité nationale, une formation plus efficace des éducateurs, et un degré plus élevé d'équité dans l'accès, comparé aux modèles de subvention parentale. En même temps, le rapport souligne la possibilité de gérer efficacement les prestataires privés lorsqu'il existe une assurance qualité institutionnelle claire et un cadre de financement comprenant un suivi actif et de bons mécanismes de mise en application.

Déterminer les principes nationaux qui guideront les options de financement du DPE

Les principes à garder à l'esprit au moment de décider de la source de financement et des mécanismes d'allocation sont : 1) la simplicité en termes d'administration et d'accès ; 2) la fiabilité et soutenabilité des moyens de financement ; 3) le poids probable de certains types de taxes sur différents segments de la population ; 4) l'applicabilité de la réglementation et des normes assurant la qualité des programmes ; et 5) la disponibilité d'un choix parental et de possibilités de financement direct pour les prestataires du DPE, y compris la mise à disposition d'un logement (particulièrement important dans les communautés rurales isolées).

Exemples nationaux de sources de financement et de mécanismes d'allocation

La plupart des pays ont recours à une combinaison de fonds publics et de contributions des ménages pour financer leurs programmes de DPE

Dans la plupart des pays, les fonds publics constituent la principale source de financement du DPE, les ménages apportant également une importante contribution (Vargas-Baron 2008) (voir Tableau 4.2A-4 en annexe). Le niveau des contributions des ménages dépend de la disponibilité des installations physiques qui sont publiquement fournies ou financées, des critères d'éligibilité à l'accès à ces installations, et du degré de dépendance des pays vis-à-vis des prestations non subventionnées des centres privés (des services de garderie ou d'école maternelle). Les pays ayant un haut niveau de prestation dans des installations publiquement fournies ou financées, notamment pour les enfants de 3 à 6 ans sont : l'Australie, Cuba, la République tchèque, le Danemark, la Finlande, la Hongrie et la Thaïlande. Les pays qui ont des marchés développés de prestation des services de garderie et d'école maternelle sont : les États-Unis et le Royaume-Uni (service de garderie).

Aux États-Unis, les parents couvrent généralement la totalité des frais de garderie et d'école maternelle, à l'exception des systèmes financés au niveau fédéral tels que le Head Start et la Child Care Development Fund, destinés aux enfants vulnérables et à risques. Les programmes d'école maternelle sont souvent associés aux systèmes d'enseignement primaire où la proportion des contributions des ménages est inférieure au coût total ; cependant, l'accès à ces programmes varie selon les États (Tayler et Bennett 2006 ; Belfield 2006).

Les pays tels que le Brésil, la Colombie et le Mexique combinent les sources de financement publiques et privées, ont rendu presqu'universelle l'année d'école maternelle précédant la première primaire, et ciblent divers programmes de soins précoces et préscolaires aux groupes vulnérables. Les pays qui s'appuient presqu'exclusivement sur les ménages sont : l'Indonésie, le Kenya et le Sénégal (UNESCO 2006).

La plupart des pays ont recours à plusieurs mécanismes d'allocation des fonds publics

La plupart des pays ont, à l'un ou l'autre moment, mis en place plusieurs mécanismes d'allocation pour couvrir les objectifs spécifiques des programmes et les groupes cibles (Belfield 2006 ; Tayler et Bennett 2006 ; PEW Center on the States 2009 ; van Ravens et Aggio 2008 ; Vegas et Santibáñez 2010). Les pays où l'accès passe par des structures publiques attribuent habituellement les ressources à travers des allocations budgétaires directes aux autorités institutionnelles (centrales, étatiques ou locales) qui sont responsables de la prestation des services (Brésil,Colombie, République tchèque, Mexique et Thaïlande), ou une combinaison de ligne budgétaire et de subventions globales (Hongrie, États-Unis et

Royaume-Uni). Les pays tels que l'Australie, la Hongrie, les États-Unis et le Royaume-Uni accordent des subventions aux prestataires (publics ou privés) ou aux parents pour l'accès aux services, avec divers degrés de ciblage et niveaux et types de certification requis des prestataires.

Dans la plupart des cas, les ménages complètent les contributions des sources publiques, soit pour couvrir les dépenses opérationnelles des centres publics, soit sous forme de frais d'inscription dans les centres privés. Enfin, certains pays allouent des fonds de façon « indirecte » aux parents à travers de généreuses politiques de congé parental et maternel payé pour prendre soin de leurs enfants en bas âge (par exemple, la République tchèque, le Danemark, la Finlande et la Hongrie) ou des transferts monétaires conditionnels (Équateur, Mexique, Nicaragua, Panama et Turquie).

Une illustration des impacts des sources de financement et des mécanismes d'allocation sur l'accès, l'équité, le contenu et la qualité des programmes de DPE est fournie par Grun (2008) qui compare les schémas de financement du DPE en France, en Suède, aux États-Unis, en Angleterre et en Nouvelle-Zélande. Elle montre que les décisions de financement sont souvent guidées par des facteurs qui, bien qu'extérieurs au processus de formulation des politiques, affectent la sélection de sources de financement et de mécanismes d'allocation spécifiques. Ces facteurs, également appelés « moteurs », sont la localisation de la capacité, la tolérance à la variation dans les services, le niveau de la voix parentale, la participation et la connaissance de la question de la qualité de la garde d'enfants, le niveau de limitation du budget souhaité, et le degré d'hétérogénéité de la population. Par exemple, le « modèle français d'école maternelle », dont la localisation de la capacité est centrale (l'État finance la prestation des services publics), le souhait de normes nationales concrètes est élevé (faible tolérance à la variation), et qui a l'aptitude de s'appuyer sur la voix parentale (plutôt que le choix), est généralement perçu comme un modèle efficace dans les pays où la population est assez homogène et qui sont moins préoccupés par la limitation du budget. Par contre, le modèle français serait inapproprié dans les pays ayant une forte tradition de décentralisation (Angleterre ou États-Unis) et de services privés (Nouvelle-Zélande ou États-Unis), une solide préférence pour le choix parental (Nouvelle-Zélande, Suède, États-Unis), ou très préoccupés par la limitation des budgets (Angleterre, Nouvelle-Zélande).

Comment accroître le financement des programmes de DPE

Harmonisation des politiques et des mécanismes de prestation des services

Les services pour les enfants de 0 à 6 ans relèvent de divers ministères et niveaux de pouvoirs publics (fédéraux/nationaux, provinciaux/étatiques, municipaux), et sont souvent fournis de manière fragmentée(santé, nutrition, éducation). Il y a par conséquent des possibilités de recouvrement ou de duplication d'investissement à travers les différents organismes responsables. Dans un monde idéal, tout au moins une entité au niveau central devrait être responsable de l'administration ou de la coordination des services, pour guider les prestataires, assurer la qualité des services, proposer des mesures incitatives pour accroître la couverture et la qualité, et promouvoir la recherche et la diffusion. Il faut cependant noter que des pays ont enregistré des succès en s'appuyant à la fois sur les pouvoirs publics en tant que « unique fournisseur » des services et sur leur propre rôle en tant que promoteur actif de la prestation des services, indépendamment du type de prestataires (publics, privés, ou à but non lucratif).

Encourager le développement de marchés de la garde d'enfants liés à des partenariats public-privé

Certains pays ont favorisé le développement de nouveaux marchés, c'est-à-dire encouragé de nouveaux prestataires à entrer sur le marché pour offrir des services et programmes de DPE, en autorisant des fournisseurs privés et à but non lucratif à bénéficier de fonds publics pour le DPE. Plus précisément, les fonds peuvent être alloués lorsque les prestataires respectent les normes de qualité (octroi de permis au personnel, accréditation des centres, etc.) et adoptent des plans pour atteindre les objectifs, les cibles et les résultats de développement de l'enfant nationaux. Dans ces cas, les fonds peuvent être alloués directement aux prestataires, à travers des subventions spécifiques, ou aux parents/pourvoyeurs de soins, à travers des bons ou des subventions (Behrman, Cheng et Todd 2004).

Rechercher des sources de financement nouvelles et innovantes

Même si la majeure partie des programmes de DPE sont financés par les budgets généraux nationaux, certains pays ont des revenus spécialisés pour le financement des services de DPE et d'autres services sociaux. Exemples de pays ayant des sources non traditionnelles de fonds : la France et la Colombie, qui appliquent une cotisation sociale sur les revenus du travail destinée au financement des projets sociaux, notamment en faveur des enfants (UNESCO 2006) ; le Brésil, la Jamaïque, la Suède, le Royaume-Uni et les États-Unis, qui ont recours à des impôts sur le revenu spéciaux payés par les personnes ou les entreprises (Vargas-Baron 2008) ; l'Afrique du Sud et plusieurs États des États-Unis (Myers 2000), qui ont recours à des loteries nationales ou étatiques ; et le Mexique, où certains revenus des bureaux de prêteurs sur gages gérés par l'État sont destinés aux programmes d'éducation de la petite enfance (Vargas-Baron 2008). Même si les mérites, la neutralité fiscale, les impacts sur l'équité et la soutenabilité à long terme des nouvelles sources doit encore être évaluée, il est important de générer des options non traditionnelles à étudier, en particulier dans un contexte de demandes multiples et concurrentielles sur les sources traditionnelles de financements publics.

Annexe

Tableau 4.2A-1 Investissement public dans les services aux familles et aux jeunes enfants (Âges 0 à 6 ans), 2005
Pourcentage du PIB

Pays	Total des avantages en espèces	Total des services aux familles	Dépense publique pour le CITE 0* (école maternelle)	Total de la dépense publique (% du PIB)
Australie	2.4	0.5	0.07	2.97
Autriche	2.4	0.6	0.42	3.42
Belgique	1.9	0.4	0.58	2.88
Canada	0.9	0	0.2	1.1
République tchèque	1.5	0.1	0.43	2.03
Danemark	1.5	2.3	0.65	4.14
Finlande	1.7	1.4	0.34	3.75
France	1.5	1.3	0.65	3.2
Allemagne	1.1	0.8	0.40	2.55
Hongrie	1.9	0.6	0.73	3.23
Irlande	1.4	0.2	0.39	1.85
Italie	0.6	0.3	0.39	1.29
République de Corée	0	0.1	0.05	0.15
Mexique	0.1	0.2	0.52	0.82
Pays-Bas	0.7	0.4	0.37	1.47
Norvège	1.9	1.3	0.84	4.04
Portugal	0.7	0.5	0.30	1.55
Suède	1.8	1.1	0.52	3.42
Royaume-Uni	1.9	0.3	0.45	2.65
États-Unis	0.1	0.3	0.38	0.78
Moyenne	**1.3**	**0.63**	**0.434**	**2.36**

Source: OECD (2006) *Starting Strong II*. Tableau 5.2, p. 246.
Note: *CITE 0 = l'UNESCO définit l'école maternelle comme le niveau 0 de la CITE (Classification internationale type de l'éducation). Les programmes de l'école maternelle varient dans leur contenu et leur durée ; les données peuvent par conséquent ne pas être entièrement comparables.

Tableau 4.2A-2 Dépenses publiques et privées pour l'enseignement pré-primaire (Âges 3 à 6 ans), 2005

Pourcentage du PIB

Pays	Dépenses publiques	Dépenses privées	Total des dépenses (publiques et privées)
Australie	0.07	0.03	0.1
Autriche	0.42	0.13	0.55
Belgique	0.58	0.01	0.59
Canada	0.2	n.a.	0.2
République tchèque	0.43	0.03	0.46
Danemark	0.65	0.15	0.81
Finlande	0.34	0.03	0.38
France	0.65	0.03	0.67
Allemagne	0.4	0.14	0.53
Hongrie	0.73	0.07	0.79
Irlande	0.39	n.a.	0.39
Italie	0.39	0.05	0.44
République de Corée	0.05	0.11	0.16
Mexique	0.52	0.08	0.61
Pays-Bas	0.37	0.01	0.38
Norvège	0.84	0.18	1.02
Portugal	0.3	n.a.	0.35
Suède	0.52	0	0.52
Royaume-Uni	0.45	0.02	0.47
États-Unis	0.38	0.11	0.49
Moyenne	**0.434**	**0.07**	**0.495**

Source : OECD (2006) *Starting Strong II.* Tableau 5.4, p. 247.
Note : s.o. = sans objet.

Tableau 4.2A-3 Total de la dépense publique dans l'enseignement et l'école maternelle, 2004
Pourcentage du PIB

Pourcentage du PIB

Pays	Total de la dépense publique dans l'enseignement	Dépense dans l'école maternelle	% de la dépense publique dans l'enseignement consacré à l'école maternelle
			Dépense de 10 % ou plus
Moldavie	4.2	0.80	19.0
Mongolie	5.7	1.00	17.5
Bélarus	5.8	1.00	17.2
Bulgarie	4.4	0.60	13.6
Hongrie	6.3	0.80	12.7
République de Slovaquie	4.1	0.50	12.2
Guyana	5.8	0.60	10.3
France	6.0	0.60	10.0
			Dépense 5%–10%
Slovénie	6.1	0.60	9.8
Chili	4.1	0.40	9.8
Israël	7.5	0.70	9.3
Koweït	7.6	0.70	9.2
Seychelles	5.7	0.50	8.8
Croatie	4.6	0.40	8.7
Espagne	4.6	0.40	8.7
Mexique	5.9	0.50	8.5
République tchèque	4.8	0.40	8.3
Allemagne	4.8	0.40	8.3
Argentine	3.6	0.30	8.3
Italie	4.9	0.40	8.2
Roumanie	3.7	0.30	8.1
Azerbaïdjan	3.7	0.30	8.1
Costa Rica	5.1	0.40	7.8
Pologne	6.6	0.50	7.6
Paraguay	4.3	0.30	7.0
El Salvador	2.9	0.20	6.9
Barbade	7.6	0.50	6.6
Kirghizistan	4.6	0.30	6.5
Pérou	3.1	0.20	6.5
Islande	8.2	0.50	6.1
St. Kitts et Nevis	5.0	0.30	6.0
Jamaïque	5.3	0.30	5.7
Pays-Bas	5.5	0.30	5.5
Estonie	6.0	0.30	5.0
Portugal	6.0	0.30	5.0

(suite)

Tableau 4.2A-3 Total de la dépense publique dans l'enseignement et l'école maternelle, 2004
Pourcentage du PIB
(suite)

Pays	Total de la dépense publique dans l'enseignement	Dépense dans l'école maternelle	% de la dépense publique dans l'enseignement consacré à l'école maternelle
			dépense de 1 à 5%
Grèce	4.3	0.20	4.7
Finlande	6.6	0.30	4.5
Norvège	7.6	0.30	3.9
Suisse	5.1	0.20	3.9
Canada	5.4	0.20	3.7
Tadjikistan	2.9	0.10	3.4
Bolivie	6.7	0.20	3.0
Népal	3.4	0.10	2.9
Nouvelle-Zélande	7.3	0.20	2.7
République de Corée	4.6	0.10	2.2
Maurice	4.7	0.10	2.1
Australie	4.9	0.10	2.0
Laos	2.5	0.05	2.0
Colombie	5.1	0.10	2.0
Kenya	7.1	0.10	1.4
Bénin	3.3	0.04	1.2
Malaisie	8.5	0.10	1.2
			Dépense inférieure à 1 %
Rép. du Congo	4.4	0.03	0.7
Nicaragua	3.2	0.02	0.6
Afrique du Sud	5.5	0.02	0.4
Sénégal	4.1	0.01	0.2
Jordanie	5.0	0.01	0.2

Source: Adapté du RMS EPT Développement de la petite enfance (UNESCO 2006).

Tableau 4.2A-4 Sources et mécanismes de financement : Exemples de pays

Pays	Sources des fonds	Mécanisme d'allocation	Couverture
Australie	*Dépenses* *0 à 3 ans* • 0,45 % du PIB (67 % publics) *3 à 6 ans (écoles maternelles et jardins d'enfants)* • 0,1 % du PIB (0,07 % publics et 0,03 % privés) *Sources de financement* • L'enseignement maternel relève de la responsabilité de l'État et des administrations territoriales. Le ministère de l'Éducation, de la Science et de la Formation fournit des financements supplémentaires par habitant aux prestataires de services en fonction des besoins pour accélérer les résultats éducatifs des Australiens aborigènes. • Les parents couvrent 22 % des coûts.	*0 à 6 ans* • Indemnité de garde d'enfants pour les parents • Déduction fiscale des frais encourus par les familles faisant appel à des services de garde d'enfants approuvés	*Garde familiale et crèches à horaire prolongé* • 0 à 1 an : 7 % • 1 à 2 ans : 26 % • 2 à 3 ans : 40 % *Écoles maternelles ou jardins d'enfants* • 3 à 4 ans : 61 % • 4 à 5 ans : 81 % • 5 à 6 ans : 28 %
Brésil	*Dépenses* *3 à 6 ans* • 0,4 % du PIB *Sources de financement* • Le FUNDEB (Fonds de développement de l'enseignement de base) comprend l'enseignement maternel comme niveau éligible. • Les services financés par des fonds privés constituent l'option la plus courante pour les enfants de 0 à 3 ans.	*0 à 6 ans* • Des recettes fiscales de l'État et communales sont allouées aux prestataires publics.	*Services de garderie* • 0 à 3 ans : 11.7% *Écoles maternelles* • 5 à 6 ans : 57 %

Notes

1. UNESCO définit l'école maternelle comme le niveau 0 de la CITE (Classification internationale type de l'éducation). Les programmes de l'école maternelle varient dans leur contenu et leur durée ; les données peuvent par conséquent ne pas être entièrement comparables.

(suite)

Tableau 4.2A-4 Sources et mécanismes de financement : Exemples de pays *(suite)*

Pays	Sources des fonds	Mécanismes d'allocation	Couverture
Colombie	*Sources de financement* • Cotisation sociale de 3 % pour les particuliers et entreprises publiques et privées • L'État central (ministère de l'Éducation) et les municipalités ont récemment lancé un fonds conjoint *(Fondo de Fomento a la Atención Integral de la Primera Infancia)* destiné à étendre la couverture aux enfants de moins de 5 ans vivant dans des conditions vulnérables.	*0 à 6 ans* • Les taxes sont déposées sur un compte de la Banque centrale géré par un institut semi-autonome *(Instituto Colombiano de Bienestar Familiar)*. • Ligne budgétaire directement mise à la disposition des prestataires publics des services d'enseignement maternel (âge 5 à 6 ans).	*Services intégrés 0 à 6 ans- Instituto Colombiano de Bienestar Familiar* • 21 % du groupe d'âge *Programmes de garderie de jour et école maternelle* • 0 à 5 ans : 44 % • 5 à 6 ans : 86 %
République tchèque	*Dépenses* *3 à 6 ans* • 0,46 % du PIB (0,43 % publics et 0,03 % privés) *Sources de financement* • Sources multiples, comprenant l'autorité scolaire régionale (salaires des enseignants, livres et équipement) ; municipalités (coûts de fonctionnement et investissement en capital) ; frais payés par les parents (limités à 50 % des coûts pour les deux premières années et gratuits pour la dernière année). Les fonds destinés à l'amélioration des conditions matérielles ou à l'achat de matériel et de jouets sont souvent obtenus à travers des contrats de parrainage avec des entreprises privées. Certains jardins d'enfants privés et confessionnels existent aujourd'hui, bien qu'à petite échelle.	*0 à 2 ans* • Politiques de congé parental, comprenant 28 semaines de congé de maternité payé (69 % du salaire) suivies d'un taux forfaitaire d'allocations pour congé parental payées jusqu'au quatrième anniversaire des enfants. *3 à 6 ans – écoles maternelles* • Allocations de lignes budgétaires aux prestataires.	*Garde familiale/mécanismes informels* • 0 à 3 ans : 99,5 % *Crèches* • 0 à 3 ans : 0,5% *Garde familiale/mécanismes informels* • 0 à 3 ans : 99,5 %

184

Danemark			
	Dépenses *3 à 6 ans* • 2,1 % du PIB • Les parents couvrent 30 à 33 % du coût, avec une grille tarifaire mobile basée sur les besoins. *Sources de financement* • Les autorités locales sont responsables du financement.	*0 à 6 ans au jardin d'enfants* • Politiques de congé parental : 28 semaines payées à plein salaire et 26 semaines supplémentaires optionnelles payées à 60 % du taux salarial. • Les autorités locales financent les prestataires. • Les parents peuvent également recevoir une subvention leur permettant d'utiliser les services d'une crèche familiale librement choisie reconnue par la municipalité.	*Garde familiale (kommunal dagpleje) et crèches (vuggestuer)* • 0 à 1 ans : 12 % • 1 à 2 ans : 83 % *Jardin d'enfants (bornehaver, aldersintegrerede institutioner et bornehaveklasse)* • 3 à 5 ans : 94 %
Finlande	*Dépenses* *0 à 7 ans* • 1,7 % du PIB (1,1 % pour la garde de jour familiale et les crèches, 0,2 % pour les classes maternelles pour les enfants âgés de 6 à 7 ans, et 0,4 % pour les indemnités pour soins à domicile) *Sources de financement* • Taxes payées à l'État et à l'autorité locale • Les parents couvrent 15 % des coûts de garde d'enfants, limités à 200 € par enfant et par mois, alors que l'éducation maternelle (6 ans) est gratuite.	*0 à 7 ans* • Politiques de congé de maternité : 18 semaines payées à plein salaire, plus 26 semaines payées à 66 % du salaire. • Les municipalités allouent des fonds aux prestataires publics et privés des services de garde de jour, même si les parents peuvent également avoir accès aux indemnités pour la garde d'enfants privée. Le ministère de l'Éducation reçoit une ligne budgétaire pour l'éducation maternelle.	*Crèches (päiväkoti) et garderies familiales/à domicile* • 1 à 2 ans : 27,5 % • 2 à 3 ans : 43,9 % • 3 à 4 ans : 62,3 % • 4 à 5 ans : 68,5 % • 5 à 6 ans : 73 % *École maternelle (demi-journée pendant l'année académique, entourée par la garde de jour)* • 6 à 7 ans : presqu'universelle

(suite)

Tableau 4.2A-4 Sources et mécanismes de financement : Exemples de pays (suite)

Pays	Sources des fonds	Mécanisme d'allocation	Couverture
Hongrie	*Dépenses* *3 à 6 ans* • 0,79 % du PIB (0,73 % publics et 0,07 % privés) *Sources de financement* • 90 % du total des dépenses sont destinés aux services publics, et 10 % à un petit secteur à but non lucratif. • L'État central prend en charge 25 à 30 % des coûts ; l'administration municipale locale assume près de 60 % ; et les parents prennent à leur charge les 10 à 15 % restants.	*0 à 7 ans* • Congé de maternité payé de 24 semaines pour les femmes salariées (assurées), couvert à 70 % de leur salaire moyen, et ensuite, à un taux forfaitaire pendant la troisième année. • Indemnité de congé parental pour garde d'enfants pendant un maximum de 135 semaines (ou de 53 semaines si la mère n'a pas pris de congé de maternité auparavant) à une somme forfaitaire égale à la pension minimum de vieillesse. • Subventions globales des autorités centrales vers les autorités locales.	*Garderie/crèche (bölcsde)* • 0 à 3 ans : 8,5 % *Jardin d'enfants/école maternelle/crèche (övoda)* • 3 à 4 ans : 85 % • 4 à 5 ans : 91 % • 5 à 6 ans : 97 %
Indonésie	*Sources de financement* • L'État finance un forum et un consortium du DPE pour développer les politiques et les protocoles. • Les ménages paient jusqu'à 91 % du coût des services de garde d'enfants/garde de jour et d'éducation maternelle.	• Aucune politique de congé parental et de congé de maternité en place.	*École maternelle* • 5 à 6 ans : 19 % (principalement privées)
Kenya	*Sources de financement* • Les ménages supportent 95 % des coûts de garde d'enfants et d'éducation maternelle. • La plupart des services sont privés et les ménages prennent en charge la majeure partie des dépenses, notamment les salaires des pourvoyeurs de soins.	• L'État finance la formation des pourvoyeurs de soins, l'appui au programme pédagogique, et les services d'information. Les districts financent les responsables du programme de formation des enseignants et l'élaboration des programmes pédagogiques. • Les districts et les communautés locales fournissent l'espace physique et les tâches de gestion.	*École maternelle* • 5 à 6 ans : 26 %

suite

Mexique	*Dépenses* *3 à 6 ans* • 0,61 % du PIB (0,52 % publics et 0,08 % privés *Sources de financement* • L'État fédéral couvre 80 % des coûts des prestations publiques, tandis que les parents couvrent les 20 % restants. Certains États et municipalités récoltent également des revenus pour compléter le financement.	*0 à 6 ans* • 12 semaines de congés de maternité payés seulement pour les femmes travaillant dans le secteur formel et inscrites à la sécurité sociale. • L'État national alloue des fonds aux États et municipalités.	*Éducation* • 0 à 3 ans : 3 % *École maternelle (générale, pour autochtones, communautaires)* • 3 ans : 20 % • 4 ans : 63 % • 5 ans : 81 %
Sénégal	*Sources de financement* • La plupart des services sont privés (l'école maternelle formelle et l'enseignement religieux) et les ménages contribuent à l'essentiel des dépenses. L'église subventionne les écoles maternelles religieuses. • Les fonds publics sont principalement destinés au personnel des services centraux chargés de réglementer, former, renforcer les capacités, et inspecter les écoles maternelles.	• La plupart des services maternels sont financés par les ménages ou les ONG. Le ministère de l'Éducation alloue certains fonds au personnel central chargé de réglementer, former, renforcer les capacités, et inspecter les écoles maternelles.	*Jardins d'enfants publics et écoles maternelles privées* • 5 à 6 ans : 3 %
Thaïlande	• L'État est la principale source de financement, même si des fonds sont également issus du secteur privé, des ONG, des communautés, des parents et des sources extérieures.	*0 à 6 ans* • Allocations budgétaires aux entités centrales responsables des infrastructures, de l'équipement, des salaires des enseignants et du personnel, de l'alimentation, des commodités et des dépenses de fonctionnement de base. De nombreux centres de développement de l'enfant exigent des frais mensuels (qui varient selon le centre) de la part des parents pour couvrir les dépenses excédentaires liées aux repas, au matériel et parfois à une partie des salaires des pourvoyeurs de soins.	*Jardin d'enfants, école maternelle et centres de développement de l'enfant* • 4 à 6 ans : 85 %

Tableau 4.2A–4 Sources et mécanismes de financement : Exemples de pays (suite)

Pays	Sources des fonds	Mécanisme d'allocation	Couverture
Royaume-Uni Angleterre	*Dépenses* 3 à 6 ans • 0,47 % du PIB (0,45 % publics et 0,02 % privés) *Sources de financement* • Les principaux contributeurs au financement sont les familles pour 45 %, l'enseignement pré-maternel pour 38 % (public), la subvention générale *Sure Start* pour 10 % (public), la déduction fiscale pour garde d'enfants pour 5 % (public), et les employeurs pour 2 %. • Les prestations publiques sont fournies aux familles aussi bien sous la forme de services gratuits qu'indirectement à travers les déductions fiscales et les subventions que les parents peuvent utiliser dans n'importe quel secteur du marché. Les frais dans le secteur de la garde d'enfants sont largement fixés par le marché. • Les coûts supportés par les parents varient énormément selon le prestataire de services, le type de service et la tranche de revenu. La contribution moyenne des parents à la garde d'enfants est estimée à 45 % de l'ensemble des coûts. Les coûts pour les parents à faibles revenus et certains parents à revenus intermédiaires peuvent être couverts à 80 %, mais les parents utilisant les services de garde d'enfants et écoles maternelles privés (la majorité) paient souvent la totalité des coûts.	0 à 6 ans • 26 semaines de congés de maternité payés à 90 % du salaire pendant 6 semaines, suivis par un taux fixe pendant la période restante. 26 semaines supplémentaires de congé non payé sont disponibles plus 26 autres semaines de congé non payé si une mère a travaillé pour un employeur pendant plus de 26 semaines. • Subvention publique aux niveaux des prestataires et des utilisateurs. Les prestataires reçoivent des frais de démarrage tandis que les familles (en fonction des besoins) bénéficient de déductions fiscales à travers le *Working Tax Credit Child Care Element.* • Les subventions publiques à travers des dons/frais sont payées aux prestataires avec et sans but lucratifs, ces derniers étant les plus nombreux dans la prestation de soins aux enfants jusqu'à l'enseignement obligatoire. • Des exemptions d'impôts et de cotisations à l'assurance nationale ont été introduites pour la garde d'enfants supportée par l'employeur ; toutefois, peu d'employeurs fournissent une assistance, financière ou autre, à la garde d'enfants. • Une grande partie de la subvention du secteur public (la *Sure Start Grant*) est acheminée vers les *Children's Trusts* des collectivités locales, qui commandent et planifient les services locaux.	*Crèches familiales/crèches de jour/terrains de jeu/centres pour enfants* • 0 à 3 ans : 20 % *Education maternelle* • 3 à 4 ans : 96 % • 4 à 5 ans : scolarisation complète

suite

États-Unis

Dépenses
3 à 6 ans
• 0,4 % du PIB

Sources de financement
- La population éligible se limite aux enfants et familles économiquement désavantagés.
- Pour la garde d'enfants, les contributions se présentent comme suit : État fédéral 25 %, État et administration locaux 15 %, et parents les 60 % restants. Les parents à faible revenu paient en moyenne 18 % du revenu familial par enfant inscrit à la garderie.
- Pour l'école maternelle (3 à 6 ans), à peu près 34 % proviennent de sources publiques et 66 % de sources privées, la moitié étant issue des dépenses des ménages.
- Les financements fédéraux sont largement destinés aux enfants handicapés ou issus de familles à faibles revenus

0 à 6 ans
- Pour le programme Head Start, l'État fédéral fournit des subventions globales aux agences locales cessionnaires du programme (« Head Start Grantees ») pour offrir les services.
- L'État fédéral fournit des subventions du fonds pour le développement des services de garde d'enfants (Child Care Development Fund) aux États pour qu'ils subventionnent eux-mêmes les coûts de garde d'enfants pour les familles éligibles ou pour qu'ils améliorent la qualité/la disponibilité des services de garde d'enfant. Certains fonds nécessitent des contributions de contrepartie. À leur tour, les États fournissent des subventions (certificats ou en espèces) aux parents pour s'offrir les services.
- Les enfants désavantagés/ayant des besoins spéciaux peuvent également bénéficier des fonds fédéraux dans le cadre du Titre 1 de la Loi sur l'enseignement élémentaire et secondaire de 1965.

Garde de jour/garde d'enfants
• 0 à 3 ans : 38 %
Garderies et jardin d'enfants
• 3 à 5 ans : 56,4 %
  4 ans : 80 %
  5 à 6 ans : 90 %

Table 4.2A-4   Tableau 4.2A-4 Sources et mécanismes de financement : Exemples de pays *(suite)*

Pays	Sources des fonds	Mécanisme d'allocation	Couverture
États-Unis	• Les États collectent des revenus à travers différents moyens, notamment les loteries d'état (Géorgie, Caroline du Nord et Tennessee) ; les taxes sur le « péché » prélevées sur le tabac (Kentucky, Californie) ; les partenariats avec les communautés (Massachussetts) ; les plaques d'immatriculation automobiles spéciales, les licences de mariage et des dons (Missouri). Seuls 10 États n'ont aucun programme de pré-maternel financé par l'État (Hawaii, Idaho, Indiana, Mississipi, Montana, New Hampshire, Nord Dakota, Sud Dakota, Utah et Wyoming). • Certains districts locaux collectent des revenus à travers les taxes foncières et les incluent dans leur formule de financement de l'éducation (Texas Early Childhood and Pre- Kindergarten Initiative).		

Sources: OCDE (2006); Vegas et Santibáñez (2010); Pew Center on the States (2009) ; Department of Health and Human Services des États-Unis, Administration for Children and Families ; Stone (2008).

2. Voir « Key Dimensions of Early Childhood Intervention Programs » dans Karoly, Kilburn et Cannon (2005). « Early Childhood Interventions: Proven Results, Future Promise ». The Rand Corporation. Santa Monica, CA.

Lectures clés

Tayler, C. et J. Bennett. 2006. Starting Strong II: *Early Childhood Education and Care*. Paris: Direction de l'Éducation de l'Organisation de coopération et de développement économiques.

UNESCO (Organisation des Nations Unies pour l'éducation, la science et la culture). 2006. *Education for All Global Monitoring Report* 2007: Strong Foundations: Early Childhood Care And Education. UNESCO, Paris.

Vargas-Baron, E. 2008. "Observations on the Financing of Early Childhood Development at the National Level." *Coordinators Notebook* 30. Toronto: The Consultative Group on Early Childhood Care and Development.

Références

Behrman, J., Y. Cheng et P. Todd. 2004. "Evaluating Preschool Programs When Length of Exposure to the Program Varies: A Nonparametric Approach." *Review of Economics and Statistics* 86 (1):108–32.

Belfield, C. 2006. "Financing Early Childhood Care and Education: An International Review." Article commandé pour l'Education for *All Global Monitoring Report 2007: Strong Foundations: Early Childhood Care And Education*. Organisation des Nations Unies pour l'éducation, la science et la culture, Paris.

Consultative Group on Early Childhood Care and Development. 2008. "Funding the Future: Strategies for Early Childhood Investment, Costing and Financing." *Coordinators' Notebook, An International Resource for Early Childhood*, No. 30.

Réseau de la Commission européenne sur la garde d'enfants et autres mesures pour réconcilier les responsabilités professionnelles et familiales des hommes et des femmes. 1996. "Quality Targets in Services for Young Children: Proposals for a Ten-Year Action Programme."

Grun, R. 2008. "Financing Early Childhood Development." Note for le Département de l'Éducation de Khanty-Mansiysk, Fédération de Russie. Banque mondiale, Washington, DC.

Karoly, L., R. Kilburn et J. Cannon. 2005. "Early Childhood Interventions: Proven Results, Future Promise." The Rand Corporation, Santa Monica, CA.

Myers, R. 2000. "Financing Early Childhood Education and Care Services." *International Journal of Educational Research* 33 (1):75–94.

Pew Center on the States. 2009. Votes Count: *Legislative Action on Pre-K Fiscal Year* 2010. Pew Center on the States, Washington, DC.

Stone, D. 2008. "Funding the Future: States' Approaches to Pre-K Finance: 2008 Update." Pre-K Now, Pew Center on the States, Washington, DC.

Tayler, C. et J. Bennett. 2006. *Starting Strong* II: *Early Childhood Education and Care*. Paris: Education Directorate of the Organisation for Economic Co-operation and Development.

UNESCO (Organisation des Nations Unies pour l'éducation, la science et la culture). 2006. *Education for All Global Monitoring Report 2007: Strong Foundations: Early Childhood Care and Education*. UNESCO, Paris.

Van Ravens, J. et C. Aggio. 2008. "Expanding Early Childhood Care and Education: How Much Does It Cost? A Proposal for a Methodology to Estimate the Costs of Early Childhood Care and Education at Macro-Level, Applied to the Arab States." Document de travail 46, Bernard van Leer Foundation, The Hague.

Vargas-Baron, E. 2008. "Observations on the Financing of Early Childhood Development at the National Level." *Coordinators Notebook* 30. Toronto: The Consultative Group on Early Childhood Care and Development.

Vegas, E. et L. Santibáñez. 2010. "The Promise of Early Childhood Development in Latin America and the Caribbean." Banque mondiale, Washington DC.

Description des projets et études repris dans Investir *dans la petite enfance*

1. Projet pré-primaire de l'IEA

Localisation : 10 économies (certaines études ne portent que sur 7) : Chine, Espagne, États-Unis, Finlande, Grèce, Indonésie, Pologne, RAS de Hong Kong, et Thaïlande.

Étude : Étude longitudinale transnationale portant sur les soins à l'enfant et l'enseignement pré-primaire et visant à identifier comment les processus et les caractéristiques structurelles de l'environnement auquel les enfants sont exposés à 4 ans sont reliés à leurs facultés linguistiques et cognitives à l'âge de 7 ans.

Conception : Phase 1 : enquête auprès des ménages visant à identifier les options de soins aux enfants ; Phase 2 : étude par observation visant à documenter les processus et les caractéristiques structurelles des environnements et une évaluation à l'âge de 4 ans ; Phase 3 : suivi à 7 ans. L'analyse a utilisé un modèle linéaire hiérarchique à 3 niveaux.

Échantillon : Phase 2, n = 2904 enfants et 838 environnements ; phase 3, n = 2247 enfants.

Mesure des résultats : Compétences linguistiques et cognitives à 4 ans et à 7 ans.

Âge initial et au moment du suivi : 4 et 7 ans.

Principales constatations : Les constatations communes à l'ensemble des pays sont : les compétences linguistiques des enfants s'accroissent avec le nombre d'années de scolarisation à plein temps de l'enfant et lorsque le principal type d'activité est laissé au libre choix de l'enfant. Les performances cognitives des enfants augmentent lorsqu'ils passent moins de temps dans des activités tout le groupe et lorsque l'équipement et matériel disponibles sont plus variés. Par ailleurs, un certain nombre de constatations varient d'un pays à l'autre, en fonction des particularités des pays. Ces constatations soutiennent les activités initiées par l'enfant et celles menées en petits groupes, et sont cohérentes avec les pratiques appropriées pour le développement de l'enfant encourageant l'apprentissage actif.

Référence : Montie, Xiang et Schweinhart (2006).

Note : 3.1.

2. Étude 1 du Madrasa Resource Center

Localisation : 3 pays : Kenya, Ouganda, et région de Zanzibar en Tanzanie.

Évaluation d'impact : Le développement de la petite enfance de la Madrasa est un programme communautaire d'écoles maternelles où les femmes de la communauté servent d'éducatrices. Il cible les enfants musulmans issus d'environnements socio-économiques pauvres.

Les établissements préscolaires de Madrasa exploitent des programmes qui sont appropriés sur le plan culturel et qui favorisent l'apprentissage actif, tout en permettant aux enfants d'acquérir des aptitudes d'apprentissage pour réussir dans des écoles primaires laïques.

Conception : Comparaison de la qualité des écoles maternelles de la Madrasa avec d'autres types d'écoles maternelles, à l'aide d'une échelle qualitative standard. L'étude comprenait également une évaluation des résultats des enfants.

Échantillon : 53 établissements préscolaires (Kenya : 9 écoles pour les programmes et 8 écoles de comparaison ; Ouganda : 13 écoles pour les programmes et 5 écoles de comparaison ; Zanzibar : 10 écoles pour les programmes et écoles de comparaison). La méthode d'échantillonnage n'a pas été clairement précisée. L'étude a échantillonné 464 enfants comme suit : (programme, n = 174 ; contrôle, n = 157).

Mesure des résultats : La qualité des salles de classe a été mesurée à l'aide de l'échelle d'évaluation de l'environnement préscolaire révisée et de son extension destinée aux programmes pédagogiques (ÉÉEP-R). Développement cognitif des enfants (mesures adaptées de l'échelle britannique des aptitudes – British Ability Scales – et du test africain d'intelligence de l'enfant).

Âge initial et au moment du suivi : Les âges variaient et cette variation a été prise en compte dans l'analyse ; 3 tests ont été réalisés pour l'évaluation de l'enfant (1 test avant et 2 tests après).

Principales constatations : Par rapport aux écoles maternelles classiques de l'Afrique, y compris les écoles publiques du Kenya, les écoles maternelles de la Madrasa ont obtenu de meilleures notes dans toutes les dimensions environnementales évaluées à l'aide de l'ÉÉEP-R. En ce qui concerne les résultats des enfants, ceux qui fréquentaient les écoles maternelles ont obtenu de meilleurs scores que ceux restés à la maison. Par ailleurs, les écoles maternelles de la Madrasa offraient une plus grande valeur ajoutée que d'autres types d'établissements préscolaires.

Référence : Mwaura et Mohamed (2008).

Note : 3.1.

3. Étude 2 du Madrasa Resource Center

Localisation : 3 pays : Kenya, Ouganda, et la région de Zanzibar en Tanzanie.

Évaluation d'impact : Voir Étude 1 du Madrasa Resource Center.

Conception : Étude effectuée à trois moments de la période préscolaire afin d'évaluer l'efficacité des écoles maternelles de la Madrasa par rapport à d'autres types d'établissements préscolaires locaux.

Échantillon : 46 écoles maternelles de la Madrasa pour la première de collecte des données, réduites à 35 pour la troisième. 321 enfants (programme = 168, comparaison = 153) ont été initialement choisis (programme = 92, comparaison = 87), réduits à 179 pour la troisième collecte. Dans chaque zone géographique, les écoles de comparaison choisies avaient un nombre d'enseignants formés comparable à celui des écoles de la Madrasa et étaient situées dans un rayon de 3 km et fonctionnaient depuis au moins 2 ans.

Mesure des résultats : Capacité cognitive des enfants mesurée à l'aide d'une version adaptée à l'âge des enfants de l'échelle britannique des capacités II (British Ability Scale II) et du test africain d'intelligence de l'enfant. La qualité préscolaire a été évaluée à l'aide de l'ÉÉEP-R.

Âge initial et au moment du suivi : Les âges moyens des enfants des trois phases de collecte des données étaient de 4,3 ; 6,0 et 7,1 ans.

Principales constatations : Les performances cognitives des enfants des écoles maternelles de la Madrasa et les autres ne différaient pas beaucoup au début de la maternelle. Les résultats cognitifs des enfants de la Madrasa avaient toutefois connu une augmentation allant jusqu'à 0,40 écart-type (ET) par an de plus que les enfants du groupe témoin. Intégrée dans l'analyse, la qualité de l'école s'est révélée un important prédicteur des capacités cognitives des enfants de la Madrasa mais n'avait pas un effet significatif sur le groupe de comparaison.

Référence : Malmberg, Mwaura et Sylva (à paraître).

Note : 3.1.

4. Étude 1 du programme de construction d'écoles

Localisation : Argentine

Évaluation d'impact : Le système scolaire argentin fournit une éducation pré-primaire de 3 ans aux enfants de 3 à 5 ans. Le programme est axé sur le développement : 1) des capacités de communication ; 2) de l'autonomie personnelle et des aptitudes comportementales ; 3) des aptitudes sociales ; 4) des aptitudes logiques et mathématiques ; et 5) des aptitudes émotionnelles. Habituellement, les enfants fréquentent l'école maternelle pendant 3,5 heures par jour, 5 jours par semaine et pendant les 9 mois de l'année scolaire. La taille moyenne des classes est de 25.

Suite à l'introduction d'une nouvelle loi en 1993 visant à étendre l'éducation obligatoire à la dernière année de l'enseignement préscolaire, l'État a investi dans la construction de plus de 3 500 nouvelles salles de classes maternelles.

Conception : L'étude a évalué l'impact d'un vaste programme de construction d'installations scolaires maternelles sur la scolarisation et le comportement du marché du travail des mères, en rassemblant les données d'enquête auprès des ménages.

Échantillon : Données des enquêtes auprès des ménages *Encuesta Permanente de Hogares* (EPH) réalisées en Argentine et représentatives de la population urbaine de l'Argentine ; rassemblant des données répétitives collectées au niveau des individus appartenant à différentes sections sur la période 1992-2000. Les données rassemblées portaient sur 29 817 ménages ayant au moins un enfant de 3 à 5 ans.

Mesure des résultats : Emploi maternel, fréquentation préscolaire chez les enfants âgés de 3 à 5 ans.

Âge initial et au moment du suivi : sans objet

Principales constatations : Le programme de construction a eu un impact non négligeable sur la scolarisation pré-primaire parmi les enfants de 3 à 5 ans. Le programme explique environ la moitié des 15 points de pourcentage de l'augmentation du taux de scolarisation brut enregistrée entre 1991 et 2001. Les résultats sont semblables pour les ménages avec ou sans l'autre conjoint(e) présent et pour ceux ayant ou non des enfants de moins de 3 ans.

Pour les femmes ayant de jeunes enfants, la participation des mères à la population active maternelle et la garde des enfants sont conjointement déterminées. Si le nombre de salles augmente de 0 à 1 et si toutes les places de la nouvelle salle sont occupées, l'emploi des mères augmenterait de 7 à 14 points de pourcentage.

Référence : Berlinski et Galiani (2007).

Note : 1.1.

5. Étude 2 du programme de construction d'écoles

Localisation : Argentine

Évaluation d'impact : Voir Étude 1 du programme de construction d'écoles

Conception : Non-expérimentale. Analyse des données du test national normalisé. Les données ne contiennent pas d'informations systématiques sur la fréquentation scolaire pré-primaire, et l'étude n'a donc évalué que l'effet de l'intention de traiter, l'effet net de la mise à disposition d'écoles primaires sur les résultats des enfants. L'exposition à ce programme a été évaluée en utilisant des informations sur le nombre de salles de classe construites par année et par municipalité.

Échantillon : L'impact sur les performances en 3e année scolaire a été déterminé sur la base des observations réalisées sur 126 106 cas (mathématiques) et 117 515 cas (en espagnol).

Mesure des résultats : Performances des élèves tirées des dossiers administratifs des tests normalisés en mathématiques et en espagnol. Notation des attitudes et comportements des élèves par les enseignants.

Âge initial et au moment du suivi : L'étude n'est pas longitudinale, elle s'est appuyée sur des données sur les résultats en 3e année.

Principales constatations : Le taux de scolarisation à l'école maternelle est passé de 49 % en 1991 à 64 % en 2001. L'analyse des notes enregistrées aux tests normalisés administrés au niveau national et des enquêtes auprès des enseignants a révélé qu'une année de maternelle augmentait les notes aux tests normalisés de 3e année en espagnol et en mathématiques de 8 % de la moyenne ou de 23 % de l'écart type. Elle a également observé des effets positifs de l'éducation préscolaire dans les domaines de l'attention, de l'effort et de la discipline ainsi que de la participation en classe des élèves de 3ème année maternelle.

Référence : Berlinski, Galiani et Gertler (2009).

Note : 3.1.

6. Programme préscolaire communautaire (Aucun nom de projet)

Localisation : Bangladesh

Évaluation d'impact : Programme préscolaire d'une demi-journée, 6 jours par semaine, destiné aux enfants de 3 à 6 ans et comprenant des jeux libres, des histoires, et un apprentissage précoce de la lecture et des mathématiques. Le programme a été initié par Plan Bangladesh et était opérationnel depuis 5 ans au moment de l'évaluation. Ses objectifs étaient de développer des compétences liées au processus d'apprentissage ; une attitude positive vis-à-vis de l'apprentissage à travers une approche adaptée aux enfants ; un style individuel d'apprentissage à travers le jeu, et une initiation à la lecture et aux mathématiques en préparation à l'école primaire. Le programme pédagogique comprend le développement des compétences liées au langage et cognitives, ainsi qu'une prise de conscience de l'environnement. Il a commencé avec plus de jeux librement choisis par l'enfant et de jeux de groupe et comptines structurés. Plus d'instruction orientée par l'enseignant a été introduite par la suite pour répondre aux demandes des parents. Les communautés mettent à disposition l'espace nécessaire, recrute des candidats aux postes d'enseignants et créent le matériel de jeu, tandis que l'ONG assure la formation et la supervision des enseignants et du matériel didactique. Les parents paient une modique somme mensuelle s'ils le peuvent.

Conception : Évaluation d'impact mais l'affectation au traitement n'était pas aléatoire. Comparaison transversale entre les enfants en âge préscolaire et ceux du groupe de comparaison appartenant aux villages voisins où les écoles maternelles n'étaient pas encore disponibles.

Échantillon : Échantillonnage en grappes des villages du programme et de contrôle (22 villages dans chaque groupe). Les enfants ont été sélectionnés de manière aléatoire dans chaque groupe (programme = 213, comparaison = 188).

Mesure des résultats : Développement cognitif (sous-tests WPPSI-III pour le vocabulaire, les concepts visuels, le raisonnement analytique, les similitudes) ; un test de maturité scolaire (couleurs, formes, lettres, chiffres, concepts et opérations mathématiques) inspiré de l'échelle d'intelligence préscolaire et primaire de Wechsler (WPPSI) ; aptitudes sociales (échelle d'observation des jeux). Le poids et la taille sont mesurés en tant que variables de contrôle. L'étude a également recueilli des données sur la qualité à l'aide d'une version modifiée de l'ÉÉEP

Âge initial et au moment du suivi : enfants de 4,5 à 6,5 ans. Étude non longitudinale.

Principales constatations : Après la neutralisation de l'âge de l'enfant, de son état nutritionnel, de l'éducation de la mère et des actifs des ménages, les enfants des écoles maternelles avaient de meilleures performances que ceux du groupe de contrôle, au niveau des mesures du vocabulaire, du raisonnement verbal, du raisonnement non verbal, et de la maturité scolaire. L'effet sur les tests WPPSI était modeste, mais plus important sur la maturité scolaire. Pendant le jeu, le groupe des enfants des écoles maternelles se montrait également plus interactif et les enfants conversaient plus que ceux du groupe de contrôle (même si le niveau d'interaction était inférieur à celui visé par le programme). Le niveau des jeux cognitifs n'était pas sensiblement différent.

Référence : Aboud (2006).

Notes : 1.3, 3.1.

7. Intervention en faveur de l'alimentation attentive

Localisation : Bangladesh

Évaluation d'impact : Tant le groupe de l'intervention que le groupe témoin ont assisté à 12 séances de formation sur le développement de l'enfant abordant la façon dont les parents peuvent aider les enfants à apprendre, leur fournir une stimulation à l'aide de jouets et par la parole, et faire preuve d'une discipline douce. Ils ont également suivi 12 séances de formation mensuelles sur la santé et la nutrition, y compris l'alimentation complémentaire. Le groupe de l'intervention a bénéficié de 5 séances hebdomadaires supplémentaires sur l'alimentation attentive et une séance de suivi 4 mois plus tard.

Conception : Essai aléatoire en grappes de l'essai contrôlé de l'impact de la formation à l'alimentation attentive.

Échantillon : 108 paires mère/tout-petit sélectionnées de manière aléatoire dans 19 communautés ont été assignées au groupe de l'intervention ; 95 paires issues de 18 communautés ont été assignées au groupe de contrôle.

Mesure des résultats : Poids de l'enfant, bouchées mangées, bouchées prises par l'enfant lui-même, et actions verbales de la mère attentive.

Âge initial et au moment du suivi : Sans objet. Les enfants avaient de 8 à 20 mois au moment du recrutement. Données recueillies à ce moment (pré-test), 2 semaines et 5 mois après la fin des séances, ainsi que 6 semaines après la séance de suivi.

Principales constatations : L'intervention a réussi à accroître l'auto-alimentation des enfants et la réactivité verbale des mères. Toutefois, ni le nombre des bouchées mangées par les enfants, ni les faibles niveaux de gain de poids n'ont changé. Le gain de poids peut nécessiter plus d'intrants nutritionnels, notamment dans les zones d'insécurité alimentaire élevée.

Référence : Aboud, Shafique et Akhter (2009).

Note : 3.2.

8. PIDI (Proyecto Integral de Desarrollo Infantil – Projet intégré de développement de la petite enfance)

Localisation : Bolivie

Évaluation d'impact : Le projet fournit des services intégrés à domicile (garde à plein temps de l'enfant, nutrition et activités éducatives) aux enfants de 6 mois à 6 ans des ménages urbains pauvres. Il a pour objectif d'améliorer la santé et le développement cognitif et social précoce en offrant aux enfants une meilleure nutrition, une supervision adéquate, et un environnement stimulant. Les enfants participant au programme sont pris en charge par groupes de 15, par deux ou trois mères/pourvoyeuses de soins, dans la maison d'une femme de la région choisie par la communauté. Dans le cadre du programme, les enfants reçoivent deux repas par jour et une collation, soit environ 70 % de leurs besoins en calories, et ils participent à des jeux stimulants, structurés et adaptés à leur âge. Ils reçoivent également des services de santé de base, y compris une vaccination et un suivi de routine de la croissance. Le projet a formé les personnes chargées de la garde de jour au développement de l'enfant, et leur a offert des prêts ou des subventions pour améliorer leur domicile.

Conception : Analyse d'un jeu de données non expérimentales. Les impacts du programme sont estimés de manière non paramétrique en fonction de l'âge et de la durée. Une version généralisée de la méthode d'appariement a été élaborée et utilisée pour neutraliser la sélectivité non aléatoire au sein du programme ou des durées des programmes alternatifs.

Échantillon : Programme, n = 364 (sélectionnés de manière aléatoire parmi les participants au programme) ; contrôle A, n = 745 (enfants sélectionnés de manière aléatoire dans les communautés où le programme n'a pas encore démarré) ; contrôle B, n = 392 (enfants sélectionnés de manière aléatoire dans le même quartier).

Mesure des résultats : 1) motricité globale ; 2) motricité fine ; 3) compétences linguistiques et d'écoute ; 4) aptitudes psycho-sociales ; 5) percentile de la taille en fonction de l'âge ; 6), percentile du poids en fonction de l'âge.

Âge initial et au moment du suivi : L'âge fait partie des variables indépendantes. Aucune description de l'âge moyen de référence. Deux collectes des données à environ 1 an d'intervalle.

Principales constatations : Le programme a fait augmenter les scores aux tests cognitifs et psycho-sociaux, mais seulement chez les enfants ayant participé au programme pendant au moins 7 mois. Une augmentation des impacts marginaux a été observée avec une plus grande exposition au programme. Le rapport avantages/coût est estimé entre 1, 7 et 3, 7.

Référence : Behrman, Cheng et Todd (2004).

Notes : 3.1, 4.1.

9. Projet Warmi

Localisation : Bolivie

Évaluation sans groupe témoin : Ce projet visait à améliorer la santé maternelle et infantile par une intervention communautaire dans une province éloignée ayant un accès limité aux installations médicales. Une équipe de projet (2 infirmières auxiliaires) effectuait des visites mensuelles (ou plus fréquentes) dans toutes les organisations de femmes afin de lancer ou de renforcer celles-ci, de renforcer les capacités des femmes en matière d'identification des problèmes et de définition des priorités, et de former les membres de la communauté aux techniques d'accouchement sans risque.

Conception : Comparaison des indicateurs de résultats avant et après l'intervention.

Échantillon : 50 communautés de la province d'Inquivisi. La population totale dans la zone du projet est de 150 000 habitants (pas d'échantillonnage aléatoire, pas de groupe témoin).

Mesure des résultats : Taux de mortalité périnatale et néonatale.

Âge initial et au moment du suivi : Sans objet.

Principales constatations : La mortalité périnatale a diminué de 117 à 43,8 cas pour 1 000 naissances, une baisse suffisamment importante pour pouvoir être attribuée au programme. Le nombre des femmes ayant bénéficié des soins prénataux a été plus important après l'intervention et on a enregistré une augmentation du nombre des femmes qui ont allaité dès le premier jour leur nourrisson.

Référence : O'Rourke, Howard-Grabman et Seoane (1998).

Note : 3.2.

10. Campagne en faveur de la santé maternelle et infantile (SMI)

Localisation : Cambodge

Évaluation sans groupe témoin : 100 épisodes de la première série télévisée réalisée au Cambodge, «Le goût de la vie », qui se déroule dans un hôpital ; un magazine photo sur ce programme télévisé ; trois types de débats radiophoniques ouverts aux auditeurs, ciblant les jeunes, les hommes, les jeunes couples et les parents de jeunes enfants ; 23 spots télévisés et 22 spots radio. La programmation visait à améliorer la santé sexuelle, accroître l'utilisation du préservatif, et faire évoluer les mentalités vis-à-vis des personnes vivant avec le VIH/SIDA. Il abordait également la santé des jeunes enfants, en encourageant l'allaitement, sensibilisant aux infections respiratoires aigues et faisant la promotion du lavage des mains pour éviter la diarrhée. Ces programmes avait un bon taux de couverture, près de 83 % de téléspectateurs déclaraient avoir regardé « Le goût de la vie » au moins une fois, 27 % d'auditeurs avoir écouté les programmes destinés aux hommes, 32 % les programmes pour les jeunes, et 19 % les programmes sur la santé maternelle et infantile.

Conception : Comparaison entre les téléspectateurs et auditeurs et les personnes non exposées aux programmes ; l'échantillonnage n'a pas été aléatoire.

Échantillon : 2 274 répondants pour la base de référence et 2 280 à la fin.

Mesure des résultats : Connaissance des maladies de l'enfant (infections respiratoires aigües [IRA] et diarrhée).

Principales constatations : Les groupes exposés au programme sont plus susceptibles d'avoir des connaissances sur certaines maladies infantiles particulières que les groupes non exposés ou de référence.

Référence : Power (2005).

Note : 3.3.

11. Prédicteurs de la qualité des garderies familiales (Aucun nom de projet)

Localisation : Canada

Étude : L'étude portait sur l'influence des variables structurelles des garderies familiales sur la qualité du processus, en utilisant des données provenant de sept juridictions du Canada.

Conception : Analyse des données au niveau des garderies à l'aide de modèles de régression hiérarchiques.

Échantillon : Garderies sélectionnées de manière aléatoire

Mesure des résultats : La qualité de la prise en charge a été mesurée à l'aide de l'échelle d'évaluation des garderies familiales (ÉÉGF). Les données sur le contexte des pourvoyeurs de soins (âge, famille, instruction, formation au DPE, revenus tirés de la garde des enfants, expérience, etc.) ont été collectées sur la base de questionnaires remplis par les personnes elles-mêmes et d'entretiens.

Âge initial et au moment du suivi : Sans objet

Principales constatations : Il a été constaté qu'une prise en charge saine physiquement et émotionnellement était la norme dans l'échantillon, mais que près de deux-tiers des garderies n'offraient pas aux enfants des occasions adéquates de développer des compétences linguistiques et cognitives. L'étude a révélé que l'intentionnalité (l'engagement du pourvoyeur de soins dans son travail de garde des enfants), la formation au DPE, et le recours à des services d'appui (tels qu'un réseau de prestataires de services, l'utilisation des ludothèques/bibliothèques) étaient d'importants prédicteurs de la qualité. Le niveau d'instruction générale du pourvoyeur de soin a été associé à la qualité, mais lorsque la variable correspondant à la formation à l'éducation de la petite enfance (EPE) a été introduite dans le modèle, il n'est pas apparu comme un prédicteur. (L'échantillon rassemblait un grand nombre pourvoyeurs de soin qui se sont perfectionnées dans l'EPE, et la corrélation était donc élevée). Les résultats indiquent que les 60 à 150 heures de formation reçues n'étaient pas suffisantes pour avoir un impact ; les programmes d'EPE à l'école secondaire apportent des connaissances et compétences plus vastes et plus approfondies.

Référence: Doherty et coll. (2006).

Note : 3.1.

12. Deuxième phase du projet canadien « You Bet I Care » (YBIC)

Localisation : Canada

Étude : L'étude visait à identifier les prédicteurs de la qualité dans les programmes de garderies de sept provinces/juridictions du Canada.

Conception : Analyse des données au niveau des garderies. L'étude a utilisé une analyse causale pour identifier les prédicteurs directs et indirects de la qualité.

Échantillon : Garderies sélectionnées de manière aléatoire, n = 326 classes dans 239 garderies.

Mesure des résultats : La qualité des garderies a été mesurée à l'aide de la grille d'évaluation des interactions avec le pourvoyeur de soin (GEI), de l'échelle d'évaluation de l'environnement des nourrissons et des tout-petits (ÉÉENTP) et l'Échelle d'évaluation de l'environnement préscolaire révisée (ÉÉEP-R). Des questionnaires ont été administrés au niveau des garderies et du personnel afin de récolter de l'information sur la qualité structurelle des garderies (salaires, conditions de travail, niveaux de satisfaction du personnel, fonctionnement de la garderie et financement).

Âge initial et au moment du suivi : Sans objet

Principales constatations : Comme constaté dans l'étude Cost, Quality, and Outcomes (CQO – Coût, qualité et résultats) des États-Unis, les niveaux d'instruction du personnel constituaient d'importants prédicteurs de la qualité au Canada, de même que les ratios adulte-enfant, les salaires du personnel, et le statut (à but non lucratif par rapport à but lucratif). Cette étude a révélé que le niveau d'instruction des pourvoyeurs de soins et leurs salaires constituent des prédicteurs directs de la qualité, alors que les ratios adulte-enfant et le statut influencent indirectement la qualité. Le nombre d'employés ou d'adultes était un important prédicteur direct de la qualité, tout comme la présence d'un élève-enseignant était un important prédicteur indirect. En ce qui concerne les classes de maternelles, la satisfaction du personnel vis-à-vis de l'environnement de travail, des collègues et les droits payés par les parents étaient des prédicteurs significatifs de la qualité. Le niveau global de la qualité de la garde d'enfants était malheureusement très faible, la plupart des scores obtenus pour l'ÉÉENTP et l'ÉÉEP se situant au niveau minimal.

Référence : Goelman, Forer et Kershaw (2006).

Note : 3.1.

13. Projet d'éducation à la nutrition (aucun nom de projet)

Localisation : Chine

Évaluation d'impact : Programme pilote de nutrition d'un an ouvert à toutes les femmes enceintes et les mères de nourrissons de 0 à 1 an des villages couverts dans la province du Sichuan. Les messages étaient délivrés à travers des visites mensuelles effectuées à domicile par des éducateurs à la nutrition formés. Pendant ces visites, les éducateurs prodiguaient des conseils et des services d'orientation sur l'alimentation et la nutrition, et ils pesaient les enfants. Les messages principaux portaient sur l'allaitement maternel pendant 6 mois, l'amélioration de la quantité et de la qualité de l'alimentation complémentaire, et la poursuite de l'allaitement.

Conception : Évaluation de l'impact d'un programme pilote de visites à domicile/conseils en matière de nutrition.

Échantillon : Échantillonnage au niveau des cantons (un niveau au-dessus des villages) ; l'étude comprenait 495 enfants (témoin, n = 245 ; programme, n = 250) appartenant à 4 cantons.

Mesure des résultats : Croissance de l'enfant (notes Z pour le poids en fonction de l'âge, le poids en fonction de la taille, et la taille en fonction de l'âge), taux d'hémoglobine de l'enfant, connaissance et pratique de l'allaitement maternel, ainsi que connaissance et pratique de l'alimentation complémentaire.

Âge initial et au moment du suivi : Les participantes ont été recrutées pendant qu'elles étaient enceintes ou avaient des nourrissons, et l'évaluation des résultats a eu lieu un an plus tard.

Principales constatations : Après une année d'intervention, les enfants participant au programme étaient plus grands et avaient plus de poids que ceux du groupe témoin à 12 mois et avaient de meilleurs taux d'allaitement. Les mères du groupe du programme affichaient également une connaissance de la nutrition nettement plus élevée et déclaraient de meilleures pratiques d'alimentation des nourrissons que les mères du groupe témoin.

Référence : Guldan et coll. (2000).

Note : 3.2.

14. Étude sur la famine en Chine (Aucun nom de projet)

Localisation : Chine

Étude : Enquêtes épidémiologiques de l'effet de la famine sur la prévalence de la schizophrénie chez les adultes dans la région de Wuhu dans la province de l'Anhui, en Chine.

Conception : En s'appuyant sur les dossiers de tous les envois en psychiatrie dans le seul hôpital psychiatrique de la région et sur les registres des naissances et décès, le risque de schizophrénie a été calculé par année de naissance. Les cohortes concernées (1959-1962) ont ensuite été comparées aux naissances ayant eu lieu en dehors de la période de famine (1956-1958 et 1963-1965).

Échantillon : Étude sans échantillon.

Mesure des résultats : Prévalence de la schizophrénie.

Âge initial et au moment du suivi : Sans objet ; les cohortes de naissance décrites plus haut et les dossiers de l'hôpital psychiatrique ont été suivis de 1971 à 2001.

Principales constatations : Le taux de natalité dans la province de l'Anhui a diminué d'environ 80 % durant les années de famine. Parmi les naissances qui ont eu lieu, le risque ajusté de développer une schizophrénie plus tard dans la vie a significativement augmenté de 0,84 % en 1959 à 2,12 % en 1960, avant de redescendre à 1,81% en 1962. L'exposition prénatale à la famine augmente le risque de schizophrénie plus tard dans la vie.

Référence : St. Clair et coll. (2005).

Note : 1.2.

15. Étude Cali

Localisation : Colombie

Évaluation de l'impact : Activités intégrées de santé, nutrition et éducation 5 jours par semaine, 6 heures par jour (4 heures pour l'éducation et 2 heures pour la santé et la nutrition). Le programme de nutrition fournissait au minimum 75 % de l'apport calorique et de protéines quotidien recommandé, supplémenté par des vitamines et minéraux. L'observation quotidienne de tous les enfants et du service spécialisé faisait partie de l'activité de santé. Le programme d'éducation était basé sur un type de programme pédagogique intégré axé sur les processus cognitifs, le langage, les compétences sociales et les aptitudes psychomotrices.

Conception : Essai aléatoire contrôlé afin d'évaluer si la durée du traitement avait des effets supplémentaires. Le groupe de traitement a été réparti en cinq groupes : 4 périodes de traitement différentes (une période = 180 jours sur 9 mois) et un groupe bénéficiant d'une période de traitement, précédée de suppléments nutritionnels et de soins de santé. Des enfants avec un statut socio-économique (SSE) élevé ont également été observés durant la même période.

Échantillon : Sélection aléatoire d'enfants à faible revenu. Taille de l'échantillon de référence (niveau de départ) : traitement, n = 301 (248) ; témoin, n = 116 (72) ; échantillon avec un SSE élevé = 38 (30).

Mesure des résultats : Mesures cognitives/linguistiques, y compris l'utilisation du langage, la mémoire à court terme, le contrôle de la motricité fine, l'information, le vocabulaire, les concepts quantitatifs, les relations spatiales, et la pensée logique.

Âge initial et au moment du suivi : Référence, 43 mois ; le suivi a été effectué à 19, 63, 77 et 87 mois.

Principales constatations : La combinaison de la santé, l'éducation et la nutrition entre 3,5 et 7 ans peut éviter d'importantes pertes de capacités cognitives potentielles, avec des effets nettement plus grands lorsqu'on commence plus tôt. Une période de traitement, même de 9 mois seulement, avant l'entrée à l'école primaire semble produire des gains. Et ces effets persistent encore à l'âge de 8 ans.

Référence : McKay et coll. (1978).

Note : 3.2.

16. Base de référence pour une évaluation du *Bono de Desarrollo Humano*

Localisation : Équateur

Étude : Les données ont été recueillies pour constituer une base de référence pour l'évaluation d'un programme de transfert monétaire conditionnel (TMC). Les auteurs ont examiné la relation entre le développement cognitif précoce, le SSE, la santé de l'enfant, et le rôle parental en Équateur.

Conception : Analyse d'un échantillon représentatif de données d'observation à l'aide de régressions multi-variées pour comprendre la relation entre les facteurs de SSE et les performances au test de langage. Les auteurs ont également comparé les résultats avec des faits probants venant des États-Unis.

Échantillon : 3 153 enfants de 158 paroisses de 6 provinces. Étant donné que la collecte des données faisait partie de l'évaluation du projet de transfert monétaire, l'échantillon se composait principalement d'enfants issus de familles jeunes et pauvres. Mesure des résultats : Test de vocabulaire en images Peabody (TVIP – Test de Vocabulario en Imagenes Peabody). Les variables de contexte utilisées dans l'analyse comprennent le SSE (richesse, niveau d'instruction des parents, etc.) ; la santé (taille, poids, taux d'hémoglobine) ; le rôle parental (nombre de frères et sœurs, environnement familial).

Mesure des résultats : Test de vocabulaire en images Peabody (TVIP – Test de Vocabulario en Imagenes Peabody). Les variables de contexte utilisées dans l'analyse comprennent le SSE (richesse, niveau d'instruction des parents, etc.) ; la santé (taille, poids, taux d'hémoglobine) ; le rôle parental (nombre de frères et sœurs, environnement familial).

Âge initial et au moment du suivi : Il n'y a pas eu de suivi ; au moment de l'enquête, les enfants étaient âgés de 36 à 71 mois.

Principales constatations : De fortes associations ont été observées entre le statut socio-économique et le vocabulaire des enfants. Ces gradients étaient plus grands chez les enfants plus âgés, surtout associés à la richesse des ménages.

La santé des enfants (taux d'hémoglobine et taille) et la qualité de l'éducation par les parents sont associées au développement cognitif de l'enfant. La qualité de l'éducation par les parents constitue une part substantielle de la relation entre l'éducation parentale et le développement cognitif.

Référence : Paxson et Schady (2007).

Notes : 1.1, 1.3, 3.1, 3.4.

17. *Bono de Desarrollo Humano*

Localisation : Équateur

Évaluation d'impact : Le programme de TMC ciblait les familles des zones rurales et urbaines pauvres vivant en dessous du seuil de pauvreté (premier quintile de l'indice de pauvreté). Le transfert de 15 dollars EU par mois était directement versé aux femmes. Le montant mensuel moyen du transfert était de 10,51 dollars EU. Au départ, les conditions étaient d'emmener les enfants de moins de 6 ans à des visites bimensuelles dans les cliniques de santé publique et d'envoyer les enfants en âge scolaire à l'école, mais cette condition n'a jamais été appliquée.

Conception : Un essai contrôlé aléatoire pour évaluer l'impact d'un programme de TMC sur les résultats du DPE et les pratiques familiales.

Échantillon : 1 124 ménages (1 124 enfants de 3 à 7 ans au moment du suivi).

Mesure des résultats : Bien-être physique et croissance des *enfants* (taux d'hémoglobine, taille en fonction de l'âge, et motricité fine) ; développement cognitif (vocabulaire cognitif [EVIP – échelle de vocabulaire en images Peabody], mémoire à long terme, mémoire à court terme, intégration visuelle [série Woodcock-Muñoz]) ; et comportement (rapport de la mère sur les problèmes de comportement). *Mères* : santé physique et mentale – taux d'hémoglobine, dépression postpartum, attitude punitive et manque de chaleur, stress, nombre d'heures de travail, auto-évaluation du statut social.

Âge initial et au moment du suivi : Sans objet ; l'exposition au programme de TMC était de 17 mois en moyenne.

Principales constatations : Pour l'ensemble de l'échantillon, l'étude a constaté des effets modestes du traitement du programme sur la motricité fine (0,16 ET) et la mémoire à long terme (0,19 ET). Il y avait des effets positifs, mais non significatifs, sur les autres indicateurs de résultats. Les effets ont été plus importants au niveau du quartile inférieur, notamment des effets significatifs sur le taux d'hémoglobine (0,39 ET), le contrôle de la motricité fine (0,29 ET), la mémoire à long terme (0,23 ET), et l'échelle des problèmes de comportement (0,39 ET).

Aucune différence dans les effets liés à l'âge des enfants n'a été enregistrée. Les effets du programme étaient systématiquement plus importants chez les filles que les garçons. Les effets significatifs dans le quartile le plus pauvre comprennent la moyenne des mesures cognitives et comportementales (0,39 ET pour les filles et 0,11 ET pour les garçons). Les filles du quartile le plus pauvre étaient plus défavorisées que les garçons n'ayant pas participé au programme BDH. Les effets ont été plus significatifs pour les enfants de mères plus éduquées. Les résultats intermédiaires étaient les suivants : 1) les mères du groupe de traitement se considéraient comme mieux nanties que celles du groupe témoin ; et 2) les taux d'hémoglobine des mères ont connu une nette amélioration (les gains ont été plus importants pour les plus pauvres). Les résultats de l'enquête montrent que près de la moitié des ménages dépensait tout ou la plupart des sommes transférées pour la nourriture. Aucun effet significatif n'a été enregistré sur la santé mentale et le niveau de stress des parents. Il n'y avait aucun effet significatif sur le recours aux visites de contrôle de la croissance, mais ceux qui ont été visités étaient plus susceptibles de recevoir des vermifuges.

Référence: Paxson et Schady (2010).

18. Cohorte d'Helsinki

Localisation : Finlande

Étude : Étude épidémiologique des associations entre le faible poids à la naissance et le gain rapide de poids pendant l'enfance (de 3 à 11 ans), d'une part et l'incidence du diabète de type 2 et des maladies coronariennes, d'autre part.

Conception : À l'aide d'un vaste ensemble de données longitudinales, l'étude a calculé le rapport d'incidence approché du diabète de type 2, de l'hypertension et des maladies coronariennes.

Échantillon : La cohorte d'Helsinki comprenait 15 846 individus nés entre 1924 et 1933 et de 1934 à 1944. Cette étude a examiné les données de 13 517 hommes et femmes dont les mesures à la naissance et l'indice de masse corporelle (IMC) à l'âge de 11 ans étaient disponibles. Les données ont été rapprochées de celles des registres nationaux des autorisations de sortie hospitalières, par cause, registres des patients traités pour maladies chroniques, et registres des décès par cause. L'analyse des effets cumulatifs de gain de poids pendant l'enfance s'est limitée aux personnes nées entre 1934 à 1944 pour lesquelles les données sur la croissance étaient disponibles de la naissance à la toute petite enfance et de la petite enfance jusqu'aux années scolaires.

Mesure des résultats : Risques de développer un diabète de type 2, de l'hypertension et une maladie coronarienne.

Âge initial et au moment du suivi : Naissance, 11 ans et plus tard dans la vie.

Principales constatations : Les risques de diabète de type 2 et d'hypertension étaient inversement proportionnels au poids de naissance et proportionnels à l'IMC à l'âge de 11 ans. La comparaison des différents groupes de personnes (par poids à la naissance et évolution de l'IMC) permet de constater que ceux qui avaient le plus haut poids à la naissance et une diminution ultérieure de l'IMC présentaient un taux l'incidence du diabète de type 2 inférieur à 50 % de celui de tous les autres groupes réunis. De même, les risques de maladies coronariennes étaient inversement proportionnels au poids de naissance et proportionnel à l'IMC à 11 ans. Sur la base de 279 hommes et 66 femmes figurant aux registres des hospitalisations et décès, l'indice pondéral des hommes (poids de naissance/taille de naissance 3) était fortement lié à la maladie, tandis que cette relation était plus marquée avec la taille de naissance chez les femmes.

Référence : Barker et coll. (2002).

Note : 1.2.

19. Étude de l'enseignement préscolaire en Guinée et au Cap-Vert

Étude : Le but était d'obtenir une image préliminaire des impacts et de l'efficacité d'un programme de DPE. Une enquête a été réalisée afin d'identifier les différents programmes et modèles préscolaires et d'en détailler les caractéristiques. Un échantillon d'écoles maternelles a été choisi pour évaluer l'impact de la fréquentation, des différents programmes/modèles, et des différentes caractéristiques préscolaires sur le développement cognitif et physique des enfants les ayant fréquentées. La gamme des programmes existants dans chacun des pays a été examinée afin de déterminer les programmes et caractéristiques qui semblaient les plus efficaces et les moins coûteux pour aider les enfants dans leur développement.

Conception : Analyse multivariée de données non expérimentales utilisant la fréquentation préscolaire comme variable indépendante en plus des caractéristiques de la famille et de l'enfant.

Échantillon : Guinée, p = 529, c = 348. La majorité (64 %) avait fréquenté l'école maternelle (modèle traditionnel d'école préscolaire française) ; 22 %, le jardin d'enfants (école préscolaire communautaire) ; CV, p = 490, c = 313. Il n'y avait aucune description des types d'écoles, mais seulement des entités qui géraient le programme (à savoir le public, le privé, les ONG, les structures communales ou religieuses).

Mesures des résultats : Développement cognitif (une version simplifiée du test des concepts de base de Boehm) ; rapport taille-poids.

Âge initial et au moment du suivi : Non longitudinal, développement cognitif mesuré pour les enfants de 5 ans uniquement.

Principales constatations : La fréquentation préscolaire a amélioré le développement cognitif de l'enfant de 4,41 points en Guinée et 7,27 points au Cap-Vert. Elle n'a par contre eu aucun impact significatif sur le rapport taille-poids. Même si le contexte familial est le facteur le plus influent, la fréquentation préscolaire augmente le pouvoir explicatif d'environ 16-20 %. L'effet est disproportionné sur les enfants à risque (tels que les pauvres en Guinée, les enfants issus de familles nombreuses et de mères qui travaillent, et les filles dans les deux pays). L'enseignement confessionnel au Cap-Vert et les centres d'enseignement communautaires sont les plus efficaces dans l'amélioration des scores de développement cognitif. La langue d'enseignement affecte également l'apprentissage ; en Guinée, les écoles unilingues ont eu une meilleure note que les écoles bilingues, alors qu'au Cap-Vert, les écoles bilingues ont obtenu les meilleures notes. Les programmes pédagogiques semblaient ne pas jouer un grand rôle. Les écoles à coûts élevés ne semblaient pas forcément être meilleures, mais les droits payés par les parents avaient un effet positif.

Référence : Jaramillo et Tietjen (2001).

Note : 3.1.

20. Étude 1 des essais de supplémentation nutritionnelle au Guatemala

Évaluation d'impact : Évaluation d'impact des suppléments nutritionnels depuis la gestation jusqu'à la petite enfance. Dans les deux villages étudiés, une boisson énergétique à haute valeur protéinique (Atole) a été fournie. Dans les deux villages témoins, par contre, une boisson non protéinique à faible teneur calorique (Fresco) a été mise à la disposition de tous les membres de la communauté dans les centres de supplémentation alimentaire, de façon quotidienne et sur une base volontaire. Les sujets de l'étude étaient tous les enfants du village âgés de 7 ans ou moins ainsi que toutes les femmes enceintes et allaitantes. La ration individuelle a été soigneusement enregistrée.

Conception : Conception quasi-expérimentale, randomisation au niveau des villages. L'évaluation a porté sur l'impact à long terme des apports nutritionnels au cours de la petite enfance sur la capacité de travail physique.

Échantillon : Cet échantillon de suivi comprenait 1 574 personnes, soit environ 73 % de l'ensemble des participants initialement identifiés (2392, tous des enfants de moins de 7 ans choisis au hasard dans 4 villages). L'évaluation de la performance physique a concerné 364 sujets (choisis de façon aléatoire ; en cas de désistement par la suite, la personne choisie était remplacée par un volontaire).

Mesure des résultats : 1) Capacité de travail physique (consommation d'oxygène pendant un effort physique maximal) ; d'autres mesures ont été prises en tant que variables confusionnelles ; 2) composition anthropométrique et corporelle (masse maigre); 3) maturité du squelette.

Âge initial et au moment du suivi : Au départ tous les enfants avaient moins de 7 ans (la collecte des données sur la nutrition précoce s'arrêtait à 7 ans) ; les plus jeunes enfants pris en compte dans l'étude avaient environ 6 mois. Le suivi a été réalisé lorsque les enfants avaient entre 11 et 26 ans. L'échantillon était composé de trois cohortes : cohorte 1 (enfants de 11 à 14 ans ayant bénéficié de suppléments depuis la gestation jusqu'à un âge variable) ; cohorte 2 (enfants de 14 à 18 ans couverts par l'intervention tout au long de la gestation et de leurs trois premières années) ; et cohorte 3 (personnes de 18 à 26 ans nées avant l'intervention et ayant été entièrement exposées de 4 à 7 ans).

Principales constatations : dans la cohorte 2 (pleine exposition à l'intervention de la gestation à 3 ans), les hommes ayant pris Atole avaient une capacité de travail physique nettement supérieure aux consommateurs de Fresco, et ce, après contrôle de leur poids corporel et masse maigre ; il y avait aussi un bon rapport positif entre la quantité de suppléments consommés et la capacité de travail physique. L'effet des suppléments chez les femmes du même âge n'était pas statistiquement significatif.

Référence : Haas et coll. (1995).

21. Étude 2 des essais de supplémentation nutritionnelle au Guatemala

Évaluation d'impact : Voir Étude 1 des essais de supplémentation nutritionnelle au Guatemala. Cette étude de suivi a examiné l'impact des suppléments nutritionnels offerts aux enfants en bas âge sur leur productivité économique à l'âge adulte.

Conception : Voir Étude 1. Cette étude portait sur la productivité économique à l'âge adulte.

Échantillon : Sur 2392 individus concernés par l'étude initiale, 1855 étaient éligibles pour le suivi ; 1571 y ont participé au moins partiellement et 1424 ont participé à l'interview.

Mesure des résultats : Revenu annuel gagné, heures de travail au cours de la dernière année, valeur du salaire moyen.

Âge initial et au moment du suivi : Voir Étude 1 pour les données de référence. Pour ce suivi, les participants avaient entre 25 et 42 ans.

Principales constatations : L'exposition à l'Atole avant mais pas après l'âge de 3 ans a été associée à des salaires horaires plus élevés, mais seulement pour les hommes. Pour l'exposition entre 0 et 2 ans, cette augmentation atteignait 0,67 dollar/heure, soit un accroissement de 46 % dans les salaires moyens. Une tendance non significative à la réduction des heures ouvrées et à la hausse des revenus annuels a été observée chez les personnes exposées à l'Atole entre 0 à 2 ans.

Référence : Hoddinott et al. (2008).

22. Étude 1 de la supplémentation en Jamaïque

Évaluation d'impact : Les participants à l'étude (enfants de 9 à 24 mois souffrant d'un retard de croissance) ont été répartis de façon aléatoire en quatre groupes : 1) groupe témoin ; 2) suppléments nutritionnels uniquement ; 3) stimulation uniquement ; et 4) nutrition et stimulation à la fois. La supplémentation nutritionnelle consistait à fournir chaque semaine 1 kilo d'une préparation à base de lait ; la stimulation consistait en visites à domicile de 1 heure/semaine par des agents de santé communautaires, visant à améliorer les interactions mère-enfant à travers le jeu. Les deux types d'intervention ont duré 2 ans.

Conception : Un essai aléatoire contrôlé pour évaluer les effets des suppléments nutritionnels et de la stimulation, ainsi que leurs effets combinés.

Échantillon : 129 enfants de 9 à 24 mois souffrant d'un retard de croissance ont été identifiés à l'aide d'une enquête de porte à porte dans les quartiers pauvres de Kingston. Ces enfants ont été répartis de façon aléatoire en 4 groupes. De plus, 32 enfants sans retard de croissance ont été identifiés pour l'étude et appariés en fonction de l'âge, du sexe et du quartier. Sur les 129 enfants souffrant d'un retard de croissance, 127 ainsi que les 32 enfants sans retard de croissance étaient localisés à la fin de l'intervention.

Mesure des résultats : 1) mesures anthropométriques ; 2) développement de l'enfant (motricité globale, coordination oculo-manuelle, ouïe et langage, cognition [reconnaissance des formes, construction de blocs, modèles de bloc]) à l'aide d'une version adaptée des échelles de développement mental de Griffiths.

Âge initial et au moment du suivi : Au départ, les enfants étaient âgés de 9 à 24 mois ; le premier suivi a été réalisé après 2 ans.

Principales constatations : La supplémentation a contribué à la croissance des enfants contrairement à la stimulation. La supplémentation et la stimulation ont été bénéfiques au développement des enfants (respectivement 7 et 8 points de quotient de développement). Les effets des traitements combinés étaient additifs et le groupe ayant bénéficié des deux a été le seul à rattraper le groupe des enfants sans un retard de croissance.

Référence : Grantham-McGregor et coll. (1991).

Note : 1.2.

23. Étude 2 de la supplémentation en Jamaïque

Étude : Voir étude 1. Cette étude de suivi a été réalisée 4 ans après l'intervention de 2 ans (âge de 7 ou 8 ans).

Conception : Voir Étude 1

Échantillon : Voir Étude 1. 122 enfants souffrant d'un retard de croissance et 32 enfants sans retard de croissance ont été localisés pour ce suivi ; 52 autres enfants sans retard de croissance (qui avaient également été identifiés dans l'enquête initiale) ont été ajoutés.

Mesure des résultats : Ce suivi concernait 1) les performances scolaires (résultats des tests en lecture, orthographe, arithmétique) ; 2) le QI (Test de Stanford Binet) ; 3) le vocabulaire (EVIP) ; 4) le raisonnement visuel (Matrices progressives de Raven) ; 5) Fluence verbale catégorielle ; 6) analogies verbales ; (7) mémoire sémantique à long terme ; 8) capacité d'apprentissage ; (9) mémoire de travail auditive (10); mémoire de travail visuo-spatiale (blocs de Corsi); (11) bonne coordination motrice.

Âge initial et au moment du suivi : Cette étude de suivi a été réalisée à l'âge de 7 à 8 ans.

Principales constatations : Une fourchette très petite (non significative) mais large de tendances positives a été constatée chez les enfants du groupe étudié. Les seuls effets significatifs ont été observés dans le facteur de perception-motricité (le groupe de stimulation), et seulement chez les enfants ayant bénéficié de suppléments nutritionnels et dont les mères avaient des notes plus élevées à l'EVIP. Le niveau des avantages restant après 4 ans était inférieur aux prévisions et il ne restait aucune trace de l'effet additif.

Référence : Grantham-McGregor et coll. (1997).

Note : 1.2.

24. Étude 3 de la supplémentation en Jamaïque

Étude : voir Étude 1. Cette étude de suivi a été réalisée pour la tranche des 17 à 18 ans.

Conception : Voir Étude 1

Échantillon : Voir Étude 1 ; 103 enfants souffrant de retard de croissance et 64 enfants sans retard de croissance ont été identifiés.

Mesure des résultats : Ce suivi portait sue 1) le QI (WAIS) ; 2) le raisonnement non verbal (Matrices de Raven) ; 3) la mémoire de travail visuo-spatiale (blocs de Corsi) ; 4) la mémoire de travail auditive ; 5) les analogies verbales ; 6) le vocabulaire (EVIP) ; 7) la lecture ; 8) les mathématiques ; 9) l'abandon scolaire.

Âge initial et au moment du suivi : Cette étude de suivi a été réalisée à l'âge de 17 à 18 ans.

Principales constatations : Le retard de croissance dans la petite enfance est associé à des déficits cognitifs et éducationnels à la fin de l'adolescence, qui peuvent être réduits par la stimulation à un jeune âge. Aucun effet significatif des suppléments nutritionnels n'a été constaté. Par rapport au groupe témoin, la stimulation a eu pour effet, des notes plus élevées aux tests de QI, de vocabulaire, d'analogie verbale, et de lecture. Dans l'ensemble, les enfants du groupe témoin souffrant de retard de croissance avaient des notes plus faibles à 11 des 12 tests cognitifs et éducationnels, et étaient plus susceptibles d'avoir abandonné l'école. Les enfants souffrant d'un retard de croissance et ayant bénéficié d'une stimulation présentaient des avantages cognitifs et éducationnels d'une taille de 0,4 à 0,6 ET par rapport au groupe témoin. Même si la stimulation s'est avérée très bénéfique pour les enfants souffrant d'un retard de croissance, leurs performances étaient constamment inférieures à celle du groupe d'enfants sans retard de croissance (et n'ayant pas bénéficié d'une intervention), deux de ces mesures étant nettement inférieures.

Référence : Walker et coll. (2005).

25. Programme de visites à domicile

Localisation : Jamaïque

Évaluation d'impact : Le programme a été dispensé aux familles sous la forme d'une visite hebdomadaire d'une heure d'un paraprofessionnel (agent de santé communautaire) au cours des 8 premières semaines de vie de l'enfant. Les visiteurs à domicile montraient aux parents comment communiquer avec les nourrissons, répondre à leurs signaux, et leur montrer de l'affection.

Conception : Essai aléatoire contrôlé visant à évaluer l'impact d'un programme de visites à domicile sur l'amélioration du développement psycho-social des nourrissons souffrant d'une insuffisance pondérale à la naissance.

Échantillon : Les femmes enceintes ont été choisies de manière aléatoire. Les enfants nés avec une insuffisance pondérale ont été répartis de façon aléatoire entre deux groupes : un groupe témoin (n = 69), un groupe de traitement (n = 66) ; en plus, des enfants appariés, nés avec un poids normal (n = 87) ont été identifiés.

Mesure des résultats : Capacités intentionnelles de résolution des problèmes à 7 mois. Le comportement du nourrisson est noté par les examinateurs.

Âge initial et au moment du suivi : Naissance et 7 mois.

Principales constatations : Les nourrissons couverts par le programme obtenaient des notes plus élevées que le groupe témoin pour la résolution des problèmes, et ils étaient plus heureux et plus coopératifs pendant la séance de test.

Référence : Meeks-Gardner et coll. (2003).

Note : 3.2.

26. *Oportunidades*

Localisation : Mexique

Évaluation d'impact : Distribution d'allocations mensuelles subordonnées à l'obtention de soins médicaux préventifs par les membres de la famille. Bilans de santé des enfants ; les femmes enceintes et les enfants de 2 à 5 ans avec un faible poids ont reçu des compléments alimentaires enrichis. Des bourses d'études ont été accordées aux enfants ayant un taux d'assiduité scolaire de 85 % et n'ayant pas effectué une année plus de deux fois ; le montant de l'allocation d'éducation est plus élevée pour les années scolaires plus élevées et pour les filles. Les conditions sont vérifiées avant chaque versement.

Conception : Estimation de l'ampleur de l'effet de chaque résultat lié à un doublement des transferts en espèces, tout en prenant en compte un large éventail de caractéristiques de contexte.

Échantillon : Lors du suivi du groupe d'intervention : 1 681 enfants de 24 à 68 mois et 5 ans d'exposition ; 768 enfants de 24 à 50 mois et 3 à 5 ans d'exposition.

Mesure des résultats : Enfants de 24 à 68 mois. Physique (taille en fonction de l'âge, IMC, motricité générale) ; enfants de 36 à 68 mois. Cognitif - mémoire à long terme ; mémoire à court terme ; intégration visuelle (batterie de Woodcock-Muñoz). Langage (EVIP).

Âge initial et au moment du suivi : Tous les enfants ont été couverts par le programme pendant toute leur vie.

Principales constatations : Des transferts monétaires cumulés ont été associés à des résultats positifs dans la plupart des domaines. Le doublement du CT a été associé à la taille en fonction de l'âge, une baisse de la prévalence des retards de croissance, une amélioration de l'endurance, de la mémoire à long terme, de la mémoire à court terme, de l'intégration visuelle et du développement du langage. (l'impact sur le développement cognitif est modeste, de 0,08 à 0,18 ET).

Aucune association n'a été identifiée avec le développement moteur ou le taux d'hémoglobine.

Référence : Fernald, Gertler et Neufeld (2006).

Note : 3.4.

27. Intervention communautaire participative (aucun nom de projet)

Localisation : Népal

Évaluation d'impact : Les villages du projet ont reçu la visite d'un animateur brièvement formé aux questions de santé périnatale. Le groupe des femmes se réunissait mensuellement pour discuter des comportements en matière d'accouchement et de soins dans la communauté, de l'identification des problèmes et stratégies prioritaires, de la mise en œuvre et de l'évaluation de leurs stratégies. Au cours de ce processus, elles ont recherché plus d'information sur la santé périnatale.

Conception : Essai aléatoire contrôlé en grappes de l'apprentissage participatif communautaire.

Échantillon : Sur les 43 communautés, 24 ont été appariées et reparties de façon aléatoire entre communautés témoins et du programme, y compris les données sur 2 945 accouchements dans les communautés du programme et 3 270 dans les communautés témoins.

Mesure des résultats : Taux de mortalité néonatale identifié par surveillance. Comportements en matière de soins et de recherche de soins de santé.

Âge initial et au moment du suivi : Sans objet

Principales constatations : Les taux de mortalité de référence estimés étaient comparables dans les communautés tant témoins que du programme. Le taux de mortalité néonatale post-intervention était de 26,2 dans les communautés du programme et de 36,9 pour 1 000 naissances dans les communautés témoins. Le taux de mortalité maternelle était de 69/100 000 pour le programme et de 341/100 000 dans les communautés témoins. Les femmes couvertes par le programme étaient plus susceptibles d'avoir des soins prénataux, d'accoucher dans des institutions, de bénéficier de l'assistance d'un agent formé lors de leur accouchement et de soins d'hygiène que celles des communautés témoins.

Référence : Manandhar et coll. (2004).

Note : 3.2.

28. *Atención a Crisis*

Localisation : Nicaragua

Évaluation d'impact : Les femmes des ménages bénéficiaires recevaient tous les 2 mois des transferts monétaires appréciables, correspondant à une moyenne d'environ 15 % des dépenses par habitant : 145 dollars pour les familles sans enfants. Les ménages avec enfants âgés de 7 et 15 ans inscrits à l'école primaire recevaient en plus 90 dollars et un montant supplémentaire de 25 dollars par enfant. La conditionnalité était la fréquentation de l'école primaire et des services de santé par les enfants.

Conception : Essai aléatoire contrôlé de 1) un TMC conditionné par la fréquentation de l'école primaire et des services de santé par les enfants ; 2) le TMC, plus une bourse d'études permettant à un membre du ménage de choisir et de suivre une formation professionnelle ; 3) le TMC plus une subvention d'investissement productif, afin d'encourager le démarrage d'une petite activité non agricole par les ménages ayant établi un plan de développement des affaires.

Échantillon : Traitement : 3 002 ménages ; groupe témoin : 1 019 ménages.

Mesure des résultats : 1) Pour tous les enfants : aptitudes socio-personnelles, langage, motricité fine et générale à l'aide du Denver Developmental Screening test ; 2) pour les enfants de 36 à 83 mois : vocabulaire réceptif (EVIP), tests de mémoire à court terme, et test de motricité des jambes tiré de la batterie de tests de McCarthy ; rapport du pourvoyeur de soins sur le comportement de l'enfant en utilisant l'indice des troubles du comportement. *Résultats intermédiaires* : structure des dépenses, apport alimentaire des enfants, stimulation, poids à la naissance, poids et taille de l'enfant, soins de santé préventifs, santé mentale du pourvoyeur de soins ; les pourvoyeurs de soins ont observé le comportement parental en utilisant la note d'inventaire HOME.

Âge initial et au moment du suivi: Sans objet ; exposition de 9 mois au programme de TMC.

Principales constatations : Les effets des 3 types d'interventions étaient similaires. Des impacts significatifs ont été observés dans les aptitudes socio-personnelles (0,13 ET), le langage (0,17 ET) et le vocabulaire (0,22 ET). Des effets positifs, mais pas significatifs ont été observés sur les autres indicateurs de résultats. Il y avait aussi des effets significatifs sur la consommation alimentaire et la prise d'aliments riches en nutriments par les enfants ; la stimulation précoce (lectures et contes, disponibilité de livres, de papier et crayons) ; soins de santé préventifs (bilans de croissance, administration de vitamines, de fer et de vermifuges). Il convient également de noter des améliorations marginalement significatives dans l'inscription précoce à l'école primaire et la santé mentale des pourvoyeurs de soins. Toutefois aucun effet n'a été observé sur les mesures anthropométriques des enfants ou leur poids à la naissance. Les changements observés au niveau des résultats intermédiaires et du développement de l'enfant étaient plus importants pour les enfants plus âgés.

Référence : Macours, Schady et Vakis (2008).

Note : 3.4.

29. Projet d'éducation à la nutrition (aucun nom de projet)

Localisation : Pérou

Évaluation d'impact : L'intervention visait à améliorer le profil nutritionnel dans les établissements de santé et à intégrer des services de nutrition dans les programmes nationaux axés sur l'enfant existants (tels que la vaccination, le suivi de la croissance et du développement, ainsi que la gestion des infections respiratoires et diarrhées aiguës), en améliorant la qualité des conseils nutritionnels par la formation et des messages simples, standardisés et adaptés à l'âge à utiliser à tous les points de contact avec les jeunes enfants dans l'établissement. Trois des messages clés étaient : 1) une purée épaisse satisfait et nourrit votre bébé, elle vaut trois portions de soupe. À chaque repas, donnez à votre enfant de la purée ou un repas solide d'abord ; 2) ajouter un aliment spécial au repas de votre bébé : foie (de poulet), œuf ou poisson ; et 3) apprenez à votre enfant à manger, avec amour, patience et bonne humeur. Les structures ont bénéficié d'une assistance pour l'élaboration de leurs propres messages. Le projet a également fourni du matériel de communication et des formulaires sur les antécédents cliniques, conçus pour inciter les médecins à inclure des questions brèves et des conseils sur la nutrition. L'intervention comprenait des démonstrations de préparation d'aliments complémentaires et des séances de groupe pour les pourvoyeurs de soins d'enfants d'âges similaires. L'intervention a également délivré des formations destinées à améliorer les capacités anthropométriques des agents de santé.

Conception : Essai aléatoire contrôlé en grappes d'un programme d'éducation à la nutrition.

Échantillon : Parmi les 21 établissements de santé identifiés dans la zone de l'étude, 6 ont été affectés de manière aléatoire au groupe témoin et 6 aux groupes du programme. L'analyse a utilisé les données des 187 bébés du groupe du programme et des 190 du groupe témoin.

Mesure des résultats : Croissance de l'enfant (poids, taille, et rapports poids-âge et taille-âge notés à 18 mois).

Âge initial et au moment du suivi : Naissance et 3, 4, 6, 8, 9, 12, 15 et 18 mois.

Principales constatations : À 18 mois, les enfants du groupe de traitement étaient plus grands de 1 cm et trois fois moins susceptibles ($p = 0,018$) d'avoir un retard de croissance que ceux du groupe témoin, même après neutralisation de l'effet du poids à la naissance. Leur apport nutritionnel était meilleur que celui des enfants du groupe témoin (apport énergétique plus élevé à 18 mois, apports plus élevés d'énergie d'origine animale à 15 et 18 mois, d'apport plus important en fer et zinc). Les mères couvertes par le programme avaient également un meilleur comportement en termes de recherche de soins de santé et de connaissances sur l'allaitement et l'alimentation complémentaire.

Référence : Penny et coll. (2005).

Note : 3.2.

30. Programme de DPE

Localisation : Philippines

Évaluation d'impact : Services intégrés de DPE offrant des options de garde d'enfants de 3 à 5 ans en milieu familial ; des programmes communautaires d'éducation des parents ; un programme de 8 semaines de préparation à l'école pour les enfants entrant dans l'enseignement formel ; un suivi de la croissance ; des services améliorés de santé et de nutrition. Un nouveau prestataire de services, le « child development worker (agent de développement de l'enfant » a été mis en place dans toutes les zones du programme, avec pour tâche de compléter le rôle des sages-femmes et des agents de santé dans la fourniture de suppléments alimentaires et nutritionnels, le suivi de l'état de santé des enfants, et la conduite de l'éducation communautaire au DPE des parents.

Conception : EI analysant trois séries d'enquêtes. Aucune affectation aléatoire des traitements. Les communautés de l'échantillon ont été choisies de manière aléatoire pour les groupes de traitement/témoins. Les estimations étaient des effets d'« intentions de traiter », le programme étant assez complexe. L'EI a estimé l'impact du projet en utilisant des estimateurs d'appariement des coefficients de propension par différence de différence de « l'intention de traiter ».

Échantillon : Échantillonnage en grappes stratifié de communautés. Enfants des communautés où le programme pilote a été mis en œuvre, n = 4 140 ; enfants des communautés cibles de la phase 1 du projet, n = 194 ; zones hors programme, n = 2 359.

Mesure des résultats : Motricité générale, motricité fine, langage réceptif, langage expressif, développement cognitif, développement socio-émotionnel, auto-assistance.

Âge initial et au moment du suivi : Trois séries d'enquêtes. Les enfants avaient au départ 0 à 4 ans (avril-août 2001). Le premier suivi a eu lieu de septembre à novembre 2002, et le second de septembre à novembre 2003.

Principales constatations : Une amélioration significative a été constatée dans le développement cognitif, social, moteur, et linguistique, ainsi que dans l'état nutritionnel à court terme des enfants des zones du programme de DPE par rapport à ceux des zones non couvertes par le programme, en particulier chez les moins de 4 ans à la fin de la période d'évaluation. Les proportions d'enfants de moins de 4 ans souffrant de vers et de diarrhée ont également été significativement réduites dans le programme par rapport aux zones hors programme ; il y avait toutefois des effets inverses chez les enfants plus âgés ; l'impact global sur ces deux indicateurs est donc mitigé.

Référence : Armecin et coll. (2006).

Note : 3.1.

31. Étude 1 de l'enquête longitudinale de Cebu sur la santé et la nutrition

Localisation : Philippines

Étude : L'enquête longitudinale de Cebu sur la santé et la nutrition fait partie d'une étude en cours sur une cohorte de femmes philippines ayant accouché entre le 1er mai 1983 et le 30 avril 1984. En utilisant les données de l'enquête, l'auteur a évalué les impacts à long terme sur les résultats scolaires de la nutrition dans la petite enfance. Initialement conçue comme une étude des modes d'alimentation des nourrissons, la recherche se concentre actuellement sur les effets à long terme de la nutrition et de la santé prénatale et dans la petite enfance sur les résultats à l'âge adulte, y compris l'éducation et les résultats dans le travail, ainsi que le développement des facteurs de risque de maladies chroniques. L'étude actuelle évalue les impacts à long terme de la nutrition dans la petite enfance sur les résultats scolaires.

Conception : Analyse d'une enquête sur une grande cohorte à l'aide d'une procédure basée sur les différences entre frères et sœurs. L'enquête comprenait des données sur frères et sœurs plus jeunes de l'échantillon sélectionné (enfant indice).

Échantillon : Échantillon aléatoire en grappes. L'échantillon original comprenait 3 289 enfants de 33 districts, sélectionnés de manière aléatoire à Cebu. Pour cette étude, un échantillon de 1 016 paires de frères et sœurs ont été pris en compte.

Mesure des résultats : La performance et la réussite scolaires (tests d'anglais et de mathématiques) avec un enfant indice de 11 ans. Les autres informations collectées pendant l'enquête comprenaient 1) les mesures anthropométriques et les données sanitaires et nutritionnelles (y compris pendant 7 à 8 mois de grossesse) tous les 2 mois dans les deux premières années ; 2) les données anthropométriques des enfants indices et de leurs frères et sœurs plus jeunes quand l'enfant indice avait 8 ans.

Âge initial et au moment du suivi : De la naissance à 8 et 11 ans.

Principales constatations : Après neutralisation de l'apport parental et du milieu familial, les enfants mieux nourris dans la petite enfance obtiennent des résultats scolaires nettement meilleurs, en partie parce qu'ils entrent à l'école plus tôt, mais surtout parce qu'ils apprennent plus par année de scolarité. L'analyse coût-avantages a révélé qu'un dollar investi dans des programmes de nutrition infantile pouvait générer un minimum de 3 dollars de gains dans les performances scolaires.

Référence : Glewwe, Jacoby et King (2001).

Notes : Introduction. 2.1.

32. Étude 2 de l'enquête longitudinale de Cebu sur la santé et la nutrition

Localisation : Philippines

Étude : Sur base des données de l'enquête longitudinale de Cebu sur la santé et la nutrition, les auteurs ont évalué si la nutrition au cours de certains des 24 premiers mois (par exemple, les 6 premiers mois) est plus importante que durant d'autres périodes pour le développement cognitif de l'enfant.

Conception : Analyse des données longitudinales à l'aide de deux modèles de régression multiple (forme réduite et estimation conditionnelle de la demande).

Échantillon : Voir Étude 1. À l'âge de 8 ans, 2 264 des 3 080 enfants initialement identifiés ont été évalués au cours de la période fixée pour cette étude.

Mesure des résultats : L'indicateur de résultat était le score du Philippines Nonverbal Intelligence Test (test d'intelligence non verbale des Philippines) à l'âge de 8 ans. L'évolution de la taille au cours des deux premières années a été utilisée comme variable de remplacement pour l'apport nutritionnel ; les autres variables comprenaient la saison des pluies et les prix des aliments de base.

Âge initial et au moment du suivi : Enquête de référence à la naissance ; suivi à l'âge de 8 ans.

Principales constatations : Aucun des modèles n'étaye l'hypothèse que la nutrition au cours des 6 premiers mois de la vie ou pendant la période prénatale est plus cruciale qu'à d'autres moments pour le développement cognitif. Au contraire, les estimations suggèrent que la période allant de 18 à 24 mois peut être critique. Des preuves imprécises indiquaient que la subvention des prix du maïs et des préparations pour nourrissons pourraient améliorer l'état nutritionnel des enfants.

Référence : Glewwe et King (2001).

33. Études 1 et 2 du Turkish Early Enrichment Project

Localisation : Turquie

Évaluation d'impact : Le projet comprenait deux études : 1) une étude initiale de 4 ans, conçue pour étudier les effets séparés et combinés d'un environnement éducatif préscolaire et d'un programme de formation des mères ; et 2) un suivi réalisé six ans après la fin de l'étude initiale. Les enfants des trois catégories d'environnements de soins infantiles ont été recrutés pour l'étude, à savoir les enfants fréquentant des centres éducatifs (crèches), bénéficiant de soins en milieu surveillé (garderies) ou gardés à domicile. Le programme de deux ans d'éducation des parents consistait en des visites bihebdomadaires de paraprofessionnels à domicile, pendant lesquelles, les mères apprenaient à utiliser pendant l'année scolaire un matériel inspiré du programme HIPPY (Home Intervention Program for Preschool Youngsters) mettant l'accent sur le langage, la résolution des problèmes, et la capacité de différenciation sensorielle et perceptive de l'enfant. De plus, le projet organisait des réunions de groupe bihebdomadaires pour partager des informations sur le développement général de l'enfant, le bien-être de la mère et la santé de la relation familiale. Les mères recevaient chaque semaine du matériel éducatif et étaient censées travailler 15 à 20 minutes par jour avec leurs enfants.

Conception : Essai aléatoire contrôlé en grappes. L'Étude 1 a suivi les enfants dans 5 villes pauvres sur 4 ans, en comparant les impacts de la crèche, des soins en milieu surveillé, et des programmes d'éducation des parents à la petite enfance. L'impact combiné des trois types d'environnements de soins à l'enfant (centre éducatif, garderie, et garde à domicile) et de l'intervention ont été étudiés.

Échantillon : Pour l'Étude 1, un total de 280 enfants de 3 et 5 ans vivant dans une zone à faible revenu d'Istanbul. Les garderies/crèches participantes ont été choisies parmi les trois centres éducatifs et les trois centres de garde sous surveillance pré-sélectionnés. Dans certains centres, tous les enfants du groupe d'âge ont été inclus ; lorsqu'il y avait trop d'enfants, les participants étaient sélectionnés de manière aléatoire. Les enfants gardés à domicile ont été sélectionnés de manière aléatoire dans les mêmes bidonvilles que les deux autres groupes. L'Étude 2 a concerné 217 paires d'enfants et de mères de l'Étude 1.

Mesure des résultats : Dans l'Étude 1, tous les résultats ont été mesurés et rapportés pour la 4e année. Les compétences cognitives (test d'intelligence de Stanford-Binet, compétences analytiques, tests des figures cachées pour les enfants, résultats scolaires en turc, mathématiques et aptitudes générales, notes à l'école primaire) ; personnalité et développement social (sur la base du rapport de la mère sur le comportement autonome/dépendant, l'agressivité, la perception de soi, l'adaptation scolaire, les problèmes émotionnels de l'enfant) ; l'environnement familial (par observation) ; et les interviews des mères (compréhension et perception du développement de l'enfant, relations familiales, etc.). Pour l'Étude 2 : l'attitude des enfants par rapport à l'école et l'éducation ; les relations avec les parents ; les attentes en matière d'éducation et de profession ; la perception de soi ; l'adaptation sociale ; le vocabulaire (à partir du WISC-R) ; le test des figures cachées ; les notes en classe ; les attitudes et pratiques des mères dans l'éducation de leurs enfants ; les relations familiales ; les attentes pour leur enfant ; etc. Les pères aussi ont été interviewés.

Âge initial et au moment du suivi : Dans l'Étude 1, les enfants avaient 3 ou 5 ans au début et ont été suivis pendant 4 ans. L'Étude 2 a été réalisée 7 ans après la première.

Principales constatations de l'Étude 1: À la fin de l'intervention, les approches basées sur des centres éducatifs et de formation des mères ont permis d'améliorer les compétences cognitives des enfants, les relations sociales et l'adaptation scolaire.

Principales constatations de l'Étude 2 : Une proportion beaucoup plus importante des enfants du groupe des mères formées (86 %) que de ceux du groupe témoin (67 %) fréquentait encore l'école. Une plus grande partie des effets du programme de formation des mères avaient perduré par rapport à ceux des centres éducatifs (par exemple, réussite scolaire, performances scolaires, orientation scolaire, développement socio-émotionnel et adaptation sociale). Malgré l'avance prise plus tôt dans le développement cognitif par les enfants des centres éducatifs, aucune différence n'était constatée entre les trois types d'environnements en termes de notes ou de résultats scolaires à la fin de la 5e année d'école primaire.

Référence : Kagitçibasi, Sunar et Bekman (2001).

Notes : 1.1, 1.3, 3.1, 3.2.

34. Étude 3 du Turkish Early Enrichment Project

Localisation : Turquie

Évaluation d'impact : Suivi 19 ans après l'intervention (voir les Études 1 et 2).

Conception : Voir les Études 1 et 2.

Échantillon : 131 des participants à l'enquête initiale étaient inclus dans l'étude.

Mesure des résultats : 1) résultats et compétences cognitives (niveau d'études atteint, fréquentation de l'enseignement secondaire, notes au test de vocabulaire) ; 2) succès socio-économiques (âge d'entrée dans la vie active, statut professionnel, dépenses en tant que variable de remplacement pour le revenu, intégration dans la société urbaine moderne), 3) satisfaction de la vie, relations familiales, et valeurs en matière d'éducation des enfants.

Âge initial et au moment du suivi : 19 ans après l'Étude 1 (autour de 25 ans).

Principales constatations : La participation à l'éducation des parents ou la fréquentation de crèches éducatives ont été positivement associées à un niveau d'instruction plus élevé, à une entrée plus tardive dans la vie active et à un meilleur statut professionnel. Les autres constatations comprenaient le fait que : 1) les aptitudes cognitives avant l'intervention ont eu des effets importants sur toute la trajectoire de développement ; (2) l'intervention n'a eu aucun effet sur les enfants appartenant au quartile inférieur des compétences cognitives à l'entrée, contrairement aux autres 75 % pour lesquels elle a eu un effet dans différents domaines ; et 3) l'impact de l'intervention a été plus important pour les hommes que pour les femmes dans le domaine des résultats/compétences cognitives.

Référence : Kagitçibasi et coll. (2009).

35. Étude 1 de l'enquête nationale sur le développement de l'enfant

Localisation : Royaume-Uni

Étude : Étude longitudinale continue de quelque 17 000 enfants nés en Angleterre, en Écosse et au Pays de Galles en 1958, visant à mieux comprendre les facteurs affectant le développement humain tout au long de la vie. Les auteurs ont examiné les effets à long terme des résultats aux tests à l'âge de 7 ans.

Conception : Analyse d'une enquête sur une cohorte longitudinale, à l'aide de modèles multivariés (comprenant des facteurs contextuels tels que le SSE des parents, l'éducation parentale) pour prédire plusieurs résultats à long terme.

Échantillon : Les données de l'enquête nationale sur le développement de l'enfant ont été utilisées. L'enquête est une étude longitudinale de l'ensemble des quelques 17 000 enfants nés en Grande Bretagne entre le 3 et le 9 mars 1958. Le taux de réponse a été de 72 % au cours de la dernière (5e) partie de l'enquête.

Mesure des résultats : Les notes aux tests de lecture et de mathématiques à 16 ans ; le niveau d'études atteint (certificat d'études secondaires), l'emploi à 23 et 33 ans ; les salaires à 23 et 33 ans. Les compétences en lecture et mathématiques ont été mesurées à 7 ans.

Âge initial et au moment du suivi : Les mêmes répondants ont été suivis depuis la petite enfance : à 7, 11, 16, 23, 33 et 42 ans.

Principales constatations : Les scores aux tests à l'âge de 7 ans ont eu des effets significatifs sur les futurs résultats scolaires et sur le marché du travail. Par exemple, les répondants appartenant au quartile inférieur des notes au test de lecture avaient, à l'âge de 33 ans, des salaires inférieurs de 20 % à ceux appartenant aux quartiles plus élevés.

L'analyse des interactions entre le SSE et les notes aux tests à l'âge de 7 ans a révélé que le niveau d'études atteint et l'emploi à 33 ans étaient influencés de la manière suivante : les enfants ayant un faible SSE enregistrent à la fois des gains plus importants suite à l'obtention de notes élevées au test à l'âge 7 ans et moins de pertes après des notes faibles à ce test. L'inverse est vrai chez les enfants ayant des SSE élevés : ils subissent des pertes plus importantes à cause de notes faibles et ont des gains moins importants suite à des scores élevés. Il y avait peu de preuves d'effets interactifs comparables pour les salaires.

Référence : Currie et Thomas (1999).

Note : 1.3.

36. Étude 2 de l'enquête nationale sur le développement de l'enfant

Localisation : Royaume-Uni

Étude : Voir Étude 1. Cette analyse considérait les contributions individuelles dues à l'implication des mères et des pères dans la scolarisation de leurs enfants.

Conception : Analyse des données longitudinales à l'aide d'une analyse de régression hiérarchique afin d'étudier les indicateurs précoces du niveau d'études, en particulier, la contribution due à l'implication du père et de la mère à l'âge de 7 ans, mesurée par la fréquence des activités (lecture, sorties) et le niveau d'intérêt/implication rapportés par les personnes elles-mêmes.

Échantillon : Sur la base des 7 259 observations ayant des données valides sur l'implication des parents à l'âge de 7 ans et le niveau d'études à 20 ans, 3 303 ont été intégrées dans l'analyse finale.

Mesure des résultats : Niveau d'études à 20 ans. Les variables intégrées dans le modèle, autre que l'implication des parents, sont : les troubles du comportement à 7 ans, la capacité générale à 11 ans et la motivation scolaire à 16 ans.

Âge initial et au moment du suivi : Voir Étude 1

Principales constatations : L'implication du père et de la mère à l'âge de 7 ans prédit de manière indépendante, le niveau d'études à 20 ans. L'association entre les parents et l'apprentissage n'était pas plus forte pour les garçons que les filles. L'implication du père n'était pas plus importante pour le niveau d'études lorsque celle de la mère était plus faible qu'élevée.

Référence : Flouri et Buchanan (2004).

Note : 3.2.

37. Étude britannique d'une cohorte, 1970

Localisation : Royaume-Uni

Étude : Les données de l'Enquête britannique d'une cohorte réalisée en 1970, qui a utilisé un échantillon national représentatif (17 196 à la naissance) dont 10 % ont été sélectionnés de façon aléatoire pour mesurer les résultats cognitifs au cours des premières années, avec ceux qui étaient considérés comme les plus à risque suite à une malnutrition fœtale (2 457 à 22 mois, et 2 315 à 42 mois). La même cohorte a été suivie jusqu'à 26 ans (9 003 répondants à cet âge). Analyse d'une vaste étude de cohorte au Royaume-Uni, portant sur les associations entre le développement de la petite enfance (22 et 42 mois) et les résultats à long terme.

Conception : L'étude examine les associations entre les compétences précoces et les performances ultérieures ; entre le SSE et les notes aux tests à différents âges, ainsi qu'avec les notes obtenues aux tests précédents.

Échantillon : Sur la cohorte sélectionnée de manière aléatoire, 9 003 participants ont été suivis à 26 ans.

Mesure des résultats : Qualifications académiques à 26 ans. Comme prédicteur du résultat final, le développement dans les premières années (par exemple, l'exécution d'une série de tâches, notamment désigner les parties du corps, mettre ses chaussures, empiler des cubes, tracer des lignes à 22 mois, compter, parler, copier et dessiner des formes géométriques simples à 42 mois).

Âge initial et au moment du suivi : À la naissance, à 22 mois (sous-échantillon) ; 42 mois (sous-échantillon) ; à l'âge de 5, 10 et 26 ans.

Principales constatations : Le score à 22 mois est lié au contexte familial, et la différence augmente à mesure que les enfants grandissent. Les performances à 22 mois prédisent les qualifications académiques à 26 ans, même si le score obtenu à 42 mois est un meilleur prédicteur du résultat final.

Le contexte familial (SSE) joue un rôle important en influençant la mobilité des enfants au sein de la distribution des aptitudes à différents âges. La plupart des enfants de SSE faible appartenant au quartile inférieur y restent à 10 ans, tandis que les enfants dont le SSE est élevé font preuve d'une mobilité nettement plus forte et sont plus susceptibles de se retrouver dans le quartile supérieur à l'âge de 10 ans que leurs pairs du quartile inférieur.

Référence: Feinstein (2003).

Note : 1.3.

38. Effective Provision of Pre-School Education (EPPE) Project, Phase 1

Localisation : Royaume-Uni

Étude : L'EPPE est une étude longitudinale à grande échelle sur les progrès et le développement de 3 000 enfants dans différents types d'enseignement préscolaire. Elle a pour but d'analyser les caractéristiques des différents systèmes préscolaires et l'influence de l'éducation préscolaire sur l'adaptation future des enfants.

Conception : Étude longitudinale d'une cohorte portant sur les progrès et le développement individuel des enfants (y compris l'impact des caractéristiques personnelles, socio-économiques, et familiales), et l'effet des différents centres préscolaires sur les résultats des enfants au moment de l'entrée à l'école (à 4 ans ou plus), tout au long et à la fin du cursus primaire (+ de 7 ans).

Échantillon : L'échantillon était stratifié selon le type et l'emplacement géographique des centres, afin de maximiser la probabilité d'identifier les effets des différents centres ainsi que ceux des différents types de prestation des services. Dans chaque zone géographique, les centres appartenant à chaque type ont été sélectionnés via un échantillonnage aléatoire stratifié, portant le total de l'échantillon à 141 centres, n = 3 171, dont 300 enfants n'ayant pas fréquenté le préscolaire.

Mesures des résultats : 1) Compétences cognitives à 3 ans : compréhension verbale, vocabulaire des noms, connaissance des similitudes observées dans des images (compréhension non verbale), et construction avec des blocs (conscience de l'espace). Un profil de l'adaptation socio-émotionnelle de chaque enfant a été dressé par l'éducateur préscolaire. 2) Compétences cognitives à l'entrée à l'école ; une batterie cognitive semblable a été administrée en plus de la connaissance de l'alphabet, des rimes/allitérations, et des premiers nombres ; le profil social/comportemental a été rempli par l'enseignant. 3) Mathématiques et lecture standardisés en 1ère et 2ème années ; des informations sur les évaluations nationales ont été rassemblées ainsi que des données sur la fréquentation et sur les besoins spécifiques d'un enfant.

Âge initial et au moment du suivi : 3 ans, entrée à l'école, années 1-2 et 5-6

Principales constatations : *Au préscolaire* : L'expérience préscolaire améliore le développement global des enfants. La durée de la fréquentation est importante ; un début précoce (à moins de 3 ans) est associé à un meilleur développement intellectuel. La fréquentation à temps plein n'a pas eu plus d'avantages pour les enfants que celle à temps partiel. Les enfants défavorisés ont bénéficié de façon significative des expériences préscolaires de bonne qualité, surtout là où ils côtoyaient des enfants issus de différents milieux sociaux. Un enseignement préscolaire de haute qualité est lié à un meilleur développement intellectuel, social et comportemental. Les écoles dotées de personnel plus qualifié ont des scores de qualité plus élevés et les enfants qui y évoluent, font plus de progrès.

Les *indicateurs de qualité* comprennent : les relations interactives chaleureuses avec les enfants, le fait que le responsable soit un enseignant aguerri, et une bonne proportion d'enseignants formés dans le personnel. Lorsque les établissements préscolaires considèrent le développement social et éducatif comme complémentaires et d'égale importance, les enfants progressent mieux dans tous les domaines. Une pédagogie efficace intègre les interactions traditionnellement associées au terme « enseignement », la mise à disposition d'environnements d'apprentissage instructifs, et une « réflexion soutenue et partagée » pour améliorer l'apprentissage des enfants. Pour tous les enfants, la qualité du climat familial d'apprentissage est plus importante pour le développement intellectuel et social que la profession, l'éducation ou le revenu des parents. Ce que les parents font importe plus que ce qu'ils sont.

Étude de suivi en 2e année (à 7 ans) : L'étude montre que les avantages sont soutenus tout au long de cette période, en particulier chez les enfants ayant bénéficié d'un enseignement préscolaire de qualité qui ont obtenu de meilleures notes en anglais et mathématiques. En 6e année (11 ans), la fréquentation du préscolaire par rapport au fait de n'y avoir pas été, a en général un effet positif sur les résultats des enfants en anglais et mathématiques. Le niveau en anglais et en mathématiques était amélioré par la qualité de l'enseignement préscolaire. Dans les deux cas, plus la qualité était bonne, plus le niveau d'instruction était élevé. Après six ans de cursus primaire, les enfants ayant fréquenté des établissements préscolaires de moindre qualité ne présentaient plus d'avantages cognitifs importants au niveau des résultats. Il y a clairement des avantages à long terme liés à la fréquentation d'une école préscolaire, indépendamment du niveau de qualification des parents, même si les enfants dont les parents ont un SSE plus élevé, ont de meilleures performances.

Références : Sylva et coll. (2003) et Sammons et coll. (2008).

Notes : 3.1, 3.2.

39. Étude EPEY « Effective Pedagogy in the Early Years » (composante du projet EPPE)

Localisation : Royaume-Uni

Étude : L'étude a été élaborée afin d'identifier les stratégies pédagogiques les plus efficaces pour soutenir le développement des compétences, connaissances et attitudes des jeunes enfants, et de s'assurer qu'ils prennent un bon départ à l'école, à l'aide de techniques quantitatives.

Conception : Études des cas de 14 centres. Pour l'étude qualitative, des études de cas minutieuses et détaillées ont été réalisées sur chaque site, y compris une documentation détaillée des observations naturalistes de la pédagogie du personnel et des observations systématiques structurées de l'apprentissage des enfants. Des informations ont également été collectées et analysées à l'aide d'entrevues avec les parents, le personnel et les responsables, et à travers une analyse documentaire intensive et de grande envergure ainsi qu'une revue de la littérature sur la pédagogie de la petite enfance.

Échantillon : n = 14 centres ; 12 des sites ont été choisis comme sites de « bonnes pratiques » sur la base des résultats sociaux/comportementaux et cognitifs de l'enfant issus du projet EPPE ; 2 sites ont par la suite été ajoutés pour des études de cas approfondies.

Mesures des résultats : Sans objet

Principales constatations : Les résultats montrent que les bons résultats des enfants sont liés aux cadres où ils évoluent au cours de leurs premières années, et qui doivent répondre aux caractéristiques suivantes :

- Considérer le développement cognitif et social des enfants comme complémentaires et ne pas accorder de priorité à l'un sur l'autre.
- Avoir un fort leadership et des collaborateurs expérimentés (3 ans au moins).
- Porter une forte attention à l'éducation avec des enseignants formés, travaillant aux côtés et apportant leur appui à un personnel moins qualifié.
- Offrir aux enfants un mélange de travaux de groupe initiés par les éducateurs et d'apprentissage par des jeux librement choisis.
- Offrir des interactions adulte-enfant impliquant une « réflexion soutenue et partagée » et des questions ouvertes pour élargir l'horizon de réflexion des enfants.
- Avoir des professionnels connaissant bien les programmes pédagogiques ainsi qu'une connaissance et une compréhension du mode d'apprentissage des enfants.
- Avoir une bonne participation des parents, notamment en termes de buts éducatifs partagés.

- Fournir un retour d'information formatif aux enfants pendant les activités, rendre régulièrement compte aux parents et discuter avec eux des progrès de leurs enfants.
- Appliquer des politiques comportementales où le personnel aide les enfants à rationaliser les conflits et à en discuter.
- Offrir différentes opportunités d'apprentissage répondant aux besoins des individus et groupes d'enfants (ex.: bilinguisme, besoins spécifiques, filles/garçons, etc.)

Référence : Siraj-Blatchford et coll. (2003).

40. Phase 2 du projet EPPE (7 à 11 ans)

Localisation : Royaume-Uni

Étude : Voir phase 1 du projet EPPE. Étude de suivi de la cohorte EPPE jusqu'à l'âge de 11 ans.

Conception : La deuxième phase du rapport examine certaines des raisons des trajectoires de développement différentes observées chez les enfants ayant des performances élevées et faibles. L'influence de l'environnement d'apprentissage individuel, familial et domestique (HLE) sur les résultats de développement des élèves à l'âge de 11 ans est étudiée, de même que l'influence éducative de l'école primaire, en montrant les liens entre l'efficacité académique de chaque école primaire et les résultats des élèves.

Échantillon : Voir phase 1 du projet EPPE.

Mesures des résultats : Les résultats cognitifs (lecture/anglais et mathématiques), sociaux et comportementaux (« autorégulation », comportement « pro-social », « hyperactivité » et comportement « antisocial ») des enfants de 10 et 11 ans de 5e et 6e primaires.

Âge initial et au moment du suivi : Voir phase 1 du projet EPPE.

Principales constatations : Seuls les résultats liés à l'environnement familial et à l'éducation de la petite enfance sont énumérés ici.

- Les niveaux de qualification les plus élevé des mères et l'environnement d'apprentissage familial au cours des premières années comptent toujours parmi les meilleurs prédicteurs de bons résultats académiques et sociaux/comportementaux à 10 et 11 ans, dans la ligne des résultats observés à un plus jeune âge.
- Une relation réciproque forte a été constatée entre la perception que les élèves avaient d'eux-mêmes et leurs résultats et progrès/développement académiques et sociaux/comportementaux, notamment entre « l'image académique de soi » et les résultats et progrès réalisés en mathématiques et en lecture ; et entre « l'image comportementale de soi » et les résultats et le développement sociaux et comportementaux.

- D'autres preuves issues des études de cas ont montré qu'un HLE élevé au cours des premières années, les attitudes familiales valorisant l'éducation comme moyen d'améliorer les chances dans la vie, un appui à l'apprentissage de la part des membres de la famille, et de grandes attentes des parents ont aidé les élèves défavorisés « à réussir contre toute attente ».
- Les retombées positives de l'enseignement préscolaire de qualité moyenne et grande ont perduré au niveau des résultats en lecture/anglais et mathématiques ainsi qu'au niveau social/comportemental. De même, la fréquentation d'une école maternelle plus efficace est associée à des avantages à long terme pour les mathématiques.
- En outre, la fréquentation d'une école maternelle de grande qualité s'est révélée particulièrement bénéfique pour les garçons, les élèves ayant des besoins éducatifs spécifiques, et ceux issus de milieux défavorisés, dans la plupart des domaines sociaux/comportementaux.
- Les établissements préscolaires de haute qualité ont été particulièrement bénéfiques pour la plupart des élèves défavorisés et ceux issus de parents peu qualifiés en leur permettant d'avoir de meilleurs résultats en mathématiques à l'âge de 11 ans.
- Les enfants ayant fréquenté des centres préscolaires de moindre qualité/moins efficaces n'ont en général pas montré d'avantages significatifs à l'âge de 11 ans en termes d'amélioration des résultats par rapport à ceux n'ayant pas été au préscolaire. Ils avaient cependant un meilleur comportement pro-social, mais de plus faibles notes pour ce qui est de l'hyperactivité.

Référence : Sylva et coll. (2008).

41. Étude 1 de la NLSY (National Longitudinal Survey of Youth)

Localisation : États-Unis

Étude : La NLSY est un échantillon national représentatif de 12 686 jeunes garçons et filles de 14 à 22 ans au moment de la première enquête en 1979. Différentes données, notamment celles relatives à l'emploi et à la scolarité, ont été collectées. Depuis 1986, des informations détaillées sur le développement des enfants nés des femmes de la cohorte NYSL 79 ont complété les données précédemment recueillies sur les mères et les enfants au cours de la principale enquête NLSY de 1979, dénommés « les enfants de la NLSY 79 ».

Conception : L'étude s'est servie de l'ensemble de données sur « les enfants de NLSY 79 » pour examiner l'expérience des enfants et les liens entre ces expositions et le bien-être des participants.

Échantillon : Parmi les participantes suivies jusqu'en 1994, 5 715 femmes avec des enfants de moins de 15 ans ont été évaluées par rapport à l'environnement familial ; ensuite, celles pour lesquelles des données sont manquantes ou dont l'appartenance à un groupe ethnique n'est pas certaine, et celles ayant des enfants de plus de 13 ans ont été écartées de la présente étude. La taille de l'échantillon n'est pas clairement indiquée dans l'article.

Mesures des résultats : Développement physique et aptitudes sociales des enfants jusqu'à 48 mois (rapports des mères sur le développement moteur et social) ; performances cognitives/académiques – Peabody Individual Achievement Tests – en mathématiques et lecture pour les enfants de plus de 5 ans) ; vocabulaire (EVIP pour les plus de 3 ans) ; les troubles du comportement. L'environnement familial a été mesuré à l'aide du questionnaire court du Home Observation for Measurement of the Environment.

Âge initial et au moment du suivi : Sans objet. L'enquête biennale a commencé à suivre la cohorte en 1986.

Principales constatations : La stimulation de l'apprentissage à la maison a constamment et systématiquement été associée à un développement moteur et social précoce, des compétences linguistiques, et des résultats académiques, dans tous les groupes ethniques et à presque tous les âges, que les enfants soient pauvres ou non. Toutefois, les relations entre la réactivité des parents et la fessée variaient en fonction du résultat, de l'âge, de l'ethnie et de l'état de pauvreté. les éléments probants indiquaient des relations légèrement plus fortes pour les plus jeunes par rapport aux enfants plus âgés.

Référence : Bradley et coll. (2001).

Note : 3.2.

42. Étude FCC (Family Child Care and Relative Care) ; Étude California Licensing (CLS)

Localisation : États-Unis

Étude : L'étude FCC observait l'environnement des garderies familiales en Californie, en Caroline du Nord, et au Texas. (L'article ne donne pas de détails sur cet ensemble de données.) Le CLS a initialement été conçu pour examiner l'impact de l'ajout de deux enfants d'âge scolaire dans les garderies familiales. Les auteurs ont étudié ces deux ensembles de données pour identifier les caractéristiques structurelles permettant de prévoir la qualité.

Conception : Analyse secondaire des deux ensembles de données afin d'identifier les caractéristiques structurelles permettant de prévoir la qualité.

Échantillon : FCC : Échantillon aléatoire de familles ayant recours aux services de garderies dans trois sites ; recrutement par la suite des prestataires de ces services pour l'étude. CLS : échantillonnage aléatoire des prestataires à partir des pourvoyeurs agréés. Échantillon utilisé pour cette analyse : CLS, n = 100 ; pourvoyeurs de soins agréés du FCC, n = 108 ; membres de la famille FCC, n = 46 ; et pourvoyeurs de soins non agréés, n = 53.

Exemples de données collectées : informations sur les indicateurs structurels de qualité, tels que la taille et le ratio du groupe, les points pondérés (par âge) du ratio enfant-adulte, la formation des pourvoyeurs de soins, etc. La qualité globale des soins a été mesurée par l'ÉÉGF et la GÉI.

Âge initial et au moment du suivi : Sans objet

Principales constatations : Les caractéristiques des pourvoyeurs de soins, telle que la formation, constituent un meilleur prédicteur de la qualité que la taille des groupes ou les ratios enfant-adulte. Ni les ratios observés ni les points pondérés (représentant le ratio enfant-adulte et le mélange d'enfants d'âges différents) n'étaient significativement liés à la qualité de la sensibilité de l'enseignant, que lorsque d'autres caractéristiques des pourvoyeurs de soins étaient prises en compte (la taille du groupe dans les garderies familiales agréées était en moyenne de 6 enfants de 1 à 13 ans). Les pourvoyeurs de soins formés agissaient avec moins de détachement vis-à-vis des enfants, et leurs domiciles offraient des possibilités de pratiques et interactions de plus grande qualité. L'étude a relevé des preuves contradictoires que les pourvoyeurs de soins plus expérimentés avaient tendance à être légèrement plus détachés et à offrir des soins de moindre qualité. Les pourvoyeurs de soins à domicile plus instruits et formés avaient tendance à avoir plus d'enfants par adulte, bien que moins d'enfants que dans les garderies classiques. Les garderies à domicile de moindre qualité avaient tendance à avoir une proportion plus élevée de bébés que celles de meilleure qualité.

Référence : Burchinal, Howes et Kontos (2002).

Note : 3.1.

43. Programme Abecedarian

Localisation : États-Unis

Évaluation d'impact : Intervention éducative de haute qualité à plein temps (8 heures/jour, 5 jours/semaine, 50 semaines/an) dans une structure de garde d'enfants allant de la petite enfance jusqu'à l'âge de 5 ans, où chaque enfant avait une prescription individualisée d'activités éducatives. Les activités éducatives consistaient en des « jeux » intégrés dans la journée de l'enfant, et des activités étaient axées sur des domaines du développement social, émotionnel et cognitif tout en mettant un accent particulier sur le langage. Le programme a offert à la moitié de chaque groupe, un soutien scolaire supplémentaire de la première à la troisième année, dans une « intervention pour les enfants d'âge scolaire » afin de déterminer l'impact du moment auquel avait lieu l'intervention.

Conception : Un essai aléatoire et contrôlé de l'effet d'un ECD de grande qualité depuis l'enfance jusqu'à l'âge de 5 ans et au-delà pour les enfants à risque. L'étude longitudinale a permis de suivre les enfants depuis la naissance jusqu'à l'âge de 21 ans.

Échantillon : Au début de l'étude longitudinale, 111 nourrissons sains avaient été sélectionnés (âge moyen de 4,4 mois.). Ceux-ci avaient été jugés à « haut risque » à cause des revenus de leurs familles et du niveau d'instruction des mères. Sur cet échantillon initial, 57 nourrissons ont été choisis de façon aléatoire pour faire partie du programme Abecedarian et les 54 restants ont été affectés au groupe témoin ; et 104 de ces enfants ont été suivis jusqu'à l'âge de 21 ans.

Mesures des résultats : Développement cognitif à des âges de 3 à 8 ans : échelle d'intelligence de Stanford-Binet et celle de Wechsler pour le préscolaire et le primaire ; aptitudes en mathématiques et lecture chez les personnes de 8 à 21 ans (WJ) ; suivi de l'évolution des enfants dans le système éducatif. Les résultats à l'âge de 21 ans portaient entre autres sur le niveau intellectuel et les compétences académiques (échelle d'intelligence des adultes de Wechsler révisée, WJ-R pour la lecture et les mathématiques) ; niveau d'instruction ; emploi qualifié ; autosuffisance ; adaptation sociale (auto-déclaration d'infractions à la loi).

Âge initial et au moment du suivi : Âges de 3, 4, 5, 6,5, 8, 12, 15, et 21 ans.

Principales constatations : Les effets les plus importants du programme préscolaire Abecedarian apparaissaient quand les enfants et leurs familles participaient au projet. Mais les effets sur les performances académiques duraient tout au long de l'adolescence et au début de la vingtaine, soit plus d'une décennie après que les participants aient quitté le programme.

En KG-9, Les participants au programme présentaient un taux de redoublement moindre (31,2 % contre 54,5 %), étaient moins susceptibles d'avoir besoin de cours spéciaux (24,5 % contre 47,7 %), avaient des notes moyennes ajustées plus élevées en lecture et mathématiques. Par rapport à leurs pairs du groupe témoin à l'âge de 21 ans, les participants au programme avaient achevé plus d'années d'études (12,2 contre 11,6) ; étaient plus susceptibles d'avoir suivi un enseignement secondaire de 4 ans (35,9 % contre 13.7 %) ; étaient plus susceptibles d'être encore aux études (42 % contre 20 %) ; et avaient plus de chances d'avoir des emplois qualifiés (47 % contre 27 %). En termes de genre, les femmes qui avaient été dans le programme préscolaire avaient 1,2 année d'instruction de plus que leurs paires du groupe témoin (12,6 contre 11,3), tandis que cette différence n'était pas significative chez les hommes.

À 21 ans, le groupe de traitement avait des notes nettement plus élevées pour les mesures intellectuelles et académiques, avait un nettement plus grand nombre d'années d'études, était plus susceptible de fréquenter un enseignement secondaire de 4 ans, et présentait un moins grand risque de grossesse d'adolescente. L'intervention pendant l'âge scolaire a permis de maintenir l'avantage préscolaire en lecture, mais les effets ont, en général, été moindres par rapport à l'intervention préscolaire.

Références : Site Internet du projet:
http://www.fpg.unc.edu/~abc/assets/pdf/1974_abc_brochure.pdf et Campbell
et coll. (2002).

Notes : 1.1, 3.1, 4.1.

44. Programme CCDP (Comprehensive Child Development Program)

Localisation : États-Unis

Évaluation d'impact : Une combinaison de gestion de cas et d'éducation des
parents assurée à travers des visites à domicile. Les gestionnaires des cas effectuaient toutes les deux semaines des visites à domicile de 30 à 90 minutes à chaque
famille. Au cours de celle-ci, ils évaluaient les besoins des familles ; préparaient un
plan de service familial ; conseillaient les parents et les envoyaient vers des services.
La mise en œuvre d'un DPE pour les enfants de 0 à 3 ans dépendait du projet
(localisation), mais dans la plupart des programmes, un spécialiste de la petite
enfance visitait la même famille deux fois par semaine en alternance. Cette visite
mettait l'accent sur l'éducation des parents plutôt que sur la prestation de services
directs aux enfants. Les familles ont, en moyenne, été inscrites au programme pendant 3,3 ans. Celui-ci devait durer 5 ans, en commençant au moment de la grossesse de la mère ou lorsque l'enfant avait moins de 1 an.

Conception : Un essai aléatoire et contrôlé de 21 des 24 projets CCDP.

Échantillon : Choisies de manière aléatoire, 4 410 familles éligibles (en dessous du
seuil de pauvreté, âge de l'enfant, volonté de participer) ont été affectées pour
moitié au groupe du programme et au groupe témoin.

Mesures des résultats : Fonctionnement cognitif de l'enfant à l'aide de plusieurs échelles/mesures standardisées. (IDM des échelles de Bayley, EVIP, etc.);
notation du développement socio-émotionnel et de l'état de santé des enfants
par les parents ; attitudes et croyances des parents en matière d'éducation des
enfants ; cas de maltraitance et de négligence des enfants ; autonomie économique de la famille ; situation de l'emploi ; éducation/formation auto déclarée.
L'environnement à la maison et la qualité de l'interaction parents-enfants ont
été évalués à travers des observations.

Âge initial et au moment du suivi : 18 mois, 1, 2, 3, 4, et 5 ans.

Principales constatations : L'évaluation n'a révélé aucun impact statistiquement
significatif sur les familles du programme par rapport aux familles témoins en ce qui
concerne les résultats de l'enfant (développement cognitif et social/émotionnel, et
santé) ou les résultats des parents (rôle parental, autonomie économique de la
famille, et vie de la mère).

Référence : Goodson et coll. (2000).

Note : 3.2.

45. Étude 1 de l'ECLS (Early Childhood Longitudinal Study)

Localisation : États-Unis

Étude : L'ECLS collecte des données nationales sur l'état des enfants à la naissance et à différents moments par la suite ; la transition des enfants vers des soins non parentaux, les programmes d'éducation de la petite enfance et l'école ; ainsi que les expériences des enfants et leur croissance jusqu'en 8e année. Le programme comprend trois études longitudinales qui analysent le développement de l'enfant, sa maturité scolaire, et ses expériences préscolaires. La cohorte de l'ECLS-B est un échantillon d'enfants nés en 2001 et suivis depuis la naissance jusqu'à leur entrée au jardin d'enfants. La classe de jardin d'enfants de la cohorte 1998-99 est un échantillon d'enfants suivis depuis le jardin d'enfants jusqu'en 8e année. La classe de jardin d'enfants de la cohorte 2010-2011 suivra un échantillon d'enfants depuis le jardin d'enfants jusqu'en 5e année.

Conception : Analyse d'une étude longitudinale de cohorte. Effets estimés à l'aide de l'OLS, l'appariement et les estimations des variables instrumentales. Seul l'ensemble des données sur le jardin d'enfants a été utilisé pour l'analyse.

Échantillon : Échantillon national et représentatif d'enfants ; l'étude a analysé les données relatives à 14 162 enfants. (Aucune explication sur les méthodes d'échantillonnage, etc.)

Exemples de données collectées : Informations sur les type de prise en charge des enfants ; résultats des enfants, y compris les tests en lecture et mathématiques au jardin d'enfants ; notation par l'enseignant des compétences et problèmes sociaux-comportementaux ; caractéristiques familiales.

Âges lors des enquêtes : Les informations ont été collectées en automne et au printemps du jardin d'enfants (1998-99), en automne et au printemps de la 1e année (1999-2000), au printemps de la 3e année (2002), au printemps de la 5e année (2004), et au printemps de la 8e année (2007).

Principales constatations : Dans l'ensemble, les soins aux enfants dispensés dans des centres améliorent les notes en lecture et mathématiques, mais ont un effet négatif sur les mesures socio-comportementales. Toutefois, pour les enfants hispaniques maitrisant l'anglais, les gains académiques sont considérablement plus élevés, avec des effets socio-comportementaux neutres. La durée des services de garderie dispensés dans des centres a de l'importance : les avantages académiques les plus importants sont observés chez les enfants qui commencent à l'âge de 2 à 3 ans plutôt qu'un âge plus jeune ou plus avancé ; plus l'âge d'inscription à l'école est jeune, plus les effets négatifs sur le comportement sont significatifs. Ces schémas sont observés dans la distribution du revenu familial. L'intensité de la prise en charge dans les centres est également importante : plus d'heures par jour entraîne plus d'avantages académiques, mais accroît les conséquences comportementales. Cependant, ces effets de l'intensité dépendent du revenu et de l'origine ethnique de la famille.

Référence : Loeb et coll. (2007).

Notes : 1.3, 3.1, 3.2.

46. Étude 2 de l'ECLS (Early Childhood Longitudinal Study)

Localisation : États-Unis

Étude : Voir Étude 1

Conception : Comprenait deux types d'analyses. La première était l'analyse d'une étude de cohorte avec un échantillon national représentatif. La première étude examinait les schémas de maturité scolaire des enfants, en utilisant une analyse en grappes pour examiner la manière dont les différentes dimensions du développement à l'entrée à l'école (au jardin d'enfants/dernière préscolaire) se présentent en termes de forces et de risques pour les enfants. L'hypothèse des auteurs était que l'échantillon présenterait différents schémas de maturité scolaire. La deuxième étude a utilisé les profils de maturité scolaire de la première étude dans des modèles de régression afin de prévoir les résultats en première année, en neutralisant les caractéristiques de contexte et celles des classes de jardin d'enfants.

Échantillon : L'ECLS a suivi environ 22 000 enfants ; la première étude comprenait l'ensemble des enfants allant au jardin d'enfants pour la première fois (n = 17 219), la seconde ne concernait que les enfants avec un profil de maturité scolaire et des poids longitudinaux valides (n = 13 397).

Mesures des résultats : *L'Étude* 1 mesurait 5 dimensions de la maturité scolaire : 1) santé physique ; 2) développement socio-émotionnel ; 3) approches de l'apprentissage ; 4) développement du langage ; et 5) développement cognitif. La catégorie des « approches de l'apprentissage » a été abandonnée par la suite parce qu'il y avait très peu de variabilité. *L'Étude* 2 mesurait les résultats des enfants en 1e année à travers des interviews d'enseignants et/ou de parents sur les dimensions des approches physique/motrice, sociale/émotionnelles de l'apprentissage, et une évaluation directe des mathématiques et de la lecture.

Âge initial et au moment du suivi : Voir Étude 1. L'évaluation a été réalisée à l'entrée au jardin d'enfants et pendant le printemps de l'année 1.

Principales constatations : L'analyse a observé que quatre groupes de grappes étaient le mieux adaptés du point de vue statistique et conceptuel à l'entrée au jardin d'enfants : 1) développement global positif – les enfants ayant eu la moyenne pour les quatre dimensions de la maturité scolaire (30,37 % de l'échantillon) ; 2) forces sociales/émotionnelles et de santé – les enfants ayant eu plus de la moyenne dans les dimensions de santé et de bien-être physique et social/émotionnel, mais ayant des notes inférieures à la moyenne en langage et cognition (33,95 %) ; 3) risque social/émotionnel – les enfants ayant moins que la moyenne pour l'ensemble des quatre dimensions de la maturité scolaire, mais se distinguant par une note sociale/émotionnelle nettement en deçà de la moyenne (13,24 %) ; 4) risque pour la santé – les enfants ayant plus de 1 ET en dessous de la moyenne en santé et bien-être physique, ainsi qu'une note inférieure à la moyenne à la fois en langues et en cognition (22,5%).

L'étude a révélé que les enfants ayant un développement global positif étaient issus de milieux plus avantagés (familles à revenu plus élevé, pas d'insuffisance pondérale à la naissance, anglais parlé à la maison, ayant deux parents, parents plus âgés, etc.) Les enfants avec d'autres profils avaient aussi tendance à être issus de certains milieux démographiques. Même après neutralisation des caractéristiques environnementales et des expériences au jardin d'enfants, le profil de développement positif global a obtenu les meilleures notes dans la plupart des résultats. Les enfants présentant un risque de santé et des profiles de risques sociaux/émotionnels avaient de moins bons résultats que ceux ayant des forces aux niveaux social/émotionnel et sanitaire, pour l'ensemble des mesures.

Référence : Hair et coll. (2006).

47. Étude EHS (Early Head Start) de recherche et évaluation : Étude 1

Localisation : États-Unis

Évaluation d'impact : Le programme EHS vise les familles à faible revenu et les enfants handicapés depuis la période prénatale jusqu'à 3 ans. Les 17 programmes de recherche comprenaient 4 programmes basés sur des centres (offrant des services de développement de l'enfance essentiellement dans des garderies ainsi qu'une éducation des parents, avec un minimum de 2 visites à domicile par an à chaque famille) ; 7 programmes basés sur le domicile (offrant des services de développement de l'enfant aux familles principalement à travers des visites hebdomadaires à domicile et au moins deux activités de socialisation en groupes parents-enfants par mois pour chaque famille) ; et 6 programmes avec une approche mixte (fournissant des services à domicile et/ou en garderies, soit individuellement aux familles, soit à des combinaisons de familles simultanément ou à différents moments). Les retombées globales du service étaient comparables pour les trois approches du programme.

Conception : Essai aléatoire contrôlé de l'EHS ; le type de programme (approche mixte, uniquement basée sur des centres, et uniquement à domicile) variait selon les programmes.

Échantillon : Les candidats au programme EHS dans les zones d'étude ont été répartis de façon aléatoire par famille, au groupe du programme (n = 1513) ou au groupe témoin (n = 1488).

Mesures des résultats : Développement cognitif et linguistique de l'enfant (IDM des échelles de développement du nourrisson de Bayley, EVIP-III); développement socio-émotionnel ; santé de l'enfant ; et comportement des parents.

Âge initial et au moment du suivi : Des enfants de moins de 12 mois ont été inscrits dans le programme, et les évaluations des enfants ont été planifiées lorsque les enfants avaient 14, 24 et 36 mois.

Principales constatations : Dans l'ensemble, les programmes EHS ont eu des impacts significatifs sur une série de résultats des enfants et des parents lorsque les enfants avaient 3 ans. Il n'y avait pas d'impacts significatifs sur le développement cognitif et linguistique dans les programmes uniquement basés sur la prestation des services à domicile, mais les impacts des garderies et des approches mixtes ont produit des effets plus importants que prévus. Des impacts significatifs ont toutefois été observés au niveau du développement socio-émotionnel dans les programmes de garde à domicile et les approches mixtes (même si beaucoup plus d'impacts étaient observés dans les approches mixtes). Il y avait des impacts significatifs sur plusieurs variables relatives au rôle des parents dans les programmes d'approche mixte et ceux de garde à domicile. Le fait que l'approche mixte ait des impacts plus importants montre que l'offre d'un mélange de services de garderie et de services à domicile peut être un moyen particulièrement efficace de fournir des services à deux générations. Par ailleurs, en évaluant l'effet de la mise en œuvre dans le cadre de l'approche programmatique la plus efficace, les impacts des programmes d'approche mixte qui avaient été complètement mis en œuvre très tôt étaient considérablement plus importants que les impacts globaux.

Référence : Love et coll. (2005).

Note : 3.2.

48. Étude EHS (Early Head Start) de recherche et évaluation : Étude 2

Localisation : États-Unis

Étude : En utilisant les données de 11 sites qui ont participé à l'étude EHS d'évaluation et de recherche, cette étude a examiné de plus près le rôle de l'implication des parents dans les visites à domicile.

Conception : Analyse secondaire des données, examen minutieux des différents aspects de l'implication des parents : quantité des services à domicile ; qualité de l'engagement et contenu des visites ; relation avec les caractéristiques familiales ; et liens éventuels entre des implications parentales différentes et les résultats de l'enfant et de la famille.

Échantillon : Voir Étude 1. L'échantillon a été sélectionné dans le seul groupe étudié (n = 372 à 579, selon l'item).

Mesures des résultats : Idem que ci-dessus, plus le soutien des parents et l'environnement domestique.

Âge initial et au moment du suivi : Voir l'Étude 1.

Principales constatations : Trois composantes des visites à domicile représentaient des aspects distincts des services de visites à domicile : 1) le niveau d'implication, y compris le nombre de visites à domicile, la durée de la participation au programme, la durée des visites et l'intensité du service ; 2) la qualité de l'engagement, y compris l'évaluation globale de l'engagement par le personnel et celle de l'engagement au cours de chaque visite à domicile ; et 3) la mesure dans laquelle les visites à domicile étaient axées sur les enfants.

Les variables démographiques étaient des prédicteurs de l'implication et les composantes de l'implication dans les visites à domicile étaient différemment liées aux résultats à 36 mois, après neutralisation des facteurs démographiques/familiaux ainsi que du fonctionnement précédent pour la même mesure.

Seule la variable de mesure de l'implication (durée) prédisait des améliorations à 36 mois dans les environnements domestiques d'apprentissage de la langue et d'alphabétisation. Les variables de qualité de l'implication étaient des prédicteurs négatifs des symptômes dépressifs de la mère à 36 mois. Enfin, la part du temps consacrée aux activités axées sur l'enfant pendant les visites prédisaient les notes de développement cognitif et linguistique des enfants, les notes HOME des parents, et l'appui parental au langage et à l'apprentissage à 36 mois.

Référence : Raikes et coll. (2006).

Note : 3.2.

49. Étude EHS (Early Head Start) de recherche et évaluation : Étude 3

Localisation : États-Unis

Étude : À partir des données de l'étude EHS d'évaluation et de recherche, les observations utilisées comprenaient des interviews du père/mère et des observations sur vidéo des interactions père-enfant et mère-enfant à 24 mois, ainsi que les résultats de l'évaluation de l'enfant à 5 ans. L'étude a identifié les associations distinctes entre les styles de rôle parental du père et de la mère et les performances de l'enfant ; les configurations des caractéristiques mère-père en termes de style de rôle parental ; les associations entre les combinaisons de rôle parental père-mère et les résultats cognitifs des enfants ; et dans le cas des enfants soutenus par un seul parent, s'il y avait une différence selon qu'il s'agisse du père ou de la mère.

Conception : Les données étaient uniques parce qu'elles prenaient en compte l'interaction père-enfant, ce qui a permis aux auteurs d'identifier séparément l'impact du rôle parental du père et de l'effet combiné du rôle parental de la mère et du père sur les résultats de l'enfant.

Échantillon : À partir de l'ensemble des données, seules les observations comprenant toutes les composantes (mère, père et enfant) ont été reprises dans l'étude (n = 200). Tous les échantillons concernent des postulants à l'EHS venant de milieux à faible revenu.

Mesures des résultats : Résultats cognitifs des enfants (mathématiques = sous-test WJ-R sur les problèmes appliqués ; langage = EVIP-III).

Âge initial et au moment du suivi : Les entrevues et observations des interactions mère-enfant et père-enfant ont été réalisées à 24 mois ; les performances cognitives de l'enfant ont été évaluées à 5 ans.

Principales constatations : Les schémas de rôle parental ont été classés en : très grand soutien (41 % des mères et 34 % des pères) ; soutien léger (35 % et 42 %) ; soutien nul négatif (15 % et 9 %) ; et soutien nul détaché (10 % et 15 %). Les enfants nés de mères leur apportant un grand soutien obtenaient les notes les plus élevées, les notes les plus faibles étant obtenues par les enfants ayant des mères détachées et ne leur apportant aucun soutien (0,65 ET en mathématiques et 57 ET en langage). Les enfants de mères leur apportant un très grand soutien avaient également tendance à mieux faire que les autres groupes, mais pas de manière statistiquement significative. Les enfants dont les pères étaient également d'un grand soutien avaient également les notes les plus élevées, et ceux de pères n'étant d'aucun soutien et négatifs avaient les notes les plus faibles. Les différences entre les deux groupes sont de 0,71 ET pour les mathématiques et 0,49 ET pour le langage.

Dans l'ensemble, la proportion de couples où l'un des parents apporte « un fort soutien » à l'enfant et l'autre, « pas de soutien, voire manifeste une attitude négative » est très élevée, comme d'ailleurs la proportion de couples où l'un des parents apporte « un soutien modéré » et l'autre « pas de soutien, voire ne marque pas d'intérêt pour l'enfant ». Les enfants dont les deux parents appartiennent à la catégorie « fort soutien » obtiennent les notes les plus élevées. Comparés aux enfants dont les parents appartiennent à la catégorie « pas de soutien », la différence est de 1,07 écart-type en mathématiques et de 0,59 en langue. Ils obtiennent également des notes nettement plus élevées que les enfants de familles monoparentales, dont le parent appartient aussi à la catégorie « fort soutien ». Dans les familles monoparentales, le sexe du parent n'entraine pas de différences sensibles dans les notes de mathématiques ou de langues.

Référence : Martin, Ryan et Brooks-Gunn (2007).

Note : 3.2.

50. Étude EHS (Early Head Start) de recherche et évaluation : Étude 4

Localisation : États-Unis

Étude : En utilisant les données de l'étude EHS d'évaluation et de recherche, cette étude a examiné les relations entre, d'une part, le risque familial et social cumulé pendant la toute petite enfance et les années préscolaires, et d'autre part, les résultats, les capacités d'autorégulation et le comportement social des enfants.

Conception : L'étude était centrée sur le calendrier de la famille et le risque social. Elle a étudié la manière dont le risque cumulé influence la maturité scolaire des enfants, et si cette relation est atténuée par les processus familiaux (pratiques parentales réactives et stimulation du langage et de l'alphabétisation, à l'aide d'un modèle par équation structurelle [SEM]).

Échantillon : Les analyses étaient basées sur un sous-ensemble de 1 851 enfants.

Mesures des résultats : Les mesures de la maturité scolaire comprenaient les résultats cognitifs/académiques (lecture et compétences en mathématiques, apprentissage symbolique, résolution de problèmes (sous-échelles du WJ III) ; vocabulaire (EVIP) ; connaissances des livres et lecture (instrument CAP de diagnostic de la petite enfance). Les mesures de la régulation de l'attention/du comportement comprenaient : l'attention soutenue ; le comportement de l'enfant au cours d'un jeu structuré parent-enfant ; la qualité du jeu ; le comportement social problématique (échelle des troubles du comportement). D'autres variables utilisées dans les analyses concernaient : le risque familial et social (indice composite des facteurs de risque, ex. : monoparentalité, revenu, dépression maternelle, bénéficiaire de prestations sociales) ; la chaleur/sensibilité maternelle (Home Inventory Scale) ; et les caractéristiques des autres enfants et de la famille.

Âge initial et au moment du suivi : Les données concernant les facteurs de risque familiaux ont été collectées pour les enfants de 0 à 12 mois, 12 à 24 mois et 24 à 36 mois. Les résultats des enfants ont été évalués à 36 mois.

Principales constatations : L'exposition au risque pendant la petite enfance a été identifiée comme le facteur le plus préjudiciable à la maturité scolaire des enfants. Il semble que ce soit en partie à cause de son influence sur la capacité des parents à offrir à l'enfant un environnement familial réactif, favorable et stimulant. Elle était partiellement atténuée par l'exposition au risque et les processus familiaux, étant donné que les changements dans la chaleur/réactivité parentale et la stimulation linguistique au cours de la toute petite enfance et les années du préscolaire étaient associés à une meilleure maturité scolaire.

Référence : Mistry et coll. (à venir).

Note : 3.2.

51. Étude EHS (Early Head Start) de recherche et évaluation : Étude 5 (Étude EHS sur les pères)

Localisation : États-Unis

Évaluation d'impact : Ne fait référence qu'au sujet (paternité) pertinent pour le texte. Le projet de recherche est décrit dans l'Étude 1.

Conception : Idem que l'Étude 1.

Échantillon : Un sous-ensemble de 12 des 17 sites a participé aux études sur les pères. La taille des échantillons (727 à 24 mois et 698 à 36 mois) ; quelque 300 couples pères-enfants ont été observés pour évaluer l'interaction père-enfant.

Mesures des résultats : Les activités des pères avec les enfants mesurent la fréquence avec laquelle le père ou la figure paternelle a déclaré s'être engagé dans différentes activités avec l'enfant au cours du mois précédent. Le bien-être du père (indice de stress parental), l'échelle de l'environnement familial, la sévérité des stratégies de discipline, l'interaction père-enfant.

Âge initial et au moment du suivi : Les entrevues avec les pères ont été réalisées lorsque les enfants avaient 24 et 36 mois.

Principales constatations : L'EHS avait des impacts favorables et significatifs dans plusieurs domaines de la paternité et des interactions père-enfant, bien que les programmes aient eu moins d'expérience dans la prestation de services aux pères (par rapport aux mères). Un sous-ensemble de 12 des 17 sites a participé aux études sur les pères. Les pères ayant participé à l'EHS étaient nettement moins susceptibles de déclarer des fessées administrées pendant la semaine précédente (25,4%) que ceux du groupe témoin (35,6%). Sur les sites observés, les pères participant à l'étude EHS paraissaient également être moins intrusifs ; et les enfants du programme semblaient plus capables d'impliquer leurs pères et d'être plus attentifs au cours des jeux. Les pères et figures paternelles du groupe des familles du programme étaient beaucoup plus susceptibles de participer aux activités de développement de l'enfant liées au programme, y compris les visites à domicile, les cours d'éducation des parents, et les réunions destinées aux pères.

Référence : Love et coll. (2002).

Note : 3.2.

52. Project Head Start/Public School Early Childhood Transition

Localisation : États-Unis

Évaluation d'impact : L'évaluation a étudié l'impact des services sociaux et éducatifs améliorés, en plus du Head Start, du jardin d'enfants, et de la 1e année.

Cela comprenait une formation de 3 jours des enseignants aux pratiques de développement appropriées (PDA).

Conception : Étude quasi-expérimentale évaluant la valeur des services sociaux et éducatifs complémentaires.

Échantillon : 2 cohortes d'enfants choisis de façon aléatoire dans 13 écoles ; les groupes de traitement et témoins ont été constitués à partir de deux groupes appariés en fonction du groupe ethnique et du revenu. L'échantillon comprenait 140 enfants et 28 salles de classes observées.

Mesures des résultats : Évaluation en classe du caractère développemental approprié à l'aide du profil d'évaluation des programmes de la petite enfance (version pour la recherche) ; évaluation des compétences cognitives à l'aide du WJ-R.

Âge initial et au moment du suivi : Non longitudinale, une cohorte au jardin d'enfants et une autre en 1e année.

Principales constatations : Aucun effet apparent de la formation PDA n'avait été observé sur les groupes de traitement et témoin. Les performances étaient significativement plus élevées dans les classes appliquant plus des PDA pour l'identification des lettres-mots et les problèmes appliqués. Cette constatation indique que les PDA peuvent améliorer les performances des enfants en milieu urbain.

Référence : Huffman et Speer (2000).

Note : 3.1.

53. Article « Moving Up the Grades: Relationship between Preschool Model and Later School Success » (sur les relations entre le modèle préscolaire et les succès scolaires ultérieurs) (Aucun nom de projet)

Localisation : États-Unis

Évaluation d'impact : Programme plein temps basé sur des centres pour les enfants à faible revenu des zones urbaines (84 % au pré-jardin d'enfants, 16 % Head Start). Étude quasi-expérimentale de trois approches (initiée par l'enfant, académiquement dirigée, combinaison).

Conception : Étude quasi-expérimentale comparant les effets sur le développement des enfants de trois approches différentes. Tous les enfants de l'échantillon ont fréquenté gratuitement un établissement préscolaire de jour complet situé dans le même district urbain, pendant deux ans. Tous les enseignants avaient un BA (licence) ou un diplôme plus élevé ; 33 % des enfants ont fréquenté des classes suivant une approche initiée par l'enfant, 35 % une approche académiquement dirigée, et 32 % une approche mixte.

Échantillon : L'échantillon initial en 1e année a été choisi de façon aléatoire (échantillon stratifié pour représenter les variations socio-économiques, administratives et locales existant au sein du système scolaire). Échantillon pour l'année 5, n = 160 ; année 6, n = 183.

Mesures des résultats : Les données sur les bulletins scolaires (moyenne des points d'une année scolaire) basés sur un programme pédagogique fondé sur les compétences, qui sont censés indiquer le niveau de maîtrise des compétences académiques des enfants, reprenaient leurs notes en arithmétique, lecture, langage, orthographe, écriture, sciences sociales, sciences, art, musique, éducation physique, et éducation civique. Placement en éducation spéciale.

Âge initial et au moment du suivi : Année 1 (à 4 ans), année 5 et année 6.

Principales constatations : Au cours de l'année 5, il n'y avait pas de différences dans les performances des enfants ou le placement dans un système d'éducation spécial parmi les enfants soumis aux trois modèles de systèmes préscolaires. À 6 ans, les élèves issus des établissements préscolaires pratiquant une approche académiquement dirigée avaient des notes nettement inférieures à ceux qui avaient été soumis à une approche initiée par les enfants.

Référence : Marcon (2002).

Note: 3.1.

54. Étude du National Institute for Child Health and Development (NICHD) sur les soins à la petite enfance (SECC)

Localisation : États-Unis

Étude : L'étude du NICHD sur les soins à la petite enfance (SECC) est une étude longitudinale complète caractérisée par la conception d'une étude détaillée et complexe prenant en compte beaucoup de variables, y compris les caractéristiques des environnements de soins aux enfants et familiaux.

Conception : Étude de cohorte évaluant le développement des enfants à l'aide de plusieurs méthodes (observateurs formés, enquêteurs, questionnaires et tests) et mesures de divers aspects du développement des enfants (développements social, émotionnel, intellectuel et linguistique, troubles et adaptation du comportement, et santé physique). Elle a suivi les enfants et a mesuré leur développement à des intervalles fréquents, depuis la naissance jusqu'à l'adolescence.

Échantillon : Les premiers participants à la Phase 1 de l'étude ont été recrutés dans des hôpitaux choisis sur 10 sites de collecte des données. Un total de 1 364 familles de nouveau-nés nés sains et arrivés à terme en ont fait partie. Les participants ont été sélectionnés suivant un plan d'échantillonnage aléatoire conditionnel, conçu pour s'assurer que les familles recrutées 1) comprenaient des mères ayant prévu de travailler ou d'aller à l'école à temps plein (60 %) ou à temps partiel (20 %) au cours de la première année de l'enfant, ainsi que de rester à la maison avec l'enfant (20 %) ; et 2) reflétaient la diversité démographique (économique, éducative et ethnique) des sites.

Exemples de données collectées : Différentes mesures ont été utilisées pour les différents groupes d'âge. (Voir le site Internet du projet)

Âge initial et au moment du suivi : Phase 1 (naissance jusqu'à 36 mois), phase 2 (54 mois jusqu'en première primaire), phase 3 (années 2 à 6), phase 4 (14 et 15 ans).

Principales constatations : Voir ci-dessous les constatations pour chaque étude.

Référence : RTI International (s.d.).

Notes: 3.1, 3.2.

55. Étude NICHD sur les soins à la petite enfance : Étude 1

Localisation : États-Unis

Étude : En utilisant les données de l'étude NICHD sur les soins à la petite enfance, cette étude a examiné 1) la qualité des interactions entre les pourvoyeurs de soins (autres que la mère) et les nourrissons ; et 2) les caractéristiques structurelles (taille du groupe, ratio enfant-adulte, environnement physique) et du pourvoyeur de soins (niveau d'études, formation spécialisée, expérience dans le soins aux enfants, et croyances en matière d'éducation des enfants).

Conception : À 6 mois, les nourrissons ont été observés dans des environnements non maternels de soins aux enfants. Des analyses ont été effectuées pour identifier si les caractéristiques structurelles/du pourvoyeur de soins étaient associées de manière significative avec de meilleures interactions pourvoyeur de soins-enfant, dans chacun des différents environnements (soins aux enfants dispensés par des centres, la famille/à domicile, des baby-sitters, les grands-parents, et les pères).

Échantillon : Voir étude NICHD ci-dessus. L'étude couvrait 576 enfants.

Mesures des résultats : Notes et fréquences des soins positifs dispensés, mesurées à l'aide de l'Observational Record of the Caregiving Environment (ORCE), un instrument centré sur le comportement du pourvoyeur de soins vis-à-vis d'un enfant donné par opposition à la notation globale d'un environnement (comme l'ÉÉEP).

Âge initial et au moment du suivi : Sans objet. Données collectées lorsque les enfants avaient 6 mois.

Principales constatations : Des notes et fréquences plus élevées ont été observées pour les soins aux enfants dans les modes de garderies avec moins d'enfants et de faibles ratios enfant-adulte, dans des environnements jugés sécurisants et physiquement plus stimulants, et dans les programmes où les pourvoyeurs de soins avaient une éducation plus formelle et plus de croyances non autoritaires en matière d'éducation des enfants. Dans l'analyse de régression d'élimination en amont, on a constaté que la taille du groupe, le ratio enfant-adulte, et les croyances non autoritaires en matière d'éducation des enfants étaient tous à l'origine de variations significatives dans les fréquences et notes des soins positifs dispensés.

Référence : NICHD Early Child Care Research Network (1996).

56. Étude NICHD sur les soins à la petite enfance : Étude 2

Localisation : États-Unis

Étude : Voir Étude 1. Les données ont été utilisées pour étudier les associations entre les résultats de l'enfant à 4,5 ans et les modes de soins aux enfants.

Conception : Des analyses de modèles linéaires hiérarchiques ont été utilisées pour décrire les schémas longitudinaux de changement dans les modes et l'environnement de la prestation des soins. Des modèles de régression multivariés ont permis de tester si le fonctionnement des enfants à 4,5 ans variait en fonction de la quantité, de la qualité et du type de soins prodigués aux enfants.

Échantillon : Voir Étude 1 ; n= 1 083.

Mesures des résultats : Aptitudes préscolaires, mémoire à court terme, compétences linguistiques et sociales, troubles du comportement évalués par les pourvoyeurs de soins et les mères.

Âge initial et au moment du suivi : L'étude a utilisé les données jusqu'à l'âge de 4,5 ans.

Principales constatations : Même après neutralisation de multiples caractéristiques des enfants et des familles, le développement des enfants était prédit par l'expérience de soins à la petite enfance. Des soins à l'enfant de meilleure qualité, des améliorations dans la qualité des soins aux enfants, et l'expérience de dispositifs basés sur des centres permettaient d'anticiper de meilleures compétences préscolaires et performances linguistiques à 4,5 ans. Plus d'heures de soins prédisaient des niveaux plus élevés de troubles du comportement selon les pourvoyeurs de soins.

Référence : NICHD Early Child Care Research Network (2002).

57. Étude NICHD sur les soins à la petite enfance : Étude 3

Localisation : États-Unis

Étude : Voir Étude 1. L'objectif de cette analyse était d'identifier l'effet des soins aux enfants dispensés dans des centres sur l'adaptation socio-émotionnelle à 4,5 ans.

Conception : Les données NICHD ont été analysées à l'aide d'une série de modèles de régression imbriqués.

Échantillon : Voir Étude 1 ; n = 982.

Mesures des résultats : Adaptation de l'enfant à 4,5 ans ; compétences sociales ; troubles du comportement évalués par les mères, les enseignants du jardin d'enfants, et les pourvoyeurs de soins ; relation enseignant-élève évaluée par les enseignants et les pourvoyeurs de soins ; interaction dyadique entre pairs – analyse qualitative de vidéos ; comportement dans les soins aux enfants évalué pendant les périodes d'observation.

Âge initial et au moment du suivi : L'étude a utilisé les données jusqu'à l'âge de 4,5 ans.

Principales constatations : Plus les enfants passent du temps dans une quelconque structure de garde non maternelle pendant leurs 4,5 premières années, plus ils manifestent des problèmes et entrent en conflit avec les adultes à 54 mois et au jardin d'enfants, selon les dires des mères, des pourvoyeurs de soins et des enseignants. Ces effets persistaient, pour la plupart, même lorsque la qualité, le type et l'instabilité des soins à l'enfant étaient neutralisés, et que la sensibilité maternelle et d'autres facteurs liés à l'environnement familial étaient pris en compte. Les effets de la quantité des soins étaient modestes et inférieurs à ceux de la sensibilité maternelle et des indicateurs du statut socio-économique de la famille, bien qu'habituellement plus élevés que ceux d'autres caractéristiques des soins à l'enfant, la dépression maternelle, et le tempérament du nourrisson. Il n'y avait pas de seuil apparent pour les effets quantitatifs. Plus de temps passé en garderie ne prédisait pas seulement un comportement problématique mesuré sur une échelle continue dans un modèle de dose-effet, mais aussi des niveaux à risque (bien que non cliniques) de troubles du comportement, ainsi qu'une assertivité, de la désobéissance et de l'agressivité.

Référence : NICHD Early Child Care Research Network (2003).

58. Étude NICHD sur les soins à la petite enfance : Étude 4

Localisation : États-Unis

Étude : Voir Étude 1. Cette étude portait sur la relation entre la durée et le moment de la pauvreté et le développement des enfants depuis la naissance jusqu'à l'âge de 9 ans.

Conception : L'impact du moment où l'enfant connait la pauvreté a été évalué à l'aide de modèles linéaires hiérarchiques, comparant les enfants de familles n'ayant jamais connu la pauvreté, n'ayant été pauvres que pendant que l'enfant était en bas âge (0 à 3 ans), n'ayant été pauvres qu'après la toute petite enfance (4 à 9 ans), et chroniquement pauvres.

Échantillon : Voir Étude 1. Les données manquantes (300 familles) ont été imputées à l'aide d'une imputation multiple.

Mesures des résultats : Développements cognitif et social de l'enfant, et externalisation des problèmes par l'enfant à 24, 36, 54 mois, et en première et troisième années.

Âge initial et au moment du suivi : L'étude a utilisé les données jusqu'à la troisième année scolaire.

Principales constatations : Les familles chroniquement pauvres offraient des environnements d'éducation des enfants de moindre qualité, et les enfants de ces familles avaient des performances cognitives inférieures et plus de troubles du comportement que les autres enfants. Toute expérience de la pauvreté a été associée à des situations familiales moins favorables ainsi qu'à des résultats moins bons des enfants, que pour ceux n'ayant jamais connu la pauvreté. Être pauvre plus tard tendait à être plus préjudiciable que la pauvreté vécue précocement. Des analyses médiationnelles ont indiqué que la pauvreté était associée à de moins bons résultats de l'enfant en partie, en raison d'un rôle parental moins positif.

Référence : NICHD Early Child Care Research Network (2005).

59. Étude NICHD sur les soins à la petite enfance : Étude 5

Localisation : États-Unis

Étude : Voir Étude 1. Cette étude portait sur la recherche des déterminants de la réussite scolaire et du développement cognitif en première année scolaire.

Conception : Les données du NICHD ont été analysées à l'aide d'une analyse de régression hiérarchique.

Échantillon : Étude 1 ; n = 832 enfants.

Mesures des résultats : Changements relatifs dans les capacités cognitives, entre 54 mois et la première année de scolarité.

Âge initial et au moment du suivi : L'étude a utilisé les données jusqu'à l'âge de 4,5 ans.

Principales constatations : Le sexe et la race, le ratio revenu–besoins de la famille, l'éducation et la sensibilité maternelles, l'environnement d'apprentissage à la maison étaient des prédicteurs significatifs des résultats d'apprentissage des enfants à partir de 54 mois jusqu'à la première année d'école. Le fonctionnement cognitif académique préscolaire a servi de médiateur important entre les caractéristiques des enfants, les facteurs familiaux précoces, la qualité des soins aux enfants, et les résultats de l'enfant en première année d'école. Le prédicteur le plus convaincant du fonctionnement en première année était les propres compétences cognitives de l'enfant à 54 mois. La maturité scolaire semble déjà bien établie vers la fin des années préscolaires de l'enfant. La compétence sociale jouait un rôle secondaire mais significatif dans la détermination des changements relatifs dans les domaines académique et cognitif, depuis le préscolaire jusqu'au passage en première année primaire.

Depuis le début de l'étude, la sensibilité maternelle et l'environnement d'apprentissage à domicile ont, pris simultanément, été constamment parmi les meilleurs prédicteurs des performances académiques et cognitives en première année. L'éducation de la mère était un prédicteur significatif et robuste des résultats à la fois académiques et cognitifs. Le total et la qualité des heures passées en garderie depuis la naissance jusqu'à 54 mois n'étaient pas liés aux fonctionnements académique et cognitif en première année, alors que la qualité des soins aux enfants n'était un prédicteur significatif que des capacités de mémoire à court terme. En termes d'expérience des enfants à l'école, la quantité des instructions spécifiques au contenu a une contribution significative au changement relatif dans la lecture, les phonèmes, et la capacité de restitution à long terme, mais pas aux aptitudes en mathématiques ou autres capacités cognitives.

Référence : Downer et Pianta (2006).

60. Étude 1 du NFP (Nurse-Family Partnership) Denver

Localisation : États-Unis

Évaluation d'impact : Le groupe de traitement a reçu des visites à domicile soit par des professionnels (infirmiers) ou des paraprofessionnels, depuis la grossesse jusqu'aux 2 premières années de vie de l'enfant, dans le but global d'améliorer la santé maternelle et fœtale, la santé et le développement des enfants grâce à un meilleur rôle parental/une meilleure prestation de soins, et l'existence des parents (éducation, emploi, planning familial). Les infirmiers devaient détenir un diplôme de soins infirmiers ainsi qu'une expérience de la santé communautaire ou maternelle et des soins infirmiers aux enfants. Les paraprofessionnels avaient un niveau d'études secondaires mais étaient exclus s'ils avaient une formation inférieure au secondaire dans les professions d'aide ou une licence dans une quelconque discipline. En moyenne, les femmes visitées par les paraprofessionnels ont reçu 6,3 visites à domicile pendant la grossesse et 16 visites tant que l'enfant était en bas âge. Les infirmiers ont réalisé en moyenne, 6,5 visites pendant la grossesse et 21 visites pendant que l'enfant était en bas âge. Le groupe témoin a bénéficié d'un dépistage développemental et de services d'orientation pour leurs enfants à 6, 12, 15, 21 et 24 mois.

Conception : Essai aléatoire contrôlé comportant des visites à domicile par des professionnels et paraprofessionnels.

Échantillon : Échantillonnage aléatoire stratifié. Groupe témoin, n = 255; visites des paraprofessionnels, n = 245; visites d'infirmiers, n = 235.

Mesures des résultats : Consommation de substances par les femmes ; utilisation de services préventifs et d'urgence pendant la grossesse ; vie de la mère (niveau d'instruction, emploi et recours à l'aide sociale) ; interaction mère-enfant évaluée à l'aide de bandes vidéo ; environnement familial du nourrisson ; développement émotionnel de l'enfant (réactivité émotionnelle, vulnérabilité et vitalité évaluées en laboratoire à 6, 21 et 24 mois) ; développement du langage de l'enfant à 21 mois ; développement mental de l'enfant à 24 mois.

Âge initial et au moment du suivi : Depuis la grossesse jusqu'aux 24 mois de l'enfant.

Principales constatations : Les paires mère-enfant visitées par paraprofessionnels, où la mère avait peu de ressources psychologiques, interagissaient de manière plus réactive l'un avec l'autre que leurs homologues du groupe témoin (99,45 contre 97,54 points de note normalisée). Il n'y avait pas d'autres effets statistiquement significatifs des paraprofessionnels. Contrairement à leurs homologues du groupe témoin, les mères fumeuses visitées par des infirmiers avaient plus réduit leurs taux de cotinine entre le début et la fin de la grossesse (259,0 contre 12,32 ng/ml). Au moment du 2e anniversaire de l'enfant, les femmes visitées par les infirmiers avaient eu moins de grossesses (29 % contre 41 %) et de naissances (12 % contre 19 %) ; elles ont séparé les grossesses ultérieures par de plus longs intervalles, et pendant la 2e année suivant la naissance de leur premier enfant, elles ont plus occupé un emploi que les femmes du groupe témoin (6,83 contre 5,65 mois). Les paires mère-enfant visitées par les infirmiers interagissaient l'un avec l'autre de manière plus réactive que celles du groupe témoin (100, 31 contre 98,99 points de note normalisée).

À 6 mois, contrairement à leurs homologues du groupe témoin, les nourrissons visités par les infirmiers, étaient moins susceptibles de présenter une vulnérabilité émotionnelle en réponse au stimulus de peur (16 % contre 25 %), et les nourrissons nés de femmes à faibles ressources psychologiques ayant reçu la visite d'infirmiers étaient moins susceptibles de présenter une faible vitalité émotionnelle en réponse aux stimuli de joie et de colère (24 % contre 40 % et 13 % contre 33 %). À 21 mois, les enfants visités par un infirmier et nés de femmes à faibles ressources psychologiques étaient moins susceptibles de présenter un retard de langage (7 % contre 18 %) ; et à 24 mois, ils présentaient un meilleur développement mental (90,18 contre 86,20 pour l'indice de développement mental) que leurs homologues du groupe témoin. Il n'y avait pas d'effets programmatiques   statistiquement significatifs des visites des infirmiers sur le recours des femmes à des services prénataux auxiliaires, leur niveau d'instruction, l'utilisation des services d'aide sociale, ou les problèmes de tempérament ou de comportement de leurs enfants. Pour la plupart des résultats sur lesquels les visiteurs ont eu des effets significatifs, les paraprofessionnels ont généralement eu des effets deux fois moins importants que ceux des infirmiers.

Référence : Olds et coll. (2002).

Note: 3.2.

61. Étude 2 du NFP (Nurse-Family Partnership) Denver

Localisation : États-Unis

Évaluation d'impact : Suivi de l'étude du NFP après 2 ans.

Conception : Voir Étude 1.

Échantillon : Voir Étude 1.

Mesures des résultats : Parcours de la mère (grossesses ultérieures, éducation ; emploi, recours à l'aide sociale) ; problèmes de comportement de l'enfant rapportés par la mère, sensibilité et réactivité aux interactions mère-enfant ; environnement familial ; langage des enfants ; développement cognitif, motricité fine et globale ; fonctions exécutives et adaptation comportementale évaluées par les examinateurs.

Âge initial et au moment du suivi : De la grossesse à 48 mois.

Principales constatations : Deux ans après la fin du programme, les femmes visitées par les paraprofessionnels avaient moins de chances d'être mariées que les sujets témoins (32,2% contre 44,0 %) et de vivre avec le père biologique de l'enfant (32,7% contre 43,1 %, mais travaillaient davantage (15,13 mois contre 13,38 mois) et présentaient plus de maîtrise et une meilleure santé mentale. Les femmes visitées par les paraprofessionnels avaient moins de fausses couches ultérieures (6,6 % contre 12,3 %) et moins de bébés avec un faible poids à la naissance (2,8 % contre 2,7 %). Par rapport à celles du groupe témoins, les mères et enfants visitées par des paraprofessionnels témoignaient de plus de sensibilité et de réactivité l'un vis-à-vis de l'autre et, chez les mères qui avaient de faibles ressources psychologiques au moment de l'inscription, l'environnement familial apportait un meilleur soutien à l'apprentissage des enfants en bas âge.

Les femmes visitées par des infirmiers maintenaient des intervalles plus longs entre les naissances de leurs premiers et seconds enfants (25,51 mois contre 20,30 mois), signalaient moins de violence familiale (6,9 % contre 13,6 %) et avaient moins fréquemment inscrit leurs enfants au jardin d'enfants Head Start ou dans des crèches agréées que les sujets témoins. Les enfants visités par des infirmiers, dont les mères avaient de faibles ressources psychologiques à l'inscription par rapport à leurs homologues du groupe témoin, vivaient dans des environnements familiaux apportant un plus grand soutien à l'apprentissage du petit enfant, avaient une meilleure maîtrise du langage, des fonctions exécutives supérieures (note de 100,16 contre 95,48) et une meilleure adaptation comportementale pendant les tests. On n'a pas relevé d'effets statistiquement significatifs des visites d'infirmiers ou de paraprofessionnels sur le nombre des grossesses ultérieures, les résultats éducatifs des femmes, l'usage de substances, le recours à l'aide sociale ou l'externalisation des problèmes de comportement des enfants.

Référence : Olds et coll. (2004).

Note: 3.2.

62. Projet Family Life

Localisation : États-Unis

Étude : Le Projet Family Life a été conçu pour étudier des familles dans deux régions géographiques ayant le plus fort taux de pauvreté enfantine (environ 50 %) : L'est de la Caroline du Nord et le centre de la Pennsylvanie. L'échantillon comprenait 1 292 enfants recrutés quand ils étaient des nourrissons. L'étude a suivi les enfants pendant 36 mois. Le présent article étudiait la contribution des pères au développement du langage.

Conception : L'étude a examiné les associations entre les caractéristiques du père et le développement linguistique de l'enfant, après prise en compte des principaux paramètres démographiques, de l'enfant et de la mère en utilisant des transcriptions uniques (sur bandes vidéo) des données du langage des interactions du père et de la mère avec leur nourrisson lors de lectures de livres illustrés dans l'environnement à 6 mois.

Échantillon : L'échantillon était de 555 (base de référence), 514 (à 15 mois), 500 (observation de l'activité mère-enfant pendant la lecture à 6 mois), 477 (observation de l'activité père-enfant pendant la lecture à 6 mois), et 486 (à 36 mois).

Mesures des résultats : Compétences linguistiques : capacités de communication à 15 mois et échelle linguistique préscolaire à 36 mois.

Âge initial et au moment du suivi : Les enfants ont été recrutés en tant que nourrissons, les interactions parents-enfants ont été observées à 6 mois et les compétences linguistiques des enfants ont été évaluées à 15 et 36 mois.

Principales constatations : Le niveau d'instruction du père a été positivement associé au développement du langage expressif de l'enfant à 36 mois. Le vocabulaire du père (utilisant un vocabulaire varié avec l'enfant) à 6 mois prédisait de manière indépendante le développement linguistique de l'enfant à 36 mois, et ses capacités de communication à 15 mois, après neutralisation du niveau d'instruction et du vocabulaire maternels.

Référence : Pancsofar, Vernon-Feagans et les Enquêteurs du projet Family Life (à paraître).

Note: 3.2.

63. Étude des coûts, qualité et résultats (CQR)

Localisation : États-Unis (Californie, Connecticut, Colorado, et Caroline du Nord)

Étude : Étude des soins aux enfants dispensés dans des centres communautaires et des résultats longitudinaux sur 5 ans des enfants dans quatre États.

Conception : Étude longitudinale de cohorte. Analyse descriptive et analyse inférentielle utilisant une analyse longitudinale hiérarchique.

Échantillon : Sous-échantillon de 183 jardins d'enfants appartenant à 401 centres de soins aux enfants choisis de manière aléatoire dans 4 États, n = 826 pour l'année 1, n = 345 pour la deuxième année.

Mesures des résultats : Résultats des enfants : vocabulaire (EVIP-R), compétences préscolaires (WJ-R) ; compétences en lecture et mathématiques ; notation par l'enseignant des compétences sociales et cognitives ; et notation par l'enseignant de la relation avec l'enfant. Les autres données comprenaient les informations sur les centres de soins à l'enfant, telles que la qualité de l'environnement des classes (ÉÉEP) ; la sensibilité de l'enseignant (GÉI), le style de pédagogie (ECOF) ; la réactivité du maître vis-à-vis des enfants (AIS) ; les informations sur l'école au jardin d'enfants et en deuxième primaire, telles que la qualité de l'environnement en classe et de l'environnement didactique ; caractéristiques démographiques et familiales des enfants.

Âges au moment de l'enquête : 4 à 8 ans, 1 an avant le jardin d'enfants jusqu'en deuxième primaire, enquête conduite chaque année.

Principales constatations : La qualité des soins à l'enfant avait un modeste effet à long terme sur les schémas de développements cognitifs et socio-émotionnels des enfants, au moins au jardin d'enfants et, dans certains cas, en deuxième primaire. Les pratiques en classe observées étaient reliées au langage et aux compétences scolaires des enfants, tandis que la proximité de la relation enseignant-enfant était associée à la fois aux compétences cognitives et sociales, avec un effet plus fort sur ces dernières. Une influence modératrice des caractéristiques familiales a été observée pour certains résultats, avec des effets positifs plus importants de la qualité des soins à l'enfant chez les enfants issus de milieux plus à risques.

Référence : Peisner-Feinberg et coll. (2001).

Note: 3.1.

64. Article: « Within and Beyond the Classroom Door: Assessing Quality in Child Care Centers » (Pas de nom de projet)

Localisation : États-Unis

Étude : Les objectifs de l'étude étaient d'identifier 1) les associations entre la qualité des soins définie par des caractéristiques structurelles, des indicateurs de processus et la conformité aux réglementations étatiques ; 2) des variations de qualité basées sur la rigueur des règlements de l'État en matière de soins à l'enfant et de la conformité des centres ; et 3) des indicateurs de qualité spécifiques montrant des liens particulièrement forts avec les soins à l'enfant déjà vécus par les enfants.

Conception : Analyse de données collectées à travers des entretiens et des observations en classe.

Échantillon : Centres agréés et classes sélectionnés de façon aléatoire (98 salles de nourrissons, 112 salles de tout-petits et 106 salles de jardins d'enfants) dans 4 États ayant des réglementations différentes.

Mesures des résultats : Qualité de l'environnement des classes (ÉÉENTP, ÉÉEP) et profil d'évaluation des programmes de première enfance.

Âges en base de référence et suivi : Sans objet.

Principales constatations : Les constatations ont confirmé les résultats antérieurs concernant l'importance des ratios, de la formation des enseignants et de la taille des groupes pour des processus pédagogiques de qualité, mais elles ont démontré la plus grande contribution des salaires des enseignants et des frais payés par les parents. Les mesures tant structurelles que des processus de la qualité varient suivant la localisation du centre dans un État appliquant des règlements plus ou moins rigoureux en matière de soins aux enfants. Une contribution significative des salaires des enseignants et frais payés par les parents a été observée au niveau de la qualité des processus pédagogiques. Pour chaque groupe d'âge, la qualité de l'environnement pédagogique était surtout liée aux salaires des enseignants. Les salaires étaient à leur tour le plus fortement corrélés avec les frais payés par les parents et la formation des éducateurs pour les soins aux nourrissons et l'école maternelle.

En ce qui concerne la contribution du site, une sensibilité au contexte réglementaire a été détectée pour la qualité des soins aux enfants et, dans une moindre mesure, à la conformité réglementaire au niveau central pour la qualité des processus pédagogiques. Une association positive a été notée entre les soins observés et la localisation des centres dans des États ayant des règlements plus stricts. La formation des enseignants, leurs salaires et les frais payés par les parents, ainsi que les ratios adulte-enfant (pour les nourrissons) et la taille des groupes (pour les tout-petits), prédisaient de manière significative la qualité des interactions en classe dans les groupes plus jeunes. Pour les enfants en âge préscolaire, seuls les ratios et les salaires prédisaient la qualité en classe.

Référence : Phillips et coll. (2000).

Note: 3.1.

65. Article: « The Prediction of Process Quality from Structural Features of Child Care » (Pas de nom de projet)

Localisation : États-Unis (Californie, Colorado, Connecticut, Caroline du Nord)

Étude : L'étude visait à identifier les caractéristiques structurelles des centres de soins aux enfants associées à la qualité des centres observée dans le cadre d'un grand projet multi-états.

Conception : Analyse des données collectées au niveau des centres à l'aide de modèles de régression hiérarchiques.

Échantillon : Échantillonnage stratifié aléatoire de 100 centres de soins aux enfants dans chaque état, (n = 400), 224 classes de nourrissons/tout-petits et 509 classes maternelles ont été observées.

Mesures des résultats : La qualité des processus a été mesurée à l'aide de l'échelle d'évaluation de l'environnement préscolaire (ÉÉEP), de l'échelle d'évaluation de l'environnement des nourrissons et des tout-petits (ÉÉENTP), de la grille d'évaluation des interactions avec le pourvoyeur de soins (GÉI), et de l'échelle d'implication des enseignants (ÉIE). Des données sur les caractéristiques structurelles liées aux pourvoyeurs de soins, aux classes, aux salaires, aux centres, aux administrateurs et à l'économie ont également été collectées.

Âge initial et au moment du suivi : Sans objet.

Principales constatations : Pour les soins aux nourrissons/tout-petits, le ratio adulte-enfant, les salaires des enseignants et les frais payés par les parents étaient des prédicteurs importants des notes ÉÉENTP dans le modèle final, tandis que les ratios adulte-enfant, les salaires des enseignants et la proportion de nourrissons et tout-petits étaient associés de manière significative à la GÉI. Pour les jardins d'enfants, les notes ÉÉEP étaient liées à de meilleurs ratios, des salaires plus élevés, une proportion moins importante de nourrissons et tout-petits dans les centres, des coûts de prestation des soins plus élevés pour les centres, et une interaction étatique par secteur. Les variables liées à l'historique des enseignants importantes pour l'estimation de la note GÉI totale comprenaient un diplôme d'études secondaires ou plus et l'expérience, ainsi que des ratios adulte-enfant. La prédiction de la qualité du processus à partir des mesures structurelles variait quelque peu suivant le groupe d'âge. Les mesures structurelles reprises dans les modèles de régression hiérarchiques prédisaient plus nettement la qualité du processus pour les jardins d'enfants que pour les classes de nourrissons/tout-petits. Pour ces dernières, la qualité du processus était plus élevée lorsque les enseignants avaient une expérience modérée et de meilleurs salaires et que les directeurs étaient plus expérimentés.

Dans les classes de jardins d'enfants, la qualité du processus était plus élevée lorsque les enseignants avaient un niveau d'étude plus élevé, une expérience modérée et des salaires plus élevés. De meilleurs ratios adulte-enfants, moins d'inscriptions dans le centre et une moindre proportion de nourrissons, de tout-petits et d'enfants subventionnés prédisaient également une meilleure qualité du processus au jardin d'enfants. Les salaires des enseignants étaient fortement associés à la qualité du processus dans les classes à la fois de nourrissons/tout-petits et de jardins d'enfants. Une meilleure qualité a été observée dans les États ayant les règlements les plus stricts et dans les centres sans but lucratif. Toutefois, les différences sectorielles variaient suivant les États ; en général, elles étaient les plus fortes dans les États les moins réglementés. L'étude a observé que la qualité générale du processus dans les classes de nourrissons et tout-petits était substantiellement inférieure à celle des classes d'enfants plus âgés. Les niveaux de qualité générale du processus requis pour soutenir le développement des enfants n'étaient pas atteints par la plupart des centres de soins aux enfants de l'échantillon.

Référence : Phillipsen et coll. (1997).

Note: 3.1.

66. Observation du comportement de la mère et de l'enfant dans une situation de résolution de problèmes au moment de l'entrée à l'école (pas de nom de projet)

Localisation : États-Unis

Étude : L'étude a examiné la relation entre les notes des interactions mère-enfant dans une situation de résolution de problèmes au moment de l'entrée à l'école, ainsi que les résultats scolaires de l'enfant en 2e, 3e et 4e années.

Conception : Les données collectées au moment de l'entrée à l'école (voir plus loin) et les performances scolaires en 2e, 3e et 4e années ont été analysées à l'aide d'une analyse des facteurs et de modèles de régression. Les interactions entre les différentes mesures collectées à l'entrée à l'école ont également été examinées.

Échantillon : L'échantillon initial comprenait 342 paires enfant-mère, l'échantillon s'étendait à l'ensemble de la population du jardin d'enfants du district scolaire d'une petite ville, à l'exclusion de 7 enfants qui étaient accompagnés par leurs pères. 181 enfants ont été suivis jusqu'en 4e année.

Mesures des résultats : Performances scolaires (Test de compétences de base de l'Iowa) en 2e, 3e et 4e années. Les mesures utilisées à l'entrée à l'école incluaient : la capacité cognitive de l'enfant (vocabulaire et sous-test de l'analyse de modèles de l'échelle d'intelligence de Stanford-Binet), motricité générale et fine, démographie familiale et interaction mère-enfant pendant deux tâches de résolution de problèmes semi-structurées.

Âge initial et au moment du suivi : À l'entrée en jardin d'enfants (âge moyen de 5 ans), suivi en 2e, 3e et 4e années.

Principales constatations : Une relation modérée entre la notation de l'interaction mère-enfant et les performances scolaires dans les années 2 à 4 expliquaient la variation de 17 à 24 % dans les notes scolaires. Toutefois, lorsque les données d'aptitude et de démographie étaient intégrées dans le modèle, l'interaction mère-enfant ne représentait plus que 1 %. Même si la note attribuée à l'interaction mère-enfant constituait un prédicteur significatif des performances scolaires dans les années 2 à 4, les résultats indiquaient que les mesures des résultats scolaires, de la démographie familiale, de l'aptitude de l'enfant et de l'interaction mère-enfant présentent toutes une variance de recouvrement considérable.

Référence : Pianta et Harbers (1996).

Note: 3.2.

67. Validité prédictive d'un dépistage en début de scolarité

Localisation : États-Unis

Étude : L'étude a évalué la validité prédictive d'une procédure de dépistage en début de scolarité. La procédure de dépistage comprenait l'échelle d'intelligence de Stanford-Binet, les compétences linguistiques, les capacités perceptives-motrices, l'échelle de comportement en début de scolarité et la concentration sur les tâches.

Conception : Deux cohortes de participants ont été suivies pendant les 3 premières années d'école.

Échantillon : Tous les enfants d'un district scolaire municipal entrés au jardin d'enfants pendant chacune des deux années consécutives (Cohorte 1, n = 424, Cohorte 2, n = 351).

Mesures des résultats : Rétention, placement dans l'enseignement spécial, indication par les enseignants de problèmes de comportement et émotionnels, et performances aux tests normalisés de rendement scolaire.

Âge initial et au moment du suivi : Entrée en jardin d'enfants et 2e année.

Principales constatations : Certaines mesures (ex. : motricité fine et compétences cognitives, éducation maternelle) étaient des prédicteurs stables de beaucoup de formes de difficultés scolaires. La procédure de dépistage prédisait correctement 80 % des cas dans toute la gamme des résultats mais prédisait de manière plus précise les enfants ne présentant aucune forme de problème scolaire.

Référence : Pianta et McCoy (1997).

Note: 1.3.

68. Relations mère-enfant, relations enfant-enseignant et résultats scolaires dans l'enseignement préscolaire et les jardins d'enfants (pas de nom de projet)

Localisation : États-Unis

Étude : L'étude examine les associations des relations mère-enfant et enfant-enseignant avec les résultats de début de scolarité.

Conception : Analyse de données sur l'adaptation des enfants à l'école et leurs relations avec les mères et les enseignants, à l'aide d'analyses de régression hiérarchiques.

Échantillon : 55 enfants en âge préscolaire (4 ans) ayant au moins un facteur de risque, dans un petit district scolaire.

Mesures des résultats : Adaptation au jardin d'enfants évaluée par les enseignants. Compétences préscolaires (Test des concepts de base de Boehm, langage et concepts) également évaluées.

Âge initial et au moment du suivi : Les relations mère-enfant et enfant-enseignant ainsi que les compétences préscolaires ont été évaluées à 4 ans, et l'adaptation à l'école après l'entrée au jardin d'enfants.

Principales constatations : La qualité générale de l'interaction mère-enfant prédisait l'adaptation au jardin d'enfants rapportée par l'enseignant, et la qualité des interactions mère-enfant et enfant-enseignant prédisaient la performance des enfants en matière de concepts. Les relations mère-enfant avaient de plus fortes associations avec les résultats de l'enfant que les relations enseignant-enfant.

Référence : Pianta, Nimetz et Bennett (1997).

Note: 3.2.

69. Examen méta-analytique des programmes de visites à domicile destiné aux parents de jeunes enfants

Localisation : États-Unis

Étude : Examen méta-analytique des programmes de visites à domicile.

Conception : Méta-analyse de services de visites à domicile. L'efficacité du programme a été mesurée à l'aide de l'effet normalisé moyen pondéré calculé pour chaque groupe de résultats, et la relation entre le programme et l'impact a été étudiée dans chacun de ces groupes.

Source des données : 60 études.

Mesures des résultats : L'étude a groupé les résultats comme suit : 1) résultats des enfants (cognitifs, sociaux/émotionnels, prévention des mauvais traitements) ; 2) amélioration des pratiques d'éducation des enfants (comportements et attitudes des parents), et 3) cours de la vie de la mère (instruction, emploi, dépendance vis-à-vis de l'assistance publique).

Âge initial et au moment du suivi : Sans objet.

Principales constatations : En général, les enfants des familles inscrites à des programmes de visites à domicile avaient de meilleurs résultats que ceux du groupe témoin. Dans l'ensemble des résultats des enfants, trois des cinq effets (cognitif, socio-émotionnel, mauvais traitements éventuels) ont eu une ampleur moyenne significativement supérieure à zéro, bien que modeste. Dans l'ensemble des résultats parentaux, trois des cinq effets ont eu une ampleur moyenne significativement supérieure à zéro. Deux étaient les mesures les plus directes de la médiation des parents dans les progrès de l'enfant : le comportement parental et les attitudes parentales. L'effet du dosage des visites à domicile était au mieux faible. Les résultats des analyses des caractéristiques conceptuelles des programmes étaient incertains. Aucune caractéristique des programmes n'a semblé exercer à elle seule une influence significative sur l'ampleur de l'effet sur les résultats.

Référence : Sweet et Appelbaum (2004).

Note: 3.2.

70. Programme du Chicago Child-Parent Center (CPC) – Étude longitudinale de Chicago (ensemble de données)

Localisation : États-Unis

Évaluation d'impact : Le Programme du Chicago Child-Parent Center (CPC) (n = 989 enfants) fournit un enseignement complet, et des services familiaux et de santé. Il comprend une garderie à mi-temps pour les 3 à 4 ans, un jardin d'enfants à mi-temps ou plein temps, et des services pour les enfants en âge d'école rattachés à des écoles élémentaires et destinés aux 6 à 9 ans. Le groupe témoin (n = 550) comprenait des enfants participant à des programmes alternatifs de petite enfance (jardin d'enfants à plein temps) : 374 dans le groupe témoin préscolaire venaient de 5 écoles sélectionnées aléatoirement, plus de 2 autres offrant un jardin d'enfants à plein temps et des ressources complémentaires d'enseignement ; et 176 fréquentaient des jardins d'enfants à plein temps dans 6 CPC sans participation préscolaire.

Conception : L'étude a analysé des données longitudinales issues du suivi pendant 15 ans d'une large cohorte de groupes appariés non aléatoire, afin de déterminer l'efficacité à long terme d'un programme fédéral basé sur des centres d'interventions préscolaires et scolaires, destiné aux enfants urbains à faible revenu.

Échantillon : Taille de l'échantillon : traitement, n = 989, témoin, n = 550. L'application du traitement n'était pas aléatoire, l'entièreté de la cohorte des participants au programme a fait partie de l'étude. Le groupe témoin a été sélectionné de manière aléatoire dans 7 jardins d'enfants et 6 centres enfants-parents (sans exposition préscolaire). Le groupe de traitement a été apparié suivant l'âge de l'entrée au jardin d'enfants, l'éligibilité aux programmes financés par l'État, le quartier et la pauvreté de la famille.

Mesures des résultats : Taux d'achèvement de l'école secondaire et d'abandon à l'âge de 20 ans, arrestations juvéniles pour des infractions violentes ou non, ainsi que les redoublements et les placements en enseignement spécial à l'âge de 18 ans.

Âge initial et au moment du suivi : Base de référence : 3 ou 4 ans. Suivi : 18 et 20 ans.

Principales constatations : Par rapport au groupe préscolaire de comparaison et après ajustement de plusieurs covariables, les enfants ayant participé à l'intervention préscolaire pendant 1 ou 2 ans obtenaient un meilleur taux d'achèvement des études secondaires (49,7 % contre 38,5 %, p = 0,01), davantage d'années d'études achevées (10,6 contre 10,2, p = 0,03), et de plus faibles taux d'arrestations juvéniles (16,9 % contre 25,1 %, p = 0,003), d'infractions violentes (9,0 % contre 15,3 %, p = 0,002) et d'abandon scolaire (46,7 % contre 55,0 %, p = 0,047). La participation tant préscolaire qu'en âge d'école était significativement associée à des taux inférieurs de redoublement et de placement dans l'enseignement spécial. Les effets de la participation préscolaire sur les résultats de l'enseignement étaient plus importants pour les garçons que pour les filles, notamment sur les taux d'abandon (p = 0,03).

Par rapport à une participation moins large, les enfants ayant participé à l'ensemble du programme depuis le stade préscolaire jusqu'en deuxième ou troisième année enregistraient aussi des taux plus faibles de redoublement (21,9 % contre 32,3 %, p = 0,001) et de placement dans l'enseignement spécial (13,5 % contre 20,7 %, p = 0,004).

Référence : Reynolds et coll. (2001).

Notes: 1.3, 4.1.

71. High/Scope Perry Preschool Program, Étude 1

Localisation : États-Unis

Évaluation d'impact : Programme d'enseignement préscolaire de 2 ans pour les enfants de 3 et 4 ans vivant dans des familles à bas revenu. Les enseignants avaient des diplômes de bacheliers et une certification dans l'enseignement, et chacun s'occupait de 5 à 6 enfants. Ils appliquaient le modèle pédagogique High/Scope dans des classes quotidiennes de 2,5 heures et rendaient visite aux familles chaque semaine. Dans ce modèle, les enseignants organisaient la classe et le programme journalier pour soutenir des activités d'apprentissage lancées par les enfants eux-mêmes, offraient des activités en petits ou plus larges groupes, et aidaient les enfants à faire des expériences clés pour le développement de l'enfant. Les enseignants étudiaient et recevaient une formation et un soutien réguliers à l'utilisation de ce modèle pédagogique.

Conception : Essai contrôlé aléatoire dans un environnement urbain pauvre, suivant 123 enfants de 3 à 40 ans.

Échantillon : 123 enfants afro-américains à faible revenu, évalués comme à haut risque d'échec scolaire ; 58 d'entre eux ont été aléatoirement assignés à un groupe de traitement ayant bénéficié d'un programme préscolaire de grande qualité à 3 et 4 ans, et 65 à un autre groupe qui n'a participé à aucun programme préscolaire.

Mesures des résultats : Effets à court et à long terme sur l'éducation, les performances économiques, la prévention du crime, les relations familiales et la santé..

Âge initial et au moment du suivi : De 3 à 11 ans et ensuite à 14, 15, 19, 27 et 40 ans.

Principales constatations : Les programmes préscolaires de grande qualité destinés aux jeunes enfants vivant dans la pauvreté contribuent à leurs développements intellectuel et social au cours de l'enfance et à leur réussite scolaire, à leurs performances économiques et à une diminution des actes criminels à l'âge adulte. Le groupe du programme disposait de revenus annuels médians supérieurs à ceux des groupes sans programmes à 27 et 40 ans (12 000 dollars contre 10 000 dollars à 27 ans et 20 800 dollars contre 15 300 dollars à 40 ans). Le groupe du programme comptait beaucoup moins d'emprisonnements à perpétuité que le groupe sans programme.

Les différences entre le groupe du programme et le groupe témoin comprenaient un plus haut niveau d'études (65 % contre 45 % diplômés de l'enseignement secondaire normal) ; des tests intellectuels et de langage depuis les années préscolaires jusqu'à 7 ans ; des tests de performance scolaire à 9, 10 et 14 ans ; et des tests d'alphabétisation à 19 et 27 ans. À 15 et 19 ans, le groupe du programme avait des attitudes nettement meilleures vis-à-vis de l'école que le groupe sans programme. Un nombre significativement plus important de membres du groupe du programme avaient un emploi à 40 ans (76 % contre 62 %) et à 27 ans (69 % contre 56 %).

À 40 ans, davantage d'hommes du groupe du programme élevaient leurs enfants. Pour un investissement de 15 166 dollars par participant, le rendement du programme Perry Preschool a été de 244 812 dollars par participant, soit 16,14 dollar par dollar investi. Sur ce rendement, 195 621 dollars sont allés au grand public, soit 12,90 dollars par dollar investi, et 49 190 dollars sont allés à chaque participant, soit 3,24 dollars par dollar investi. Sur le rendement public, 88 % provenaient d'économies sur la criminalité, 4 % d'économies sur l'enseignement, 7 % d'une augmentation des recettes fiscales due à de plus hauts revenus, et 1 % (2 768 dollars) d'économies sur la protection sociale.

Référence : Schweinhart et coll. (2005).

Notes: 1.1, 1.3, 3.1, 4.1.

72. High/Scope Perry Preschool Program, Étude 2

Localisation : États-Unis

Étude : Les détails du programme sont donnés plus haut.

Conception : L'étude a estimé le taux de rendement et le rapport coût-avantage du programme Perry Preschool, en tenant compte des coûts déterminés localement, des données manquantes, des coûts non récupérables de la taxation, et de la valeur des coûts et avantages non marchands. Elle améliore les estimations précédentes en tenant compte de la corruption dans le processus de randomisation, en déterminant les écarts-types de ces estimations, et en examinant la sensibilité des estimations à des hypothèses alternatives concernant les données manquantes et la valeur des avantages non marchands.

Échantillon : Voir description de l'Étude 1.

Mesures des résultats : Voir description de l'Étude 1.

Âge initial et au moment du suivi : Voir description de l'Étude 1.

Principales constatations : Les taux de rendement sociaux estimés se situaient généralement entre 7 et 10 %, avec des estimations substantiellement inférieures à celles précédemment rapportées dans la littérature. Les rendements étaient en général significativement différents de zéro du point de vue statistique tant pour les garçons que pour les filles, et supérieurs au rendement historique des capitaux. Les ratios coûts/avantages après ajustement de la randomisation compromise allaient de 5,4 à 9,8.

Référence : Heckman et coll. (2009).

73. Parents as Teachers Program (PAT), Étude 1 (Cette section n'est incluse que pour décrire le contexte de l'Étude 2).

Localisation : États-Unis

Évaluation d'impact : Évaluation de l'impact du PAT mis en œuvre avec une approche différente dans deux programmes : 1) le programme de Salinas Valley pour des familles latinos et 2) un programme ciblant spécifiquement les parents adolescents. Le programme de Salinas Valley prévoyait des visites mensuelles à domicile aussi longtemps que les familles souhaitaient rester dans le programme, jusqu'à ce que l'enfant ait 3 ans. Les visites à domicile effectuées par un éducateur parental formé comprenaient des leçons basées sur le programme pédagogique national du PAT. Les participants au programme ont reçu en moyenne 20 visites (28 à 50 min/session) pendant 3 ans. Des réunions volontaires de groupes étaient organisées en anglais et espagnol, mais moins de 15 % des familles y ont participé. Le groupe témoin a reçu des jouets adaptés aux âges concernés, et les retards importants de développement ou d'autres problèmes ont été envoyés vers des programmes de soins adéquats. Dans le programme pour les parents adolescents, le service du PAT a pris la forme de visites à domicile mensuelles et de réunions de groupes jusqu'au deuxième anniversaire des enfants. Les visites à domicile suivaient le programme pédagogique national du PAT. En moyenne, 10 visites ont été effectuées pendant la période de 2 ans (durée des sessions non précisée). La participation aux réunions de groupe a été faible, en moyenne 2 à 3 réunions en 2 ans. Un autre groupe du programme a bénéficié d'un service complet de gestion des cas, avec des contacts en face-à-face aussi souvent que demandé, ou au moins une fois par trimestre. Les gestionnaires de cas orientaient vers des services spécialisés ou organisaient les services spécifiques demandés. Enfin, un troisième groupe bénéficiait des deux services.

Conception : Essai contrôlé aléatoire du programme PAT ciblant différents bénéficiaires.

Échantillon : Familles assignées de façon aléatoire au programme (n = 298) et au groupe témoin (n = 199) du programme Salinas Valley ; programme PAT seul (n = 177), gestion de cas seule (n = 174), intervention combinée (n = 175), et témoin (n = 175) pour le programme destiné aux parents adolescents.

Mesures des résultats : Connaissances parentales du développement du nourrisson ; attitudes et comportements parentaux ; développement de l'enfant (cognitif, communication, développement social, autonomie et développement physique), santé de l'enfant et soins de santé (vaccination, recours aux services de soins de santé).

Âge initial et au moment du suivi : Base de référence à moins de 6 mois. Des évaluations du développement de l'enfant ont été conduites à 1, 2 et 3 ans.

Principales constatations : L'étude a décelé des effets positifs, petits et inconsistants, sur les connaissances des parents, leurs attitudes et comportements, et aucun gain dans le développement ou les résultats de santé de l'enfant dans le groupe de traitement par rapport au groupe témoin. Parmi les sous-groupes, les enfants latinos des familles hispanophones présentaient des gains de développement plus importants dans les domaines cognitif, de la communication, social, et de l'autonomie. Pour le PAT pour les parents adolescents, ceux qui avaient bénéficié d'un service complet de gestion des cas engrangeaient le plus de bénéfices. À Salinas Valley, les personnes qui avaient reçu les services les plus intensifs présentaient plus de gains.

Référence : Wagner et Clayton (1999).

Note: 3.2.

74. Parents as Teachers Program (PAT), Étude 2

Localisation : États-Unis

Étude qualitative : L'étude a examiné un programme qui n'avait pas produit les résultats escomptés chez les enfants – même s'il avait eu des effets petits et inconsistants sur les connaissances, les attitudes et le comportement des parents (Wagner et Clayton, 1999) – et a mené une enquête qualitative sur les raisons de cet échec.

Conception : L'étude a récolté des études de cas longitudinales sur 3 ans de 21 familles, interrogé les parents et les visiteurs à domicile, et analysé des vidéocassettes de visites à domicile. Quelque 60 autres mères ont participé à des groupes de discussions thématiques.

Échantillon : 21 études de cas de familles, 60 mères dans les groupes de discussions thématiques. (L'étude ne décrit pas le mode de sélection de ces familles et mères.)

Mesures des résultats : Sans objet.

Âge initial et au moment du suivi : Depuis la naissance ou peu après, pendant 3 ans.

Principales constatations : Les problèmes identifiés par l'enquête étaient :

* Écart entre la façon dont les visiteurs à domicile percevaient leur rôle et le rôle attendu d'eux (les visiteurs à domicile considéraient l'apport d'un soutien social comme leur principale responsabilité, alors que le programme était centré sur l'éducation des parents). L'accent était surtout mis sur le fait d'aider les mères à se sentir bien avec elles-mêmes et pas assez sur les résultats attendus en matière d'interaction parent-enfant.
* Pas assez d'explications sur les implications comportementales dans la communication de l'information sur le rôle parental.
* Les démonstrations faites par les visiteurs à domicile n'étaient pas reconnues comme des modèles par les parents et avaient eu peu d'influence.
* Les visiteurs à domicile n'étaient pas à l'aise dans le rôle d'experts qui leur était assigné, même si les familles les considéraient comme tels et souhaitaient s'instruire auprès d'eux. L'intervention aurait dû accepter et soutenir les parents tout en les aidant activement à adopter des comportements qui ont prouvé leur capacité à encourager un développement sain.
* Les visiteurs à domicile n'avaient pas la capacité de détecter d'éventuels problèmes de développement. Ceci pouvait être dû à une formation insuffisante ou à la force du lien établi entre les visiteurs et les mères, qui les aurait aveuglés sur les problèmes des enfants.

Recommandations :

* Les objectifs auraient dû être suffisamment précis pour que les visiteurs à domicile et les parents puissent effectivement réfléchir sur leur réalisation.
* Le programme pédagogique du PAT fournissait d'abondantes informations sur le développement, mais aurait dû expliciter plus nettement ce qu'il tentait de faire.
* Le personnel aurait dû être formé de façon adéquate à la reconnaissance d'indicateurs de développement atypique.
* Les programmes de visites à domicile auraient dû intégrer le fait que certains parents ne peuvent ou ne veulent pas suivre ce que propose le programme et requièrent des stratégies complémentaires pour assurer le succès du développement de l'enfant..

Référence : Hebbeler et Gerlach-Downie (2002).

75. Projet CARE

Localisation : États-Unis

Évaluation d'impact : Centre de développement de l'enfant proposant des soins aux enfants à mi-temps (obligatoire) ou à plein temps. Le ratio enseignant-enfant était de 1:3 pour les nourrissons, 1:4 pour les petits de 2 ans, 1:6 pour les 3 à 5 ans. Les enseignants recevaient une formation intensive au programme. Celui-ci mettait l'accent sur le développement à la fois cognitif et socio-émotionnel. Une attention particulière était portée au langage. Le programme d'éducation familiale prenait la forme de visites hebdomadaires à domicile pendant les 3 premières années. (La moyenne des visites à domicile était de 2,5 pour les groupes bénéficiant uniquement des visites à domicile et de 2,7 par mois pour les groupes bénéficiant des visites à domicile et des services du centre). Pour les enfants de 4 et 5 ans, des visites hebdomadaires ou bihebdomadaires étaient effectuées, avec une moyenne de 1,4 pour le groupe bénéficiant uniquement des visites à domicile et de 1,1 par mois pour le groupe bénéficiant des visites à domicile et des services du centre. Les visiteurs à domicile essayaient d'aider les familles à surmonter leurs préoccupations avec des stratégies de résolution des problèmes, faisaient des démonstrations et décrivaient les activités appropriées pour le développement des enfants. Les visiteurs à domicile étaient formés à l'utilisation du même matériel que celui employé par les enseignants de jour. Des réunions parentales mensuelles étaient également organisées comme sources d'information et groupes de soutien.

Conception : Essai témoin aléatoire contrôlé de différents traitements (soins aux enfants en centre plus éducation familiale, éducation familiale seule, témoin).

Échantillon : Familles à haut risque assignées aléatoirement à trois groupes : 1) garderie éducative plus éducation familiale, n = 15 ; 2) éducation familiale seule, n = 24 ; 3) groupe témoin, n = 23, au départ.

Mesures des résultats : Compétences cognitives des enfants (test de Bayley, de Stanford-Binet et échelles McCarthy), environnement familial (HOME), attitude maternelle vis-à-vis de l'éducation de l'enfant.

Âge initial et au moment du suivi : Base de référence à 6 mois, et ensuite jusqu'à 54 mois.

Principales constatations : Pour chaque test réalisé après l'évaluation à 6 mois, les notes obtenues par les enfants inscrits à la garderie éducative avec soutien familial étaient supérieures à celles des enfants des 2 autres groupes. Aucun effet cognitif de l'intervention n'a été observé pour le groupe d'éducation familiale. Des effets de groupes n'ont pas été notés pour les mesures de la qualité soit de l'environnement familial, soit de l'attention des parents. Les visites à domicile seules étaient insuffisantes pour affecter les résultats des enfants ou les comportements des parents. Les compétences cognitives à 54 mois des enfants du groupe témoin se trouvaient à 1 ET en dessous de celles du groupe de la garderie éducative.

Référence : Wasik et coll. (1990).

Note: 3.2.

76. Programme pour la nutrition et le développement de la petite enfance, Étude 1

Localisation : Ouganda

Évaluation d'impact : Évaluation d'un ensemble intégré de soins à la petite enfance, qui a mobilisé des groupes de parents et de pourvoyeurs de soins au niveau communautaire. Des foires de l'enfance facilitées par des « animateurs » (travailleurs locaux) ont été organisées tous les 6 mois et ont servi de canal de prestation des services et de communication permettant aux communautés d'accéder à des services de santé et de nutrition intégrés pour leurs enfants. Des subventions de soutien aux communautés et des fonds d'innovation ont apporté une aide financière aux projets de DPE avec des contributions communautaires de contrepartie en espèces ou en nature. Un programme national de soutien au développement de l'enfant était centré sur l'appui aux activités au niveau national, telles que le suivi et évaluation participatifs ; des programmes oligo-éléments ; l'élaboration des programmes pédagogiques de DPE ; l'information, l'enseignement et la communication (IEC) ; et des actions de plaidoyer pour les droits des enfants. Des campagnes de communication ont également été conduites à travers divers médias (radio, évènements communautaires, travailleurs locaux, etc.)

Conception : Comparaison expérimentale de type différence dans la différence, entre les communautés du programme et témoins. L'étude a mesuré l'effet de l' « intention de traiter » pour la nutrition de l'enfant.

Échantillon : Sélection aléatoire (utilisant un échantillonnage stratifié) de 2 250 ménages dans 50 paroisses (sous-districts) sélectionnées aléatoirement. Les ménages ont été assignés à 3 groupes de 750 chacun : 1) le groupe A, qui a bénéficié de tous les services de DPE ainsi que de la fourniture expérimentale d'albendazole pendant les journées de la santé de l'enfant, 2) le groupe B, qui a bénéficié de tous les principaux services de DPE, et 3) le groupe témoin.

Mesures des résultats : Poids de l'enfant (la taille a aussi été mesurée, mais l'analyse s'est concentrée sur le poids), connaissances de la famille, attitude, et pratiques en matière de recherche de soins de santé et de soins de l'enfant.

Âge initial et au moment du suivi : Sans objet. Base de référence établie entre janvier et mars 2000, avec ensuite un suivi entre janvier et mars 2003.

Principales constatations : Des améliorations significatives ont été constatées chez les enfants les plus jeunes (moins de 12 mois) dans les communautés du projet et une amélioration plus faible dans la cohorte du groupe témoin. Par contre, l'état nutritionnel s'est apparemment dégradé chez les enfants par rapport à la période de référence dans certaines des autres cohortes, pour des raisons qui ne sont pas claires. Ce déclin s'est manifesté aussi bien dans le groupe de traitement que dans le groupe témoin. En termes de pratiques de soins aux enfants, les sites du projet ont respecté plus fidèlement les directives sur l'allaitement exclusif que ne l'a fait le groupe témoin, et il avait, selon les rapports des parents, un meilleur contenu d'alimentation complémentaire.

Référence : Alderman (2007).

Notes: 3.2, 3.3.

77. Programme pour la nutrition et le développement de la petite enfance, Étude 2

Localisation : Ouganda

Évaluation d'impact : Voir Étude 1. L'étude s'est concentrée sur la stimulation précoce et les pratiques parentales.

Conception : Voir Étude 1.

Échantillon : Voir Étude 1.

Mesures des résultats : 1) attitudes et comportements d'administration des soins par les mères : comportements favorisant l'apprentissage et le développement, routine et soins quotidiens, et expériences journalières comprenant le jeu ; 2) implication des pères (comportement et attitudes) dans l'administration des soins ; et 3) attitudes vis-à-vis du rôle des parents dans l'apprentissage et le développement de l'enfant. L'évaluation des comportements favorisant l'apprentissage et le développement a été basée sur des aspects de la prestation des soins en partie adaptés de l'inventaire HOME.

Âge initial et au moment du suivi : Voir Étude 1.

Principales constatations : Par rapport à la base de référence, les mères du programme étaient plus susceptibles que celles du groupe témoin d'associer leurs enfants à leurs propres activités de routine quotidienne, telles que le ménage et l'agriculture. Par rapport à la base de référence, elles ont aussi rapporté une plus grande implication dans les activités d'apprentissage (comptage, usage des noms et dessin) lors de l'évaluation finale. Elles signalent en outre une plus grande acceptation de leur rôle de renforcement de la préparation des enfants à l'école. Les résultats sont assez encourageants en ce qui concerne le changement d'attitude des pères par rapport à leur implication dans le développement des enfants. Les attitudes par rapport à une implication du père dans les activités allant au-delà des aspects traditionnels de soins physiques à l'enfant ont été améliorées par le projet. Toutefois, les changements réels de comportement ont été limités.

Référence : Britto, Engle et Alderman (2007).

78. Enquête uruguayenne auprès des ménages

Étude : L'enquête uruguayenne auprès des ménages couvre environ 18 000 ménages chaque année en zones urbaines. Les questions de l'enquête comprennent les caractéristiques sociodémographiques des ménages, la scolarité et le plus haut niveau d'études atteint par tous les individus. Depuis 2001, le projet a récolté des informations rétrospectives sur la fréquentation préscolaire dans le cadre de la rapide expansion des classes de maternelle.

Conception : Analyse rétrospective des enquêtes auprès des ménages. L'analyse a comparé la progression scolaire des frères et sœurs exposés différemment à l'éducation préscolaire, étant donné que la majeure partie de l'hétérogénéité de l'exposition préscolaire et des résultats scolaires provient des caractéristiques du ménage.

Échantillon : 23 042 enfants en 5 ans.

Mesures des résultats : Fréquentation scolaire et années de scolarisation des enfants de 7 à 15 ans.

Âge initial et au moment du suivi : Pas longitudinal. Enfants de 7 à 15 ans.

Principales constatations : À l'âge de 15 ans, les enfants ayant été préscolarisés avaient suivi 0,79 année d'études de plus que leurs frères et sœurs qui ne l'avaient pas été. Les enfants préscolarisés avaient une probabilité d'être encore à l'école à 15 ans de 27 points de pourcentage supérieure à celle des enfants sans exposition préscolaire. Les enfants dont les mères étaient moins instruites semblaient bénéficier davantage d'une préscolarisation.

Référence : Berlinski, Galiani et Manacorda (2008).

Note: 3.1.

79. Étude de l'alimentation attentive (pas de nom de projet)

Localisation : Vietnam

Étude : Étude par observation menée dans le Vietnam rural dans le cadre de l'essai prospectif aléatoire communautaire d'un projet de nutrition mis en œuvre par l'ONG Save the Children.

Conception : Étude par observation, et non une évaluation d'impact, étudiant les relations entre le comportement du pourvoyeur de soins pendant les repas et l'acceptation de la nourriture par les enfants. L'observation et le codage ont été exécutés par enregistrement vidéo.

Échantillon : L'étude initiale comprenait 240 enfants de 5 à 25 mois. Pour cette étude, les enfants ont été sélectionnés aléatoirement pour participer pendant 12 ou 17 mois (n = 91).

Mesures des résultats : Acceptation de la nourriture par des enfants de 11 ou 17 mois. Les comportements des pourvoyeurs de soins ont été évalués à l'aide de 3 variables : personne donnant les repas, verbalisation du pourvoyeur de soins, et actions physiques du pourvoyeur de soins.

Âge initial et au moment du suivi : Sans objet, les enfants ont été observés à 11 ou 17 mois.

Principales constatations : Une verbalisation positive et mécanique/directe par le pourvoyeur de soins a été fortement associée aux chances de voir l'enfant accepter la bouchée offerte. Lorsque les commentaires verbaux étaient positifs, les enfants avaient 2,4 fois plus de chances d'accepter la bouchée que ceux qui n'en avaient pas bénéficié. Lorsque les commentaires étaient mécaniques/directifs, les enfants avaient moins de chances d'accepter la bouchée. Les actions physiques du pourvoyeur de soins étaient inversement corrélées à l'acceptation des bouchées. L'alimentation forcée était aussi associée positivement à l'acceptation. Les enfants qui s'alimentaient seuls avaient plus de chances d'accepter les bouchées que les enfants nourris par un pourvoyeur de soins autre que la mère.

Référence : Dearden et coll. (2009).

Note: 3.2.

80. Intervention en faveur de la nutrition et de la préscolarité (pas de nom de projet)

Localisation : Vietnam

Évaluation d'impact : L'intervention a utilisé pendant 2 ans (1999–2000) une enquête à variance positive, financée par l'organisation Save the Children. Le projet mis en œuvre dans 5 communes et ciblant des enfants de 0 à 36 mois identifiait les pratiques de soins aux enfants ayant de bons résultats dans des familles pauvres ayant des enfants bien nourris. La composante de nutrition comprenait un suivi de la croissance et un programme mensuel de rééducation à la nutrition conduit par des agents de santé volontaires locaux et ciblant des enfants gravement mal nourris. Deux communes ont poursuivi avec un projet de DPE de 2 années (2002-2003) ciblant des enfants de 4 à 5 ans. La composante de DPE a renforcé le service existant à travers un soutien matériel et une formation des enseignants aux modèles pédagogiques centrés sur l'enfant, ainsi que des sessions d'information séparées pour les mères et pères, et en mettant également en place une petite bibliothèque locale pour les parents.

Conception : Évaluation d'impact quasi-expérimentale mais sans groupe témoin non traité, ni données de référence pour le développement cognitif. Base de référence uniquement disponible pour la taille : compare la nutrition seule avec la nutrition accompagnée d'interventions de DPE. Des modèles linéaires généralisés ont été utilisés pour estimer les effets, et des équations d'estimation généralisées ont été utilisées pour évaluer les effets sur les proportions.

Échantillon : La sélection des communautés n'était pas aléatoire au départ. Les communautés DPE ont été sélectionnées sur base du manque d'accès au service. L'échantillon d'enfants pour l'évaluation d'impact n'a été sélectionné que dans 2 communes ayant des conditions socio-économiques similaires, avec nutrition + DPE = 141, nutrition seule = 172.

Mesures des résultats : Tailles des enfants et notes au test cognitif à l'aide du Test des matrices progressives de Raven.

Âge initial et au moment du suivi : Pas de données de référence mais données en fin de course, à 6,5 et 8,5 ans.

Principales constatations : Les interventions de DPE avaient des notes nettement meilleures au test des compétences cognitives que la nutrition seule ; les effets en fin de course étaient particulièrement grands pour les enfants mal nourris. Il n'y a pas eu d'effets additionnels du programme DPE sur l'état nutritionnel.

Référence : Watanabe et coll. (2005).

Notes: 1.2, 3.1.

Source : Recherches des auteurs

Note des annexes

TMC = Transfert monétaire conditionnel ; DPE = Développement de la petite enfance ; EPE = Éducation de la petite enfance ; EI = Évaluation d'impact ; KG = Jardin d'enfants (kindergarten) – dans les études menées aux États-Unis, le jardin d'enfant correspond à l'enseignement préscolaire délivré pendant un an avant l'entrée à l'école primaire ; ET = Écart-type ; SSE = Statut socio-économique

Les instruments utilisés dans l'EI et les études sont les suivants :
AIS = Échelle d'implication de l'adulte (Adult Involvement Scale)
Échelles de développement des nourrissons de Bayley
GÉI = Grille d'évaluation des interactions avec le pourvoyeur de soins
ÉÉEP-R = Échelle d'évaluation de l'environnement préscolaire révisée
ECOF = Formulaire d'observation de la petite enfance de l'UCLA (UCLA Early Childhood Observation Form)
ÉÉGF = Échelle d'évaluation des garderies familiales
ÉÉENTP = Échelle d'évaluation de l'environnement des nourrissons et des tout-petits

Inventaire HOME = Home Observation for Measurement of the Environment – observations destinées à mesurer l'environnement familial Échelle HOME
Échelles d'aptitudes pour enfants de McCarthy
IDM = Indice de développement mental des échelles de développement des nourrissons de Bayley
EVIP-R = Échelles de vocabulaire en images Peabody, révisée
EVIP-III = Échelles de vocabulaire en images Peabody – III
Échelle d'intelligence de Stanford-Binet
TIS = Échelle d'implication de l'adulte (Teacher Involvement Scale)
TVIP = Test de Vocabulario en Imagenes Peabody (version en espagnol de l'EVIP)
WAIS = Échelle d'intelligence de Wechsler pour adultes (Wechsler Adult Intelligence Scale)
WISC-R = Échelle d'intelligence de Wechsler pour enfants, révisée
WJ = Batterie de tests psycho-éducatifs de Woodcock-Johnson
WJ-R = Batterie de tests psycho-éducatifs de Woodcock-Johnson, révisée
WJ-III = Batterie de tests psycho-éducatifs de Woodcock-Johnson, troisième
    édition; Woodcock-Munōz = Batería III Woodcock-Munōz
WPPSI = Wechsler Preschool et Primary Scale of Intelligence

Références des annexes

Aboud, F. E. 2006. "Evaluation of an Early Childhood Preschool Program in Rural Bangladesh." *Early Childhood Research Quarterly* 21 (1): 46–60.

Aboud, F. E., S. Shafique, et S. Akhter. 2009. "A Responsive Feeding Intervention Increases Children's Self-Feeding and Maternal Responsiveness but Not Weight Gain." *Journal of Nutrition* 139 (9): 1738–43.

Alderman, H. 2007. "Improving Nutrition through Community Growth Promotion: Longitudinal Study of the Nutrition and Early Child Development Program in Uganda." *World Development* 35 (8): 1376–89.

Armecin, G., J. R. Behrman, P. Duazo, S. Ghuman, S. Gultiano, E. M. King, et N. Lee. 2006. "Early Childhood Development through an Integrated Program: Evidence from the Philippines." Policy Research Working Paper 3922. World Bank, Washington, DC.

Barker, D. J., J. G. Eriksson, T. Forsén, et C. Osmond. 2002. "Fetal Origins of Adult Disease: Strength of Effects and Biological Basis." *International Journal of Epidemiology* 31 (6): 1235–39.

Behrman, J., Y. Cheng, et P. Todd. 2004. "Evaluating Pre-school Programs When Length of Exposure to the Program Varies: A Nonparametric Approach." *Review of Economics and Statistics* 86 (1): 108–32.

Berlinski, S., et S. Galiani. 2007. "The Effect of a Large Expansion of Pre-primary School Facilities on Preschool Attendance and Maternal Employment." *Labour Economics* 14 (3): 665–80.

Berlinski, S., S. Galiani, et P. Gertler. 2009. "The Effect of Pre-primary Education on Primary School Performance." *Journal of Public Economics* 93 (1–2): 219–34.

Berlinski, S., S. Galiani, et M. Manacorda. 2008. "Giving Children a Better Start: Preschool Attendance and School-Age Profiles." *Journal of Public Economics* 92 (5–6): 1416–40.

Bradley, R. H., R. F. Corwyn, M. Burchinal, H. P. McAdoo, et C. G. Coll. 2001. "The Home Environments of Children in the United States Part II: Relations with Behavioral Development through Age Thirteen." *Child Development* 72 (6): 1868–86.

Britto, P. R., P. Engle, et H. Alderman. 2007. "Early Intervention and Caregiving: Evidence from Uganda Nutrition and Early Childhood Development Program." *Child Health and Development* 1 (2): 112–33.

Burchinal, M., C. Howes, et S. Kontos. 2002. "Structural Predictors of Child Care Quality in Child Care Homes." *Early Childhood Research Quarterly* 17 (1): 87–105.

Campbell, F. A., C. T. Ramey, E. P. Pungello, S. Miller-Johnson, et J. J. Sparling. 2002. "Early Childhood Education: Young Adult Outcomes from the Abecedarian Project." *Applied Developmental Science* 6 (1): 42–57.

Currie, J., et D. Thomas. 1999. "Early Test Scores, Socioeconomic Status and Future Outcomes." NBER Working Paper 6943. National Bureau of Economic Research, Cambridge, MA.

Dearden, K. A., S. Hilton, M. E. Bentley, L. E. Caulfield, C. Wilde, P. B. Ha, et D. Marsh. 2009. "Caregiver Verbal Encouragement Increases Food Acceptance among Vietnamese Toddlers." *Journal of Nutrition* 139 (7): 1387–92.

Doherty, G., B. Forer, D. Lero, H. Goelman, et A. LaGrange. 2006. "Predictors of Quality in Family Child Care." *Early Childhood Research Quarterly* 21 (3): 296–312.

Downer, J. T., et R. C. Pianta. 2006. "Academic and Cognitive Functioning in First Grade: Associations with Earlier Home and Child Care Predictors and With Concurrent Home and Classroom Experiences." *School Psychology Review* 35 (1): 11–30.

Feinstein, L. 2003. "Inequality in the Early Cognitive Development of Children in the 1970 Cohort." *Economica* 70 (Feb): 73–97.

Fernald, L. C., P. J. Gertler, et L. M. Neufeld. 2006. "Role of Cash in Conditional Cash Transfer Programmes For Child Health, Growth, and Development: An Analysis of Mexico's Oportunidades." *The Lancet* 371 (9615): 828–37.

Flouri, E., et A. Buchanan. 2004. "Early Father's and Mother's Involvement and Child's Later Educational Outcomes." *British Journal of Educational Psychology* 74 (Jun): 141–53.

Glewwe, P., H. G. Jacoby, et E. M. King. 2001. "Early Childhood Nutrition et Academic Achievement: A Longitudinal Study." *Journal of Public Economics* 81 (3): 345–68.

Glewwe, P., et E. M. King. 2001. "The Impact of Early Childhood Nutritional Status on Cognitive Development. Does the Timing of Malnutrition Matter?" *World Bank Economic Review* 5 (1): 81–113.

Goelman, H., B. Forer, P. Kershaw, G. Doherty, D. Lero, et A. LaGrange. 2006. "Towards a Predictive Model of Child Care Quality in Canada." *Early Childhood Research Quarterly* 21 (3): 280–95.

Goodson, B. D., J. I. Layzer, R. G. St. Pierre, L. S. Bernstein, et M. Lopez. 2000. "Effectiveness of a Comprehensive, Five-Year Family Support Program for Low-Income Children and Their Families: Findings from the Comprehensive Child Development Program." *Early Childhood Research Quarterly* 15 (1): 5–39.

Grantham-McGregor, S. M., C. A. Powell, S. P. Walker, et J. H. Himes. 1991. "Nutritional Supplementation, Psychosocial Stimulation, and Mental Development of Stunted Children: The Jamaican Study." *The Lancet* 338 (8758): 1–5.

Grantham-McGregor, S. M., S. P. Walker, S. M. Chang, et C. A. Powell. 1997. "Effects of Early Childhood Supplementation with and without Stimulation on Later Development in Stunted Jamaican Children." *American Journal of Clinical Nutrition* 66 (2): 247–53.

Guldan, G. S., H. C. Fan, X. Ma, Z. Z. Ni, X. Xiang, et M. Z. Tang. 2000. "Culturally Appropriate Nutrition Education Improves Infant Feeding and Growth in Rural Sichuan, China." *Journal of Nutrition* 130 (5): 1204–11.

Haas, J. D., E. J. Martinez, S. Murdoch, E. Conlisk, J. A. Revera, et R. Martorell. 1995. "Nutritional Supplementation during the Preschool Years and Physical Work Capacity in Adolescent and Young Adult Guatemalans." *Journal of Nutrition* 125 (4): 1068–77.

Hair, E., T. Halle, E. Terry-Humen, B. Lavelle, et J. Calkins. 2006. "Children's School Readiness in the ECLS-K: Predictions to Academic, Health, and Social Outcomes in First Grade." *Early Childhood Research Quarterly* 21 (4): 431–54.

Hebbeler, K. M., et S. G. Gerlach-Downie. 2002. "Inside the Black Box of Home Visiting: A Qualitative Analysis of Why Intended Outcomes Were Not Achieved." *Early Childhood Research Quarterly* 17 (1): 28–51.

Heckman, J. J., S. H. Moon, R. Pinto, P. A. Savalyev, et A. Yavitz. 2009. "The Rate of Return to the High/Scope Perry Preschool Program." Unpublished manuscript, Department of Economics, University of Chicago.

Hoddinott, J., J. A. Maluccio, J. R. Behrman, R. Flores, et R. Martorell. 2008. "Effect of a Nutrition Intervention During Early Childhood on Economic Productivity in Guatemalan Adults." *The Lancet* 371 (9610): 411–16.

Huffman, L. R., et P. W. Speer. 2000. "Academic Performance among At-Risk Children: The Role of Developmentally Appropriate Practices." *Early Childhood Research Quarterly* 15 (2): 167–84.

Jaramillo, A., et K. Tietjen. 2001. *Early Childhood Development in Africa: Can We Do More and Better for Less? A Look at the Impact and Implications of Preschools in Cape Verde and Guinea*. World Bank Africa Region Human Development Series. Washington, DC: World Bank.

Kagitçibasi, C., D. Sunar, et S. Bekman. 2001. "Long-term Effects of Early Intervention: Turkish Low-Income Mothers and Children." *Journal of Applied Development Psychology* 22 (4): 333–61.

Kagitçibasi, C., D. Sunar, S. Bekman, N. Baydar, et Z. Cemalcilar. 2009. "Continuing Effects of Early Enrichment in Adult Life: The Turkish Early Enrichment Project 22 Years Later." *Journal of Applied Developmental Psychology* 30 (6): 764–79.

Loeb, S., M. Bridges, D. Bassok, B. Fuller, et R. W. Rumberger. 2007. "How Much Is Too Much? The Influence of Preschool Centres on Children's Social and Cognitive Development." *Economics of Education Review* 26 (1): 52–66.

Love, J., E. E. Kisker, C. Ross, H. Raikes, J. Constantine, K. Boller, J. Brooks-Gunn, R. Chazan-Cohen, L. B. Tarullo, C. Brady-Smith, A. S. Fuligni, P. Z. Schochet, D. Paulsell, et C. Vogel. 2005. "The Effectiveness of Early Head Start for 3-Year-Old Children and Their Parents." *Developmental Psychology* 41 (6): 885–901.

Love, J. M., E. E. Kisker, C. M. Ross, P. Z. Schochet, J. Brooks-Gunn, D. Paulsell, K. Boller, J. Constantine, C. Vogel, A. S. Fuligni, et C. Brady-Smith. 2002. "Making a Difference in the Lives of Infants and Toddlers and Their Families: The Impacts of Early Head Start— Executive Summary." U.S. Department of Health and Human Services, Washington, DC.

Macours, K., N. Schady, et R. Vakis. 2008. "Cash Transfers, Behavioral Changes, and Cognitive Development in Early Childhood: Evidence from a Retomized Experiment." World Bank Policy Research Working Paper 4759. World Bank, Washington, DC.

Malmberg, L. E., P. Mwaura, et K. Sylva. Forthcoming. "Effects of a Preschool Intervention on Cognitive Development among East-African Preschool Children: A Flexibly Time-Coded Growth Model." *Early Childhood Research Quarterly*, in press.

Manandhar, D. S., D. Osrin, B. P. Shrestha, N. Mesko, J. Morrison, K. M. Tumbahangphe, S. Tamang, S. Thapa, D. Shrestha, B. Thapa, J. R. Shrestha, A. Wade, J. Borghi, H. Standing, M. Manandhar, A.M. del Costello, and members of the MIRA Makwanpur trial team. 2004. "Effect of a Participatory Intervention with Women's Groups on Birth Outcomes in Nepal: Cluster-Retomised Controlled Trial." *The Lancet* 364 (9438): 970–79.

Marcon, R. 2002. "Moving Up the Grades: Relationship between Preschool Model and Later School Success." *Early Childhood Research and Practice* 4 (1).

Martin, A., R. M. Ryan, et J. Brooks-Gunn. 2007. "The Joint Influence of Mother and Father Parenting on Child Cognitive Outcomes at Age 5." *Early Childhood Research Quarterly* 22 (4): 423–39.

McKay, H., L. Sinisterra, A. McKay, H. Gomez, et P. Lloreda. 1978. "Improving Cognitive Ability in Chronically Deprived Children." *Science* 200 (4339): 270–78.

Meeks-Gardner, J., S. P. Walker, C. A. Powell, et S. Grantham-McGregor. 2003. "A Retomized Controlled Trial of a Home-Visiting Intervention on Cognition and Behavior in Term Low Birth Weight Infants." *Journal of Pediatrics* 143 (5): 634–39.

Mistry, R. S., A. D. Benner, J. Biesanz, S. Clark, C. Howes. Forthcoming. "Family and Social Risk, and Parental Investments during the Early Childhood Years as Predictors of Low-Income Children's School Readiness Outcomes." *Early Childhood Research Quarterly*, in press, uncorrected proof.

Montie, J. E., Z. Xiang, et L. J. Schweinhart. 2006. "Preschool Experience in 10 Countries: Cognitive and Language Performance at Age 7." *Early Childhood Research Quarterly* 21 (3): 313–31.

Mwaura, P., et B. T. Mohamed. 2008. "Madrasa Early Childhood Development Program: Making a Difference." In *Africa's Future, Africa's Challenge: Early Childhood Care et Development in Sub-Saharan Africa*, ed. M. Garcia, A. Pence, et J. Evans. Washington, DC: World Bank.

NICHD Early Child Care Research Network. 1996. "Characteristics of Infant Child Care: Factors Contributing to Positive Caregiving." *Early Childhood Research Quarterly* 11 (3): 269–306.

———. 2002. "Early Child Care and Children's Development prior to School Entry: Results from the NICHD Study of Early Child Care." *American Educational Research Journal* 39 (1): 133–64.

———. 2003. "Does Amount of Time Spent in Child Care Predict Socioemotional Adjustment during the Transition to Kindergarten?" *Child Development* 74 (4): 976–1005.

———. 2005. "Duration and Developmental Timing of Poverty and Children's Cognitive and Social Development from Birth through Third Grade." *Child Development* 76 (4): 795–810.

Olds, D., H. Kitzman, R. Cole, J. Robinson, K. Sidora, D. W. Luckey, C. R. Henderson, Jr., C. Hanks, J. Bondy, et J. Holmberg. 2004. "Effects of Nurse Home-Visiting on Maternal Life Course and Child Development: Age 6 Follow-Up Results of a Randomized Trial." *Pediatrics* 114 (6): 1550–59.

Olds, D. L., J. Robinson, R. O'Brien, D. W. Luckey, L. M. Pettitt, C. R. Henderson, Jr., R. K. Ng, K. L. Sheff, J. Korfmacher, S. Hiatt, et A. Talmi. 2002. "Home Visiting by Paraprofessionals and by Nurses: A Randomized, Controlled Trial." *Pediatrics* 110 (3): 486–96.

O'Rourke, K., L. Howard-Grabman, et G. Seoane. 1998. "Impact of Community Organization of Women on Perinatal Outcomes in Rural Bolivia." *Pan American Journal of Public Health* 3 (1): 9–14.

Pancsofar, N., L. Vernon-Feagans, et the Family Life Project Investigators. Forthcoming. "Fathers' Early Contributions to Children's Language Development in Families from Low-Income Rural Communities." *Early Childhood Research Quarterly*, in press, uncorrected proof.

Paxson, C., et N. Schady. 2007. "Cognitive Development among Young Children in Ecuador: The Roles of Wealth, Health, and Parenting." *Journal of Human Resources* 42 (1): 49–84.

———. 2010. "Does Money Matter? The Effects of Cash Transfers on Child Health and Development in Rural Ecuador." EDCC (2010), 59 (1): 187–229.

Peisner-Feinberg, E. S., M. R. Burchinal, R. M. Clifford, M. L. Culkin, C. Howes, S. L. Kagan, et N. Yazegian. 2001. "The Relation of Preschool Child-Care Quality to Children's Cognitive and Social Development Trajectories through Second Grade." *Child Development* 72 (5): 1534–53.

Penny, M. E., H. M. Creed-Kanashiro, R. C. Robert, M. R. Narro, L. E. Caulfield, et R. E. Black. 2005. "Effectiveness of an Educational Intervention Delivered through the Health Services to Improve Nutrition in Young Children: A Cluster-Randomised Controlled Trial." *The Lancet* 365 (9474): 1863–72.

Phillips, D., D. Mekos, S. Scarr, K. McCartney, et M. Abbott-Shim. 2000. "Within and Beyond the Classroom Door: Assessing Quality in Child Care Centers." *Early Childhood Research Quarterly* 15 (4): 475–96.

Phillipsen, L. C., M. R. Burchinal, C. Howes, et D. Cryer, 1997. "The Prediction of Process Quality from Structural Features of Child Care." *Early Childhood Research Quarterly* 12 (3): 281–303.

Pianta, R. C., et K. L. Harbers. 1996. "Observing Mother and Child Behavior in a Problem-Solving Situation at School Entry: Relations with Academic Achievement." *Journal of School Psychology* 34 (3): 307–22.

Pianta, R. C., et S. J. McCoy. 1997. "The First Day of School: The Predictive Validity of Early School Screening." *Journal of Applied Developmental Psychology* 18 (1): 1–22.

Pianta, R. C., S. L. Nimetz, et E. Bennett.1997. "Mother-Child Relationships, Teacher-Child Relationships, and School Outcomes in Preschool and Kindergarten." *Early Childhood Research Quarterly* 12 (3): 263–80.

Power, G. 2005. "Preliminary Findings from Cambodia MCH Campaign." Presentation at a meeting of the Communication Initiative Partners. Accessed December 9, 2008, http://www.comminit.com/pdf/Thursday_BBC_MCH Final.pdf.

Raikes, H., B. Green, J. Atwater, E. Kisker, J. Constantine, and R. Chazan-Cohen. 2006. "Involvement in Early Head Start Home Visiting Services: Demographic Predictors et Relations to Child and Parent Outcomes." *Early Childhood Research Quarterly* 21 (1): 2–24.

Reynolds, A. J., J. A. Temple, D. L. Robertson, et E. A. Mann. 2001. "Long-Term Effects of an Early Childhood Intervention on Educational Achievement and Juvenile Arrest—A 15-Year Follow-Up of Low-Income Children in Public Schools." *Journal of the American Medical Association* 285 (18): 2339–46.

RTI International. n.d. "The National Institute of Child Health and Human Development (NICHD) Study of Early Child Care and Youth Development." Accessed June 1, 2010, https://secc.rti.org/.

Sammons, P., K. Sylva, E. Melhuish, I. Siraj-Blatchford, B. Taggart, et S. Hunt. 2008. "The Effective Pre-School and Primary Education 3–11 Project: Influences on Children's Attainment and Progress in Key Stage 2: Cognitive Outcomes in Year 6." DCSF/Institute of Education, University of London.

Schweinhart, L. J., J. Montie, Z. Xiang, W. S. Barnett, C. R. Belfield, et M. Nores. 2005. *Lifetime Effects: The High/Scope Perry Preschool Study through Age 40.* Ypsilanti, MI.: High/Scope Educational Research Foundation.

Siraj-Blatchford, I., K. Sylva, B. Taggart, P. Sammons, E Melhuish, et K. Elliot. 2003. "The Effective Provision of Pre-School Education (EPPE) Project: Intensive Case Studies of Practice across the Foundation Stage." Technical Paper 10, DfEE/Institute of Education, University of London.

St. Clair, D., M. Xu, P. Wang, Y. Yu, Y. Fang, F. Zhang, X. Zheng, N. Gu, G. Feng, P. Sham, et L. He. 2005. "Rates of Adult Schizophrenia Following Prenatal Exposure to the Chinese Famine of 1959–61." *Journal of the American Medical Association* 294 (5): 557–62.

Sweet, M. A., et M. I. Appelbaum. 2004. "Is Home Visiting an Effective Strategy? A Meta-Analytic Review of Home Visiting Programs for Families with Young Children." *Child Development* 75 (5): 1435–56.

Sylva, K., E. Melhuish, P. Sammons, I. Siraj-Blatchford, et B. Taggart. 2008. "Effective Pre-school et Primary Education 3–11 Project: Final Report from the Primary Phase: Pre-school, School and Family Influence on Children's Development during Key Stage 2 (Age 7–11)." Research Report DCSF-RR061, Department for Children, Schools et Families, London.

Sylva, K., E. C. Melhuish, P. Sammons, I. Siraj-Blatchford, et B. Taggart. 2003. "The Effective Provision of Pre-School Education (EPPE) Project: Findings from the Pre-School Period: Summary of Findings." Department for Children, Schools and Families, London. Accessed November 18, 2009, http://k1.ioe.ac.uk/cdl/eppe/pdfs/eppe_brief2503.pdf.

Wagner, M. M., et S. L. Clayton. 1999. "The Parents as Teachers Program: Results from Two Demonstrations." *The Future of Children* 9 (1): 91–115.

Walker, S. P., S. M. Chang, C. A. Powell, et S. M. Grantham-McGregor. 2005. "Effects of Early Childhood Psychosocial Stimulation and Nutritional Supplementation on Cognition and Education in Growth-Stunted Jamaican Children: Prospective Cohort Study." *The Lancet* 366 (9499): 1804–07.

Wasik, B. H., C. T. Ramey, D. M. Bryant, et J. J. Sparling.1990. "A Longitudinal Study of Two Early Intervention Strategies: Project CARE." *Child Development* 61 (6): 1682–96.

Watanabe, K., R. Flores, J. Fujiwara, et L. T. H. Tran. 2005. "Early Childhood Development Interventions and Cognitive Development of Young Children in Rural Vietnam." *Journal of Nutrition* 135 (8): 1918–25.

Index

Les encadrés, figures, notes et tableaux sont indiqués par les lettres *e, f, n* et *t* placées à la suite des numéros de page

A

Abecedarian, Programme, 234–35
absence d'investissement, effets à long terme
   de l', 15–17
Afrique de l'Est
   Madrasa Resource Center, écoles
      maternelles du.
   Voir Madrasa Resource Center, écoles
      maternelles du
   outils d'observation normalisés en, 54
Afrique du Sud
   pauvreté et développement de l'enfant en, 16
   programmes de TMC en, 139
   sources de financement en, 178
Afrique subsaharienne
   coût de l'extension de l'enseignement
      préscolaire en, 158
   dépenses publiques dans les services
      préscolaires en, 171–72
   politiques nationales de DPE en, 73*b*
Afrique. *Voir également* les pays et régions
      particuliers
   instruction radiophonique interactive (IRI) en
   mortalité des enfants de moins de
      5 ans en
   Preprimary Project de l'IEA en

âge de départ, considérations liées au ciblage,
      83–84
Aggio, C., 158, 159–60, 165n3
alimentation attentive
alimentation attentive, 26, 32n2
   étude des interventions d'alimentation
      attentive, 199–200, 270–71
alimentation infantile, 106–7. *Voir également*
      maternel
allaitement maternel. *Voir également* nutrition
   campagnes de communication en faveur
      de, 126, 128–31
   interventions de, 62, 111–13
   santé et nutrition et, 9, 9f, 50t, 105t, 106–7
   substitut au lait maternel par rapport
      à, 128
   survie de l'enfant et, 27
allocation et sources de financement,
      mécanismes d', 172–77, 173–74t,
      183–90t. *Voir également* les pays
      particuliers
Amérique latine. *Voir également* les pays
      particuliers
   dépense annuelle dans l'éducation
      préscolaire par élève en, 160
   dépenses publiques dans les services
      préscolaires en, 171

instruction radiophonique interactive (IRI) en, 88b

programmes de TMC en, 139, 141

Amsterdam Institute for International Development (AIID), 158

analyses coût-efficacité, 160–61

analyses coûts-avantages, 161–65

Angleterre. *Voir* Royaume-Uni

apprentissage communautaire, 115

approche par le cycle de la vie, 104, 105*t*

Argentine

    effets de l'éducation préscolaire sur les enfants en, 39

    garde des enfants et travail des mères en, 20

    programmes dispensés par des centres en, 93b

arguments économiques, 15–23

    avantages à court et long terme, 17–20

    effets à long termes de l'absence d'investissement, 15–17

    impact positif sur filles plus âgées et femmes, 20

Asie

    Preprimary Project de l'IEA en

    programmes de TMC en

ASQ (Questionnaire portant sur l'âge et le niveau) 59t, 61b

Assemblée mondiale de la santé, 128

Association for Childhood Education International, " directives mondiales ", 64n4

Association internationale pour l'évaluation du rendement scolaire (IEA – *International Association for the Evaluation of Educational Achievement*), 90–91, 97*n*1

Atención a Crisis, Programme (Nicaragua), 142, 148n5, 217–18

Atole (supplément nutritionnel), 29, 32n3

Australie

    allocations des fonds publics en, 177

    contribution des ménages à l'éducation préscolaire en, 176

    outils d'observation normalisés en, 54

    sources de financement et mécanismes d'allocation en, 183t

    systèmes d'assurance qualité en, 92, 97n5

B

Bangladesh

    alimentation attentive au, 107

    éducation préscolaire organisée au, 39

    effets des programmes dispensés par des centres sur le DPE au, 82

    outils d'observation normalisés au, 54

pauvreté et développement de l'enfant au, 16, 37, 83

programmes de TMC au, 139

qualité de l'éducation préscolaire au, 85

Banque mondiale

    collecte des données, objectifs de la, 58

    dans l'analyse comparative des politiques nationales de DPE, 76n2

    dans les contributions des TMC aux résultats de développement de l'enfant, 140, 147n1

    documents d'évaluation de projet, 165n5

    études du DPE comparables réalisées par la, 171

    études d'évaluation d'impact, 55–56, 61–62b

    Projet de nutrition et de développement de la petite enfance en Ouganda, 129

BBC World Service Trust, 130

Belarus, dépenses publiques dans les services préscolaires au, 171, 172

Better Parenting Program (Jordanie), 111

Bigelow, J. H., 158, 161

Bolivie

    apprentissage communautaire (projet Warmi) en, 115

    dépense annuelle dans l'éducation préscolaire par élève en, 160

    instruction radiophonique interactive (IRI) en, 88b

    programmes dispensés par des centres en, 93b

    Proyecto Integral de Desarrollo Infantil (PIDI), 91, 93–94b, 200–201

Bono de Desarrollo Humano (BDH), programme (Equateur), 143, 206–8

Brandon, R. N., 158

Brésil

    allocations des fonds publics au, 176

    contribution des ménages à l'éducation préscolaire au, 176

    dépense annuelle dans l'éducation préscolaire par élève au, 159, 159f

    études d'évaluation d'impact au, 61b

    ministère de l'Éducation en tant qu'ancrage institutionnel au, 72

    outils d'observation normalisés au, 54

    pauvreté et développement de l'enfant au, 16, 37, 83

    programmes de TMC au, 139

    sources de financement et mécanismes d'allocation au, 178, 183t

    tests utilisés dans l'évaluation d'impact du DPE au, 59t

Bulgarie, dépenses publiques dans les services
    préscolaires en, 172

C

cadre institutionnel pour l'intégration des
    services, 72–75
cadres des politiques
    cadres réglementaires par rapport aux, 76n1
    pour les transferts monétaires conditionnels
        (TMC), 145–47
    pour l'intégration des services, 70–71
Cali, Étude, 206
California Licensing Study (CLS), 233–34
Californie, coûts et avantages de l'éducation
    préscolaire universelle en, 161, 162
Cambodge
    Campagne en faveur de la santé maternelle
        et infantile (SMI), 130–31
    études d'évaluation d'impact au, 61b
    évaluation des interventions au, 56
    interprétation des données au, 64
    programmes de TMC au, 140, 142
    tests utilisés dans les évaluations d'impact
        au, 59t
Campagne en faveur de la santé maternelle et
    infantile (SMI), 202
campagnes de communication et médiatiques,
    125–37
    aperçu général, 125–26
    considérations sur la mise en œuvre
        des, 133
    enseignements tirés des, 132–34
    études de cas, 128–32, 136n3
    planification des, 126–28
Canada
    études des données non expérimentales au,
        87
    projet *"You Bet I Care"* (YBIC), 203–4
Cannon, J., 164, 191n2
Cap-Vert
    effets des programmes dispensés par des
        centres sur le DPE au, 82
    Étude de l'enseignement préscolaire au,
Caraïbes, éducation préscolaire aux 171–72
Caribbean Child Development Center
CARICOM, modèle, 158
Carolina Abecedarian, Programme, 82, 162,
    163–64b
CBCL (Questionnaire de comportement de
    l'enfant d'Achenbach), 59t
CCDP (*Comprehensive Child Development
    Program*), 235–36
Cebu, Enquête longitudinale sur la santé et la
    nutrition
    Étude 1

Étude 2
CEI, (comité d'examen institutionnel), 63b
CEPAL (*Comisión Económica para América
    Latina y el Caribe*), 160
changements de comportement. *Voir*
    programmes à domicile pour le
    changement des comportements
Charles, L., 158
Child Care Development Fund
    (États-Unis), 176
Chili
    commission indépendante en tant
        qu'ancrage institutionnel au, 72
    dépense annuelle dans l'éducation
        préscolaire par élève au, 159f, 160
    éducation au rôle parental au, 97n6
    études d'évaluation d'impact au, 61b
    outils d'observation normalisés au, 54
    tests utilisés dans les évaluations d'impact
        au, 59t
Chine
    nutrition et santé mentale en, 28
    tests utilisés dans les évaluations d'impact
        en, 59t
CITE (Classification internationale type de
    l'éducation), 19
Classification internationale type de
    l'éducation (CITE), 19
CLS (*California Licensing Study*), 233–34
Cochrane, analyse de, 112
Code international de commercialisation des
    substituts du lait maternel, 128
Cohorte d'Helsinki, Étude de la, 208–9
collecte des données, 47–66
    aperçu général, 47–48
    cycle de, 47, 48f
    évaluation des besoins, 48–49
    évaluation des services, 49–55
    interprétation des données, 64
    résultats de développement de l'enfant
        considérations éthiques, 63b
        domaines à mesurer, 56–57
        instruments utilisés, 57–62
        mesure des, 56–63
        variables utilisées, 62–63
Colombie
    allocations des fonds publics en, 177
    commission indépendante en tant
        qu'ancrage institutionnel en, 72
    contribution des ménages à l'éducation
        préscolaire en, 176
    effet des TMC sur la santé de l'enfant en, 142
    effets des programmes dispensés par des
        centres sur le DPE en, 82
    évaluation des programmes en, 84

Hogares Comunitarios de Bienestar Familiar, 87
intervention communautaire en, 39
sources de financement et mécanismes
    d'allocation en, 178, 184t
*Comisión Económica para América Latina y el
    Caribe (CEPAL)*, 160
Comité d'examen institutionnel (CEI), 63*b*
Comité et Secrétariat nationaux de
    coordination du DPE (Ghana), 73*b*
Commission pour la petite enfance (CPE,
    Jamaïque), 74–75*b*
*Comprehensive Child Development Program
    (CCDP)*, 235–36
conflits d'intérêt, 127–28
considérations de ciblage
    âge de départ, 83–84
    contexte socioéconomique, 82–83
    fréquence et durée des sessions, 84–85
    qualité, 85–92
considérations liées au ciblage, 82–92
Contenu et programme pédagogique des
    programmes de DPE, 88–91
contrefactuel, 2, 4n1, 125, 135n2
Costa Rica
    dépenses publiques dans les services
        préscolaires au, 172
    outils d'observation normalisés au, 54
Croatie, dépenses publiques dans les services
    préscolaires en, 172, 181t
Cuba, contribution des ménages à l'éducation
    préscolaire à, 176

D
Danemark
    allocations des fonds publics au, 177
    contribution des ménages à l'éducation
        préscolaire au, 176
    sources de financement et mécanismes
        d'allocation au, 185t
DARE to Be You, 113, 114t
déficits de croissance, 28
détermination des coûts des projets de
    DPE, 153–68
    analyses coûts-avantages, 161–65
    analyses coût-efficacité, 160–61
    coûts financiers et économiques, 156t
    coûts des programmes
    coûts unitaires, comparaison des, 153–54
    déterminants des, 154–57
développement cérébral, 38, 39f
développement cognitif
    accompagnement et apprentissage reposant
        sur un programme pédagogique pour
        le, 112–14
    contexte, 5–6

contenu du programme et, 88–91
contexte socioéconomique et, 82–83
effet des TMC sur les résultats du DPE,
    139–40, 142, 144t
en tant que domaine du développement de
    l'enfant, 7–8, 7t, 9f, 57, 59t
enfants désavantagés et, 37
évaluation des besoins, 48
formation du cerveau et, 17
groupes cibles, 145, 147
impact des services de DPE sur le, 39, 54,
    55–56, 81–86, 161
influence parentale et, 63, 91–95, 104,
    109, 110, 116
influence de la qualité du personnel employé
    dans les programmes sur le, 112
interaction avec les autres enfants
    et, 110
maturité scolaire et, 15–16, 18, 35–36, 36t,
    37, 105t
nutrition et, 28–31, 103
résultats ciblés du, 170
santé et, 18–19
stimulation précoce et, 10, 30–31,
    107–9, 108b
développement de l'enfant, Enquête nationale
    sur le
    Étude 1, 225
    Étude 2, 225–26
développement du langage
    au sein des populations cibles, 132
    chez les enfants désavantagés, 37, 55, 105t
    contexte du, 5–6
    contenu du programme et, 88
    effets des TMC sur le, 142–43, 144t
    en tant que domaine du développement de
        l'enfant, 7f, 8, 9f, 56–57, 59t, 61–62b
    formation du cerveau et, 39f
    influence parentale et, 111, 115, 116
    maturité scolaire, 36t, 109
    pratiques de développement appropriées
        (PDA) et, 89b
    programmes dispensés par des centres et,
        83, 85–86, 90, 94b
    qualité des services et, 54
    stimulation précoce et, 107
développement émotionnel. *Voir
    développement* social et émotionnel
développement linguistique. *Voir
    développement du langage*
développement physique
    contexte du, 5–6
    dans les programmes pédagogiques, 90
    en tant que domaine du développement de
        l'enfant, 7, 7f, 9f, 56–57

enfants désavantagés et, 16, 37
influence parentale et, 104, 105t
maturité scolaire et, 35–37, 36t
programmes dispensés par des centres et, 82
qualité des services et, 17–19, 54
stimulation précoce et, 32n1, 107, 148n2
développement social et émotionnel
accompagnement et apprentissage reposant
    sur un programme pédagogique pour,
    113–15, 114t
contexte du, 6–7
contenu du programme et, 88, 90
développement cérébral et, 39f
en tant que domaine du développement de
    l'enfant, 7f, 8, 9f, 56–57, 88
enfants désavantagés et, 37
impact des interventions sur le, 17–19, 59t
influence parentale sur le, 94–95,
    105t, 109–10
maturité scolaire et, 36, 36t, 38, 83
programmes dispensés par des centres et,
    82–83, 93–94b, 94–95
qualité des services et, 54
retards de développement et, 17
stimulation précoce et, 107, 109
stimulation et, 30, 32n1
Djibouti, dépenses annuelles dans l'éducation
    au rôle parental par enfant à, 160
Documents de stratégie pour la réduction de
    la pauvreté (DSRP), 68
Doing Better for Children II (OCDE), 171
domicile, programme de visites à, 215
données longitudinales sur l'impact des
    interventions
analyse coûts/avantages et, 162–65
Chicago Child-Parent Center (CPC)
    Program/Chicago Longitudinal Study,
    163–64b, 261–62
Enquête longitudinale Cebu sur la santé et
    la nutrition
Étude 1, 220–21
Étude longitudinale sur la petite enfance (ECLS
    – Early Childhood Longitudinal Study,
    États-Unis), 83, 84
Étude 2, 221–22
Étude 1, 236–37
National Longitudinal Survey of Youth
    (NLSY, États-Unis), 232–33
Étude 2, 237–39
Downer, J. T., 88
DPE, outil de calcul appliqué au, 158, 165, 165n1

E

"Early Childhood Interventions: Proven Results,
    Future Promise" (Karoly, Kilburn et
    Cannon, 2005), 191n2
Early Head Start program (États-Unis), 111,
    Études de recherches et évaluation
Étude 1, 239–40
Étude 2, 240–41
Étude 3, 241–42
Étude 4, 242–43
Head Start/Public School Early Childhood
    Transition Project, 244–45
Early, D. M., 87
Échelle d'évaluation de l'environnement
    familial de l'enfant-révisée
    (ÉÉEF-R), 54, 86b
Échelle d'évaluation de l'environnement
    préscolaire-révisée (ÉÉEP-R),
    54, 85, 86b
Échelle d'intelligence de Stanford-
    Binet, 59t
Échelle de vocabulaire en images Peabody
    (EVIP), 16f, 59t
Échelle d'évaluation de l'environnement des
    nourrissons et des tout-petits-révisée
    (ÉÉENTP-R), 54
Échelle du Centre d'études épidémiologiques
    (CES-D), 63
école maternelle, définition de l', 170, 191n1
Ecuador Demographic and Maternal and Child
    Health, enquête (ENDEMAIN), 106
Éducation à la nutrition, Projet d', 204–5,
    218–19
éducation des parents, programmes
accompagnement et apprentissage reposant
    sur un programme pédagogique dans,
    111–15, 114t
difficultés de la mise en œuvre de l',
    115–17
programmes de préparation à l'entrée
    à l'école dispensés par des centres,
    92–95
Éducation pour tous (EPT), Rapport de suivi
    mondial sur les dépenses publiques
    dans l'enseignement préscolaire,
    171–72
ÉÉEF-R (Échelle d'évaluation de
    l'environnement familial de l'enfant-
    révisée), 54, 86b
ÉÉENTP-R (Échelle d'évaluation de
    l'environnement des nourrissons et
    des tout-petits-révisée), 54, 86b
ÉÉEP-R. Voir Échelle d'évaluation de
    l'environnement préscolaire-révisée
Effective Pedagogy in the Early Years (EPEY),
    étude, 229–30

Effective Provision of Pre-school Education (EPPE), projet, 85, 87, 90
  Phase 1, 227–29
  Phase 2, 230–32
Égypte, République arabe d'
  outil de calcul appliqué au développement de la petite enfance (DPE) utilisé en, 165
  pauvreté et développement de l'enfant en, 16, 37, 83
Émirats arabes unis
  dépenses dans l'éducation au rôle parental dans les, 160
  dépenses dans l'éducation préprimaire, 159
enfants défavorisés en tant que priorité pour les services dispensés par des centres, 83
enfants vivant dans la pauvreté
  maturité et résultats scolaires des, 35–37
  mortalité infantile des, 25–27
  retards linguistiques et cognitifs chez les, 16
Engle, P. L., 97n8, 104
enquêtes auprès des ménages
  Échelle du Centre d'études épidémiologiques (CES-D), 63
  Home Observation for Measurement of the Environment (HOME – observations destinées à mesurer l'environnement familial), 62–63
enquêtes démographiques et de santé (EDS), 49
Enquêtes en grappes à indicateurs multiples (MICS – Multiple Indicator Cluster Surveys), 49
environnement familial
  facteurs de risque dans l', 17, 37, 140
  interventions dans l', 104, 116
  maturité scolaire et, 108–10
  qualité de l', 62, 95, 105t
environnement socioéconomique, considérations liées au ciblage, 82–83
environnement, influence de l', 17, 21n2
EPEY (*Effective Pedagogy in the Early Years*), étude, 229–30
EPPE. *Voir Effective Provision of Pre-school Education*, projet
Équateur
  allocations des fonds publics en, 177
  interventions d'alimentation du nourrisson en, 107
  notes des enfants en vocabulaire en, 16f
  outils d'observation normalisés en, 54
  pauvreté et développement linguistique en, 16, 37, 82–83
  programme *Bono de Desarrollo Humano* (BDH), 143

programmes de TMC en, 140, 142, 143, 144t, 145
tests utilisés dans les évaluations d'impact en, 59t
Espagne
  ministère de l'Éducation en tant qu'ancrage institutionnel en, 72
  Preprimary Project de l'IEA en, 90
Estonie, dépenses publiques dans les services préscolaires en, 159f, 171
États arabes
  accroissement de la dépense dans l'éducation préscolaire dans les
  dépenses publiques dans les services préscolaires dans les, 172
  programmes de TMC dans les
États-Unis
  achèvement des études secondaires aux, centres parents-enfants de Chicago, 163–64b
    effets des services de DPE sur l', 39–40
  Child Care Development Fund, 176
  compensation financière perçue par les éducateurs du DPE, effets de la, 87
  contribution des ménages à l'éducation préscolaire aux, 176
  dépense annuelle dans l'éducation préscolaire par élève aux, 159, 159f
  Developmentally Appropriate Practices (DAP) dans les programmes en faveur de la petite enfance, 89–90, 89b
  données longitudinales sur l'impact des interventions aux, 162–65
  Early Head Start. Voir Early Head Start program
  enfants défavorisés en tant que priorité pour les services dispensés par des centres aux, 83
  Étude sur le coût, la qualité et les résultats, 85
  Étude longitudinale sur la petite enfance (ECLS, *Early Childhood Longitudinal Study*), 83, 84
  études de l'environnement familial aux, 109, 112
  études de données non expérimentales aux, 87
  Étude 1, 236–37
  High/Scope Perry Preschool, 18, 82, 88, 162–64, 163–64b
  interprétation des données aux, 64
  notations mondiales de la qualité normalisées utilisées aux, 85
  Outil d'estimation des coûts de l'école maternelle universelle, 158

Parents as Teachers Program (PAT), 113, 114t, 115, 264–67
pères, implication des, 111
Preprimary Project de l'IEA aux, 90
Programme Carolina Abecedarian, 82, 162, 163–64b
programmes d'éducation des parents aux, 92, 116
sources de financement et mécanismes d'allocation aux, 177, 178, 189–90t
systèmes d'accréditation aux, 92, 97n3
éthique dans la collecte des données, 63b
Étude de l'enseignement préscolaire en Guinée et au Cap-Vert, 209–10
Étude du coût, de la qualité et des résultats, 85
Étude longitudinale sur la petite enfance (ECLS, *Early Childhood Longitudinal Study*, États-Unis), 83, 84
Étude 1, 236–37
Étude 2, 237–39
Europe
   investissement dans l'éducation préscolaire en, 171–72
   orphelins placés en institution en, 107
   programmes de TMC en, 139
   stimulation précoce en Europe de l'Est, 107
évaluation des besoins
   collecte des données pour l', 48–49
   indicateurs pour les analyses de la situation, 49, 50–52t
évaluation des services, collecte des données pour l', 49–55
évaluations formatives, 125, 135n1
EVIP (Échelle de vocabulaire en images Peabody), 16f, 59t
Examen méta-analytique des programmes de visites à domicile destiné aux parents de jeunes enfants, 260–61

F
facteurs de risque, environnementaux, 140, 148n4
facteurs environnementaux et génétiques, distinction entre les, dans les nations industrialisées, 21n2, 40n1, 148n3.
   Voir également pays de l'OCDE
familles à faible revenu. *Voir également* programmes particuliers ciblant les familles à faible revenu
études longitudinales aux États-Unis, 163–64b
modèles d'éducation des parents, 113, 114t
programmes de visites à domicile et, 112

Family Child Care and Relative Care Study (étude FCC), 233–34
Family Life, projet, 253–54
famine en Chine, Étude sur la, 205
femmes
   impacts des TMC sur les, 145, 147b
   impact de l'investissement dans le DPE sur les, 20
   interventions de nutrition en faveur des, 29, 94b, 129
   programmes d'éducation des parents pour les, 113, 115
Fernald, L., 65n5
fiabilité Alpha de Cohen, 65n8
fiabilité des tests, 65n7–8
filles plus âgées
   éducation des, 40, 144
   impact des investissement dans le DPE sur les, 20
financement des programmes de DPE, 169–92
   exemples de pays, 176–77
   investissements dans le, 169–72, 179–82t
   mécanismes d'allocation et sources de, 172–75
   stratégies d'accroissement du financement, 177–78
Finlande
   contribution des ménages à l'éducation préscolaire en, 176
   Preprimary Project de l'IEA en, 90
   sources de financement et mécanismes d'allocation en, 177, 185t
First Steps, programme (Maldives), 131–32, 133
Fiszbein, A., 142
forces et difficultés
   Questionnaire sur les, 59t
France
   allocations des fonds publics en, 177
   modèle français d'école maternelle, 177
   sources de financement en, 178

G
GÉI (Grille d'évaluation des interactions avec le pourvoyeur de soin), 86b
Ghana
   Association nationale des enseignants du, 73b
   Commission nationale des enfants du (GNCC – *Ghana National Children's Commission*), 73b
   élaboration et mise en œuvre intersectorielles de la politique de DPE au, 67–68, 72, 73–74b

mécanismes intersectoriels de coordination
au, 72
Grèce, *Preprimary Project* de l'IEA en, 90
Grille d'évaluation des interactions avec le
pourvoyeur de soin (GÉI)
Groupe consultatif sur les soins et le
développement de la petite enfance, 171
Grun, R., 177
Guatemala
nutrition des enfants et rémunérations des
adultes en, 29
Supplémentation nutritionnelle
Étude des essais 1, 211–12
Étude des essais 2, 212
Guinée
effet des programmes dispensés par des
centres en, 82
Étude de l'enseignement préscolaire en,
209–10
Guyane, dépenses publiques dans les services
préscolaires en, 171–72

H

*Head Start. Voir Early Head Start program
(États-Unis)*
*Head Start/Public School Early Childhood
Transition Project*, 244–45
Heckman, J. J., 89
High/Scope Preprimary Project de l'IEA, 18,
82, 88, 90–91, 97n1, 162–64,
163–64b
aperçu général, 194
Étude 1, 262–63
Étude 2, 263–64
*Hogares Comunitarios de Bienestar
Familiar*, 87
HOME (*Home Observation for Measurement of
the Environment* – observations
destinées à mesurer l'environnement
familial), 62
*Home Instruction Program for Preschool
Youngsters* (HIPPY – Enseignement à
domicile par les parents d'enfants
d'âge préscolaire), 113, 114t
*Home Observation for Measurement of the
Environment* (HOME – observations
destinées à mesurer l'environnement
familial), 62
Honduras
effets des TMS sur la santé des enfants au, 142
instruction radiophonique interactive (IRI)
au, 88b
visites de suivi de la croissance au, 142

Hong Kong RAS, Chine, *Preprimary Project* de
l'IEA à, 90
Hongrie
allocations des fonds publics en, 177
contribution des ménages à l'éducation
préscolaire en, 176
dépenses publiques dans l'éducation
préscolaire en, 159f, 172
sources de financement et mécanismes
d'allocation en, 186t

I

Incredible Years, 113, 114t
Inde
Integrated Child Development Services
(ICDS) *program*, 94b, 97n8
pauvreté et développement de l'enfant en,
16, 37, 83
indicateurs liés à la demande, 53
indicateurs liés à l'offre, 53
Indonésie
contribution des ménages à l'éducation
préscolaire en, 176
élaboration et mise en œuvre
intersectorielles de la politique en,
67, 68, 69b
études d'évaluation d'impact en, 61b
instruction radiophonique interactive (IRI)
en, 88b
outil de calcul appliqué au développement de
la petite enfance (DPE) utilisé en, 165
outils d'observation normalisés en, 54
pauvreté et développement de l'enfant en, 16
Preprimary Project de l'IEA en, 90
programmes de TMC en, 139
sources de financement et mécanismes
d'allocation en, 186t
tests utilisés dans les évaluations d'impact
en, 59t
Institut de la planification de Jamaïque,74b, 74b
Institute of Women's Policy Studies, 158
Instruction radiophonique interactive (IRI),
87, 88b
Instrument de mesure du développement de
la petite enfance (IMDPE),
59t, 61b
intégration des services, 67–77
aperçu général, 67–68
cadres institutionnels, 72–75
cadre des politiques, 70–71
justification, 68–70
phases du processus de développement,
71–72

interaction avec les autres enfants, 39*f*, 82, 110

interactions enfant-enseignant et qualifications du personnel, 86–87

intervention communautaire participative, 216–17

interventions à petite échelle, 40*n*3

investissement privé. *Voir* financement programme de DPE

investissement public. *Voir également* financement des programmes de DPE

dans l'éducation, 180–82*t*

dans les services destinés aux familles et aux jeunes enfants, 179*t*

investissements dans les programmes de DPE, 2, 169–72

IRI (instruction radiophonique interactive), 87

Irlande, *Preprimary Project* de l'IEA en, 90

J

Jamaïque

commission indépendante en tant qu'ancrage institutionnel en, 72

dépenses annuelles dans l'éducation au rôle parental par enfant en, 160

effets des TMC sur la santé des enfants en, 142

élaboration et mise en œuvre intersectorielles de la politique en, 67, 72, 74–75b

essais d'interventions de stimulation précoce en, 108, 108b, 119n1

Étude 1 des essais de supplémentation nutritionnelle, 212–13

Étude 2 des essais de supplémentation nutritionnelle, 213–14

Étude 3 des essais de supplémentation nutritionnelle, 214–15

nutrition et stimulation de l'enfant, effets de la, 30

outil de calcul appliqué au développement de la petite enfance (DPE) utilisé en, 165

pauvreté et développement de l'enfant en, 16

Sources de financement en, 178

K

Karoly, L. A., 158, 161, 164, 191*n*2

Kenya

contribution des ménages à l'éducation préscolaire au, 176

dépense annuelle dans l'éducation préscolaire par élève au, 160

filles plus âgées et femmes au, 20, 40

Madrasa Resource Center, écoles maternelles, au, 91

ministère de l'Éducation en tant qu'ancrage institutionnel au, 72

outils d'observation normalisés au, 54

sources de financement et mécanismes d'allocation en, 186*t*

Kilburn, R., 164, 191*n*2

Kosovo, tests utilisés dans les évaluations d'impact au, 59*t*

L

"Le goût de la vie" (Cambodge), 131, 133–34

Lhotska, L., 104

Liban, dépenses annuelles dans l'éducation au rôle parental au, 160

Loi sur la petite enfance (Jamaïque), 74–75b

M

Macédoine, ERY, programmes de TMC en, 139

Macours, K., 142

Madagascar, tests utilisés dans l'évaluation d'impact du DPE à, 59t

Madrasa Resource Center, écoles maternelles du (Afrique de l'Est)

dépense annuelle dans l'éducation préscolaire par élève, 159–60

Étude 1, 194–95

Étude 2, 195–96

paraprofessionnels, recours à des, 87

qualité de, 85

taille des classes et ratio enfants-adulte des, 91

Malawi, programmes de TMC au, 139

Maldives, Programme *First Steps* aux, 131–32, 133

Maroc

dépenses annuelles dans l'éducation au rôle parental par enfant au, 160

programmes de TMC au, 139

Marouani, M. A., 40*n*2

maturité scolaire, 35–43

avantages des interventions de DPE, 38–40

filles plus âgées, impact sur les, 40

inefficacités dans le système d'éducation publique et, 37–38

santé physique, mentale et émotionnelle, et, 35–37, 36*t*

Mauritanie

dépenses dans l'éducation au rôle parental en, 160

dépenses dans l'éducation préprimaire en, 159

Mexique

allocations des fonds publics au, 177

contribution des ménages à l'éducation
préscolaire au, 176
dépense annuelle dans l'éducation
préscolaire par élève au, 159f, 160
dépenses publiques dans l'éducation
au, 172
outils d'observation normalisés au, 54
pauvreté et développement de l'enfant au, 83
programmes de TMC au, 139, 141,
142, 144
Programme Oportunidades, 143, 144
sources de financement et mécanismes
d'allocation au, 178, 187t
tests utilisés dans l'évaluation d'impact du
DPE au, 59t
MICS (Enquêtes en grappes à indicateurs
multiples – *Multiple Indicator Cluster
Surveys*), 49, 64n1
Mingat, A., 158
Ministère de la Condition féminines et de
l'Enfance (MCFE, Ghana), 73b
Ministère de l'Éducation nationale
(Indonésie), 69b
MIS (système d'information de gestion), 49
modification des comportements familiaux,
stratégies pour
la, 111–15
Moldavie, dépenses publiques dans
l'éducation en, 172
Mongolie, dépenses publiques dans
l'éducation en, 172
mortalité infantile chez les enfants vivant dans
la pauvreté, 25–27
*"Moving Up the Grades: Relationship between
Preschool Model and Later School
Success"*, article, 245–46
Mozambique
études d'évaluation d'impact au, 61b
évaluation des programmes
communautaires au, 55
instruments de développement de l'enfant,
adaptation des, 61–62b
programmes de TMC au, 140
tests utilisés dans les évaluations d'impact
au, 59t
myélinisation, 17, 21n1, 30, 32n6

N

*National Association for the Education of Young
Children* (NAEYC, États-Unis),
89–90, 92, 97n3
*National Association of Early Childhood
Specialists in State Departments of
Education* (États-Unis), 90

*National Institute for Child Health and
Development* (NICHD, États-Unis),
84, 85, 88, 92
National Longitudinal Survey of Youth (NLSY)
Study 1, 232–33
nations industrialisées, distinction entre les
facteurs environnementaux et
génétiques dans les, 21n2, 40n1,
148n3
Nations Unies
Convention relative aux droits de l'enfant, 5
objectif du Millénaire pour le
développement n°4, 27
Naudeau, S., 32n5
Népal, apprentissage communautaire
au, 115
NFP (*Nurse-Family Partnership*, États-Unis),
112
Étude de Denver 1, 251–52
Étude de Denver 2, 252–53
Nicaragua
allocations des fonds publics au, 177
dépense annuelle dans l'éducation
préscolaire par élève au, 160
dépenses publiques dans l'éducation
au, 171–72
études d'évaluation d'impact au, 61b
Programme *Atención a Crisis*, 142, 148n5
programmes de TMC au, 140, 142, 143,
144t, 145–46
normalisation des programmes de DPE, 170,
191n2
Norvège, ministère de l'Éducation en tant
qu'ancrage institutionnel en, 72
Nouvelle-Zélande
allocations des fonds publics en, 177
ministère de l'Éducation en tant qu'ancrage
institutionnel en, 72
systèmes d'assurance qualité en, 92, 97n4
Nurse-Family Partnership (NFP, États-Unis), 112
Étude de Denver 1, 251–52
Étude de Denver 2, 252–53
*Nutrition and Preschool Intervention
Study*, 271–72
nutrition et développement de la petite
enfance, Programme de
Étude 1, 268–69
Étude 2, 269–70
nutrition. *Voir également* allaitement maternel
dans les interventions intégrées, 3, 5–6
développement physique et, 6–7, 9t
éducation au rôle parental et, 112–13
en tant que variable de programme, 54–55
indicateurs de santé et nutrition,
50–51t, 56

interventions non liées à l'éducation
et, 116
prénatale, 10, 103
programmes dispensés par des centres et,
93–94b
programmes à domicile et, 3, 103, 105t
Projet de nutrition et de développement de
la petite enfance en Ouganda,
129–30
santé et développement et, 25,
26f, 27–30
stimulation précoce et, 30–31,
106–8, 140
TMC utilisés dans la promotion des
interventions, 140–42

O

obésité, 29–30
Objectif du Millénaire pour le développement
n° 4 (Nations Unies), 27
Observation du comportement de la mère et
de l'enfant dans une situation de
résolution de problèmes au moment
de l'entrée à l'école, 258–59
OMS (Organisation mondiale de la santé)
allaitement maternel, séances
d'accompagnement à, 112
obésité dans les pays à revenu faible et
intermédiaire, 30
Education International
Oportunidades, programme (Mexique),
143, 144, 215–16
Organisation de coopération et de
développement économiques
(OCDE), 171, 175
*Organización de Estados Iberoamericanos para
la Educación, Ciencia y la Cultura*
(OEI), 160
Ouganda
dépense annuelle dans l'éducation
préscolaire par élève en, 160
Madrasa Resource Center, écoles
maternelles du, en, 91
outils d'observation normalisés en, 54
Projet de nutrition et de développement de
la petite enfance en Ouganda,
129–30, 133, 134
outil d'estimation des coûts de l'école maternelle
universelle aux États-Unis , 158
outil de calcul appliqué au développement de la
petite enfance (DPE), 158, 165, 165n1
outils d'observation
Association pour la petite enfance
Échelle d'évaluation de l'environnement
préscolaire (ÉÉEP-R), 54, 85, 86b

Échelle d'évaluation de l'environnement
familial de l'enfant (ÉÉEF-R), 54, 86b
"directives mondiales" de l'*Association for
Childhood Education International*, 64n4
Échelle d'évaluation de l'environnement
des nourrissons et des tout-petits-
révisée (ÉÉENTP-R), 54, 86b

P

Pakistan, outils d'observation normalisés au, 54
Panama
allocations des fonds publics au, 177
outils d'observation normalisés au, 54
Parents as Teachers Program (PAT),
113, 114t, 115
Étude 1, 264–65
Étude 2, 265–67
pays à faible revenu. *Voir* pays en
développement
pays à revenu intermédiaire
Peru
mesures du développement de l'enfant
dans les, 57–61
nutrition dans les, 29–30
pays de l'OCDE. *Voir également* Organisation
de coopération et de développement
économiques
coûts unitaires des programmes
préscolaires dans les, 159
instruments de développement de l'enfant
utilisés dans les, 57–58
pays développés
enfants obèses dans les, 29
facteurs de risque environnementaux dans
les, 37
instruction radiophonique interactive (IRI)
dans les, 88b
programmes de DPE dispensés par des
centres dans les, 81, 82, 84, 93–94b
résultats de développement cognitifs dans
les, 48, 82
rétention des enseignants dans les, 87, 92
Pays-Bas, nutrition et santé mentale aux, 28
pères, implication des, 110–11, 129–30, 131
Pérou
évaluation des programmes au, 83
interventions d'alimentation du nourrisson
au, 107
pauvreté et développement de l'enfant au, 16
Philippines
évaluation des programmes aux, 83
pauvreté et développement de l'enfant
aux, 16
Pianta, R. C., 88

PIDI (*Proyecto Integral de Desarrollo Infantil*, Bolivie), 91, 93–94*b*, 200–201
Plan stratégique national du DPE (Jamaïque), 75*b*
Plomin, R., 21*n*2, 40*n*1
Pologne, *Preprimary Project* de l'IEA en, 90
population active, impact du DPE sur la, 20, 21*n*4
pratiques de développement appropriées (PDA) dans les programmes en faveur de la petite enfance, 89–90, 89*b*
pratiques parentales contribuant à la santé, à la croissance et au développement général des enfants, 104–11
prédicteurs de la qualité des garderies familiales, 202–3
Preprimary Project de l'IEA. *Voir High/Scope Preprimary Project* de l'IEA
Programme de DPE (Philippines), 219–20
Programme du Centre parents-enfants de Chicago (CPC)/Étude longitudinale de Chicago, 163–64*b*, 261–62
programme pédagogique des programmes de DPE, 88–91
Programme préscolaire communautaire, 198–99
Programmes à domicile pour la modification des comportements, 3, 103–23
aperçu général, 103–4
considérations sur la mise en œuvre, 118–19
éducation des parents, programmes, 115–17
rôle des parents contribuant à la santé, à la croissance et au développement général des enfants, 104–11
stratégies pour la modification des comportements familiaux, 111–15
programmes de préparation à l'entrée à l'école primaire dispensés par des centres, 3, 81–102
aperçu général
considérations sur la mise en œuvre
Échelle d'évaluation de l'environnement préscolaire-révisée (ÉÉEP-R), 54, 86*b*
Échelle d'évaluation de l'environnement familial de l'enfant-révisée (ÉÉEF-R), 54, 86*b*
Échelle d'évaluation de l'environnement des nourrissons et des tout-petits-révisée (ÉÉENTP-R), 54, 86*b*
grille d'évaluation des interactions avec le pourvoyeur de soin (GÉI), 86*b*
normes de qualité pour les évaluations
programmes d'éducation des parents

Programme de constructions scolaires
Étude 1, 196–97
Étude 2, 197–98
Projet CARE, 267–68
Proyecto Integral de Desarrollo Infantil (PIDI, Bolivie), 91, 93–94*b*, 200–201

Q
qualification du personnel et interaction enfant-enseignant, 86–87
Questionnaire de comportement de l'enfant d'Achenbach (CBLC), 59t
Questionnaire portant sur l'âge et le niveau (ASQ), 59t, 61*b*
quotient de développement (QD) des enfants en retard de croissance, 30–31, 31f

R
ratio enfants-adulte et taille des classes
relation adulte-enfant
Relations mère-enfant, relations enfant-enseignant et résultats scolaires dans l'enseignement préscolaire et les jardins d'enfants, 259–60
République tchèque
allocations des fonds publics en, 177
contribution des ménages à l'éducation préscolaire en, 176
dépenses publiques dans les services préscolaires en, 172
sources de financement et mécanismes d'allocation en, 184t
Réseau de la Commission européenne des modes de garde d'enfants et d'autres mesures destinées à concilier les responsabilités professionnelles et familiales, 171
résultats du développement de l'enfant, mesures des, 55–63
but des, 55–56
considérations éthiques, 63*b*
domaines à mesurer, 56–57, 65*n*5
interprétation des données, 64
tests, sélection et adaptation des, 57–62
variables utilisées, 62–63
retard de croissance, 28–29
Robalino, D. A., 40*n*2
Rolla, A. M., 97*n*6
Roumanie, dépenses publiques dans les services préscolaires en, 171
Royaume Uni
allocations des fonds publics au, 177
contribution des ménages à l'éducation préscolaire au, 176

Effective Provision of Pre-school Education
(EPPE), projet, 85
études de l'environnement familial au, 109
notations mondiales de la qualité
normalisées utilisées au, 85
pères, implication des, 111
sources de financement et mécanismes
d'allocation en, 178, 188t
Russie, stimulation précoce en, 107

S

Salvador, instruction radiophonique
interactive (IRI) au, 88b
santé de l'enfant, promotion de la, 25, 26f
santé/hygiène et développement de l'enfant,
25, 26f, 27–28
Save the Children, 61b
Schady, N., 142
Sénégal
contribution des ménages à l'éducation
préscolaire au, 176
sources de financement et mécanismes
d'allocation au, 187t
Sesame Street, 127
Singapour, outils d'observation normalisés à, 54
slovaque (République), dépenses publiques
dans l'éducation en, 172
Slovénie, dépenses publiques dans l'éducation
en, 159f, 172
soins à la petite enfance, Étude des
(*Study of Early Child Care* – SECC), 246
sources de financement et mécanismes
d'allocation, 172–78, 174t, 183–90t.
Voir également les pays particuliers
Starting Strong II (OCDE), 175
stimulation précoce, 9f, 17, 18, 107–8.
Voir également stimulation, santé et
développement, questions de
stimulation, santé et développement,
questions de, 25, 26f, 30, 32n1, 140,
148n2. *Voir également* stimulation
précoce
Suède
allocations des fonds publics en, 177
ministère de l'Éducation en tant qu'ancrage
institutionnel en, 72
sources de financement en, 178
survie et santé, arguments en faveur de, 25–34
mortalité infantile chez les pauvres, 25–27
nutrition, 27–30
nutrition et stimulation de l'enfant, en
combinaison, 30–31
stimulation, 30
systèmes d'information de gestion (MIS), 49, 64

T

taille des classes et ratio enfants-adulte, 91–92
Tan, J. P., 165
taux de mortalité, 25–27
taux de rendement des investissements dans
le développement humain, 19, 19f,
21n3
Test de Stroop (adapté en test jour/nuit), 59t
Test de Vocabulario en Imagenes Peabody
(TVIP), 16f, 59t, 61b
tests de développement de l'enfant
Échelle de vocabulaire en images Peabody
(EVIP), 16f, 59t
Échelle d'intelligence de Stanford-Binet, 59t
Instrument de mesure du développement de la
petite enfance (IMDPE), 59t, 61b
Questionnaire de comportement de
l'enfant d'Achenbach (CBCL), 59t
Questionnaire portant sur l'âge et le niveau
(ASQ), 59t
Questionnaires sur les forces et difficultés, 59t
Test de Stroop (adapté en Test jour/nuit), 59t
Test de Vocabulario en Imagenes Peabody
(TVIP), 16f, 59t, 61b
Test de mémoire des noms de Woodcock-
Johnson III, 59t
tests. *Voir également* tests du développement
de l'enfant ; tests spécifiques
adaptation des, 60–61, 61–62b
fiabilité des, 65nn7–8
sélection des, 58–60, 59t
validité des, 65n6
Thaïlande
allocations des fonds publics en, 177
contribution des ménages à l'éducation
préscolaire en, 176
éducation des parents, programmes en, 113
Preprimary Project de l'IEA en, 90
sources de financement et mécanismes
d'allocation en, 187t
The Lancet sur l'impact du DPE sur le
développement cognitif, 161
"*The Prediction of Process Quality from
Structural Features of Child Care*",
étude, 256–58
TMC. *Voir* transferts monétaires conditionnels
Transferts monétaires conditionnels (TMC),
139–49
aperçu général, 139–40
besoins de recherches futures pour les,
145–47
considérations sur la mise en œuvre des, 147
effets sur la santé des enfants des, 142
effets sur les résultats des, 141–44

options politiques pour les, 145–47
promotion des, 140–41
Tunisie
    dépenses annuelles dans l'éducation au rôle
        parental par enfant en, 160
Turquie
    allocations des fonds publics en, 177
    Early Enrichment Project, 94–95, 109, 113
    programmes de TMC en, 139, 142
    programme d'éduction mère-enfant en, 19, 39
    tests utilisés dans les évaluations d'impact
        en, 59t
TVIP (*Test de Vocabulario en Imagenes
    Peabody*), 16f, 59t, 61b

U

UNESCO (Organisation des Nations Unies
    pour l'éducation, la science et la
    culture)
    école maternelle, définition de, 191n1
    études comparables du DPE, 171
    Institut de statistiques, 49
UNICEF (Fonds des Nations Unies pour
    l'enfance)
    allaitement materne, séances
        d'accompagnement à, 112
    en tant que fournisseur de données, 49
    lancement du programme *First Steps*
        (Maldives), 131
    mortalité des enfants de moins de 5 ans et, 26
*United States Agency for International
    Development* (USAID – agence
    américaine pour le développement
    international), 49
Uruguay
    dépense annuelle dans l'éducation
        préscolaire par élève en, 160
    enfants désavantagés en tant que priorité en,
        83 enquêtes auprès des ménages, 270

V

Vakis, R., 142
validité des tests, 65n6
Validité prédictive d'un dépistage en début de
    scolarité, 259
Van der Gaag, J., 165
van Ravens, J., 158, 159–60, 165n3
Vietnam
    alimentation attentive au, 107
    effets des programmes dispensés par des
        centres sur le DPE au, 82
    intervention de nutrition et stimulation et
        résultats cognitifs au, 31

ministère de l'Éducation en tant qu'ancrage
    institutionnel au, 72
outils d'observation normalisés au, 54

W

Warmi, Projet (Bolivie), 115, 201–2
Williams, S., 158
"*Within and Beyond the Classroom Door:
    Assessing Quality in Child Care
    Centers*", article, 255–56
Woodcock-Johnson III, test de mémoire des
    noms, 59t

Y

Yémen, République du
    dépense annuelle dans l'éducation
        préscolaire par élève au, 159
    programmes de TMC au, 139
"*You Bet I Care*" Project (YBIC, Canada),
    203–4

Z

Zanzibar (région de Tanzanie)
    dépense annuelle dans l'éducation
        préscolaire par élève à, 160
    écoles maternelles du *Madrasa Resource
        Center* à, 91
    outils d'observation normalisés à, 54
    Projet *Radio Instruction to Strengthen
        Education* (RISE), 88b

ÉCO-AUDIT
Déclaration des avantages environnementaux

La Banque mondiale s'attache à préserver les forêts menacées et les ressources naturelles. Le bureau des publications a décidé d'imprimer le Rapport : ***Investir dans la petite enfance*** sur papier recyclé constitué à 50 % de fibres provenant de déchets de consommation conformément aux normes recommandées par l'initiative Green Press, programme sans but lucratif visant à encourager les éditeurs à utiliser des fibres ne provenant pas de forêts menacées. Pour plus d'information, se rendre sur le site www.greenpressinitiative.org.

Économies réalisées :
- abres : 4
- énergie totale: 1 million BTU
- gaz à effet de serre : 402 livres
- eaux usées : 7 332 litres
- déchets solides : 118 tonnes

green press
INITIATIVE

www.ingramcontent.com/pod-product-compliance
Lightning Source LLC
Chambersburg PA
CBHW070600270326
41926CB00013B/2374